Unvergängliche
Sagen und
Legenden

UNVERGÄNGLICHE SAGEN UND LEGENDEN

Reader's Digest

DEUTSCHLAND · SCHWEIZ · ÖSTERREICH

Zusammenstellung
Wolfgang Seidel, München

Redaktion
Guido Huß, red.sign, Stuttgart

Bildredaktion
Anja Knudsen, Ute Ostertag,
red.sign, Stuttgart

Reader's Digest
Redaktion: Joachim Wahnschaffe (Projektleitung)
Grafik: Peter Waitschies
Bildredaktion: Christina Horut
Prepress: Andreas Engländer
Produktion: Andreas Schabert, Hans-Peter Ullmann

Ressort Buch
Redaktionsdirektorin: Suzanne Koranyi-Esser
Redaktionsleiterin: Dr. Renate Mangold
Art Director: Rudi K. F. Schmidt

Operations
Leitung Produktion Buch: Norbert Baier

Satz und Reproduktion: Schwabe + Braun GmbH, Leonberg
Druck und Binden: Mohn Media, Mohndruck GmbH, Gütersloh

© 2003 Reader's Digest – Deutschland, Schweiz, Österreich
Verlag Das Beste GmbH – Stuttgart, Zürich, Wien

GR 1178/L

Printed in Germany

ISBN 3-89915-131-3

Vorwort

Seit vielen Jahrhunderten sind Sagen und Legenden ein lebendiger Bestandteil unseres Kulturerbes; jeder hat schon einmal eine dieser Geschichten gehört. Sie halten die Erinnerung an Orte, Personen und Ereignisse wach und beflügeln unsere Phantasie. Die Sagenwelt ist voller Wunder und wunderbarer Figuren – Zwerge und Riesen, Ritter und Prinzessinnen, Gespenster und Kobolde.

Dieses Buch versammelt 170 solcher Erzählungen aus allen Landschaften des deutschen Sprachraums. Es enthält einen repräsentativen Querschnitt verschiedener Formen von Sagen und Legenden und eine große Vielfalt fesselnder Geschichten. Der Leser besucht Kaiser Barbarossa im Kyffhäuser, erlebt Wilhelm Tells Apfelschuss und betritt König Laurins mythenumwobenen Rosengarten.

Manche Sagen, etwa die von den Heinzelmännchen, sind von Ort zu Ort gewandert. Ihre spannenden und manchmal auch skurrilen Themen wiederholen sich an verschiedenen Schauplätzen. Blättern Sie also um, und beginnen Sie eine faszinierende Reise in die Vergangenheit zu den sagenumwobenen Orten unserer Heimat …

Sagen und Legenden

11 Wie Siegfried zu Mime kam und den Drachen erschlug

15 Wie Siegfried den Hengst Grane gewann

18 Wie Siegfried der Nibelungen Reich und Schatz gewann

22 Siegfrieds Tod bei Worms

26 Das Schwanenschiff am Rhein

28 Die heilige Ursula und die 11 000 Jungfrauen

30 Der Dom zu Köln

32 Die Heinzelmännchen zu Köln

36 Jan und Griet

39 Der Ring im See bei Aachen

40 Der Wolf und der Tannenzapf

41 Der Geiger von Echternach

42 Siegfried und Genofeva

47 Der Bernkastler Doktor

48 Der Schinderhannes

51 Die Jungfrau vom Drachenfels

52 Die Wisperstimme

53 Der Binger Mäuseturm

54 Die Lorelei

56 Das goldene Mainz

57 Das Rad im Mainzer Wappen

58 Das Hündlein von Bretten

58 Heinrich Frauenlob

60 Die überschiffenden Mönche

61 Der Wildsee

64 Der Mummelsee

65 Die Mümmelein vom Mummelsee

67 Richard Löwenherz auf dem Trifels

71 Das Riesenspielzeug

72 Das Uhrwerk im Straßburger Münster

74 Die Grafen von Eberstein

76 Vom Ursprung der Zähringer

77 Das Hornberger Schießen

78 Der Titisee

79 Die Margaretenglocke zu Waldkirch

80 Der Trompeter von Säckingen

84 Das Nebelmännle von Bodman

86 Romeias von Villingen

88 Notburga

90 Der Blautopf

91 Die Weiber zu Weinsberg

91 Der Mann im Mond

93 Der Jettenbühl zu Heidelberg

94 Wie Karl der Große in der Reismühle am Würmsee geboren wurde

96 Der Spiegelbrunnen in München

97 Der Dreisesselberg

99 Der Traum vom Schatz auf der Brücke

101 Eppela Gaila

102 Die Meistersinger von Nürnberg

104 Die langen Schranken bei Schweinfurt

105 Das Weib mit den Läusen

105 Ausgehackte Frösche

106 Karl der Große, Eginhard und Emma

107 Die Neun im Eschenheimer Turm

108 Der Franken Furt

110 Der Elisabeth-Brunnen

110 Der stillstehende Fluss

111 Die Wichtel als Schuhmacher in Eschwege

112 Den Mörder verraten die Disteln

113 Der heilige Bonifatius

116 Sankt Bonifatius' Grab

117 Das Fräulein von Boyneburg

118 Der Frau Hollenteich

119 Die Wichtel im Werratal

120 Hexenfahrt zur Walpurgisnacht auf dem Blocksberg

123 Der hessische Blocksberg

124 Das stille Volk zu Plesse

126 Quedl, das Hündlein

127 Das Teufelsloch zu Goslar

128 Der Rattenfänger von Hameln

131 Wittekinds Taufe

132 Heinrich der Löwe

135 Der Rosenstrauch zu Hildesheim

136 Hütchen

136 Die Irmensäule

138 Die Bremer Saake

140 Hahl awer!

142 Der Glockenguss zu Attendorn

145 Der Schatz von Soest

146 Kaiser Barbarossa im Kyffhäuser

148 Wie Graf Ludwig die Wartburg baute

151 Der Sängerkrieg auf der Wartburg

155 Das Rosenwunder der heiligen Elisabeth

157 Die Herren von Gleichen

160 Der hart geschmiedete Landgraf

162 Die Jungfrau mit dem Bart

164 Gadamars Vision

165 Nach Tripstrill

166 Pumphut in der Burkhardtsmühle

167 Frau Holla und der getreue Eckart

168 Die Sage vom Scheibenberg und seinem Zwergkönig

169 Das verliebte Gespenst zu Leipzig

171 Doktor Faust in Auerbachs Keller

172 Geist Mützchen

173 Der Berggeist am Donat zu Freiberg

174 Die Lüneburger Salzsau

175 Die Kremper Glocke

176 Der Zauberer zu Magdeburg

177 Hermann Billung

178 Klaus Störtebeker

183 Dat lütte Rümeken

184 Wie Altona entstand

185 Das Aschenweibchen zu Zittau

186 Die Männer im Protschenberg bei Bautzen

187 Die Wasserkunst in Bautzen

189 Die Erbauung des Klosters Lehnin

192 Der Bludnik in der Oberlausitz

193 Der falsche Waldemar

198 Der große Stechlin

200 Kohlhasenbrück

202 Der Schmied zu Jüterbog

204 Wallenstein und der Pferdejunge

208 Der Rübenzähler

211 Der Glashändler

220 Rübezahls Streiche

222 Rübezahl und der ehrliche Bauer

229 Der Schwarze Friedrich

232 Die Männer im Zottenberg

233 Der Skarbnik

233 Der Name von Krebsjauche

234 Das Gespensterhaus von Danzig

236 Die Wunder der Marienburg

239 Das Wunschpferd

241 Der Zauberwettkampf des alten Dessauer

243 Vineta

246 Der Herthasee auf Rügen

249 Die schwarze Frau in der Stubbenkammer

250 Die Sieben in Rostock

251 Rebundus' Rose im Dom zu Lübeck

253 Der Schimmelreiter

254 König Waldemar

255 Rungholt

256 Die Schlacht auf dem Tausendteufelsdamm

259 Der Jungfernstuhl

259 Der Hagedornbusch

260 Wiebke Kruse

261 Das brave Mütterchen

262 Hexen besorgen Fahrtwind

263 Die Elben

263 Der gewarnte Steuermann

264 Das Gespensterschiff

Alpenländische Sagen

266 Das Donauweibchen

267 Der Stock im Eisen zu Wien

270 Die Geisterschiffe

271 Der Rattenfänger von Korneuburg

273 Das Turnier zu Linz

274 Der Neusiedler See

275 Andreasnacht

276 Die Goldschätze im Untersberg bei Salzburg

278 König Watzmann

280 Die heilige Notburga

282 Die wunderbare Leiter

283 Frau Hütt

284 Der Zirler Geißbub und der Teufel

285 Der Vogelfänger von Schwaz

286 König Laurins Rosengarten

292 Der Kaiser und die Schlange

293 Der Riese Einheer

294 Die Uhren zu Basel

295 Das Toggeli

297 Die Teufelsbrücke

297 Der Knabe erzählt es dem Ofen

298 Der einkehrende Zwerg

299 Der stolze Hirte von der Blümelisalp

300 Die Hexe von Lauterbrunnen

302 Der Schwur auf dem Rütli

307 Wilhelm Tell

310 Arnold von Winkelried

312 Winkelried und der Lindwurm

315 Die drei Ungeheuer von Sitten

316 Der Schlangenbanner

318 Alphabetisches Sagenverzeichnis

Wie Siegfried zu Mime kam und den Drachen erschlug

Auf seiner Burg zu Xanten am Niederrhein herrschte schon lange Jahre machtvoll und vom Glück begünstigt das stolze Königsgeschlecht der Wälsungen, das seine Herkunft direkt von Wotan ableitete, dem höchsten Gott.

Auch König Siegmund und seine Gattin Sieglinde hatten ihre Herrschaft mit Glanz geführt. Da kam Unheil über ihr Haus. Siegmund fiel im Kampf gegen plötzlich hereinbrechende Feinde, die Xanten erstürmten. Sieglinde flüchtete in einen tiefen Wald, wo sie noch einem holden Knaben das Leben schenkte, aber selbst vom Tod hinweggerafft wurde.

Dem armen Knaben, der verlassen und vor Hunger schreiend hilflos am Boden lag, näherte sich bald eine Hirschkuh. Sie fasste ihn mit dem Maul und trug ihn zu ihrem Lager, wo schon zwei junge Tiere der säugenden Mutter harrten. Wahrscheinlich hatte der Lenker des Schicksals der Götter und Menschen, der hohe Wotan selbst, die Hirschkuh gesandt – denn offenbar hatte er dem letzten des edlen Geschlechts der Wälsungen ein zwar kurzes, aber umso ruhmvolleres Leben bestimmt.

Zwölf Monate lebte so der Knabe, von der Hirschkuh gesäugt, und gedieh schnell zu ungewöhnlicher Schönheit, Kraft und Stärke.

Fern von der Lagerstatt des Tieres hatte ein weltberühmter Schmied, Mime geheißen, seine vielbesuchte Werkstatt. Hier lebte er mit seinem Weibe und vielen Gesellen, aber zu seinem großen Leidwesen ohne Kinder.

Als Mime nun einst tief in den Wald gedrungen war, um Bäume zu suchen, die er für seine Schmiede fällen lassen wollte, trat ihm plötzlich aus dem Gebüsch ein junger nackter Knabe entgegen, dem eine Hirschkuh folgte, die ihm zutraulich Gesicht und Hände leckte. Der Knabe konnte kein Wort reden. Mime aber war voller Freude über das so unerwartet gewonnene Kind. Er nahm es mit in sein Haus und nannte es Siegfried.

Unter des Schmiedes und seiner Frau sorgender Pflege wuchs der Knabe zu einem kräftigen Jungen heran, und als er zwölf Jahre alt geworden war, bezwang er alle Gesellen Mimes und ließ sie, wenn sie ihn neckten, nicht selten seine Kraft fühlen. Jede, auch die kleinste Unbill vergalt er durch harte Schläge, und so war es kein Wunder, dass sie sich seiner zu entledigen, zugleich aber auch sich an ihm zu rächen suchten.

Auch Siegfrieds Pflegevater zürnte. „Wenn du mir meine Gesellen wund schlägst, kannst du dich selbst an die Arbeit machen!"

„Gern", sprach Siegfried, „gebt mir nur Werkzeug und Eisen, so will ich wohl schmieden."

Als er nun zum ersten Mal am Amboss stand, schlug er so gewaltig auf das Eisen, dass dieses zersplittert umhersprang und der Amboss tief in die Erde einfuhr. Mit großem Entsetzen blickten alle auf das, was Jung-

Siegfried getan, und auch Mime begann, sich vor ihm zu fürchten. Hinterlistig, wie er war, sann er darauf, wie er sich seiner entledigen könne. Er hatte einen Bruder, Fafner mit Namen, der seines schlimmen Charakters und übler Taten wegen in einen furchtbaren Lindwurm verwandelt worden war und nun in einer finsteren Felsschlucht hauste. Zu ihm ging Mime und versprach, dass er ihm den Knaben schicken wolle. Schon freute sich der Lindwurm.

Arglos nahm Siegfried, den Jahren nach noch ein Knabe, an Größe und Leibeskraft aber ein äußerst stattlicher Jüngling, zudem von liebreizender Gestalt, den Auftrag des Pflegevaters an, zu einem weit entfernt wohnenden Köhler zu gehen und diesem zu helfen, Kohlen für den nächsten Wintervorrat zu brennen. Mime beschrieb ihm genau den Weg, den er zu nehmen habe; dieser aber sollte den jungen Helden so schweren Gefahren entgegenführen, dass der Schmied seinen sicheren Untergang erwartete.

In der Nacht, bevor er sich daran machte, den Auftrag des Meisters auszuführen, zündete Siegfried in der Schmiede ein so gewaltiges Feuer an, dass Mime und seine Gesellen in Furcht gerieten, die ganze Schmiede werde in Flammen aufgehen. Unbekümmert aber schmiedete sich Siegfried von dem besten Stück Eisen, das er auffinden konnte, ein scharfes Schwert; es sollte ihn auf seiner Wanderung begleiten.

Singend zog Siegfried am nächsten Morgen durch den Wald dahin. Mime und seine Gesellen hörten ihn jubilieren. „Der kehrt nie wieder", sprach der Schmied spottend.

Frohen Herzens war der junge Held im strahlenden Sonnenschein eine weite Strecke gewandert; nun wollte er rasten und sich an Speis und Trank laben. Reichlich Mundvorrat und Wein für neun Tage hatte ihm Mime mitgegeben, aber Siegfrieds Hunger und Durst waren so gewaltig, dass er nicht innehielt, bevor nicht der letzte Rest des Mitgebrachten verzehrt war.

So gestärkt zog Siegfried weiter des Weges, den ihm Mime gewiesen hatte und der ihn, wie der Böse hoffte, in den sicheren Tod leiten sollte. Führte er doch unmittelbar zu einer tiefen Bergschlucht, auf deren Grund sich eine Unzahl giftiger Schlangen wälzte, ihre Leiber zu Knoten ineinander geschlungen.

Ahnungslos hatte sich Siegfried der Schlucht genähert. Nun sah er, wie sich ihm das Gewürm züngelnd entgegenstreckte. Furchtlos trat er heran, und manchen Kopf hieb sein scharfes Schwert ab. Doch wäre es endlose Arbeit gewesen, sie alle zu töten.

„Wartet, ich will es euch warm machen", rief ihnen der Jüngling entgegen.

Er stieg zur Höhe hinauf, riss Baum um Baum mit den Wurzeln aus und warf sie hinab auf das Gewürm, bis die ganze Schlucht zum Rand hin mit Gehölz gefüllt war, das die Schlangenbrut bedeckte.

Fern im Walde hatte er Rauch aufsteigen sehen; dort musste der Köhler wohnen, zu dem ihn Mime gesandt. Nach einigem Umherirren fand Siegfried die einsame Hütte und erbat sich vom Köhler einen brennenden Ast. Mit diesem eilte er zur Schlangengrube und setzte das aufgetürmte Holz in Brand.

Als das Feuer brausend in den Schlund fuhr und sich verbreitete, regte es sich in der Schlucht und die Schlangen suchten den Ausgang aus Tod und Verderben, aber die furchtbare Glut hatte bald alles Leben in dem Abgrund getötet.

Als Siegfried forschend die enge Ausgangsstelle der Schlucht erreichte, wehte ihm ein starker, wunderkräftiger Geruch entgegen, und er sah einen klaren Strom rinnenden Schlangenfetts hell hervorschimmern. Neugierig tauchte er einen Finger in den Sud, und augenblicklich war dieser mit einer festen Hornschicht überzogen, die auch ein scharfes Schwert nicht zu ritzen vermochte.

„Wenn ich in diesem Fett bade", dachte der junge Held, „werde ich am ganzen Leib unverwundbar!"

Schnell setzte er den Gedanken in die Tat um. Nackt wälzte er sich in dem gerinnenden Fett, und sein ganzer Körper wurde mit einer undurchdringbaren Hornhaut überzogen. Nur zwischen den Schultern hatte sich ein Lindenblatt festgelegt, und da hier das Fett die Haut nicht berühren konnte, blieb diese Stelle verwundbar; und tatsächlich sollte ihm

hier tückischer Verrat früh die Todeswunde schlagen.

Zum Köhler zurückgekehrt, der über die Nachricht von der Vernichtung der Natterbrut in lauten Jubel ausbrach, bat Siegfried diesen, ihm den Weg zum Lindwurm zu weisen. „Dorthin habe ich noch niemanden geschickt", lehnte der Köhler ab, „das hieße, dich in den sicheren Tod zu senden." Als Siegfried aber seine Bitte mehrfach wiederholte, gab der Köhler schließlich nach.

So zog denn der Held den Weisungen des Köhlers folgend zwischen zwei immer enger zusammentretenden Felswänden dahin und erreichte schließlich den Ort, wo der furchtbare Lindwurm hauste.

Als es den Herankommenden erblickte, erhob sich das furchtbare Ungetüm.

Die Doppelzunge züngelte, der Rachen hauchte heiß.

Der Schuppenschweif umringelte den Wälsungsohn im Kreis.

Doch Siegfried griff mutig zu seinem guten Schwert, und neun Schläge raubten dem grässlichen Ungetüm bald die letzte Lebenskraft. Der mit dem Tod ringende Lindwurm stieß ein so furchtbares Gebrüll aus, dass es weithin die Luft erfüllte. Doch ein letzter Hieb trennte ihm das Haupt vom Rumpf, das Siegfried als Siegeszeichen mit auf seinen weiteren Weg nahm.

Als Eckhart, der von Mimes Gesellen, der mit Siegfried am häufigsten Streit gehabt

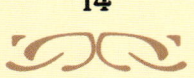

14

hatte, ihn mit dem furchtbaren Drachenhaupt sorglos des Weges daherziehen sah, lief er eilig ins Haus und warnte den Meister und seine Gesellen. Die Gesellen flüchteten schnell in den nahen Wald. Mime aber, der mit geheimem Grauen den, wie er geglaubt hatte, in den sicheren Tod gesandten Jüngling gesund und wohlbehalten vor sich stehen sah, ging seinem Pflegesohn entgegen und heuchelte Freude über seine Rückkehr.

Doch Siegfried ließ sich nicht noch einmal täuschen. „Ihr habt übel an mir gehandelt, und ich will nicht länger bei euch bleiben." Das hörte Mime nicht ungern.

„Wenn du ziehen willst, kann ich dich nicht aufhalten. Aber ich will dir zum Abschied starke Wehr und Waffen geben. Ein Ross freilich kann ich dir nicht schenken, aber ich will dir sagen, wie du zum Isenstein gelangst, wo Königin Brunhilde in großer Kraft und Schönheit die Herrschaft führt. Dort wirst du Grane finden, den herrlichsten aller Hengste."

Siegfried war es zufrieden, und er erhielt vom Schmied herrliche Waffen, Helm, Schild und einen goldenen Panzer. Als ihm dann Mime den Weg gewiesen hatte, zog der Held frohgemut der Burg Brunhildes entgegen. ∎

Aus der Nibelungensage

Wie Siegfried den Hengst Grane gewann

Es war ein weiter Weg, bis endlich Brunhildes Burg, der mächtige, aus grünem Marmor errichtete Isenstein, vor den Blicken des Wanderers emporstieg. Gewaltig erhob sich der Bau mit seinen zahlreichen großen Sälen und vielen Zimmern. Hoch ragten die sechsundachtzig Türme über die Zinne des Schlosses hervor.

Staunend schaute der Held auf den Prachtbau, den ein großes Eisentor verschloss. Kein Pförtner erschien, es zu öffnen. Da schaffte sich Siegfried selbst freie Bahn, indem er mit gewaltigem Fußtritt die eisernen Riegel sprengte, sodass das Tor aufsprang und er den Burghof betreten konnte. Durch den Lärm aufgeschreckt, eilten sieben Wächter herbei,

um den Eindringling zu strafen, er aber erschlug sie einen nach dem anderen. Und als nun einige Ritter hinzukamen, die das Getöse des Kampfes aufmerksam gemacht hatte, stand der junge Held auch ihnen in kräftiger Abwehr gegenüber.

In der Zwischenzeit hatte man Brunhilde von dem, was geschehen war, berichtet. „Ich glaube", sprach sie, die geheimen Wissens kundig war, „Siegfried ist gekommen, Siegmunds Sohn. Und würde er mir zu den sieben Knechten noch sieben Ritter erschlagen, ich hieße ihn doch willkommen."

Dann ging sie zum Burghof und befahl, mit dem Kampfe innezuhalten. „Wer ist es, der in meine Burg gekommen?", fragte sie.

„Ich heiße Siegfried."

„Und wer sind deine Eltern?"

„Das weiß ich nicht, ich wuchs auf bei Mime, dem Schmied, und habe meine Eltern nie gesehen. Nicht einmal ihre Namen weiß ich."

„Da kann ich dir Kunde geben", sprach Brunhilde. „Sei hochwillkommen, Siegfried, du Königskind, Siegmunds und Sieglindes Sohn. Wohin ist deine Fahrt gerichtet?"

„Hierher, du herrliche Maid, zu deiner Burg. Du sollst ein herrliches Ross besitzen, Grane geheißen. Willst du mir den Hengst gewähren, ich nehme ihn gern."

„Du sollst ihn haben, wenn du willst. Sei willkommen als lieber Gast."

Fröhlich nahm Siegfried die dargebotene Hand, und sie gingen zum Saal, wo man ihn vorzüglich bewirtete.

Die Königin hatte Leute hinausgeschickt, die das Ross einfangen sollten. Aber sie bemühten sich vergebens und kehrten abends unverrichteter Dinge heim.

Am nächsten Tage zog Siegfried mit zwölf Männern aus, die sich ebenfalls vergeblich anstrengten, das edle Tier einzufangen. Schließlich ließ sich Siegfried den Zaum reichen und trat auf den Hengst zu, der ihm zutraulich entgegenlief. Er legte dem Tier den Zaum um und schwang sich leicht auf seinen Rücken. Dann ritt er zur Burg zurück, dankte Brunhilde und verabschiedete sich.

Ungern entließ ihn die Königin und bat ihn, bald wieder bei ihr einzukehren. Als er ging, schien er nicht zu ahnen, wie sehr er Brunhildes Zuneigung gewonnen hatte. Unter allen Männern dieser Welt hätte sie keinen anderen als ihn zum Gatten gewählt. Mit einem tiefen Seufzer sah sie ihn ziehen. ∎

Wie Siegfried der Nibelungen Reich und Schatz gewann

Wohlgemut schaute Siegfried fortan von seinem hohen Ross herab, während er weiter und weiter zog, von Ort zu Ort, von Land zu Land. Endlich kam er in das Gebiet der Nibelungen, hoch im Norden gelegen, zu einem reichen und mächtigen Zwergenvolke, das in weitem Umkreis auch manchen tapferen Recken seiner Herrschaft unterworfen hatte.

Unermesslich groß war der Schatz von Gold und edlem Gestein, den der König des Zwergenvolkes, der alte Nibelung, aus den Bergen hatte sammeln und in einer mächtigen Höhle aufhäufen lassen. Er war gestorben, und Land und Schätze besaßen jetzt seine Söhne und Erben, die Könige Schilbung und Nibelung. Doch auf dem roten Gold schien ein Fluch zu ruhen, denn keinem seiner Besitzer brachte es Segen.

Auch Schilbung und Nibelung hatten keine Freude daran; die beiden Brüder haderten unablässig um den Besitz des Schatzes, jeder hätten ihn gern ganz gehabt und keiner gönnte ihn dem anderen.

Schließlich beschlossen sie doch, ihn zu teilen. Sie ließen das Gold und die Kleinodien aus der Höhle hervortragen und die ungeheure Masse in Haufen lagern. Aber wie sehr sie sich nun auch um die Teilung mühten, immer blieben sie unzufrieden, denn jeder meinte, dass doch der Teil des Bruders größer sei als sein eigener, und keiner war da, der als Schiedsrichter hätte auftreten können.

Als Siegfried durch den Wald herangeritten kam, standen die Könige gerade wieder einmal miteinander hadernd vor ihrem Besitz. „Hört", sprach da ein alter, kundiger Zwerg zu den Königen, „dort kommt Siegfried, der starke Held vom Niederrhein, bittet ihn, den Schatz zu teilen."

Der Vorschlag gefiel den Königsbrüdern. Sie hießen den Helden willkommen und baten ihn, sich der Mühe der Teilung zu unterziehen. Als Lohn für seine Arbeit gaben sie ihm im Voraus das Schwert Balmung, das einst ihr Vater, der alte Nibelung, kräftig geschwungen hatte; ein besseres Schwert, so hieß es, sei auf der ganzen Erde wohl nicht zu finden.

Siegfried dankte für die herrliche Gabe und machte sich sogleich an das schwere Geschäft, den ungeheuren Schatz zu teilen. Und die Aufgabe gelang ihm so gut, dass auch die neidischen Brüder sahen, es sei kein Teil größer als der andere. Aber gerade das kränkte beide, denn jeder hoffte im Stillen, den größeren Teil zu erlangen. So murrten sie und verlangten eine neue Teilung. Entschieden wies Siegfried diese Forderung zurück. „Ihr habt euch meinem Urteil unterworfen; ich habe die Teilung nach bestem Wissen vorgenommen, und ihr müsst euch nun meinem Spruch fügen."

Aber Schildung und Nibelung griffen gleichzeitig nach kleinen silbernen Hörnern, die beide mit sich trugen, und bliesen hinein.

Zwölf furchtbare Riesen kamen auf den Hornruf herbei und drangen mit langen Eisenstangen auf Siegfried ein. Doch nach kurzem Kampf lagen sie alle erschlagen auf dem Boden. Siegfried ergriff ein grimmiger Zorn über das verräterische Handeln der Könige. Zweimal zuckte der Balmung und beider Köpfe rollten zur Erde.

Als Siegfried siegreich dastand, erging es ihm seltsam. Kein Feind schien nahe, und doch fühlte er Schlag auf Schlag auf sich niederprasseln. Hätte ihn nicht die Hornhaut geschützt, so wären daraus wohl Todeswunden geworden. Er begriff, dass da irgendein Zauber im Spiel sei, gegen den auch das schärfste Schwert nicht helfen würde. So ließ er den Balmung fallen und griff mit beiden Händen in die Richtung, aus der die Schläge kamen. Und siehe da, als er so zufasste, hielt er plötzlich ein dickes Gewebe, wie eine Kappe mit daranhängendem Schleier, in den Händen. Es war eine Tarnkappe, die ihren Träger unsichtbar machte. Und nun, seiner Wunderwaffe beraubt, stand auch der sichtbar vor ihm, der ihn so heimlich angegriffen hatte. Es war der graubärtige, starke Zwerg Alberich. Siegfried ergriff ihn an seinem langen Bart und schleuderte ihn mit solcher

Kraft gegen eine Felswand, dass ihm die Glieder krachten. „Schone mich, edler Held", flehte der Zwerg, „und ich will dir in alle Zukunft treu zu Diensten sein." Und gern gewährte Siegfried Alberichs Bitte und nahm ihn in seinen Dienst.

„Du hast nun den Nibelungenschatz gewonnen, und das ganze Land ist zu deinen Diensten", sprach Alberich; „nur ein Kampf steht dir noch bevor. In einer Höhle, hier ganz in der Nähe, wohnt der furchtbare Riese Kuperan; er wird dir die Herrschaft niemals gönnen, wenn du ihn nicht bezwingst."

„Zeige mir seine Wohnung", rief Siegfried eilig, „damit ich den Kampf sogleich bestehen kann."

Willig geleitete ihn der Zwerg zur Felsenwohnung des Riesen. „Komm heraus, Kuperan", rief der junge Held, als er die Höhle erreicht hatte; „komm heraus und huldige deinem Herrn."

Kaum war der Ruf erschollen, da stürzte Kuperan hervor und führte mit seiner mächtigen Keule einen so furchtbaren Schlag auf Siegfried, dass diesem das Blut aus Nase und Ohren drang.

„Du elender Wicht", rief der Riese höhnend, „bald sollst du dein Leben verloren haben." Aber die Wunde, die ihm Balmung nun schlug, ließ ihn schnell die ungeahnte Stärke seines jungen Gegners erkennen. Heulend warf er die Keule weg und floh in seine Höhle. Dort verband er seine Wunde und

hüllte sich in einen goldenen Panzer, der in Drachenblut gehärtet war. Ein fester Stahlhelm, ein gewaltiges Schwert und ein ungeheurer Schild gaben ihm, so glaubte er, sicheren Schutz gegen jeden Angriff. Dann drang er abermals auf Siegfried ein. „Mit dem Tod sollst du es büßen, dass du mich verwundet hast."

Gewaltig schlugen sie aufeinander los, aber der Wucht des scharfen Balmung konnte des Riesen Rüstung nicht standhalten. Bald blutete er aus sechzehn Wunden. Da verzagte Kuperan. „Wenn du mich leben lässt, edler Held", rief er demütig, „so übergebe ich dir

Rüstung und Waffen und mache mich selber dir zu eigen."

„Wenn du mir Treue gelobst, will ich das wohl tun", erklärte Siegfried bereitwillig.

Da schwor ihm Kuperan einen Eid, dass er ihm sein Leben lang in Treue dienen wolle, und der mitleidige Sieger zerriss sein seidenes Untergewand und verband ihm die Wunden. Dann gingen sie alle drei zu dem Berg, wo der Nibelungenschatz lag.

Aber Kuperan lohnte dem jungen Helden sein Vertrauen nicht. Als der Riese den Schatz sah, kam über ihn die Begierde, ihn lieber für sich allein zu behalten, und hinterlistig führte er von hinten einen so starken Schlag auf seinen arglosen Bezwinger, dass dieser wie tot zur Erde sank. Und hätte nicht Alberich, der Zwerg, schnell die Tarnkappe über den Betäubten geworfen und ihn so unsichtbar gemacht, so hätte sein junges Heldenleben wohl hier schon geendet. Nun aber suchte Kuperan, grässlich fluchend, überall vergebens nach Siegfried. Er vermutete, dass entweder der Teufel ihn davongetragen oder ein Gott ihn in Schutz genommen hatte.

Erst nach geraumer Zeit kam Siegfried wieder zu sich und dankte dem Zwerg für seine Hilfe. „Nimm die Tarnkappe und entferne dich eilig, ehe der Riese dich wiedersieht", riet Alberich. „Wie immer es mir ergeht", entgegnete Siegfried, „niemand soll je sagen können, dass ich vor ihm geflohen bin."

Er ergriff sein Schwert und eilte ungestüm auf den Riesen zu. Als dieser den vergeblich Gesuchten so unerwartet auf sich zukommen sah, wurde er von solchem Schreck erfasst, dass er seine Waffen von sich warf und sich auf und davon machte.

Aber nicht einmal ein wilder Panter im Sprung ist so schnell, wie Siegfried ihm nun nachjagte. Auf dem Gipfel eines steilen Felsens hatte er ihn endlich eingeholt. Hier warf auch er sein Schwert fort und rang mit dem Riesen, den er von dem Felsen hinabwarf; beim Sturz in den Abgrund kam Kuperan zu Tode.

Fortan war nun das ganze Nibelungenreich Siegfried unbestritten zu eigen; alle schworen ihm Treue, und nachdem er alles geordnet, ließ er den treuen Alberich als Verwalter von Schatz und Land zurück. Er nahm nur die Tarnkappe und zwölf der edelsten Ritter mit sich als Begleiter auf seinen künftigen Heldenfahrten. ▪

Siegfrieds Tod
bei Worms

Nach langen Jahren und unzähligen Heldentaten begab sich Siegfried auch einmal wieder an den Niederrhein und hörte hier viel von der schönen Kriemhild, der Schwester des Burgundenkönigs Gunther zu Worms. Da fasste er den Entschluss, Kriemhild als Gemahlin zu gewinnen, und mit prunkvoller Begleitung ritt er nach Worms, wohin ihm sein Ruhm längst schon vorauseilt war. Freundlich aufgenommen von König Gunther und den Seinen, unter denen Gunthers Brüder Gernot und Giselher sowie ihr Oheim, der gewaltige, finstere Hagen besonders hervorragten, zeigte sich Siegfried bald als aller Meister an Kraft und Gewandtheit. Auch hatte das Gerücht von der Schönheit der Burgundentochter nicht gelogen, und bald war offensichtlich, dass der gewaltige Recke mit dem Goldhaar und den leuchtenden Sonnen-augen auch der schönen Kriemhild nicht gleichgültig blieb. Dennoch wagte er noch nicht, um ihre Hand zu werben. Erst wollte er sich ihren Bruder, den König Gunther, durch Dankbarkeit verpflichten.

Die Gelegenheit dazu fand sich. Fahrende Sänger wussten viel zu berichten von einer nordischen Heldenjungfrau namens Brunhilde von Isenland, die allen Männern an Kraft und Geschicklichkeit in der Führung der Waffen überlegen sei und die deshalb nicht gewillt sei, eines Mannes Weib zu werden, es sei denn, dass er sie im Wettkampf besiege. Wer dabei aber scheitere, müsse sterben, was schon so manchem verwegenen Recken geschehen sei.

König Gunther verspürte alsbald das Verlangen, sein Leben für den Gewinn dieser Heldenjungfrau aufs Spiel zu setzen. Alle rieten davon ab,

selbst der grimmige Hagen glaubte, das Wagnis sei nur Erfolg versprechend, wenn Siegfried seine Hilfe dazu leihe. Dieser war gleich bereit dazu, doch stellte er die Bedingung, dass ihm Gunther nach glücklich vollbrachter Fahrt seine Schwester Kriemhild zur Frau gäbe. Mit Freude willigte Gunther ein, und so wurde die Fahrt nach Isenland beschlossen, an der auf Siegfrieds Rat hin nur vier Recken, König Gunther, Siegfried, Hagen und dessen Bruder Dankwart, teilnehmen sollten.

Prachtvoll ausgerüstet fuhren die vier Helden auf einem guten Schiff den Rhein hinunter und über die See und gelangten nach zwölftägiger glücklicher Fahrt nach Isenland. Bei Brunhildes Anblick musste selbst Hagen bekennen, dass die schwarzlockige königliche Jungfrau wohl jeden Einsatz wert sei.

Die Fremden wurden von Brunhilde nicht besonders freundlich empfangen. Denn als sie den über alle stolz hervorragenden Siegfried zuerst begrüßte, wurde sie von diesem enttäuscht, dass nicht ihm, der nur Lehnsmann sei, sondern König Gunther der erste Gruß gebühre. Dieser sei gekommen, um mit ihr um ihren Besitz zu kämpfen.

Stolz und verächtlich glitt Brunhildes dunkles Auge über den König hin, und als nun vier Männer den Schild herbeitrugen, drei andere einen mächtigen Speer und gar ihrer zwölf einen ungeheuren Stein, die als Waffen dienen sollten, sank Gunther der Mut. Doch Siegfried tröstete ihn, machte sich

mithilfe der Tarnkappe unsichtbar, und während vor den Augen aller Anwesenden König Gunther den Speer stärker warf, den Stein weiter schleuderte und weiter darüber hinsprang als Brunhilde, war es in Wirklichkeit Siegfried mit seiner Kraft, der die hünenhafte Jungfrau überwand.

Brunhilde musste sich als besiegt bekennen, alle ihre Mannen dem König Gunther als ihrem neuen Herrn den Treueid schwören lassen und dem Sieger nun nach Worms folgen. Aber wenn sie sich auch ergab, so hatte sie doch Zweifel und konnte sich des Verdachts nicht erwehren, dass da ein Geheimnis im Spiel sei, das sie jedoch nicht zu durchdringen vermochte und auch sonst niemand ahnte. Auch erkannte sie deutlich, dass Siegfried keineswegs ein Lehnsmann von König Gunther war, als der er sich in Isenland bescheiden ausgegeben hatte.

Eine glänzende Doppelhochzeit war der Schluss dieser Brautfahrt, denn auch Siegfrieds Werbung um Kriemhild wurde nun mit Jubel begrüßt, und er führte seine Gattin in seine Heimat.

Jahre vergingen. Da geschah es, dass bei einem Besuch, den Siegfried und Kriemhild am Hof von Burgund machten, die beiden Königinnen über die Vorzüge ihrer Männer und über die Frage, welcher von ihnen beiden der Vortritt gebühre, in Streit gerieten. Der Streit artete in einen bitterbösen Zank aus, in dem

Brunhilde ihre Gegnerin als das Weib eines Lehnsmannes bezeichnete und die also ihr als Königin Erfurcht schuldig sei. Außer sich vor Zorn über diese Zurücksetzung sprudelte Kriemhild unbedacht das Geheimnis heraus, das über der Niederlage der hünenhaften Nordländerin schwebte. Zum Beweis dessen hielt sie Brunhilde einen Ring und einen Gürtel vor Augen, die Siegfried ihr damals im Kampf entrissenen hatte.

Diese unerhörte öffentliche Beschimpfung der Ehre Brunhildes empörte auch König Gunther, und er forderte Siegfried zur Rechenschaft. Allerdings wusste sich dieser insofern zu wehren, als er sagte, er habe Kriemhild in vertrauter Stunde nur erzählt, dass er Gunther bei seiner Werbung um Brunhilde geholfen habe. Nun müsse er sich seiner Gattin schämen. König Gunther und alle andern gaben sich mit dieser Aussage zufrieden und befanden den Helden für völlig schuldlos. Nicht so aber Brunhilde, denn Ring und Gürtel bestätigten den längst in ihr erwachten Verdacht, und sie durchschaute nun den Betrug, den Gunther und Siegfried an ihr verübt hatten.

Finstere Rachepläne erfüllten jetzt das Herz der in ihrer Ehre aufs Tiefste verletzten Brunhilde, und in dem grimmigen Hagen, der ebenfalls von dem Betrug überzeugt war, da er zwar von einer Beihilfe Siegfrieds in dem Kampf mit Brunhilde nichts gesehen hatte, die Kraft der Tarnkappe aber wohl kannte, fand sie einen Bundesgenossen.

Die Schmach, die Brunhilde von Siegfried angetan worden war, konnte nur mit Blut abgewaschen werden: Siegfried musste sterben. Unablässig intrigierte Hagen beim König, lockte den charakterschwachen, goldlüsternen Gunther auch mit dem Nibelungenschatz, der dann in seine Schatzkammer fließen müsste, und da er selbst die grausige Tat vollbringen wollte, brachte er Gunther endlich dahin, dass er zustimmte und der Tod Siegfrieds beschlossen wurde.

Der verruchte Plan wurde ins Werk gesetzt. Falsche Boten mussten einen bevorstehenden Krieg gegen die Sachsenkönige melden, und nun wurde zum Schrecken der Frauen gerüstet. Besonders sorgenvoll war Kriemhild, denn eine böse Ahnung sagte ihr, dass sie den geliebten Mann bald verlieren würde. Als der arglistige Hagen sich erbot, in dem Kampf ein wachsames Auge auf Siegfried zu haben, war sie daher sehr erleichtert. Und Hagen wusste die Arglose sogar dahin zu bringen, dass sie ihm die einzige Stelle verriet, wo Siegfried verwundbar war; sie ver-

sprach sogar, diese Stelle auf seinem Gewand mit einem Kreuzchen zu bezeichnen.

Schon war man zum Abmarsch bereit, da kamen wieder falsche Boten und brachten die Friedensbotschaft. Waffen und Rüstzeug wurden nun in die Rüstkammern zurückgebracht und die Jagdgeräte hervorgeholt, denn nun sollte wenigstens eine große Jagd im Odenwald die Recken entschädigen.

Große Vorräte wurden in den Wald hinausgeschafft, aber auf Hagens geheime Anordnung der Wein zu Hause gelassen. Groß war die Jagdbeute, und auch hier musste Siegfried wieder der Preis des erfolgreichsten Jägers zuerkannt werden. Da der Wein fehlte, musste der Durst mit Wasser gelöscht werden. Hagen wusste eine klare Quelle und dahin sollten nun alle ziehen, Gunther, Siegfried und Hagen voran. Im Wettlauf erreichten die drei Recken die Quelle, und nachdem Gunther zuerst getrunken, bückte sich Siegfried zum Wasser nieder. Da trat Hagen, der zuvor Siegfrieds abgelegte Waffen heimlich entfernt hatte bis auf den Schild, der zu des Helden Füßen lag, hinter ihn, erblickte das Kreuzchen auf dem Gewand und warf mit kraftvoller Hand den Speer in des Helden Rücken, dass ein Blutstrom hoch aufschoss. Wohl ergriff der todwunde Mann seinen Schild und schlug Hagen damit nieder, aber der Schild entfiel der schon kraftlosen Hand und sterbend sank Siegfried zur Erde. Den Tag der Rache an dem Burgundenhaus prophezeiend,

das in Blut versinken würde, da seine Fürsten die Ehre vergessen und die Treue gebrochen hätten, verschied der Held.

Groß war die Trauer um ihn, unsäglich der Schmerz Kriemhilds. Dass Brunhilde die Tat angestiftet und Hagen den Mord vollbracht hatte, war jedem klar. Der finstere Hagen leugnete es auch gar nicht, sondern rühmte sich dessen noch.

Nachdem der tiefste Schmerz überwunden war, versöhnte sich Kriemhild zwar mit ihrem Bruder Gunther, dachte aber Tag und Nacht nur daran, wie sie Siegfrieds Tod rächen könnte. Sie blieb in Worms, um Siegfrieds Grab nahe zu sein, und ließ auch den Nibelungenschatz dahin bringen, aus dem sie mit vollen Händen reiche Gaben spendete und sich damit einen großen Anhang gewann. ■

Das Schwanenschiff am Rhein

Nach dem Tod ihres Vaters Dietrich, des Herzogs zu Kleve, lebte Beatrix, seine einzige Tochter, im Jahr 711 als Herrin über Kleve. Eines Tages saß diese Jungfrau auf der Burg von Nimwegen und schaute auf den Rhein hinab. Dort sah sie ein wunderliches Gespann: Ein weißer Schwan trieb den Fluss abwärts, am Hals hatte er eine goldene Kette. An dieser wiederum hing ein Schiffchen, das er fortzog, und darin saß ein schöner Mann. Er hatte ein goldenes Schwert in der Hand, ein Jagdhorn umhängen und einen köstlichen Ring am Finger. Dieser Jüngling trat aus dem Schifflein ans Land und sprach eindringlich mit der Jungfrau. Er gefiel ihr so sehr, dass sie ihn lieb gewann und zum Mann nahm.

Aber er sprach zu ihr: „Fragt mich nie nach meinem Geschlecht und Herkommen; denn sobald Ihr danach fragt, werdet Ihr mich los sein und mich nimmer sehen." Und er sagte ihr, dass er Helias hieße.

Das Paar hatte nun mehrere Kinder miteinander. Nach einiger Zeit aber, Helias lag bei Nacht neben seiner Frau im Bett, fragte die Gräfin ihn unachtsam: „Herr, solltet Ihr Euren Kindern nicht sagen, wo Ihr herstammt?" Sofort verließ er seine Frau, sprang in das Schwanenschiff hinein und fuhr fort, wurde auch nicht wieder gesehen.

Die Frau grämte sich und starb aus Reue noch im gleichen Jahr. Den Kindern aber soll er die drei Stücke, Schwert, Horn und Ring, zurückgelassen haben. ■

27

Die heilige Ursula und die 11 000 Jungfrauen

Die heilige Ursula, die Schutzpatronin der Stadt Köln am Rhein, soll die Tochter eines sehr frommen englischen Königspaares gewesen sein. Sie war das einzige Kind und wuchs von ihrer Geburt an als ein überaus frommes Wesen auf, dessen Trachten nur nach dem Himmel gerichtet war.

Als ein heidnischer Königssohn um ihre Hand warb, den sie aber abweisen wollte, hatte sie eine merkwürdige Vision, von der sie dem Vater berichtete. Danach sollte er außer ihr noch zehn Jungfrauen aus den edelsten Geschlechtern des Landes auswählen und zu jeder noch tausend weitere. Dann sollte er für jede der elf Edlen und deren Gefolge ein

Schiff ausrüsten, und mit dieser Flotte wollte sie dann in See stechen und dorthin segeln, wohin der Herr sie führen würde. Der Vater folgte ihrem Vorschlag. Er ließ elf Schiffe für je tausend Jungfrauen ausrüsten, und diese stachen dann, nachdem Ursula von den Eltern Abschied genommen hatte, in See.

Die Flotte segelte von England zum europäischen Festland und gelangte in die Mündung des Rheins. Diesen fuhr sie hinauf und kam nach Köln, wo einstweilen Rast gemacht wurde. Hier hatte Ursula eine neue Vision. Im Traum erschien ihr in himmlischer Klarheit ein Mann und sprach zu ihr: „Meine Tochter, du sollst mit deinem Heer von Jung-

frauen nach Rom ziehen, dort beten und dann hierher zurückkehren. Es wird keine von euch vorher umkommen, denn nur hier ist es euch beschieden, die Last eurer Leiber abzulegen und mit der Krone der Märtyrer geschmückt in das himmlische Reich der ewigen Freuden einzugehen." So sprach der Mann und verschwand.

Am nächsten Morgen rief Ursula alle ihre Begleiterinnen zu einer großen Versammlung und berichtete von ihrem Traum. Da jubelten sie alle, dass sie würdig sein sollten, die Krone der Märtyrer zu erlangen. Die Schiffe wurden wieder bereitgemacht, und sie fuhren stromaufwärts, bis sie nach Basel kamen. Hier machten sie die Schiffe fest und pilgerten zu Fuß über die Alpen nach Rom. Nachdem sie getreu ihrem Auftrag in Rom alle Kirchen besucht und dort gebetet hatten, kehrten sie wieder nach Basel zurück, bestiegen ihre Schiffe und fuhren rheinabwärts nach Köln.

Hier kamen sie jedoch sehr zur unrechten Zeit an, denn kurz zuvor waren die wilden Hunnen in Scharen über das Land hergefallen und belagerten nun die Stadt. Als die ahnungslosen Jungfrauen ohne Argwohn ausgestiegen waren, fielen die Barbaren über sie her und erschlugen viele von ihnen mit wilder Grausamkeit. Auch Ursula ergriffen sie, waren aber von ihrer Schönheit so beeindruckt, dass sie die Jungfrau zu ihrem Anführer brachten. Dieser wollte sie zu seiner Gemahlin erheben. Als er aber schroff von ihr zurückgewiesen wurde, ergrimmte er und befahl, auch sie zu töten. Sogleich schoss ihr einer der Heiden einen Pfeil in die Brust, sodass sie starb.

Da aber begab sich etwas Wunderbares: Aus der Erde erstanden ebenso viele Reihen Bewaffneter, wie die Heiden Jungfrauen er-

mordet hatten; andere sagen, es seien Engel gewesen; die fielen über die Hunnen her und schlugen sie, sodass sie ihr Heil in wilder Flucht suchten und fortan kein Hunne mehr im Lande gefunden wurde. Dadurch wurde nun auch die Stadt Köln von ihren Ängsten befreit, die Bürger kamen heraus und begruben die erschlagenen Jungfrauen – mitten unter ihnen Ursula –, und der Ort hieß dann lange Zeit „Ursulaacker" oder „Ursulafeld".

Im Lauf der Zeit aber vergaß man den Platz ganz und achtete nicht mehr darauf. Erst um die Mitte des 7. Jahrhunderts soll ein Erzbischof von Köln, durch die Erscheinung einer weißen Taube aufmerksam gemacht, die Gebeine der heilig gesprochenen Ursula gefunden haben. Dennoch vergingen wieder Jahrhunderte, ehe man der Sache weitere Aufmerksamkeit zuwendete. Als nämlich im 12. Jahrhundert die Stadtmauern von Köln in einem Krieg stark beschädigt worden waren und zu großen Teilen neu errichtet werden mussten, fand man beim Aufgraben das Ursulafeld wieder und förderte viele weibliche Leichname, Särge und Täfelchen mit Inschriften zutage. Unter der Leitung des Abtes Gerlach von Deutz wurden diese Ausgrabungen dann mit großer Sorgfalt betrieben und die Funde feierlich beigesetzt.

An der Stelle, wo zuvor die Gebeine der von der Stadt Köln zu ihrer Schutzpatronin erhobenen heiligen Ursula gefunden worden waren, wurde eine Kirche erbaut und nach ihr benannt. In dieser befindet sich ein marmornes Grabmal mit ihrem Bild. ∎

Der Dom zu Köln

Als der Bau des Domes zu Köln begann, es geschah dies im Jahr 1248, wollte man in der Stadt gerade auch eine Wasserleitung fertig stellen. Der überhebliche Dombaumeister aber sprach: „Eher soll das große Münster vollendet sein als der geringe Wasserbau!" Das sagte er, weil er allein wusste, wo die Quelle entsprang, deren Wasser durch die neue Leitung fließen sollte. Dieses Geheimnis hatte er zwar seiner Frau entdeckt, ihr aber zugleich bei Leib und Leben geboten, es wohl zu bewahren.

Der Bau des Domes fing an und schritt gut voran, aber die Wasserleitung konnte nicht begonnen werden, weil der Meister vergeblich die Quelle suchte. Dessen Frau jedoch, die sah, wie er sich darüber grämte, versprach ihm Hilfe. Sie ging zu der Frau des Dombaumeisters und lockte ihr durch List endlich das Ge-

heimnis heraus. Danach entsprang die Quelle gerade unter dem Turm des Münsters; ja, die Frau des Dombaumeisters bezeichnete sogar den Stein, der die Quelle zudeckte. Nun war dem Baumeister der Wasserleitung geholfen; folgenden Tags ging er zu dem Stein, klopfte darauf und sogleich drang das Wasser hervor.

Als der Dombaumeister sein Geheimnis verraten sah und mit seinem Versprechen zu Schanden werden musste, weil die Wasserleitung ohne Zweifel nun in kurzer Zeit zustande kommen würde, sprach er zornig einen Fluch über den Bau, dass er nie vollendet werden solle, und starb darauf vor Traurigkeit.

Und tatsächlich: Am Dom fiel nun alles, was an einem Tag aufgebaut wurde, bis zum nächsten Morgen wieder ein, selbst wenn die Arbeiter sich aufs Redlichste mühten, sodass lange Zeit kein einziger Stein mehr hinzukam.

Andere wissen diese Sage um die lange Baugeschichte des Kölner Doms auch anders zu erzählen:

Der Teufel war neidisch auf das stolze und heilige Werk, das Herr Gerhard von Rile, der Dombaumeister, in Köln begonnen hatte. Um aber nicht ganz leer dabei auszugehen und vielleicht sogar die Vollendung des Doms noch zu verhindern, ging er mit Herrn Gerhard eine Wette ein: Er wolle eher einen Bach von Trier nach Köln bis an den Dom geleitet als Gerhard seinen Bau vollendet haben, doch müsse ihm, wenn er gewinne, des Meisters Seele gehören. Herr Gerhard, der sich seiner Sache sehr sicher war, ging ohne zu zögern auf den Handel ein, doch hatte er nicht bedacht, dass der Teufel eben teufelsschnell arbeiten kann.

Und siehe da: Eines Tages stieg der Meister auf den Turm, der schon hoch emporstrebte, und das Erste, was er zu seinem ungläubigen Entsetzen von oben herab erblickte, waren Enten, die schnatternd von dem Bach, den der Teufel in aller Eile herbeigeleitet hatte, aufflogen.

Da sprach der Meister in grimmigem Zorn: „Zwar hast du, Teufel, mich gewonnen, doch sollst du mich nicht lebendig haben!" So sprach er und stürzte sich Hals über Kopf den Turm hinunter, und in Gestalt eines Hundes sprang schnell der Teufel hinterher. So ist beides in Stein gehauen noch wirklich am Turm zu schauen. Auch soll, wenn man sein Ohr auf die Erde legt und horcht, noch heute der Bach zu hören sein, wie er unter dem Dom fließt. ∎

Die Heinzelmännchen zu Köln

Die Heinzelmännchen waren Zwerge, die vor langer Zeit am Rhein ihr Wesen trieben. Armen, arbeitsamen Menschen, die trotz ihres Fleißes nicht recht vorwärts kommen konnten, sprangen sie hilfreich bei und arbeiteten für sie, da sie in jedem Fach äußerst geschickt waren und zur Arbeit meist in großer Gesellschaft antraten. Dies taten sie während der Nacht, und zwar so gut, dass es den von ihnen unterstützten Armen bald besser ging. In Köln weiß man darüber folgendes Gedicht zu sagen:

Wie war zu Köln es doch vordem
mit Heinzelmännchen so bequem!
Denn war man faul – man legte sich
hin auf die Bank und pflegte sich:
Da kamen bei Nacht
– eh' man's gedacht –
die Männlein und schwärmten
und klappten und lärmten
und rupften
und zupften
und hüpften und trabten
und putzten und schabten.
Und eh' ein Faulpelz noch erwacht,
war all sein Tagwerk bereits gemacht.

Aber auch einzeln zeigten sich die Heinzelmännchen äußerst dienstfertig, wenn sie es für angebracht hielten, wie die Sage von einem Bäckerehepaar in Aachen erzählt:

Es waren einmal junge, äußerst fleißige Bäckersleute, doch wollte dem Mann lange Zeit nichts recht gelingen. Obwohl er sich viel Mühe mit seiner Arbeit gab, missriet ihm die Backware doch immer wieder, sodass die Kunden bald missmutig wurden und bei ihm nicht mehr kaufen wollten. Das sah ein Heinzelmännchen. Es hatte Mitleid und nahm sich des strebsamen Mannes an.

Eines Morgens früh, als der Bäcker in seine Backstube trat, um seine Arbeit zu beginnen, sah er zu seinem höchsten Erstaunen, dass diese bereits erledigt war, denn das Gebäck lag in allen Arten und Formen fix und fertig und so schön da, wie er es selbst nie fertig gebracht hatte. Da die Tätigkeit der Heinzelmännchen damals am Rhein eine sehr bekannte Sache war, merkte der Bäcker schnell, dass hier einer der kleinen Wichte gearbeitet hatte, und seine Freude wurde umso größer, als er seine Arbeit nun fortgesetzt jeden Morgen bereits erledigt vorfand.

32

Bald hatte der Bäcker nichts weiter zu tun, als abends alles zum Backen nötige Material bereitzulegen und am Morgen das prächtige Gebäck zu sortieren und zu verkaufen. Und auch darin hatte er plötzlich Erfolg, denn der Ruf von der Güte seiner Ware verbreitete sich schnell, und er hätte noch viel mehr verkaufen können, wenn es die Räumlichkeiten in seinem Haus erlaubt hätten, mehr zu backen. Aber das war gar nicht nötig, denn auch ohne eine größere Backstube wurde er in verhältnismäßig kurzer Zeit ein reicher Mann.

Wohlstand ohne sonderliche Mühe zu erlangen ist aber im menschlichen Leben schon oft ein Verderb gewesen. So auch hier. Bald ging es im Haus des Bäckers hoch her: Nichts war mehr gut genug. Der Mann wurde ein Schlemmer und die Putzsucht der Frau kannte keine Grenzen mehr. Das verdross das Heinzelmännchen. Es arbeitete zwar noch unverändert weiter, wartete aber nur auf eine Gelegenheit, um die Arbeit einzustellen.

Da kam die Frau des Bäckers auf den Gedanken, dass sie und ihr Mann dem wackeren Gehilfen und Begründer ihres Reichtums doch eigentlich Dank erweisen müssten. Aber wie? Sie machte den Vorschlag, ihm einen kostbaren neuen Anzug nähen zu lassen. Dazu gehörte aber natürlich das Maß des kleinen Wichtes, und um dieses zu erfahren war es wiederum nötig, dass sie denselben einmal sehen konnten, um sich seine Größe genau einzuprägen.

In der nächsten Nacht belauschte das Paar den Zwerg heimlich. Ob das Heinzelmännchen das nicht merkte oder ob es absichtlich nicht verschwand, um das Ehepaar ganz sicher zu machen, berichtet die Sage nicht. Genug, es blieb und arbeitete rüstig weiter.

Die Frau Meisterin freute sich schon auf die Freude, die sie ihrem wackeren Gehilfen zu machen gedachte. Sie bestellte Wämschen und Höschen vom feinsten roten Tuch, dazu ein Käppchen von rotem Samt mit goldener Troddel, dazu Stiefelchen vom feinsten roten Leder mit Goldborten oben herum und kleinen goldenen Quästchen. Als das alles fertig war, legten es die Bäckersleute recht augenfällig in der Werkstube aus und begaben sich zur rechten Zeit wieder auf ihren heimlichen Beobachtungsposten.

Endlich kam das Heinzelmännchen, sah den neuen Anzug, drehte ihn hin und her und zog ihn dann wirklich an. Nachdem es sich von oben bis unten betrachtet hatte, setzte es sich auf einen Mehlsack, legte die Arme ineinander und schlenkerte mit den Beinen. So blieb es ruhig sitzen und schnitt vergnügte Gesichter. Da es aber keine Anstalten zum Arbeiten traf, wurde der Meister ungeduldig und rief ihm zu: „Nun, Heinzelmännchen, warum arbeitest du nicht?"

Da sprang das Heinzelmännchen von dem Mehlsack herunter, machte dem Bäcker einen tiefen Bückling und antwortete mit seinem feinem Stimmchen:

„Da ich nun ein Herrlein sein,
lass ich wohl das Backen sein!"
Mit diesen Worten verschwand es und ward
nie mehr in der Backstube gesehen.

Ganz besonders in Köln scheinen die Heinzelmännchen zu Hause gewesen zu sein,
denn dort wird heute noch viel von ihnen erzählt. Überall in der Stadt halfen sie allen, die
ihrer Hilfe bedurften und sie auch verdien-
ten, bis sie schließlich durch den Vorwitz einer allzu neugierigen Schneidersfrau vertrieben wurden und nie wiederkehrten. Und das
ereignete sich so:

Einem jungen, fleißigen Schneider zeigten
sich die Heinzelmännchen ganz besonders ge-
wogen, sodass sie ihm zu seiner Hochzeit sogar die Tafel besorgten und mit Braten, Kuchen und Konfekt reich deckten. Als dann
Kinder kamen und die Familie immer größer
wurde, musste sich die Frau von früh bis spät
plagen und wurde doch nie fertig. Auch da
packten die Heinzelmännchen mit an und säuberten ihr nicht nur die Küche, sondern auch
das ganze Haus vom Boden bis in den Keller.

Und das taten sie, weil der Schneider nicht,
wie jener Bäcker, durch die fleißige Hilfe der
Heinzelmännchen faul oder gar ein Schlemmer geworden war, sondern nach wie vor
selbst auch fleißig arbeitete. Das gefiel den
Wichten über die Maßen, und sie ließen nicht
ab, für ihren Schützling alles Mögliche zu
tun. Sehen ließen sie sich aber niemals.

Der verständige Schneider war damit ganz
zufrieden, seine Frau aber starb fast vor Neugier. So oft sie jedoch auf die Heinzelmännchen zu sprechen kam und kund tat, dass sie
die kleinen Kerle für ihr Leben gern einmal
gesehen hätte, wurde sie von ihrem Manne
zurechtgewiesen, manches Mal auch kräftig

gescholten. Denn die Heinzelmännchen
wollten nicht gesehen werden und würden
auf Nimmerwiedersehen verschwinden,
wenn sie merken würden, dass sie belauscht
worden waren.

Die Frau sah das zwar ein, denn sie hatte es
auch schon von anderen gehört; dennoch
aber ließ es ihr keine Ruhe, und sie sann oft
lange darüber nach, wie sie es anstellen
könnte, ihr Ziel zu erreichen. Da kam sie auf
den unseligen Gedanken, es mit einer List zu
versuchen. Sie bestreute am Abend die
Treppe und den Fußboden mit Erbsen, legte
sich dann ruhig ins Bett und lauschte. Und
siehe da, was sie erwartet hatte, geschah: Bald
hörte sie es rascheln und ruscheln, feine
Stimmchen schreien und schelten. Rasch
sprang sie aus dem Bett und kam mit Licht,
aber – husch, husch, husch, husch, war alles
verschwunden.

Und so sind sie dann aus der Stadt Köln
und überhaupt für immer vom Rhein verschwunden und nie wieder aufgetaucht. Mit
Recht konnte ihnen daher ein Dichter launig
nachklagen:

O weh, nun sind sie alle fort,
und keines ist mehr hier am Ort.
Man kann nicht mehr wie sonsten ruhn,
man muss nun alles selber tun!
Ein jeder muss fein
selbst fleißig sein.
Und kratzen und schaben
und rennen und traben
und schniegeln und bügeln
und klopfen und hacken
und kochen und backen.
Ach, dass es doch wie vormals wär'!
Doch kommt die schöne Zeit nicht
wieder her. ▪

Jan und Griet

Zo Köln em ahle Kümpchenshoff
wonnt ens ne Boorschmann.
Da hat en Mad, die nannt sich Griet,
ne Knäch, dä nannt sich Jan.

Genau so beginnt es, das niederrheinische Volkslied von Jan von Werth, der ein berühmter Reitergeneral im Dreißigjährigen Krieg gewesen ist, als Schweden und Franzosen von der deutschen Uneinigkeit profitierten. Dass aber der große Jan von Werth in jungen Jahren auf dem Kümpchenshof eines Kölner Bauern Knecht gewesen war und lediglich seinem Unglück in der Liebe sein Glück im Lebensspiel verdankte, das weiß man nur in und bei der alten Stadt am Rhein.

Jan war ein fleißiger Gutsknecht, eine treue Seele und auch kein übler Bursche. Manchem hübschen Mädchen wäre der Jan als Freier gar nicht unwillkommen gewesen, aber des Braven verliebtes Herz lag seit langem im Bann von Griet, einer Magd des Kümpchenshofs. Nicht allzu lange glühte Jans Liebe im Verborgenen. Eines Tages trat er vor die Angebetete und gestand ihr unter vielem Stottern, dass er sie herzlich gern habe und für sie freudig zweimal so viel schaffen würde wie für den Bauern. Und dann fragte der wackere Freier die schmucke Griet, ob sie nicht seine Frau werden wolle.

Da stemmte die dralle Griet die runden Arme in die Seite, warf den hübschen Kopf zurück, und prüfend maßen ihre Augen den biederen Freiersmann. Dann schüttelte sie bedauernd den blonden Kopf, und ein spöttisches Lächeln zuckte um ihren frischen, vollen Mund.

„Du bist ein Knecht, Jan, und wirst es, glaub' ich, dein Lebtag bleiben. Du kannst nichts dafür, ich aber möchte als Mann einen reichen Bauern haben, der Kühe, Ochsen und Pferde besitzt."

Da stieg dem ehrlichen Jan eine starke Blutwelle ins Gesicht; aber er beherrschte sich, denn er hatte sie herzlich gern, die da so herzlos redete.

„Wie du willst!" sagte er gelassen und wandte der hochtrabenden Magd den Rücken. Von dieser Stunde an hat er, außer dem üblichen Gruß, kein weiteres Wort mehr mit ihr gesprochen.

Die übrigen Knechte und Mägde aber flüsterten untereinander, die Griet habe dem Jan einen Korb gegeben, und manches spöttische Lächeln traf den unglücklichen Freier, mehr von den Männern als von den Weibern. Schließlich hatte Jan genug davon, und es hielt ihn nichts mehr auf dem Kümpchenshof. So ist er eines Tages fortgegangen, hat Handgeld genommen und ist kaiserlicher Soldat geworden.

Ein langwieriger Krieg war's, den der Kaiser damals gegen die Reichsfeinde ausfocht, und es herrschte Mangel an Soldaten. Verwegene Krieger konnten es da wohl zu etwas bringen. Und Jan Werth war einer von diesen.

Der ehemalige Knecht vom Kümpchenshof brachte es durch seine Tapferkeit bald zum Korporal, und als er in einer Schlacht gegen die Schweden einmal mehr durch seinen persönlichen Mut die Entscheidung herbeiführte, wurde ihm ein ganzes Regiment anvertraut. Schließlich stieg er gar zum geadelten Reitergeneral empor, und der Name des großen Jan von Werth wurde mit einem Schlag berühmt, als er die gefürchteten Franzosen in mehreren kühnen Kriegszügen besiegte.

Auch von einer zarten Seite versöhnte ihn das Glück; dem berühmten General Jan von Werth reichte ein liebreizendes adeliges Fräulein die Hand zum Ehebunde.

Jener aber, die den armen Knecht Jan vor Jahren verschmäht hatte, war das Glück weniger hold. Die hübsche Griet wartete Monat um Monat und Jahr um Jahr auf den reichen Bauern, aber der erträumte Freier kam nicht, weil die roten Dukaten beim rheinischen Bauernvolk schon damals mehr Wert hatten als rote Wangen und weil blitzende Taler mehr Reiz besaßen als blitzende Frauenaugen.

Aber auch blitzende Augen und rote Wangen werden einmal alt, und es kamen Tage, an denen die alternde Griet recht gern einem fleißigen Knecht, wie es Jan damals war, als Ehefrau gefolgt wäre. Doch es kam keiner.

Und so hat denn die Griet, nachdem die roten Wangen und blitzenden Augen längst

vergangen waren, aller Hoffnung auf eine reiche Heirat wehmütig entsagt. Dann hat sie am Severinstor einen Obststand eröffnet und sich kümmerlich durchgeschlagen bis in ihre alten Tage.

Da ist eines Tages im Severinsviertel eine mächtige Aufregung unter den Leuten entstanden. Voller Neugier strömten die Kölner herbei, um einen der ihren zu sehen, der heute mit seinem siegreichen Heer durch das Severinstor einziehen sollte. Es handelte sich um jenen Mann, der es vom einfachen Bauersknecht zum Reitergeneral gebracht hatte.

Und schon ritt er heran, hoch auf seinem reich gezäumten Ross, angetan mit dem goldstrotzenden Generalskleid, den breitkrempigen Hut mit der wallenden Feder auf dem kühnen Kopf – der große Jan von Werth. Hinter ihm folgte ein Tross stattlicher Reiter.

Das Stadtsoldatenkorps, die Funken, wirbelte die Trommeln, und die Kölner ließen ihren berühmten Landsmann hochleben. Das hutzelige Weiblein aber, das am Tor bei ihrem Obststand saß und soeben Kastanien briet, schaute mit einem merkwürdigen Ausdruck zu dem stolzen Reitergeneral auf. Da hält dieser dicht vor ihrem Kram das Pferd an, blickt ihr ins Gesicht und spricht dann lächelnd: „Griet, wer et hätt gedonn!"

Da zuckt es in dem runzeligen Gesicht auf, und schlagfertig erwidert die grauhaarige Griet: „Jan, wer et hätt gewoss!"

Und der große Jahn von Werth ritt ein in das alte, heilige Köln. Die Stadtsoldaten wirbelten die Trommeln, und die Bürger riefen ihrem berühmten Landsmann „Vivat" zu.

Inzwischen haben ihm die Kölner ein prächtiges Denkmal in seiner Vaterstadt gesetzt, und den Mädchen am Niederrhein ist sie wohl bekannt, die Geschichte von Jan und Griet. Manche spröde Maid dort im Bann der ehrwürdigen Stadt Köln soll durch sie bewogen worden sein, nicht allzu hartherzig mit ihrem Freiersmann zu verfahren, zumal man ja nicht wissen kann, ob in ihm vielleicht sogar ein künftiger Reitergeneral steckt wie in dem großen Jan von Werth.

Vielleicht geht auch manchem anderen rosigen Mägdelein, dessen Wiege nicht am Rhein steht, diese Geschichte zu Herzen, und es gelobt, in der Liebe nicht allzu wählerisch zu sein, damit es nicht eines schönen Tages mit der grauen Griet zu seufzen hat: „Wer et hätt gewoss!"

Der Ring im See bei Aachen

Petrarca, der italienische Dichter, hörte auf seiner Reise nach Deutschland von den Priestern zu Aachen eine Geschichte, die sie für wahr ausgaben und die sich von Mund zu Mund fortgepflanzt haben sollte:

Vor langer Zeit verliebte sich Karl der Große in eine gemeine Frau so heftig, dass er all seine Taten vergaß, seine Geschäfte liegenließ und selbst seinen eigenen Leib darüber vernachlässigte. Sein ganzer Hof war verlegen und missmutig über diese Leidenschaft, die gar nicht nachließ; doch endlich wurde die geliebte Frau schwer krank und starb.

Vergeblich hoffte man aber, dass der Kaiser seine Liebe nun aufgeben würde; ganz im Gegenteil saß er bei dem Leichnam, küsste und umarmte ihn und redete auf ihn ein. Die Tote begann zu riechen und in Fäulnis überzugehen; trotzdem ließ der Kaiser nicht von ihr ab. Da ahnte Turpin, der Erzbischof, hier müsse eine Zauberei im Spiel sein. Daher befühlte er eines Tages, als Karl das Zimmer verlassen hatte, den Leib der toten Frau, ob er nichts entdecken könne. Und wirklich: Im Mund unter der Zunge fand er einen Ring, den nahm er weg.

Als nun der Kaiser wieder in das Zimmer eintrat, tat er erstaunt wie ein aus tiefem Schlaf Aufwachender und fragte: „Wer hat diesen stinkenden Leichnam hereingetragen?" Sofort befahl er, dass man ihn bestatten solle. Dies geschah, doch nun richtete sich die Zuneigung des Kaisers auf den Erzbischof, dem er überallhin folgte, wohin er auch ging. Als der weise Mann dies merkte und die Kraft des Ringes erkannte, fürchtete er, dass er einmal in falsche Hände fallen könnte. Daher nahm er ihn und warf ihn in einen See nahe bei der Stadt.

Seit dieser Zeit, sagt man, gewann der Kaiser den Ort lieb, und wollte die Stadt Aachen nicht mehr verlassen. Er ließ ein kaiserliches Schloss und ein Münster bauen – in jenem brachte er seine übrige Lebenszeit zu, in diesem aber wollte er nach seinem Tod begraben werden. Auch ordnete er an, dass alle seine Nachfolger sich zuerst in Aachen salben und weihen lassen sollten. ◾

Der Wolf und der Tannenzapf

Im Dom zu Aachen sieht man an dem einen Flügel des ehernen Kirchentors einen Riss und in der Vorhalle die Figuren eines Wolfes und eines Tannenzapfens, beide gleichfalls aus Erz gegossen. Die Sage davon lautet:

Vor langer Zeit, als man mit dem Bau dieser Kirche angefangen hatte, habe man aus Geldmangel mitten im Werk einhalten müssen. Nachdem die Mauern eine Weile so dagestanden hätten, sei der Teufel mit dem Angebot zu den Ratsherren gekommen, das nötige Geld zu geben. Doch stellte er die Bedingung, dass die erste Seele, die bei der Einweihung der Kirche durch die Tür einträte, sein Eigen würde. Der Rat habe lang gezaudert, endlich aber doch eingewilligt und versprochen, die Absprache geheim zu halten. Darauf sei das Gotteshaus mit dem Höllengeld ausgebaut worden, in der Zwischenzeit aber auch das Geheimnis bekannt geworden. Niemand wollte also die Kirche zuerst betreten, und man sann endlich eine List aus. Man fing im Wald einen Wolf, trug ihn an dem Festtag zum Haupttor der Kirche, und als die Glocken zu läuten begannen, ließ man ihn los und hineinlaufen. Wie ein Sturmwind fuhr

der Teufel hinterdrein und erwischte das, was ihm nach dem Vertrag gehörte. Als er aber merkte, dass er betrogen worden war und man ihm lediglich eine Wolfsseele geliefert hatte, erzürnte er und warf das eherne Tor so gewaltig zu, dass der eine Flügel sprang und den Riss bis auf den heutigen Tag behalten hat. Zum Andenken an diesen Vorfall goss man den Wolf und in Form eines Tannenzapfens seine Seele.

Die Franzosen hatten beide Altertümer als Beute nach Paris geschleppt, 1815 wurden sie zurückgegeben.

Andere erzählen die gleiche Geschichte, aber mit einer sündhaften Frau, die man dem Teufel für das Wohl der Stadt geopfert habe, und bezeichnen die Frucht als eine Artischocke, die ihre arme Seele darstellen soll. ▪

Der Geiger von Echternach

Vor mehr als tausend Jahren lebte in Echternach der heilige Willibrord, der ein großer Wohltäter unseres Landes war. Wenn er predigte, dann drängte sich das Volk in dichten Scharen um ihn. In der vordersten Reihe der Zuhörer sah man stets den langen Veit, einen ungewöhnlich großen Mann, der als Musikant durchs Land zog und bei Festlichkeiten zum Tanz aufspielte. Das Wort des gewaltigen Bußpredigers rührte das Herz des Spielmanns so sehr , dass dieser sich eines Tages aufmachte und mit seinem Weib eine Wallfahrt ins Heilige Land antrat.

Jahre vergingen, doch Veit kehrte nicht zurück; nicht einmal eine Nachricht von ihm kam in die Heimat. Seine Verwandten hielten ihn für tot und teilten seinen Besitz unter sich auf. Da endlich, am Ostertag des zehnten Jahres seiner Wallfahrt, erschien der Totgesagte ganz unerwartet wieder – allein und bettelarm. Sein Weib war im Morgenland von Räubern erschlagen worden, und eine alte Geige war seine ganze Habe. So trat er vor seine Verwandten und forderte sein Gut zurück. Die Unredlichen erschraken und beschlossen, sich des Heimgekehrten zu entledigen. Sie beschuldigten ihn, er selbst habe sein Weib im fernen Land ermordet.

Vor Gericht war für diese schwere Anklage der Beweis nicht zu führen; nur ein Gottesurteil konnte also entscheiden: Der lange Veit musste gegen einen waffengewandten Vetter zum Kampf antreten. Er wurde besiegt, und der Richter verurteilte den Unterlegenen nach Gesetz und Herkommen zum Tod.

Als der Unglückliche unter dem Galgen stand und den Strick schon am Hals spürte, bat er, noch einmal auf seiner Geige spielen zu dürfen. Das wurde ihm als letzte Gnade gewährt, und er entlockte den Saiten solche wehmütigen Töne, dass den Zuhörern die Tränen in Strömen über die Wangen liefen. Dann aber spielte er feurige Weisen, die alle zur Hinrichtung Herbeigeeilten, Burschen und Dirnen, Männlein und Weiblein, ja selbst die ernsten Richter und den finsteren Henker, zum Tanz mitrissen. Toll und immer toller drehte sich die wilde Schar im Kreise – Veit aber stieg gemächlich von der Leiter herab und verschwand, immer weiterspielend, im Wald.

Erst am späten Abend hörten die Tänzer auf, sich zu drehen, doch die Verwandten Veits, die ihn fälschlich angeklagt hatten, mussten ohne Unterbrechung weiterspringen. Schon hatten sie sich bis an die Knie in die Erde hineingetanzt, da löste endlich Sankt Willibrord, den man herbeigerufen hatte, den tollen Zauber. ■

Siegfried und Genofeva

Zu den Zeiten des Erzbischofs Hildolf von Trier lebte dort der Pfalzgraf Siegfried mit seiner ebenso schönen wie frommen Gemahlin Genofeva, einer Herzogstochter von Brabant.

Nun begab es sich, dass ein Zug gegen die Heiden unternommen werden sollte und Siegfried in den Krieg ziehen musste. Da ordnete er an, dass Genofeva während seiner Abwesenheit auf seiner Burg Simmern im Meifelder Gau still und zurückgezogen leben sollte. Auch übertrug er einem seiner Dienstmannen namens Golo, zu dem er ein ganz besonderes Vertrauen hatte, die besondere Fürsorge für seine Gemahlin und schärfte ihm die größte Sorgfalt ein.

Siegfried ahnte nicht, dass Golo ein listiger Heuchler war. Schon lange war dieser in sündhafter Liebe zu seiner schönen Herrin entbrannt, hatte aber seine Begierden stets sorgfältig zu verbergen gewusst. Da aber nun der Pfalzgraf abwesend war, glaubte er keine Gefahr zu laufen, wenn er damit nicht länger hinter dem Berge hielt; auch meinte er, bei der Pfalzgräfin leichtes Spiel zu haben. Also gestand er ihr seine heißen Gefühle, wurde jedoch mit Abscheu zurückgewiesen.

Da versuchte Golo, sein Ziel auf andere Weise zu erreichen. Er legte der Gräfin gefälschte Briefe vor, aus denen hervorging, dass Siegfried auf der Seefahrt mit all seinen Leuten ertrunken sei. Ferner behauptete er, dass ihm jetzt das ganze Reich gehöre und

dass sie ihn unbesorgt lieben könne. Doch sie wehrte sich mit aller Kraft gegen seine Umarmung, und als er sie küssen wollte, schlug sie ihm mit der Faust ins Gesicht, sodass er von ihr ablassen musste.

Golo musste sich eingestehen, dass er bei Genofeva nie etwas ausrichten würde, und seine sündige Liebe wandelte sich in tödlichen Hass. Da er sich als unumschränkter Herr fühlte, der machen konnte, was er wollte, ließ er die Pfalzgräfin diesen Hass bald auf das Bitterste spüren. Er entließ alle Diener und Dienerinnen der edlen Frau, die nun zur Pflege in ihrer schweren Stunde, in der sie einen lieblichen Knaben gebar, niemand weiter hatte als eine alte Waschfrau. Sie litt unsäglich, murrte aber nicht, sondern ergab sich in Demut in Gottes Fügung.

Welche Freude daher, als eines Tages ein Bote eintraf, der die Herrin aufsuchte, und ihr die Nachricht brachte, dass ihr Gemahl keineswegs gestorben sei, sondern gesund aus dem Kriege heimkehre, bereits in Straßburg sich befinde und demnächst eintreffen werde. Auf ihren Knien dankte Genofeva Gott, denn nun musste ja alle Not ein Ende haben.

Von ihr war der Bote aber zu Golo gegangen, dem er dieselbe Nachricht mitzuteilen hatte. Heftig erschrak der Nichtswürdige, er wusste sich nicht zu helfen und hielt sich schon für verloren. In seiner Angst suchte er eine alte Hexe auf, die er um Rat fragte.

„Was sorgst du dich?" fragte das Weib böse grinsend, nachdem es einen reichlichen Lohn empfangen hatte. „Im Gegenteil wirst du dich nun erst recht an der Pfalzgräfin rächen können. Sie hat ihren Knaben zu einer Zeit geboren, dass niemand wissen kann, wer des Kindes Vater ist. Wenn du dem Pfalzgrafen sagst, dass sie mit dem Koch oder einem andern gebuhlt hat, so wird er sie sicher töten lassen, und du kannst ruhig sein."

Dem bösen Golo leuchtete dieser Rat ein. Er befahl einigen Knechten, sich zu wappnen, und ritt dem Herrn auf dem Weg nach Straßburg entgegen.

Wie erschrak der Pfalzgraf, als er seinen Verwalter kommen sah, denn er ahnte, dass daheim ein Unglück geschehen sein müsse.

„Was bringst du, Golo?"

„Nichts Gutes, Herr!"

„So sprich schnell, was ist geschehen?"

Und nun breitete der Verräter sein gemeines Lügengewebe vor dem Grafen aus und stürzte diesen in tiefes Leid. Allmählich aber erstarb der Jammer und wich dem wütendsten Zorn gegen die schändliche Verräterin, die seine Ehre mit Füßen getreten habe. „Wie aber", schloss er, „wie räche ich mich an dem ehrvergessenen Weib?"

„Herr", wagte Golo einzuwerfen, „unmöglich kann dieses Weib länger eure Gemahlin sein."

„Gewiss nicht", schnaubte der Graf, „ich will sie nicht mehr sehen. Aber was tun?"

Da machte Golo den Vorschlag, er wolle vorausreiten, die Treulose mit ihrem Knaben an einen See führen und sie ertränken.

Der Pfalzgraf willigte ein, und Golo ritt davon. Trotz seiner Bosheit war er aber doch zu feige, den Mord selbst auszuführen. Deshalb ergriff er Genofeva und ihren Sohn und übergab sie zwei Knechten mit dem Auftrag, sie in den Wald zu führen und zu töten.

Die Knechte gehorchten dem Gebot Golos. Als sie aber in den Wald kamen, entstand ein Wortwechsel über die Frage, wie sie die Tat ausführen sollten. Sie kannten die Bosheit des Verwalters nur zu gut, und keiner von ihnen glaubte an die Schuld der Pfalzgräfin.

„Warum sollen wir seinetwegen unser Gewissen belasten", sagte endlich der eine.

„Was haben diese Unschuldigen überhaupt getan? Kannst du der Herrin etwas Böses nachsagen?" fragte der andere.

„Nein, das kann ich nicht, und das kann keiner, der mit ihr im Schloss gewesen ist."

„Nun, so ist es besser, wenn wir unsere Hände nicht mit ihrem Blut beflecken und unser Gewissen rein halten."

„Aber fürchtest du nicht Golos Rache?"

„Wir können sie ja noch tiefer in den Wald führen und sie dort verlassen. Dann werden sie sicher von wilden Tieren zerrissen werden, und wir sind unschuldig an ihrem Tod."

Das leuchtete dem ersten Knecht ein. Sie führten Genofeva und ihren Sohn also in den dichtesten Teil des Waldes, kreuz und quer,

damit die beiden den Rückweg nicht wiederfinden konnten. Dann machten sie sich schnell davon, und die Verstoßenen waren nun allein in dem wilden Wald.

Auf dem Heimweg kam dem einen Knecht aber wieder ein Bedenken, denn Golo würde doch einen Beweis von ihnen fordern, dass sie seinen Befehl ausgeführt hätten, und was sollten sie dann sagen? Der andere Knecht wusste auch dafür Rat. Es war ein Hündchen mit ihnen gelaufen. Sie töteten es und schnitten ihm die Zunge heraus. Diese wiesen sie dann dem Golo als Genofevas Zunge vor, zum Beweis, dass sie seinen Befehl ausgeführt hatten.

Genofeva aber weinte und betete in der öden Wildnis. Ihr Kind war noch nicht dreißig Tage alt, und sie hatte keine Nahrung mehr für das kleine Wesen. Sie flehte die heilige Jungfrau um Beistand an, und siehe, da sprang plötzlich eine Hirschkuh durch das Gebüsch und legte sich neben dem Kind nieder. Darin erkannte Genofeva den Beistand der heiligen Jungfrau und ließ ihren Knaben sich an der Hirschkuh satt trinken. Und diese kam nun jeden Tag und nährte das Kind.

An diesem Ort blieb die unglückliche Pfalzgräfin sechs Jahre und drei Monate und nährte sich selbst von Kräutern und Wurzeln. Sie wohnte mit ihrem Kind in einer Höhle aus Holzstämmen, die sie mit Dornen verbunden und geschützt hatte, so gut sie konnte.

Nach Verlauf dieser Zeit trug es sich zu, dass der Pfalzgraf gerade in diesem Wald eine große Jagd veranstaltete und die Hunde dieselbe Hirschkuh aufjagten, welche Genofevas Kind genährt hatte. Die Jäger verfolgten sie, und als das Tier keinen andern Ausweg mehr sah, flüchtete es zu Genofevas Holzhöhle, wohin es ja täglich gelaufen war, und warf sich dem Knaben zu Füßen. Die Hunde drangen nach, und des Kindes Mutter nahm einen Stock und wehrte sie ab.

In diesem Augenblick kam der Pfalzgraf hinzu und sah noch, wie ein Weib unter das Holz huschte, während der Knabe und das zu seinen Füßen liegende Tier ihn erschreckt anblickten. Er befahl, die Hunde zurückzurufen und anzubinden. Dann fragte er in die Hütte hinein, ob die Frau eine Christin sei.

„Ja, Herr", antwortete sie, „ich bin eine Christin, aber ganz entblößt; leihe mir deinen Mantel, dass ich mich damit bedecke."

Siegfried warf ihr seinen Mantel zu.

„Weib", sagte er dann, „warum beschafftest du dir nicht Kleider?"

„Herr", antwortete sie, „mein Kleid ist vor Alter zerschlissen und auseinander gefallen."

„Wie viele Jahre sind's, seit du hierher in den Wald gekommen bist?"

„Sechs Jahre und drei Monate wohne ich hier."

„Wem gehört der Knabe?"

„Er ist mein Sohn."

„Wer ist des Kindes Vater?"

„Das weiß Gott allein."

„Wie kamst du hierher, und wie heißt du?"

„Ich heiße Genofeva."

Der Pfalzgraf fuhr zusammen, der Name erschreckte ihn. Er wandte sich ab, und seine Begleiter sahen seine Erschütterung.

Da wagte einer zu bemerken: „Wenn das unsere Frau ist, die doch genauso lange gestorben sein soll, wie diese Frau behauptet, hier im Wald zu sein, so muss sie ein Mal im Gesicht haben."

Der Pfalzgraf winkte, und es trat einer der Kämmerer näher hinzu und bestätigte, dass die Frau das Mal wirklich habe.

„Hat sie auch noch den Trauring?" fragte der Graf.

Auch dieser war vorhanden.

Da hielt sich Siegfried nicht länger. Er stürmte in die Höhle und schloss die Frau in seine Arme, hob auch sein Kind in die Höhe und küsste es und sprach: „Das sind meine Gemahlin und mein Kind."

Genofeva erzählte nun allen, was ihr widerfahren war, und alle vergossen Freudentränen. Als auch der treulose Golo dazukam, wollten sie alle auf ihn stürzen und ihn töten. Der Pfalzgraf rief aber: „Haltet ihn, bis wir aussinnen, auf welche Art er sterben soll."

Dies geschah, und Siegfried verordnete, vier Ochsen zu nehmen, die noch vor keinem Pfluge gezogen hatten, zwei an die Füße und zwei an die Hände Golos zu spannen und sie dann anzutreiben. So wurde sein Leib in vier Stücke zerrissen.

Der Pfalzgraf wollte seine geliebte Gemahlin und seinen Sohn nun heimführen. Sie aber schlug das aus und sprach: „An diesem Ort hat die heilige Jungfrau mich vor den wilden Tieren bewahrt und mein Kind durch eine Hirschkuh erhalten; von diesem Ort will ich nicht weichen, bis er ihr zu Ehren geweiht ist."

Sogleich sandte der Pfalzgraf nach dem Bischof Hildolf, dem er alles berichtete, und dieser weihte die Stelle, wo die fromme Genofeva so lange mit ihrem Sohn, den sie Schmerzensreich nannte, geweilt hatte. An dieser Stelle gelobte Siegfried auch, eine Kirche zu bauen.

Die Pfalzgräfin konnte danach keine Speisen mehr vertragen, wie sie gewöhnlich auf den Tisch kamen, sondern ließ sich im Wald die Kräuter sammeln, an die sie sich während der Zeit ihrer Einsamkeit gewöhnt hatte. Sie lebte jedoch nur noch kurze Zeit und entschlief dann selig.

Siegfried ließ sie in der Waldkirche, die er an der Stelle der Holzhöhle hatte erbauen lassen, bestatten. Die Kirche nannte er Frauenkirche; manche Wunder sollen dort geschehen sein. ▪

Der Bernkastler Doktor

Auf seiner schönen Burg Landshut lag Erzbischof Boemund schwer krank danieder; vergebens hatten die Ärzte ihre Kunst an ihm versucht, unrettbar schien er dem Tode verfallen.

Da versprach der Kirchenfürst demjenigen hohen Lohn, der ihm noch helfen könne. Ein schlichter Bürger aus Bernkastel hörte das. Gar feinen Wein hatte er im Keller; er nahm ein Fässlein vom Allerbesten und trug es keuchend hinauf zur kurfürstlichen Burg. Erst wollte man ihm hier den Eintritt verwehren, doch als er dringlich vorgab, er sei der rechte Doktor, der den Erzbischof ganz gewiss wieder gesund machen könne, wurde er eingelassen. Vor dem Krankenbett füllte er einen Becher mit perlendem Wein und reichte ihn Boemund mit den Worten: „Wer von diesem Wein trinkt, der muss gesund werden. Das ist der rechte Doktor!"

Erst nippte der Kranke, dann schlürfte er, dann tat er einen langen Zug. Als der Becher geleert war, sprach er: „Reich' mir noch mehr von dieser guten Arznei! Ich fühle, wie sie mir wohlig durch die Adern rinnt."

Nun trank er weiter von dem köstlichen Lebenselixier, und schon nach kurzer Zeit konnte er völlig genesen vom langen Krankenlager aufstehen. Noch heute rühmt man jenen Wein als den „Bernkastler Doktor". ∎

Der Schinderhannes

Die Kriegswirren am Rhein zur Zeit der Französischen Revolution und der Herrschaft Napoleons brachten eine große Unsicherheit mit sich. Um die Anführer der Räuberbanden dieser Zeit hat sich ein Kreis von Sagen gebildet, so vor allem um den Schinderhannes. Er hieß eigentlich Johann Böckler und war im Soonwald geboren. Im Jahr 1803 wurde er mit neunzehn Spießgesellen in Mainz enthauptet, nachdem er es zuvor jahrelang verstanden hatte, seinen Häschern zu entgehen.

Eines Tages borgte sich der Pächter vom Kalenfelder Hof Geld vom Schinderhannes; der gab es ihm auch, doch musste der Pächter ihm dafür zwei Zimmer vermieten und sicheres Quartier zusagen. Der Räuberhauptmann wohnte dort elf Tage lang mit seiner Bande; er sah die Gendarmen von Kirn oft dicht am Haus vorbeireiten, ohne dass sie gemerkt hätten, wer sich da verborgen hielt. Denn die Bauern verrieten die Räuber nicht – sie fürchteten ihre Rache.

Der Räuberhauptmann hatte durchaus eitle Züge. Er hielt so sehr auf sich, dass drei Schneider für ihn und seine Frau prächtige Kleider anfertigen mussten. Als der eine der Schneider einen dieser Anzüge abliefern wollte, begegnete ihm unterwegs der Schinderhannes mit seiner Frau. Der Räuber freute sich so über das neue Gewand, dass er sich auf der Stelle auszog, nackt umherlief, sich dabei auf sein Hinterteil klopfte und rief:

„Kommt nur, ihr Gendarmen, den Schinderhannes bekommt ihr doch nie!"

Dann zog er seinen neuen Anzug an und stolzierte mit seiner Frau, die sich ebenfalls neu eingekleidet hatte, zum Kalenberger Hof.

Einmal lauerte er bei einem Felsen an der Straße bei Waldböckelheim an der Nahe Kaufleuten auf, die auf dem Weg zum Markt in Kreuznach waren. Die Handelsleute gingen damals in größeren Gruppen, wenn sie große Summen Geld bei sich hatten, und so konnte sich der Schinderhannes eine reiche Beute versprechen.

Die Räuber fielen über die Handelsleute her, zwangen sie, ihre Schuhe auszuziehen, die sie auf einen Haufen warfen, und leerten

ihre Taschen. Dann gestatteten sie den gerupften Hühnern, wie sie sagten, ihre Schuhe wieder anzuziehen, und da jeder seine eigenen Schuhe, die ihm passten, wiederhaben wollte, gab es ein großes Geschrei und Gezänk. Darüber lachten die rohen Spießgesellen unbändig.

Der Schinderhannes verstand es trefflich, sich so zu verkleiden, dass die Gendarmen ihn nicht erkannten. Einmal saß er wie ein rechter Kaufmann in einer Wirtschaft und beteiligte sich eifrig am Kartenspiel. Zwei Gendarmen, die hinter ihm her waren, kamen zu dieser Wirtschaft, stiegen von den Pferden und banden sie vor dem Haus an; dann traten sie ein und musterten die Anwesenden, doch sie erkannten den Schinderhannes nicht.

Als sie sich niedergelassen hatten, um sich zu stärken, ging der Schinderhannes hinaus, schnitt den Gurt am Sattel des einen Pferdes entzwei und schwang sich auf das andere.

Darauf klopfte er ans Fenster der Wirtschaft und rief hinein: „Lebt wohl, ihr Gendarmen! Ihr könnt erzählen, dass ihr mit dem Schinderhannes Brüderschaft getrunken habt!"

Die Gendarmen rannten hinaus, so schnell sie konnten. Der eine wollte sich in den Sattel schwingen, doch er fiel samt Sattel zur Erde. Bis er ihn in Ordnung gebracht hatte, war der Schinderhannes schon über alle Berge.

Einmal traf der Schinderhannes im Wald einen Räuber aus einer anderen Bande; der setzte ihm die Pistole auf die Brust und plünderte ihn aus. Da der Schinderhannes wusste, dass der andere nur zwei Schuss in der Pistole hatte, sagte er zu ihm: „Schieß mir doch mal durch den Hut und auch durch den Mantel, sonst glauben meine Gesellen nicht, dass mich jemand ausgeplündert hat. Sie meinen sonst, ich hätte das Geld versoffen oder verspielt."

Der Räuber tat, was Schinderhannes sich gewünscht hatte.

Da packte dieser ihn an der Kehle und sagte: „Du dummer Kerl! Du bist mir ein Räuber! Geh erst mal ein bisschen bei mir in die Lehre. Sofort gibst du mir alles heraus, was du mir gestohlen hast!"

Der Räuber hatte sein Pulver verschossen und konnte sich gegen den starken Schinderhannes nicht wehren. So gab er ihm nicht nur heraus, was er ihm abgenommen hatte, sondern der Schinderhannes nahm ihm auch alles ab, was er noch besaß. ■

50

Die Jungfrau vom Drachenfels

Unter den Siebenbergen hebt sich der Drachenfels mit seinen Ruinen am kecksten vom Rhein empor. In uralter Zeit, so erzählt die Sage, lag hier in einer Höhle ein Drache, dem die heidnischen Umwohner göttliche Verehrung erwiesen und Menschenopfer brachten. Meist wurden dazu Gefangene gewählt, die man im Krieg gemacht hatte.

Einmal befand sich darunter eine christliche Jungfrau von vornehmer Geburt. Sie war von großer Schönheit, und zwei Anführer der Heiden stritten sich um ihren Besitz. Da entschieden die Ältesten, dass sie dem Drachen zum Fraß vorgeworfen werden sollte, damit keine schädliche Zwietracht unter ihnen entstünde.

Im weißen Gewand, mit einem Blumenkranz um das Haar, wurde die Jungfrau den Berg hinaufgeführt und in der Nähe der Felsenhöhle, wo das Untier lag, an einem Baum festgebunden. Neben diesem stand ein Stein als Altar.

Viele Zuschauer hatten sich in einiger Entfernung versammelt, um dem Schauspiel zuzusehen, aber es waren wenige, die das Schicksal der Armen nicht bedauerten. Die Jungfrau jedoch stand ruhig und schaute in frommer Ergebung zum Himmel.

Als die Sonne ihre ersten Strahlen auf den Eingang der Höhle warf, kam das Ungeheuer heraus und eilte zu der Stätte, wo es seinen Raub zu finden gewohnt war. Doch die wehrlose Jungfrau erschrak nicht. Aus ihrem Kleid zog sie vielmehr ein Kreuz mit dem Bild des Erlösers und hielt es dem Drachen entgegen. Dieser bebte zurück, und mit fürchterlichem Gezisch stürzte er sich in den nahen Waldgrund und wurde nie wieder gesehen.

Da lief das Volk herbei, von dem Wunder ergriffen, löste die Bande der Jungfrau und sah mit Staunen und Ehrfurcht das kleine Kreuz an. Und als die Jungfrau mit gottbegeistertem Mund von der Bedeutung dieses Kreuzes sprach, da fielen alle zur Erde und baten sie, zu den Ihren zu gehen und ihnen einen Priester zu schicken, der sie unterweisen und taufen möchte.

So kam das Christentum in die Gegend, und an der Stelle, wo der steinerne Altar des Drachen gestanden hatte, wurde bald eine Kapelle erbaut. ◾

Die Wisperstimme

Unweit von Lorch am Rhein gibt es im Wispertal am Wisperbach eine Mühle, in welcher der Müller, seine Frau und einige Kinder gut und glücklich lebten. Das Haus liegt dicht am Berg, auf dem die alten Schlösser Kammerberg und Rheinberg stehen.

Eines Tages geschah es, dass die Müllerin eine Stimme hörte, als wispere ihr jemand etwas ins Ohr. Doch konnte sie niemand erblicken. Aber da wisperte es von Neuem: „Geh' hinauf auf Kammerberg, heb' den Schatz im Turm, er ist dir bestimmt; der Schlüssel steckt im schwarzen Kasten."

Die Frau, dadurch beunruhigt, erzählte ihrem Mann von der Stimme, die ihr so geheimnisvoll zuflüsterte. Der aber sagte: „Possen! Träumerei! Hirngespinste! Schere dich nicht um solche Dinge; unser Schatz ist der weiße Mehlkasten!"

Doch die Müllersfrau hörte die Wisperstimme wieder und wieder und hatte keine Ruhe mehr. Auch der Schatz lockte sie – und eines Morgens, als der Müller weit oben im Tal am Wehr in der Wisper zu bauen hatte und nicht so bald nach Hause kommen würde, ging die Frau mit ihrem jüngsten Kind, einem Säugling, in aller Stille hinauf auf den Kammerberg.

Der Müller aber vollendete seine Arbeit früher und kam nach Hause. Es war gerade Mittag und Essenszeit, aber die Müllerin fehlte. Als er nun nach der Mutter fragte, sagte ihm sein ältester Sohn, dass sie mit dem Jüngsten auf dem Arm schon vor ein paar Stunden den Berg hinaufgegangen sei.

Eilig rannte der Müller hinauf, und als er in die Trümmer des verfallenen Schlosses eintrat, hörte er die Stimme seines wimmernden Kindes, die aus der Öffnung eines Turmgewölbes drang, stieg hinab und fand dort sein Weib leblos am Boden liegen. Eilends zog er Frau und Kind aus dem Gemäuer und trug und schleppte beide hinab in sein Haus.

Nach langer Ohnmacht kam die Müllerin schließlich zu sich und erzählte, was ihr widerfahren sei: Die Wisperstimme habe ihr Tag und Nacht keine Ruhe gelassen, sie habe hinaufgemusst, und die Stimme habe ihr auf dem Weg noch zugewispert, sie solle ganz ohne Furcht sein, es werde ihr nichts geschehen, nur reden solle sie um keinen Preis.

Sie sei also in das Turmgewölbe hinabgestiegen – da stand der Kasten, da stak der Schlüssel, sie habe das Behältnis geöffnet – da lag das blanke Gold, sie musste nur zugreifen – da habe sie plötzlich ihren älteren Sohn hinter sich rufen gehört: „Mutter! Mutter!"

Und dann habe sie unwillig geantwortet: „Was gibt's?", und da habe es einen entsetzlichen Krach getan, als berste der Turm und stürze das Gemäuer auf sie und ihr Kind nieder, und eine Stimme habe ausgerufen: „Weh! Weh! Warum redest du? Nun bin ich wieder unerlöst auf weitere hundert Jahre!" Und da sei es ihr schwarz vor Augen geworden.

Und als sie das alles ihrem Mann erzählt hatte, verfiel sie einer tiefen, schweren Krankheit, und drei Tage später war sie eine Leiche. So hat es der Wispermüller selbst erzählt im Jahr des Herrn 1814. ∎

Der Binger Mäuseturm

Zu Bingen ragt mitten aus dem Rhein ein hoher Turm, von dem folgende Sage erzählt wird:

Im Jahr 974 gab es eine große Hungersnot in Deutschland, sodass die Menschen Katzen und Hunde aßen und viele verhungerten. Zu dieser Zeit amtierte zu Mainz ein Bischof namens Hatto der Andere. Er war ein Geizhals, der nur daran dachte, seinen Reichtum zu mehren, und untätig zusah, wie die armen Leute auf der Gasse niederfielen und in Haufen zu den Verkaufsständen liefen und sich das Brot mit Gewalt nahmen.

Da sprach der Bischof: „Lasst alle Armen und Bedürftigen sich in einer Scheune vor der Stadt versammeln, ich will sie speisen."

Aber als sie in der Scheune waren, schloss er die Tür zu, legte Feuer und verbrannte die Scheune samt den armen Leuten. Als nun die Menschen unter den Flammen wimmerten und jammerten, rief Bischof Hatto: „Hört, hört, wie die Mäuse pfeifen!"

Doch Gott der Herr sandte ihm bald seine Strafe: Tag und Nacht liefen die Mäuse über ihn und fraßen an ihm, und Hatto konnte sich ihrer trotz all seiner Macht nicht erwehren. Schließlich wusste er keinen anderen Rat, als mitten im Rhein bei Bingen einen Turm zu bauen und dort den Mäusen zu entgehen. Aber diese schwammen durch den Strom heran, erklommen den Turm und fraßen den Bischof bei lebendigem Leibe auf. ■

Die Lorelei

Wo sich das Stromtal des Rheins unterhalb Kaub am engsten zusammendrängt, starren schroff zu beiden Seiten echoreiche Felswände aus Schiefergestein schwarz und unheimlich empor. Schneller fließt dort der Strom, lauter brausen die Wogen, prallen ab am Fels und bilden schäumende Wirbel.

Nicht geheuer ist es in dieser Schlucht, über diesen Stromschnellen, denn die schöne Nixe des Rheins, die gefährliche Lurlei oder Lorelei ist in den Felsen gebannt. Oft erscheint sie den Schiffern, kämmt mit goldenem Kamm ihr langes, flachsfarbenes Haar und singt dazu ein süßes, betörendes Lied; mancher, der sich davon locken ließ und den Felsen erklimmen wollte, fand seinen Tod in den Wellenwirbeln.

Rheinab und -auf ist keine Sage so bekannt wie die von der Lorelei, aber sie gleicht dem Echo der hohen Uferfelsen, das sich mannigfach rollend bricht und wiederholt. Viele Dichter haben sie ausgeschmückt – bis fast zur Unkenntlichkeit.

Lorelei ist die Rhein-Undine. Wer sie sieht, wer ihr Lied hört, dem wird das Herz aus der Brust gezogen. Hoch oben auf ihres Felsen höchster Spitze steht sie im weißen Kleid, mit fliegendem Schleier, mit wehendem Haar, mit winkenden Armen. Keiner aber kommt ihr nahe. Wenn auch einer den Felsgipfel ersteigt, sie weicht vor ihm, sie schwebt zurück, sie lockt ihn durch ihre zaubervolle Schönheit – bis an des Abgrunds jähen Rand, er sieht nur sie, er glaubt sie vor sich auf festem Boden, schreitet vor und stürzt zerschmetternd in die Tiefe.

Eine der vielen Sagen, die sich um die Lorelei ranken, ist diese: Einst schiffte auch der Teufel auf dem Rhein und kam zwischen die Loreleifelsen. Der Pass schien ihm zu eng, er wollte ihn weit haben und den gegenüberliegenden Felsenkoloss entweder von der Stelle rücken oder in solche Brocken brechen, dass sie den Strom ganz sperren und unschiffbar machen sollten. Da stemmte er nun seinen Rücken an den Loreleifelsen und hob und schob und rüttelte am Berg. Schon begann dieser zu wanken, da fing die Lorelei an zu singen.

Der Teufel hörte den Gesang, und ihm wurde seltsam zumute. Er stockte mit seiner Arbeit und hielt es fast nicht länger aus. Gern hätte er sich die Lorelei geholt, doch er hatte keine Macht über sie. So wurde er von Liebe so heiß, dass er dampfte.

Als der Lorelei Lied verklang, eilte der Teufel von dannen; er hatte schon gedacht, an den Felsen gebannt bleiben zu müssen. Aber als er hinweg war, da zeigte sich, o Wunder, seine ganze Gestalt, der Schwanz nicht ausgenommen, in die Felswand schwarz eingebrannt, womit er sein Andenken bei der Lorelei verewigte.

Nachher hat sich der Teufel sehr gehütet, der Sirene des Rheins je wieder zu nahe zu kommen. ■

Das goldene Mainz

Mainz, die uralte Römerstadt nahe dem Zusammenfluss von Rhein und Main – von Letzterem hat sie den Namen –, wurde, wie auch die „aurea Roma", „golden" genannt, und eine Berghöhe über der Stadt trug den Namen „Die goldne Luft".

Über die Ableitung des Namens existieren viele haltlose Fabeln – dabei lag doch die Vermutung nahe, dass die Stadt ihren Namen dem Nachbarstrom verdankt. Die Römer gründeten dort Werke, deren Trümmer noch heute sichtbar sind und deren Namen noch forthallen.

Ein noch dauerhafteres Werk, das Christentum, führte die Stadt zu hoher Blüte. Winfried Bonifatius wurde der erste Erzbischof zu Mainz, ihm und seinem großen Einfluss verdankt es die Stadt, dass der Erzbischofsstuhl von Mainz der bedeutendste in Deutschland wurde und dass der Erzbischof später zugleich des Reiches Kurfürst war, der erste Mann nach dem Kaiser.

Doch die zunehmende Macht der Kirche und den damit verbundenen Prunk soll Winfried nicht gutgeheißen haben. Vielmehr soll er gesagt und geklagt haben:

„Früher waren die Priester golden und bedienten sich hölzerner Kelche, in unsern Zeiten aber bedienen sich hölzerne Priester goldener Kelche."

Dieser Spruch vererbte sich so fort durch alle kommenden Zeiten, nicht nur im goldenen Mainz. ■

Das Rad
im Mainzer Wappen

Im Jahr 1009 wurde Willegis, ein frommer und gelehrter Mann, zum Bischof von Mainz gewählt. Da er aber von geringer Herkunft und sein Vater ein Wagnersmann gewesen war, hassten ihn die adligen Turmherren und Stiftsgenossen. Um ihm eine Schmach zu bereiten, nahmen sie Kreide und malten Räder an die Wände und Türen seines Schlosses.

Als der fromme Bischof ihren Spott vernahm, ließ er einen Maler rufen; dem befahl er, in alle seine Gemächer mit guter Farbe weiße Räder in rote Felder zu malen, und ließ dazu folgenden Reim schreiben:

„Willegis, Willegis, denk, woher du kommen bis."

Seit dieser Zeit führen alle Bischöfe zu Mainz weiße Räder im roten Schild.

Andere fügen hinzu, Willegis habe zum Zeichen seiner Demut stets ein hölzernes Pflugrad an seiner Bettstätte hängen gehabt. ■

Das Hündlein von Bretten

In der Rheinpfalz, besonders im Kraichgau, geht unter den Leuten folgendes Sprichwort um, wenn von übel belohnter Treue die Rede ist: „Es geschieht dir wie dem Hündchen zu Bretten." Die Sage davon muss schon alt sein.

In dem Städtchen Bretten lebte vorzeiten ein Mann, der ein treues und zu mancherlei Dienst abgerichtetes Hündlein hatte. Das pflegte er auszuschicken, gab ihm einen Korb ins Maul, worin ein beschriebener Zettel und das nötige Geld lagen, und so holte das Hündlein Fleisch und Bratwurst beim Metzger, ohne je einen Bissen davon anzurühren.

Einmal aber sandte es sein Herr, der evangelisch war, an einem Freitag zu einem Metzger, der katholisch war und streng die Fastenregel beachtete. Als nun der Metzger auf dem Zettel eine Wurst bestellt fand, hielt er das Hündlein fest, schlug ihm den Schwanz ab, legte den in den Korb und schrieb auf den Zettel: „Da hast du Fleisch!" Das Hündlein aber, beschimpft und verwundet, trug den Korb treu nach Haus, legte sich nieder und verstarb. Die ganze Stadt trauerte, und das Bild eines Hündleins ohne Schwanz wurde in Stein gehauen und übers Stadttor gesetzt. ∎

Heinrich Frauenlob

Es war in deutschen Landen ein Minnesänger, der sang viele süße Weisen zum Lob der Frauen – deshalb nannte man ihn auch Frauenlob. Sein wirklicher Name dagegen war Meister Heinrich von Meißen.

Viele Reisen machte der Sänger von einem deutschen Hof zum anderen. Einstmals lauerten Feinde ihm auf und umringten ihn mit erhobenen Waffen – sie wollten ihn töten. Da bat er, sie sollten ihm vor seinem Tode noch ein Lied vergönnen, und als sie das taten, sang er so rührend zum Preis der Frauen, dass jede Waffe sich senkte und die Feinde ihn unverrichteter Dinge heil von dannen ziehen ließen.

Auf seinen Sangesfahrten kam Meister Heinrich auch nach Mainz und verstarb dort. Nahe beim Dom wurde er mit großen Ehren begraben. Von seiner Herberge bis zur Grabstätte trugen ihn Frauen und erhoben um ihn großes Weinen und Wehklagen des großen Lobes wegen, das der Sänger dem weiblichen Geschlecht Zeit seines Lebens gesungen hatte. Und mit den Tränen, die sie vergossen, gossen sie zugleich eine Fülle edlen Weins auf Meister Heinrichs Grab, sodass der Wein rund um die Kirche floss. Doch wäre es wohl manchem Dichter, der auch die Frauen preist, lieber, sie gäben ihm solchen Wein zu Lebzeiten.

Mehr als ein Denkmal ist Heinrich Frauenlob errichtet worden im Dom zu Mainz, und sein Gesang ist unvergessen. ∎

Die überschiffenden Mönche

In der Stadt Speyer lebte vor langer Zeit ein Fischer. Als dieser in einer Nacht an den Rhein kam und sein Netz werfen wollte, trat ein Mann auf ihn zu, der wie ein Mönch eine schwarze Kutte trug. Nachdem ihn der Fischer begrüßt hatte, sprach der Unbekannte:

„Ich komme als Bote von weit her und möchte gern über den Rhein."

„Steig in meinen Nachen ein zu mir", antwortete der Fischer, „ich will dich hinüberfahren."

Als er von der Überfahrt zurückkehrte, standen noch fünf andere Mönche am Ufer, die auch übergesetzt werden wollten.

Der Fischer fragte bescheiden, warum sie in so tiefer Nacht reisten.

„Die Not treibt uns", versetzte einer der Mönche, „die Welt ist uns feind, so nimm du dich unser an und Gottes Lohn dafür."

Der Fischer verlangte zu wissen, was sie ihm für seine Arbeit geben wollten. Sie sagten: „Jetzt sind wir arm, wenn es uns wieder besser geht, sollst du unsere Dankbarkeit schon spüren."

Also stieß der Schiffer ab. Doch auf dem Rhein erhob

sich ein fürchterlicher Sturm. Der Fischer erblasste. „Was ist das", dachte er, „bei Sonnenuntergang war der Himmel klar, und schön schien der Mond, woher dieses plötzliche Unwetter?" Und als er seine Hände hob, um zu Gott zu beten, rief einer der Mönche:

„Was liegst du Gott mit Beten in den Ohren, steuere dein Schiff." Bei diesen Worten riss er dem Fischer das Ruder aus der Hand und schlug ihn, bis er halb tot im Nachen lag.

Der Tag begann zu dämmern, und die schwarzen Männer waren verschwunden; der Himmel zeigte sich klar wie zuvor. Der Schiffer ermannte sich, fuhr zurück und erreichte mit Not sein Haus.

Am nächsten Tag begegnete ein früh aus Speyer reisender Bote denselben Mönchen in einem rasselnden, schwarzen Wagen. Bestürzt sah der Bote, dass der Wagen sich mit Prasseln und Flammen in die Lüfte erhob, dabei vernahm er Schwerterklingen, als ob Heere aufeinander stießen.

Der Bote kehrte zur Stadt zurück und erzählte von dem Vorfall; man schloss daraus auf Zwietracht unter den deutschen Fürsten. ■

Der Wildsee

Der Schwarzwald birgt eine Menge von Hochseen, die im Sommer viele Besucher anlocken. Zu den schönsten gehört wohl der Wildsee im Flussgebiet der Murg. Wer vom Ruhstein zur Hornisgrinde emporsteigt, kann sich nach halbstündiger Wanderung seines Anblicks erfreuen. Dort liegt der See dann in der Tiefe, umgeben von dunklem Tannenwald. Herrlich blickt das „Schwarze Auge" herauf und lädt zur Rast ein. Aber der Wanderer findet keine Zeit dazu; ihn zieht es auf die Höhe, wo die Blicke ungehindert in die Ferne schweifen können.

Nicht so eilig hatte es vor Jahren ein junger Hirte mit frischen Wangen und blonden Haaren, der mit seinen Kühen den Waldweg heraufgekommen war. An der steilen Bergwand fanden die Tiere gute und ausgiebige Weide, und so konnte der Hirte tun, was ihm beliebte. Er folgte der Einladung der weltverborgenen Flut und stand bald am Ufer des Sees bei den unscheinbaren Trümmern einer Kapelle, zu der die Leute einst Wallfahrten unternommen hatten und in deren Nähe ein Waldbruder seine einfache Hütte erbaut hatte.

Auf einem moosbewachsenen Stein, der wohl als Türpfosten gedient haben mochte, setzte der Hirte sich nieder und erfreute sich am Anblick des Sees und des weiten Waldmeeres. Stille Einsamkeit ringsum. Doch was drang plötzlich an sein Ohr? Waren das nicht die sanften Töne einer Harfe, die sich aus den stillen Wassern des Sees erhoben? Eine solche Musik hatte er noch nie vernommen. Die Viehherde war für ihn vergessen, er starrte nur noch auf die schwarzen Fluten, in denen sich die steil aufragende Bergwand und die alten Tannen spiegelten.

Und plötzlich belebte sich das sonst so stille Wasser. Von der Mitte des Spiegels gingen Kreise aus, die sich an den steinigen Ufern brachen. Dem Hirten wurde es ganz mulmig zumute. Eine innere Stimme sagte ihm: „Flieh von diesem Ort, es naht dir Verderben!"

Aber es war schon zu spät. Am Ausgangspunkt der kreisförmigen Wellen tauchte die Nixe des Wildsees, eine holde Jungfrau mit wallendem Haar und mit einer goldenen Leier, empor und erreichte in wenigen Augenblicken das Ufer. Hier lustwandelte sie und ließ die zarten Finger über die Saiten gleiten. Dazu sang sie ein Lied, so schön, dass es den Engeln im Himmel nicht besser gelungen wäre.

Die reinen Lüfte trugen den Gesang durch den Tann. Dort verstummten die gefiederten Bewohner und flatterten dem Wildsee zu, wo sich schon die scheuen Rehlein fast geräuschlos eingefunden hatten. Auch die Käfer und anderes Getier des Waldes wollten nicht zurückbleiben, und selbst die langsame Schnecke beeilte sich an diesem Tag. Alles, was hören konnte, war auf dem nächsten Weg zum See.

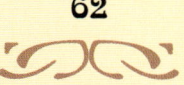

62

Und dort saß er, der Hirte, in Staunen versunken und konnte keinen Laut über seine Lippen bringen. Die warnende Stimme in seinem Herzen war verstummt. Er hielt sich für den Glücklichsten; denn Musik und Gesang galten nur ihm, das hatte er deutlich gehört. Das schöne Fräulein durfte er sein Eigen nennen, die wunderbaren, überirdischen Töne zu jeder Stunde vernehmen, wenn er mit in die Tiefe hinabstieg. Und jetzt hatte sich die Zauberin zu ihm auf die Moosbank gesetzt, sodass die ganze Fülle ihrer Schönheit auf ihn eindrang, schon umfing sie ihn liebkosend, bald zog sie den Jüngling mit sich und verschwand mit ihm in den Fluten. Über dem Wasser erklang noch einmal das Saitenspiel. Dann war alles still – und niemand hat den Hirten je wieder gesehen.

Als man den Hirten schon längst vergessen hatte, kam einmal das Töchterlein eines Harzreißers aus Buhlbach mit seinen Ziegen bis zum Wildsee herauf. Das Alleinsein war das Mädchen gewöhnt. Schon manchen Tag hatte es im Wald zugebracht, ohne irgendwie Angst zu empfinden. So hatte auch der einsame See nichts Ängstigendes für das Mädchen, obwohl es schon gehört hatte, dass das Wasser schlimme Geister beherberge, die bei Tageslicht als schwarze Fische zu sehen seien. Die Neugier trieb die Hirtin in die Nähe des Ufers. Sie wollte sich überzeugen, ob etwas Wahres an dem Gerede der Leute wäre.

Und richtig: Es war keine Täuschung. Dort von der Mitte her kamen drei schwarze Fische angeschwommen, die ihre großen Augen drohend auf das Mädchen richteten. Auch der heitere Spielmann, von dem eine Nachbarin im letzten Winter in der Spinnstube erzählt hatte, war offenbar an der Arbeit. Seine Musik, die immer ein Unglück ankündigte, war deutlich zu hören. Bei diesen Gedanken schwand dem Hirtenmädchen jeglicher Mut. So schnell wie möglich wollte es mit seinen Ziegen den unheimlichen Ort verlassen. Aber schon nach wenigen Schritten blieb es wie angewurzelt stehen.

Am Berg war ein fremder Mann in prächtigem Kleid zu Pferde erschienen. Von der Musik bezaubert, sprengte er spornstreichs den Weg hinab, gerade auf den See zu. Mann und Pferd verschwanden in der Tiefe; nur der Federhut des Reiters schwamm noch einige Zeit auf dem Wasser.

Wie die Hirtin nach Hause kam, konnte sie später nicht sagen. Aus ihren wirren Reden konnte sich anfangs niemand einen Reim machen. Erst nach und nach erkannte man, dass sie den lustigen Spielmann des Wildsees gehört hatte und dass das Unglück seinem Spiel auf dem Fuß gefolgt war. Die alte Nachbarin aber sagte: „Ich wusste ja, dass in diesem Jahr noch etwas am Wildsee geschehen würde, denn vergangene Weihnachten habe ich das Glöcklein der ehemaligen Wildseekapelle läuten gehört." ■

Der Mummelsee

Im Schwarzwald liegt auf einem hohen Berg ein unergründlicher See. Wenn man eine ungerade Zahl Erbsen, Steine oder etwas anderes in ein Tuch bindet und hineinhängt, so verändert sich die Menge in eine gerade Zahl und umgekehrt. Wirft man jedoch einen oder mehrere Steine hinein, trübt sich der heiterste Himmel und ein Unwetter entsteht. Die Wassermännlein tragen dann alle hineingeworfenen Steine sorgfältig wieder ans Ufer. Über diesen See, Mummelsee geheißen, erzählt man sich noch viele weitere merkwürdige Geschichten:

Als einst etliche Hirten ihr Vieh bei dem See hüteten, stieg ein brauner Stier aus den Fluten und gesellte sich zu den übrigen Rindern. Bald aber folgte ihm ein Männlein nach, um den Stier zurückzutreiben. Doch dieser wollte nicht gehorchen. Da hat das Männlein ihn verwünscht, bis er doch wieder mitging.

Ein Bauer ist mit seinen Ochsen und einigen Baumstämmen im Winter über den zugefrorenen See ohne Schaden gefahren, sein nachlaufendes Hündlein aber ist ertrunken, nachdem das Eis unter ihm gebrochen war.

Ein Schütze hat im Vorbeigehen ein Männlein auf dem Wasser sitzen sehen, den Schoß voller Geld; als der Mann darauf schießen wollte, ist das Männlein untergetaucht und hat ihm zugerufen, dass es ihn reich gemacht hätte, wenn er es darum gebeten hätte, so aber sollten er und seine Nachkommen arm bleiben.

Einmal ist ein Männlein am späten Abend mit der Bitte um ein Nachtlager zu einem Bauern auf dessen Hof gekommen. Der Bauer bot ihm in Ermangelung von Betten die Stubenbank oder den Heuschober an, doch es bat darum, draußen zu schlafen. „Meinetwegen", hat der Bauer geantwortet, „wenn du möchtest, kannst du auch im Weiher oder am Brunnentrog schlafen."

Mit dieser Erlaubnis hat sich das Männlein gleich zwischen die Binsen und das Wasser eingegraben, als ob es wärmendes Heu wäre. Frühmorgens ist es herausgekommen, ganz mit trockenen Kleidern, und als der Bauer sein Erstaunen über den wundersamen Gast zeigte, hat es erwidert: Ja, es könne wohl sein, dass seinesgleichen nicht in vielen hundert Jahren hier wieder übernachten würde. Und dann ist es mit dem Bauern so weit ins Gespräch gekommen, dass es ihm anvertraute, es sei ein Wassermännlein, das seine Gemahlin verloren habe und im Mummelsee suchen wolle. Schließlich bat das Männlein den Bauern, ihm den Weg zu zeigen.

Unterwegs erzählte es noch viele wunderliche Sachen, wie es schon in vielen Seen sein Weib gesucht und nicht gefunden habe. Als sie am Mummelsee angekommen waren, ist das Männlein gleich hineingestiegen und untergetaucht. Zuvor bat es den Bauern jedoch, so lange an seinem Platz zu verweilen, bis es wieder auftauchen oder ihm ein Zeichen senden würde.

Als der Bauer nun ein paar Stunden bei dem See gewartet hatte, stieg plötzlich der Stecken, den das Männlein bei sich getragen hatte, samt ein paar Hand voll Bluts mitten im See durch das Wasser herauf. Zudem sprangen einige Schuhe hoch in die Luft, sodass der Bauer wohl annehmen konnte, dass dieses das verheißene Zeichen war.

Ein Herzog aus dem Hause Württemberg ließ einmal ein Floß bauen und damit auf den See fahren, um dessen Tiefe zu ergründen.

Als aber die Floßfahrer schon ihr ganzes Garn an einem Lot hinuntergelassen und immer noch keinen Boden gefunden hatten, fing das Floß plötzlich gegen die Natur des Holzes zu sinken an, sodass die Schiffer von ihrem Vorhaben ablassen und auf ihre Rettung bedacht sein mussten. Von diesem Floß sind noch heute Teile am Ufer zu sehen. ▪

Die Mümmelein vom Mummelsee

Der Weg zum Mummelsee bietet die beste Gelegenheit, die mächtigen Krummholzkiefern zu bewundern, die auf sumpfigen, mit dichtem Moos und Heidekraut bewachsenen Boden emporragen. Den Wanderer mögen in der einsamen Gegend auf dem Pfad durch düstere Tannenwaldungen manch dunkle, trübe Gedanken überfallen, ehe im tiefen Bergkessel plötzlich der See vor ihm auftaucht.

Seinen wundersamen Namen hat das Wasser von den Seeweiblein, hier Mümmelein genannt, die statt der Fische darin hausen. Wer bei Tag an den See kommt, erblickt zuweilen weiße Lilien auf dem dunklen Wasserspiegel. In mondhellen Nächten aber geht eine rasche Umwandlung mit den Pflanzen vor. Anstelle der Blumen sind dann die holden Mümmelein zu sehen, die sich fröhlich im Wasser

tummeln. Liebliche Harfentöne begleiten den vielverschlungenen Reigen, bis die Nixenschar schließlich die Ufer aufsucht.

Hier setzt sie das muntere Treiben fort. Die bleichen Wangen überziehen sich mit einem zarten Rot und bilden einen lieblichen Gegensatz zu den weißen, duftigen Gewändern. Schlag Mitternacht erscheint der Vater an der Oberfläche des Sees und ruft seine Töchter in die Flut zurück. Sie kennen den strengen Nix und tauchen dann rasch mit ihm unter, um am anderen Morgen wieder als Lilien zu erscheinen.

Früher haben Jäger und Hirten die Mümmelein öfter gesehen. Ein kecker, schöner Jägerbursche erblickte einst ein Seeweiblein, das mit einem Sträußchen aus Feldblumen in den zarten weißen Händchen am Ufer saß. Das Mümmelein sah so lieblich aus, dass der Jäger rasch zu ihm hingehen wollte. Doch kaum hatte ihn die schöne Nixe erblickt, sprang sie erschreckt auf und verschwand im See. Ihr Schleier, ein zartes, meergrünes Gewebe, blieb in dem Gebüsch, durch das sie geschlüpft war, hängen.

Obwohl die wunderbare Erscheinung nur wenige Augenblicke gedauert hatte, so war doch die Liebe mächtig in des jungen Weidmannes Herz eingezogen. Schnell griff er nach dem Schleier und barg ihn als teures Pfand an der Brust. Seine Ruhe war für immer dahin. Bleich und still streifte er bei Tag umher, und wenn sich die Dunkelheit herab-

senkte, wanderte er von dem einsam gelegenen Försterhaus hinauf an den Mummelsee. Doch fand er nie, was er suchte.

Ein Freund, der ihm sein Geheimnis abgelauscht hatte, entriss ihm eines Tages den Schleier, band ihn an einen schweren Stein und versenkte ihn in der schwarzen Flut. Doch auch dadurch wurde der Jägerbursche nicht von seinem Liebesleid geheilt; seine Sehnsucht verstärkte sich nur noch mehr.

Einst kam er beim schwachen Lichtschein des ersten Mondviertels wieder an den See. Das sonst so ruhige Wasser brauste unheimlich und warf hohe Wellen. Ein Blitzstrahl erhellte die Dunkelheit für einen Augenblick. Der Jäger sah deutlich das teure Gewebe auf der Mitte des Sees und rief: „Der Schleier, der Schleier! Das Seefräulein winkt!"

Ohne sich lange zu besinnen, stürzte er in die brausende Flut und zerteilte mit kräftigen Armen die Wellen. Schon hatte er die Mitte des Sees erreicht, schon hielt er den Schleier in den Händen … da zog es ihn mächtig in die Tiefe. Die Fluten schlugen über ihm zusammen, und der Wasserspiegel war wieder so ruhig und glatt, als wäre nichts geschehen. ■

Richard Löwenherz auf dem Trifels

Im Jahr 1189 unternahm Kaiser Friedrich Barbarossa zusammen mit König Philipp August von Frankreich und König Richard dem Ersten, genannt Löwenherz, von England, einen Kreuzzug. Der Kaiser kehrte aber nicht zurück, denn er ertrank schon auf dem Hinweg in dem Fluss Saleph in Kleinasien.

Da nun das Oberhaupt fehlte, das mit seiner mächtigen Hand gewiss alles fest zusammengehalten und zu einem guten Ende geführt hätte, richtete der Kreuzzug im Allgemeinen wenig aus. Jeder wollte nun der Erste sein und den anderen Befehle erteilen, keiner aber wollte sich das gefallen lassen, und der ebenso heldenmütige wie hochfahrende Richard beleidigte den König von Frankreich und Herzog Leopold von Österreich, der nun die Deutschen befehligte, so schwer, dass beide in die Heimat zurückkehrten und König Richard allein im Heiligen Land blieb.

Trotzdem gelang es Richard, mit Sultan Saladin einen für die Christen vorteilhaften Vertrag abzuschließen.

Wohlgemut schiffte sich König Richard nun nach England ein, doch ein Sturm trieb das Schiff schon an der dalmatinischen Küste an Land, und er sah sich gezwungen, seinen Weg zu Lande fortzusetzen – durch das Land seines grimmigsten Feindes, Leopold von Österreich. Er verkleidete sich und hoffte, dass es ihm gelingen würde, Österreich unbemerkt zu passieren, aber in der Nähe von Wien wurde er erkannt und von dem frohlockenden Leopold in Gewahrsam genommen. Zwar musste Leopold seinen Gefangenen nach kurzer Zeit an Kaiser Heinrich, Barbarossas Sohn, ausliefern, doch da dieser dem englischen König auch nicht wohl gesinnt war, wechselte Richard eben nur das Gefängnis und wurde auf den Trifels in der Pfalz gebracht. Um wen es sich bei dem hohen Gefangenen handelte, wurde streng geheim gehalten.

In England wusste man, dass der König das Heilige Land verlassen hatte; da er aber nicht zurückkehrte, so lag es auf der Hand anzunehmen,

67

dass er von seinen Feinden gefangen gehalten wurde. Alle Boten aber, die man aussandte, um den Aufenthalt des Königs auszukundschaften, kamen unverrichteter Dinge zurück.

Da entschloss sich des Königs ergebenster Freund, der Minnesänger Blondel, mit dem Richard dem Kartenspiel sowie der Dicht- und Gesangeskunst frönte, seinen königlichen Freund selbst zu suchen. Begleitet von zwei Rittern und fünfzig Knappen machte er sich auf, um Deutschland und danach Frankreich zu durchstreifen.

Blondel selbst diente der auserlesenen Schar als Kundschafter, aber zunächst schien es ihm nicht anders ergehen zu sollen als den früher ausgesandten Boten. Denn bald schon hatte er den größten Teil der deutschen Gaue, namentlich die Stammländer des Österreichers, kreuz und quer durchstreift und konnte doch nicht die geringste Spur des verschwundenen Königs Richard finden.

So kam er endlich auch in die Pfalz zu der Burg Trifels, und wie immer lagerten seine Begleiter auch hier versteckt in tiefem Gebüsch, während Blondel allein zu einem Kundschaftergang auszog. Dass vornehme Leute auf der Burg gefangen gehalten wurden, das erfuhr er von Hirten bald, aber wer sie seien, das wusste keiner zu sagen. Da schlich er sich in der Nacht den Felsen hinauf bis dahin, wo das Wasser im tiefen Burggra-

ben den Fuß eines dicken Turmes umspülte, der ihm am ehesten wie ein Gefängnis aussah. Sich tief im Schatten haltend, trat er bis dicht an den Graben heran und begann ein Lied zu singen, das er oft mit dem König zusammen gesungen hatte. Und, o welche Freude! Als er die erste Strophe beendet hatte, antwortete ihm eine Stimme aus dem Turm mit der zweiten. Das konnte nur König Richard sein, da war kein Zweifel.

Bald erschien dieser dann auch am Fenster. Blondel gab sich zu erkennen und erfuhr, dass die Besatzung im Vertrauen auf die Festigkeit der Burg und auf die geheimnisvolle Art, wie man den Gefangenen und seine beiden Begleiter, zwei englische Herren, hierher gebracht hatte, nur schwach sei und leicht zu überwältigen sein würde. So wurde denn für die nächste Nacht die Flucht verabredet.

Da die hochgezogene Zugbrücke ein Hineinkommen über den tiefen Burggraben unmöglich machte, beschäftigten sich Blondels Begleiter den Tag über damit, einige Bäume zu fällen, die sie über den Graben legen und als Brücke benutzen könnten. Als die Nacht hereinbrach, begann das kühne Unternehmen. Die Bäume wurden zum Graben geschleift und bildeten eine Brücke, die Blondel aber zunächst allein benutzte, um eine Ausfallpforte auszuspähen, wie sie Burgen gewöhnlich außer dem Tor zu haben pflegen, denn das Tor war zweifellos so fest, dass es wohl langer Zeit bedurft hätte, um es

einzuschlagen. Er fand, was er suchte, und holte nun seine kleine Streitmacht herüber. Die Pforte widerstand den kraftvollen Hieben der Streitäxte nicht lange.

Als die Engländer einbrachen, stürzte die durch den Lärm geweckte Besatzung auf den Burghof, wurde aber so wütend angefallen, dass sie sich halb in die Gebäude zurückzog. Während des Kampfes eilte Blondel mit mehreren Knappen zu dem Turm, sie schlugen die Türen ein und befreiten den König und seine zwei Begleiter. Nun wurde die Besatzung der Burg, von der im ersten wütenden Ansturm eine ganze Zahl erschlagen worden war, schnell überwältigt; von den Engländern hatten zwar auch mehrere tüchtige Wunden davongetragen, aber gefallen war keiner.

So wurde nach der Sage König Richard Löwenherz durch seinen getreuen Blondel befreit. Richard erreichte glücklich das Meer und den Strand der Heimat, wo ihn sein Volk mit Jubel begrüßte. ▪

Das Riesenspielzeug

Im Elsass auf der Burg Nideck, die an einem hohen Berg bei einem Wasserfall liegt, waren die Ritter vor langer Zeit große Riesen. Einmal ging das Riesenfräulein hinab ins Tal, um zu sehen, wie es da unten wäre. Sie kam bis fast nach Haslach auf ein nahe am Wald gelegenes Ackerfeld, das gerade von den Bauern friedlich bestellt wurde. Vor Verwunderung blieb sie stehen und schaute den Pflug, die Pferde und die Leute an, denn all dies war ihr unbekannt.

„Ei", sprach sie und ging hinzu, „das nehme ich mir mit."

Dann beugte sie sich zur Erde nieder, raffte ihre Schürze, strich mit der Hand über das Feld, fing alles, was sich dort regte, ein und tat's hinein. Nun lief sie ganz vergnügt nach Hause, den Felsen hinaufspringend. Selbst dort, wo der Berg so jäh ist, dass ein Mensch mühsam klettern muss, genügte ihr ein Schritt und sie war droben.

Der Ritter saß gerade am Tisch, als sie eintrat.

„Ei, mein Kind", sprach er, „was bringst du da, die Freude schaut dir ja aus den Augen heraus."

Sie machte ihre Schürze geschwind auf und ließ ihn hineinblicken.

„Was hast du so Zappeliges darin?" fragte er mit staunendem Blick.

„Ei, Vater, ein gar zu artiges Spielzeug, so etwas Schönes hab ich mein Lebtag noch nicht gehabt!" antwortete das Riesenfräulein mit leuchtenden Augen.

Darauf nahm sie eins nach dem anderen aus ihrer Schürze heraus und stellte alles auf den Tisch: den Pflug und die Bauern mit ihren Pferden. Dann lief sie herum, schaute auf den Tisch, lachte und klatschte vor Freude in die Hände, als sich die kleinen Wesen darauf hin und her bewegten.

Der Vater aber sprach: „Kind, das ist kein Spielzeug, da hast du etwas Schönes angerichtet! Geh nur gleich und trag alles wieder hinab ins Tal."

Das Fräulein weinte, doch es half nichts. „Für mich ist der Bauer kein Spielzeug", sagte der Ritter ernst, „ich mag es nicht, dass du mir murrst! Sammele alles sachte wieder ein und trag's an den gleichen Platz, von wo du's genommen hast. Denn wenn der Bauer sein Ackerfeld nicht recht bestellt, so haben wir Riesen in unserem Felsennest nicht genug zum Leben." ▪

Das Uhrwerk im Straßburger Münster

Die berühmte astronomische Uhr im Straßburger Münster, die die vier Menschenalter, die symbolischen Gottheiten der Wochentage und viele andere Kunstwerke zeigt, die sogar ein Planetarium in Bewegung setzt, ist ein Erzeugnis neuerer Zeit. Sie wurde in den Jahren 1838 bis 1842 von dem Uhrmacher Jean-Baptiste Schwilgué aus der Vorgängeruhr gebaut.

Aber schon viele Jahrhunderte zuvor war Straßburg wegen seiner kunstvollen Münsteruhr berühmt, denn die jetzige ist nicht die erste; die aber soll schon ein Kunstwerk seltener Art gewesen sein, und sie ist es auch, an die sich die Sage von der Straßburger Münsteruhr knüpft:

Im 13. Jahrhundert wetteiferten die reichen Städte miteinander darum, eine solche Uhr auf ihrem Münster oder Rathaus zu haben, und wachten eifersüchtig darüber, dass ihnen dabei keine andere Stadt den Rang abliefe. So wollte auch Straßburg ein solches Kunstwerk besitzen und beauftragte den Meister Habrich aus Schaffhausen mit der Anfertigung. Der Meister kam im Jahr 1270 nach Straßburg und nach fünf Jahren war das Kunstwerk vollendet, ein Wunderwerk, wie es kein zweites auf der Erde gab.

Nun hatte der Meister Habrich aber eine Tochter, Jutta mit Namen, deren Schönheit und Sittsamkeit von aller Welt gerühmt wurden. Kein Wunder also, dass viele junge Burschen sich um sie bewarben.

Sie wies sie alle ab, denn längst hatte sie ihr Herz einem geschickten und fleißigen Gehilfen ihres Vaters geschenkt. Der Vater kümmerte sich jedoch nicht um seine Tochter, seine Gedanken waren nur bei seiner Zunft und seinem Werk, das der Schlussstein seines Arbeitslebens werden und seinen Namen in der ganzen Welt berühmt machen sollte. Jutta hielt, da ihre Mutter längst gestorben war, seinen Haushalt in musterhafter Ordnung. Das genügte ihm, sonst mochte sie treiben, was sie wollte, wusste er doch, dass es nie etwas Unrechtes sein würde.

In das Mädchen verliebte sich nun auch ein älterer Ratsherr, ein reicher, aber infolge seines Geizes und seines hässlichen Charakters nicht eben beliebter Mann. Er hatte mit dem Meister mehrmals zu verhandeln gehabt und war dabei Jutta begegnet. Nun kam er öfter, und jeder andere hätte wohl sehen müssen, weshalb das geschah. Nicht so Meister Habrich, der davon nichts bemerkte und deshalb recht verwundert war, als der Ratsherr eines Tages mit einem Heiratsantrag vor ihn trat.

Es war ihm aber recht, nur meinte er, dass da doch zunächst Jutta gefragt werden müsse. Das geschah auch, aber das Mädchen warf sich in des Vaters Arme und beschwor ihn, sie nicht unglücklich zu machen, denn diesen Mann könne sie nicht lieben. Das war für den Vater völlig ausreichend, um den Ratsherrn höflich abzuweisen, doch dieser schwor dem Zünftler nun grimmige Rache.

Er wusste das Gerücht zu verbreiten, dass das Wunderwerk auf dem Münster nur mithilfe des Teufels habe angefertigt werden können, auch dass Habrich mit der Stadt Basel verhandele, um für diese ein gleiches Werk herzustellen. Beide Gerüchte, die immer weitere Verbreitung fanden, genügten, um Meister Habrich vor den Rat zu fordern. Er leugnete natürlich. Da er sich aber weigerte, dem Teufel feierlich abzuschwören, auch nicht verbindlich zusagen wollte, nie wieder ein solches Werk anzufertigen, wurde er ins Gefängnis geworfen. Da Habrich trotz aller Verhöre bei seinen Aussagen blieb, wurde die Folter angewendet, und unter den fürchterlichen Schmerzen gestand er, dass er zwar keine Verbindung mit dem Teufel gehabt, von diesem aber doch Ratschläge empfangen habe.

Nun konnte der abgewiesene Freier den Beschluss durchsetzen, dass der Zünftler geblendet werde, denn das sei die gerechte Strafe für seinen Pakt mit dem Teufel und auch eine Absicherung dafür, dass die Stadt einzig und allein ein solches Werk besitze.

Als dem Meister dieses Urteil verkündet wurde, erkannte er, dass es für ihn keine Rettung gab. Er beschloss aber sich zu rächen und gab vor, dass an der Uhr noch einiges zu ändern sei, was er noch ausführen wolle. Der Rat hielt dies für richtig; der Zünftler stieg zu seiner Uhr hinauf, klopfte und feilte an verschiedenen Stellen, dann sprang bald hier, bald da eine Feder, und nachdem das geschehen war, wurde das Urteil an dem unglücklichen Mann vollzogen, und er wurde seines Augenlichts beraubt.

Schon am nächsten Tage erhob sich in der Uhr ein unheimliches Schnurren und Poltern, dann stand die Uhr still. Als man dies dem Meister mitteilte, sagte er grimmig: „Jawohl, sie steht still, und nie wird sie wieder gehen und kein Mensch kann sie wieder in Ordnung bringen, auch ich nicht, da ihr mich des Augenlichts beraubt habt."

Und wie der Chronist sagt: „Die Menschenalter wandelten nicht mehr, die Götter fuhren nicht mehr, die Uhrenglocken ließen sich nicht vernehmen, die Zeiger zeigten nicht, das Glockenspiel erklang nicht, alles stand still."

Wenige Wochen danach starb Meister Habrich, nachdem er noch Jutta und seinen Gehilfen zusammengegeben und sie gesegnet hatte. Das junge Ehepaar verließ die Stadt, in der es so Schreckliches erlebt hatte. Zwar bot man dem jungen Mann viel Geld, dass er, der das Werk des Meisters doch am besten kennen musste, die Uhr wieder in Stand setzen sollte; doch weigerte er sich entschieden, auch nur den Versuch zu machen, denn das sei das Geheimnis des Meisters gewesen und niemand kenne es. Das war auch richtig, denn so viele geschickte Uhrmacher man auch kommen ließ, keiner konnte die Uhr wieder in Gang setzen; das Geheimnis hatte Habrich mit ins Grab genommen. ▪

Die Grafen von Eberstein

Als Kaiser Otto die Stadt Straßburg bezwungen hatte, lagerte er vor der Burg der Grafen Eberstein, die mit seinen Feinden verbündet waren. Die Burg stand auf einem hohen Felsen am Waldrand, und das kaiserliche Heer versuchte vergeblich, sie zu bezwingen, denn sie war sehr gut befestigt und wurde auch ebenso tapfer verteidigt.

Schließlich riet ein kluger Mann dem Kaiser zu folgender List: Er solle in Speyer einen Hoftag abhalten, bei dem jedermann am Turnier teilnehmen dürfe. Dort würden sich gewiss auch die Grafen von Eberstein einfinden, um ihre Tapferkeit unter Beweis zu stellen. Währenddessen könne der Kaiser die Burg von geschickten und kühnen Leuten stürmen lassen.

So wurde der Festtag zu Speyer ausgerufen. Der König, viele Fürsten und andere Herren, darunter auch die Ebersteiner, waren zugegen und manche Lanze wurde gebrochen. Am Abend begannen die Tänze, wobei der jüngste Graf von Eberstein, der ein schöner, anmutiger Mann war, vortanzen musste. Als der Tanz zu Ende war, trat im Verborgenen eine schöne Jungfrau auf die drei Grafen zu und raunte: „Seht euch vor! Der Kaiser will eure Burg niederrennen, während ihr hier seid. Eilt noch heute Nacht zurück!"

Nach kurzer Beratung beschlossen die drei, der Warnung Folge zu leisten. Zwar forderten sie die Edlen und Ritter auf dem Turnier für den nächsten Tag zum Kampf heraus,

doch um Mitternacht schifften sie sich heimlich ein, setzten über den Rhein und gelangten glücklich in ihre Burg. Kaiser und Ritterschaft warteten am nächsten Tag vergebens auf die Ebersteiner. Statt ihrer kamen Boten und meldeten, dass die Grafen gewarnt worden seien und dass des Kaisers Männer mit blutigen Köpfen vor der Burg lägen.

Da mit Gewalt ganz offensichtlich nichts gegen die Ebersteiner auszurichten war, sandte der Kaiser drei Ritter zur Burg, die mit den Grafen verhandeln sollten. Die Ebersteiner ließen sie ein und führten sie in ihre Weinkeller und Speicher. Weißer und roter Wein wurde aufgetragen und Korn und Mehl lagen in großen Haufen umher. Die Abgesandten wunderten sich sehr über die reichen Vorräte – denn dass die Fässer einen doppelten Boden hatten oder voll Wasser waren und dass unter dem Getreide Spreu, Kehricht und alte Lumpen lagen, das wussten sie nicht. So meldeten sie dem Kaiser, dass es zwecklos sei, die Burg noch weiter zu belagern, denn ihre Bewohner seien auf Jahre mit Korn und Wein versorgt.

Der letzte Rat, den man Kaiser Otto gab, lautete, seine Tochter mit dem jüngsten der drei, dem Grafen Eberhard von Eberstein, zu vermählen und dadurch das tapfere Geschlecht auf seine Seite zu ziehen. Und so geschah es schließlich. Die Hochzeit wurde in Sachsen gefeiert und der Sage nach soll es sogar die Braut selbst gewesen sein, die an jenem Abend die Grafen gewarnt hatte. ◾

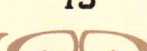

75

Vom Ursprung der Zähringer

Der Sage nach waren die Vorfahren der Herzöge von Zähringen vor langer Zeit Köhler und lebten in den Bergen und den Wäldern, dort wo heute das Schloss Zähringen steht. Nun begab es sich, dass der Köhler an einem Ort im Gebirge Kohlen brannte und Erde nahm, um mit ihr den Kohlehaufen zu bedecken, damit dieser ausbrennen konnte. Als er nun die Kohlen aufnahm, fand er am Boden eine schwere geschmolzene Materie; und als er sie näher in Augenschein nahm, erkannte er, dass es Silber war. Also brannte er seine Kohlen von nun an immer an diesem Ort, bedeckte sie mit demselben Erdboden und fand dann Silber wie zuvor. So brachte er mit der Zeit einen großen Schatz an Silber zusammen.

Nun hat es sich damals ereignet, dass der König vertrieben wurde und mit seinem Weib, seinen Kindern und allem Gesinde auf einen Berg im Breisgau floh, Kaiserstuhl genannt. Dort musste er mit den Seinen große Armut erdulden.

Um seine Rechte wiederherzustellen, ließ er schließlich im Land ausrufen, dass derjenige zum Herzog gemacht und eine Tochter des Königs als Gemahlin erhalten würde, der ihm helfen würde, sein Reich wiederzuerlangen. Als der Köhler das vernahm, fügte sich's, dass er mit einer Bürde Silber vor den König trat und begehrte, er wolle sein Sohn werden und des Königs Tochter ehelichen. Außerdem verlangte er ein gutes Stück Land vom

König – wo jetzt Zähringen, das Schloss, und die Stadt Freiburg stehen. Als Gegenleistung wolle er ihm einen solchen Schatz von Silber überlassen, dass er damit sein ganzes Reich wiedergewinnen könne.

Als der König das vernahm, willigte er ein, empfing das Silber und gab dem Köhler, den er zum Schwiegersohn annahm, die Tochter zur Ehe und die Gegend des Landes dazu, wie er verlangt hatte. Da ließ der Schwiegersohn weiteres Erz schmelzen und baute Zähringen samt dem Schloss auf. Der König erhob ihn daraufhin zu einem Herzog von Zähringen.

Der Herzog baute nun Freiburg und andere umliegende Städte und Schlösser. Doch je größer seine Macht und sein Reichtum, desto stolzer und frevelhafter wurde er. Eines Tages rief er seinen Koch herbei und gebot, dass er ihm einen jungen Knaben briete und zurichte; denn ihn gelüste zu schmecken, wie gut Menschenfleisch sei.

Der Koch vollbrachte alles nach seines Herrn Befehl und Willen, doch als der Knabe gebraten war und man ihn zu Tisch trug und der Herr ihn vor sich liegen sah, da befielen ihn Schrecken und Furcht und er empfand große Reue und Leid wegen dieser Sünde. Also ließ er zur Sühne im Schwarzwald zwei Klöster bauen, das eine Sankt Ruprecht mit Namen, das andere Sankt Peter, damit ihm Gott der Herr in seiner Barmherzigkeit verzeihen und vergeben möge. ■

Das Hornberger Schießen

Einst, als die Hornberger noch gut schwäbisch waren, kündigte einmal der Herzog seinen Besuch an. Das sorgte für große Aufregung im Städtchen, und alles bereitete sich darauf vor, den Landesvater würdig zu empfangen. Vor allem aber wurde ein Fass Pulver gekauft und die alten Kanonen aus der Vorväter Tagen auf den Schlossberg geschleppt, damit sie den Fürsten mit donnerndem Gruß empfingen.

Als der große Tag anbrach, war schon seit dem frühen Morgen alles in Bewegung. In der hellen Morgensonne blinkten die blanken Bronzerohre, und die Schützengilde stand dabei und wartete auf den großen Augenblick. Sorgsam hatten die Feuerwerker das Pulver eingefüllt und ordentlich Papier nachgestopft, die glimmende Lunte war auch parat,

aber es zeigte sich nichts im Tal. Die Sonne stieg höher und höher, zu der brennenden Ungeduld kam der noch brennendere Durst, aber da gab's kein Weichen und Wanken, galt es doch, den Herzog würdig zu empfangen, und nachher, ha, da wollte man sich schon gütlich tun in den kühlen Schenken.

Schließlich näherte sich ein Wagenzug, die schwere Arbeit wurde getan und das Pulver verschossen. Stolz zog man im freudigen Gefühl der erfüllten Pflicht vom Berg hinab. Doch, o weh, der Herzog hatte nur sein Gefolge vorausgeschickt, er selbst rückte wenig später sang- und klanglos in Hornberg ein.

Darum sagt man seitdem, wenn eine mit viel Lärm angekündigte Unternehmung ergebnislos ausgeht: „Das geht aus wie's Hornberger Schießen." ∎

Der Titisee

Im Schwarzwald stand in alter Zeit eine reiche Stadt mit einem Kloster. Aber mit der Zeit wurden Reichtum und Verschwendungssucht so groß, dass man die Brotlaibe aushöhlte, die Brosamen an das Vieh verfütterte und in der Kruste wie in Schuhen umherging. Da versank die Stadt in die Erde, und an ihrer Stelle entstand der Titisee. In seiner Tiefe wird bei hellem Wetter die Turmspitze des Klosters wieder sichtbar, und an stillen Sonntagsmorgen tönen die Glocken der versunkenen Stadt herauf. Man sagt, wenn einst das Kloster im nahen Friedenweiler versinke, dann werde das alte Kloster aus dem Titisee wieder aufsteigen.

Vor vielen Jahren begann der See auszulaufen. Da kam in der Nacht eine alte Frau, verstopfte die Öffnung unter beschwörenden Worten mit ihrer weißen Haube und verhinderte das Abfließen der Fluten. Von der Haube aber verfault jedes Jahr ein Faden, und wenn der letzte Faden geschwunden ist, bricht der See erneut aus und überschwemmt die ganze Umgebung.

Nachdem schon manche vergebens versucht haben, die Tiefe des Sees zu ergründen, fuhr endlich einmal ein Mann mit einem Kahn in die Seemitte und warf an einer fast endlosen Schnur das Senkblei aus. Schon waren viele Meter Faden im Wasser und noch genug zum Abwickeln vorhanden, da rief eine fürchterliche Stimme:

„Misst du mich, so verschling ich dich!" Vor Schreck ließ der Mann von seinem Vorhaben ab, und seither hat es niemand mehr gewagt, die Tiefe des Sees zu erforschen. ▪

Die Margaretenglocke zu Waldkirch

In der Stiftskirche zu Waldkirch hängt eine große Glocke, sie heißt Margareta. Sie wurde auf dem Friedhof in einem noch sichtbaren Loch gegossen. Dabei wurde eine große Menge geopferten Silbers unter das Erz gemischt. Dadurch bekam die Glocke ihren schönen Klang, der weit und breit im Land gehört wird. Nicht nur schwere Gewitter vertrieb sie, sondern auch eine Schar Hexen, die einst mit gläsernen Äxten den Kandelfelsen durchhauen und den See, welchen er verschließt, auf das Waldkircher Tal loslassen wollten.

Weil die Glocke so kostbar war, versuchten die Freiburger, sie für ihr Münster zu bekommen. Sie boten dem Stift dafür so viele Kronentaler, wie sich auf dem Weg von Freiburg nach Waldkirch in einer zusammenhängenden Reihe würden legen lassen. Auf diesen Handel gingen die Stiftsherren ein und empfingen die Bezahlung.

Eine Woche später kamen die Freiburger mit einem schweren Wagen, um die Glocke abzuholen. Sie war nur aus dem Turm zu bringen, indem man ein großes Loch in die Mauer schlug. Und nur mit Mühe konnte sie aufgeladen werden. Aber noch im Ort drückte sie beim Wegfahren den Wagen zusammen. Da ließen die Freiburger sie liegen und einen eisernen Wagen machen. Nun luden sie die Glocke darauf und brachten sie bis zum Bad „In der Enge". Hier sank der Wagen ziemlich tief in den Boden; er wurde zwar wieder herausgehoben und bis an die Waldkircher Banngrenze gezogen, er war aber, obwohl zweiunddreißig Pferde vorgespannt waren, einfach nicht mehr weiterzubringen.

Nun endlich erkannten die Stiftsherren des Himmels Willen, kündigten den Freiburgern den Handel auf, zahlten den Kaufpreis zurück und ersetzten ihnen auch die übrigen Auslagen.

Um die Glocke dann nach Waldkirch zurückzubringen, fertigten der Vogelbauer und der Schwefelbauer drei neue Tragbäume, spannten zehn Ochsen vor einen gewöhnlichen Wagen und führten die Glocke damit ohne Mühe zurück in das Stift. Als sie dort wieder im Turm hing, begann sie von selbst zu läuten, und alle Leute, die sie hörten, verstanden, was sie sagte:

„Margareta heiß ich,
alle schweren Wetter weiß ich,
alle schweren Wetter kann ich vertreiben,
und im Glockenturm zu Waldkirch will ich bleiben!"

Der Trompeter von Säckingen

Sankt Fridolin war ein vornehmer Ire und der Bekehrer der heidnischen Völker am oberen Rhein, besonders der widerspenstigen Alemannen.

Diese hatten sich zwar gegen die Annahme des Christentums trotzig gewehrt, hatten dem frommen Fridolin, der sich auf einer Insel im Rhein bei Säckingen niedergelassen hatte, sogar sein Holzhaus niedergebrannt, aber mit unermüdlicher Geduld war der eifrige Apostel endlich doch zu seinem Ziel gelangt. Dass er schließlich, etwa im Jahr 838, in seiner eigenen Kapelle ermordet wurde, daran waren die Alemannen allerdings unschuldig. Das geschah vielmehr auf Anstiftung der rachsüchtigen Kaiserin Judith, deren Ehe mit Ludwig dem Frommen, dem Sohn Karls des Großen, Fridolin wegen zu naher Verwandtschaft für unerlaubt erklärt hatte.

Nach seinem Tod aber wurde Sankt Fridolin als großer Heiliger und als Schutzpatron des ganzen Rheintals verehrt.

Alljährlich am Fridolinstag, dem 6. März, findet in Säckingen das Fridolinsfest mit einem großen Festzug statt. So geschah es auch im Jahr 1674, als ein junger Bursche, Jung Werner genannt, daran teilnahm, wenn auch nur als Zuschauer.

Jung Werner war in Heidelberg ein flotter Student gewesen, der sich allerdings weniger um das juristische Studium, das er dort absolvieren sollte, als um des Lebens Jugendfreuden gekümmert hatte. Die lustige Gesellschaft, in der er mit seinem kunstvollen Trompetenblasen eine Hauptrolle spielte, war aber schließlich relegiert, das heißt weggejagt worden, weil sie sogar die Pfalzgräfin mit ihrem Singen und Trompeten belästigt hatte, und Jung Werner war nun auf gut Glück mit seinem Rösslein und seiner Trompete über den Schwarzwald gezogen, in dem zu Beginn des März noch der Winter sein Regiment führte.

Ein gutherziger Pfarrer hatte ihn beherbergt und ihm folgenden Rat gegeben: Da er noch nicht wisse, welchen Weg er in seinem Leben einschlagen wolle, so solle er sich nur an Sankt Fridolin in Säckingen wenden, dessen Festtag gerade morgen sei; der helfe in solchen Fällen aus allen Nöten.

So kam Werner Kirchhof – dies war Jung Werners eigentlicher Name – nach Säckingen und wurde Zeuge des Festzugs. Voran schritten die Kinder, dann folgten zwölf Jünglinge, die den Reliquienschrein mit den Gebeinen des Heiligen trugen. Ihnen folgten der Dechant und die Kapläne, dann, mit Kerzen in den Händen, der Bürgermeister und die Würdenträger des Städtchens, die Ratsherren, der Amtmann, der Syndikus und andere. Daran schlossen sich die Deutschordensherren an – im dunklen Mantel, mit einem weißen Kreuz daran –, deren Ordenshaus im nahen Beuggen am Rhein stand. Ihnen folgten die alten Edeldamen aus dem Hochstift, mit der Fürstäbtissin an der Spitze; dann ka-

men die Bürgerfrauen und endlich die festlich
gekleidete Schar der Jungfrauen, unter ihnen
auch Margarete, die Tochter des alten Freiherrn vom Schloss.

Nur diese sah Jung Werner, nur an sie
dachte er, als er am Abend keinen Frieden
finden konnte und die Unruhe ihn ans Ufer
des Rheins trieb, wo er ein Boot angebunden
fand, das ihn förmlich zu einer nächtlichen
Fahrt im Mondlicht einzuladen schien. Auf
einer Kiesbank im Angesicht des phantas-
tisch vom Mond erhellten Schlosses landete
er und glaubte, der schönen Freiherrstochter

seine Verehrung nicht besser darbringen zu
können als durch kunstvolles Trompetenspiel. Also nahm er die Trompete, die er immer umgehängt trug, zur Hand und blies,
was er nur immer Schönes ersinnen konnte.

Also blies er; und sein Blasen
zog melodisch durch die Nacht hin.
Lauschend hört's der Rhein im Grunde,
lauschend Hecht und Lachsforelle,
lauschend auch die Wasserfrauen,
und der Nordwind trug die Klänge
sorgsam auf zum Herrenschloss.

Hier wurden die Klänge gehört, denn der Freiherr, ein alter Reiteroberst, war noch nicht zur Ruhe gegangen, sondern saß im Rittersaal, ins Gespräch mit seiner Tochter vertieft. Wie elektrisiert schnellte er in die Höhe, trotz eines Zipperleins, das ihn peinigte, und beauftragte den treuen Anton, diesen Trompeter am nächsten Morgen aufzusuchen und ihn unter allen Umständen herbeizuschaffen.

Dem alten Diener fiel es nicht leicht, den nächtlichen Trompeter aufzutreiben. Endlich aber fand er ihn im Wirtshaus beim Frühstück, richtete seinen Auftrag aus und geleitete den jungen Mann zum Schloss.

Wieder hielt der Freiherr, Pfeife rauchend, Zwiesprache mit der holden Tochter. Da öffnete sich die Flügeltür des Saals, und Anton führte den Fremden herein, dessen bescheidenes, freimütiges Auftreten auf Vater und Tochter sofort den besten Eindruck machte.

Nach den ersten Worten des alten Herrn glaubte Werner, dass er wegen seines Trompetens in der Nacht zur Rede gestellt werden sollte, aber das geschah nicht; und als der Freiherr nun hörte, dass der junge Mann weder ein wandernder Spielmann noch ein Federfuchser sei, sondern frei wie der Wind durch die Welt reite, was auch immer für ein Schicksal ihn erwarten werde, da wurde der alte Herr vergnügt, und Margarete musste einen guten Tropfen Wein herbeischaffen. „Angestoßen, Herr Trompeter!"

Nun erfuhr der Trompeter, dass der Freiherr ein großer Musikfreund war, der die Spielleute des Städtchens gern zu größeren Aufführungen vereinigte, dass es ihnen aber seit einiger Zeit am besten fehle, nämlich an einem tüchtigen Trompeter, da der letzte, Raßmann hieß er, ein ebenso vorzüglicher Bläser wie großartiger Trinker, infolge eines Fehltritts in den Rhein gestürzt und jämmerlich umgekommen sei. Da habe er nun in der Nacht Werners Trompetenspiel gehört, „ein Tongewebe, wie aus Raßmanns besten Tagen", und mache ihm den Vorschlag, in Säckingen zu bleiben, bei ihm im Schloss, als sein Stabstrompeter und außerdem auch als Sekretär, wenn einmal etwas zu schreiben sein sollte. Nach einigem Bedenken ging Werner auf den Vorschlag ein, und mit kräftigem Trunk und Handschlag wurde das Abkommen besiegelt.

So wurde Jung Werner Hausgenosse des alten Freiherrn und Margaretas und nahm sich der musikalischen Sache so eifrig an, dass er schon für den Geburtstag des Freiherrn auf Margaretas Wunsch heimlich eine große Musika mit den Spielleuten in Säckingen einüben konnte, die dann in dem ebenfalls heimlich neu gemalten Gartenpavillon zur wohlgelungenen Aufführung kam.

Es geschah aber auch, was ebenfalls nicht ausbleiben konnte: Die beiden jungen Leute waren täglich beisammen und fanden immer mehr Gefallen aneinander. Und als Werner

bei dem Aufstand, den die Hauensteiner Bauern versuchten, bei der Verteidigung des Schlosses schwer verwundet wurde und Margareta ihn pflegte, war's geschehen: Beider Herzen fanden sich untrennbar und Werner glaubte das Recht zu haben, um Margareta werben zu dürfen.

Da kam er jedoch bei dem alten Freiherrn übel an. Der hielt fest an der „Stände Ordnung" von Adel, Bürgersmann und Bauer; auf sein Kind durfte den Blick nur werfen, wem adliges Blut das Recht dazu gab. Also solle kein Trompeter um ein Adelsfräulein werben. Es tat dem alten Herrn offenbar selber sehr leid, aber er konnte nicht anders.

Also hieß es, voneinander zu scheiden. Werner packte sein Reisebündel, sattelte sein Ross, und so ritt er denn aus dem Schloss. Von Margareta Abschied zu nehmen wäre ihm unmöglich gewesen; nur aus der Ferne, wo er sich noch einmal umwandte, sandte ihr seine Trompete einen Abschiedsgruß.

Fünf Jahre waren seit jener Trennung vergangen, in deren Verlauf des Lebens Sturmflut den jungen Trompeter tüchtig herumgewirbelt hatte, bis der Zufall ihn endlich nach Rom führte. Hier stieg er aufgrund seiner musikalischen Kenntnisse bis zum päpstlichen Kapellmeister auf und stand bei dem Heiligen Vater in besonderer Gunst. Und hier war es auch, wo das Schicksal ihn wieder mit Margareta zusammenführte.

Diese war nach Werners Abschied langsam dahingesiecht, und kein Arzt konnte ihr helfen, denn sie litt nicht eigentlich an einer Krankheit. Schließlich machte die alte Fürstäbtissin dem Freiherrn den Vorschlag, ihr die Tochter nach Italien mitzugeben. Denn sie musste in einer kirchlichen Streitangelegenheit nach Rom reisen. Eine solche Luftveränderung, meinte sie, werde das Kind vielleicht heilen. Der Freiherr willigte ein, und so kam auch Margareta nach Rom.

Hier erkannte sie beim großen Petersfest in dem päpstlichen Kapellmeister ihren Werner und geriet darüber in eine solche Aufregung, dass sie ohnmächtig niedersank. Das Aufsehen, das dieser Fall erregte, veranlasste den Heiligen Vater, sich nach den deutschen Damen näher zu erkundigen, und so erfuhr er auch vom ehemaligen Verhältnis Margaretas mit seinem Kapellmeister und von der Ursache ihrer gewaltsamen Trennung. Das rührte ihn aufs Tiefste, und um die beiden jungen Leute, namentlich seinen Kapellmeister, den er lieb hatte, glücklich zu machen, ernannte er Werner zum Ritter des päpstlichen Hofes und zum Marchese Camposanto. Als Verlobte empfingen nun beide den Segen des Papstes, gegen den dann schließlich auch der alte Freiherr nichts einwenden konnte. So hatte sich jenes Wort des Pfarrers, den Werner im Schwarzwald getroffen hatte, erfüllt: Sankt Fridolin hatte ihm in allen seinen Nöten geholfen. ▪

Das Nebelmännle von Bodman

Vor langer Zeit lebte zu Bodman am Bodensee ein Ritter namens Hans von Bodman. Der fasste eines Tages den Entschluss, für etliche Jahre in die Fremde zu reisen. Nach mancherlei Abenteuern gelangte er schließlich an ein großes Wasser oder Meer. Hier traf er ein kleines Männlein. Das sprach ihn an und führte ihn in eine Behausung, die ganz mit Gras und Laub bedeckt war. Dort wurde Hans von Bodman mit Essen und Trinken wohl versorgt. Dabei setzte ihm das Männlein mancherlei Wein vor. Darunter war auch ein Wein, der dem Ritter wie der Wein von seinen eigenen Reben schmeckte. Das Männlein sagte dazu, das treffe wirklich zu, der Wein sei Bodmaner Gewächs.

Darüber wunderte sich Hans von Bodman und wollte wissen, wie sein Wein hierher in ein fremdes Land gekommen sei. Das Männchen sagte, es sei kein natürlicher Mensch, sondern der Nebel. Darum könne es von überall her Wein bekommen. Außerdem sagte es zu dem Ritter, wenn er seine Weinreben zu Bodman in Zukunft vor Nebel und Schaden behüten wolle, dann solle er nie wieder gegen den Nebel läuten lassen. Sie schieden hierauf voneinander und der Ritter trat die Heimreise nach Bodman an.

Der Ritter hatte, als er in die Fremde aufbrach, seine erwachsenen Kinder zurückgelassen. Diese versammelten sich nun oft in Bodman auf der Burg und verhielten sich dort, wie es nach dem Sprichwort heißt: Ist die Katze aus dem Haus, tanzen die Mäuse auf dem Tisch.

So besuchten sie auch einmal an Sankt Johanns Sonnwend das Schloss: Hans von Schnellenberg, Heinrich von Blumeck und Gottfried von Krähen, jeder mit seiner Frau, alle Töchter des Hauses von Bodman. Sie wurden von ihrem Bruder und Schwager Konrad von Bodman wohl empfangen. Den ganzen Abend feierten sie fröhlich und ausgelassen und ahnten nicht, was für ein Unglück sie treffen sollte.

Bald fingen sie an zu tanzen und hatten allerlei Kurzweil miteinander, ließen sich auch nicht durch ein starkes Gewitter von ihren Vergnügungen abhalten. Selbst als die Diener erschienen und ihnen von feurigen Blitzen über der Burg berichteten, ließen sie sich nicht beirren. Mit Einbruch der Nacht aber schlugen die Blitze in das Schloss, sodass im ganzen Haus Feuer ausbrach. An eine Rettung war nicht zu denken, da die Flammen überall tobten. Und so baten die Feiernden nun Gott um Gnade und Verzeihung und ergaben sich geduldig dem Tod. Das geschah im Jahr 1307.

Bald nach diesem Unglück kam der Ritter Hans von Bodman wieder ins Land. Er fand nur noch Trümmer der Burg vor. Er hat sie nicht mehr aufgebaut, sondern eine neue errichtet. Und seit dieser Zeit hat man in Bodman nicht mehr gegen den Nebel geläutet. ■

85

Romeias von Villingen

Vor mehr als fünfhundert Jahren lebte in Villingen ein Mann namens Romeias. Er war auf dem Käferberg geboren und von riesenhafter Größe, seine Eltern dagegen waren klein. Wenn Romeias durch die Gassen ging, dann vermochte er in den zweiten Stock der Häuser zu sehen. Er trug dabei hohe Pfauenfedern auf dem Hut, wodurch er noch größer erschien.

Eines Tages hatte Romeias auf einen Wagen zwei Baumstämme geladen, aber die davorgespannten Ochsen konnten die Fuhre nicht vorwärts bringen. Da lud er die Tiere einfach zu den Stämmen auf den Wagen und zog die ganze Last allein nach Hause.

Oft ward Romeias auch in den Wäldern in der Gegend um Villingen gesehen, denn er jagte und wilderte hier gerne. Er war gefürchtet in der Stadt, weil er stark und jähzornig war, er war aber auch bei vielen beliebt, weil er zuvorkommend und hilfsbereit war. Außerdem war er berüchtigt, weil er sein Leben lang immer in Händel verstrickt war. So hat er in den vielen Streitfällen mit Hornberg, Haslach, Rottweil und anderen Orten manchen wackeren Streich verübt. Eine schöne Glocke soll er in Düningen, einem benachbarten Dorf im Württembergischen, geraubt und nach Villingen gebracht haben. Ein besonderes Kunststück vollbrachte er in einem Streit mit der Stadt Rottweil. Bei Nacht und Nebel schlich er sich vor die Rottweiler Stadtmauer und schlug die Wache vor dem Tor nieder. Hierauf hob er den hölzernen Torflügel aus den Angeln, lud ihn auf seine Schultern und trug ihn, ohne ihn nur einmal abzusetzen, bis auf den Stumpen, einen zwischen Villingen und Rottweil gelegenen Hügel. Ja, andere erzählen sogar, er habe alle beide Torflügel mitgenommen.

Drei Viertelstunden von Rottweil weg sei er auf einem Bühl (Hügel) stecken geblieben und habe sich dann umgeschaut, ob er nicht verfolgt werde. Der Platz heißt heute noch

Guckebühl. Die Torflügel soll man im Villinger Oberen Tor eingesetzt haben.

Einmal gebrauchte Romeias scharfe Worte gegen den Schultheiß der Stadt. Da niemand wagte, Hand an den starken Mann zu legen, ersann der Schultheiß eine List, um ihn gefangen zu setzen. Romeias erhielt den Auftrag, aus dem größten Verteidigungsturm, dem Michaelisturm, einen Steinklotz herauszuholen. Niemand sei dazu imstande außer ihm. Arglos stieg er in das tiefe Verlies hinab. Da zog man blitzschnell die Leiter in die Höhe und Romeias saß im Turm. Täglich wurde ihm ein kleines Kalb oder ein Schaf in das Gefängnis geworfen. Romeias sammelte nun die abgenagten Knochen. Als er genug beisammen hatte, steckte er sie in die Löcher und Ritzen der Mauer und stieg an ihnen wie auf einer Treppe hinauf, durchbrach die Balkendecke und gelangte so unter das Dach des Turmes. Hier fand er eine Menge Stroh und drehte sich daraus ein starkes Seil. Nachts schlüpfte er durch eine Mauerlücke und ließ sich an dem Strohseil auf die Ringmauer herab. Von hier aus gelangte er in das Asyl der Johanniter, wo er fürs Erste geborgen war. Aber obgleich die Kirche alsbald von einer starken

Wache umstellt wurde, gelang es ihm doch, aus der Stadt zu fliehen.

Nach seiner Flucht kam Romeias auf die Küssaburg bei Waldshut. Dort wurde er als Büchsenmacher eingestellt und half, die Burg gegen die Schweizer zu verteidigen. Er hielt sich so tapfer, dass Kaiser Maximilian, dem das Schloss gehörte, Romeias lobte und ihm eine Pfründe im Spital zu Villingen zuwies. Der Magistrat mochte sich stellen, wie er wollte, es blieb ihm nichts anderes übrig, als den tapferen Mann in Ehren wieder aufzunehmen.

Später zog es Romeias noch einmal hinaus in Krieg und Streit. Er ließ sich vom französischen König in Sold nehmen und kämpfte in Oberitalien für ihn, wo er im Jahr 1513 in der Schlacht bei Novara fiel. ■

Notburga

Im Neckartal befindet sich am steilen Ufer unweit des sehr alten Dorfes Hochhausen die Notburgahöhle. Sie soll vor langer Zeit geräumiger gewesen sein; da der Neckar hier aber in einer starken Biegung reißend dahinströmt, hat er nach und nach immer mehr von der Höhle fortgespült, sodass sie jetzt kaum noch für einen Menschen Platz bietet. Überhaupt ist sie vom Fluss nur mit Mühe zu sehen. Ruft man vom Wasser aus in Richtung der Höhle den Namen Notburga, so wird dieser von einem Echo sehr deutlich, aber mit wehmütigem Klang, wiedergegeben. Das Volk der Gegend nennt die Höhle übrigens nur die Jungfernhöhle. Mit dieser Höhle ist die folgende Sage verbunden:

Notburga war eine Königstochter, die von einer bösen Stiefmutter sehr gequält wurde. Als dies dem Mädchen endlich zu viel wurde, lief es weg. Ein Hirsch brachte die Fliehende über den Neckar in die Höhle und versorgte sie dort täglich mit Brot. Eines Tages wurde Notburga von ihrem Vater gefunden, der ihr heftige Vorwürfe machte und ihre Klagen über die Stiefmutter nur widerwillig anhörte. Er forderte sie ernst und barsch auf, mit nach Hause zu gehen. Da sie sich aber ganz entschieden weigerte, wollte er sie mit Gewalt dazu bringen. Er fasste sie am linken Arm und wollte sie aus der Höhle ziehen, aber – o Graus! – da löste sich der Arm von Notburgas Körper, und der Vater hielt ihn in der Hand. Entsetzt ließ er ihn fallen und stürzte von dannen.

Notburga war ohnmächtig niedergesunken, doch erwachte sie bald wieder und sah nun vor sich eine Schlange, die ein Kraut im Maul trug und ihr begreiflich zu machen versuchte, den abgerissenen Arm wieder anzusetzen. Notburga gehorchte und tat, wie die Schlange ersichtlich wollte, fasste mit der rechten Hand den Arm und hielt ihn an seine Stelle. Die Schlange wickelte sich herum und bestrich mit dem Kraut die Wunde, und siehe da, der Arm saß wieder fest, so wie er zuvor gesessen hatte.

Nach ihrem Tod wurde Notburga in der Kirche zu Hochhausen begraben. Wenn man in die Kirche eintritt, sieht man linker Hand

das Grabmal mit ihrem Steinbild darauf. Die Figur liegt auf einem erhöhten Stein, innerhalb eines Drahtgitters, ihr Haupt ist von einer Krone geschmückt. Der linke Arm fehlt ihr, in der rechten Hand aber hält sie eine Schlange, die das heilende Kraut im Maul trägt. Das Steinbild scheint sehr alt zu sein.

Eine andere Sage von Notburga lautet wie folgt:

Notburga war eine reine, fleißige Magd, die von Anbruch des Tages an ununterbrochen für ihren Herrn tätig war, munter und unverdrossen jeder Arbeit nachging. Ob im Haus, im Garten oder auf dem Feld – überall wusste sie sich gleichmäßig zu regen, und was sie machte, das war gut und ordentlich und weckte stets die Zufriedenheit des Herrn. So war sie geschäftig, bis die Sonne zur Ruhe ging. Sowie aber die Feierabendglocke klang, war ihre Arbeit zu Ende, dann wendete sich ihr Herz in frommen, inbrünstigen Gebeten zu Gott.

So geschah es auch an einem Sommerabend in der Zeit der Ernte. Den Tag über hatte Notburga fleißig auf dem Feld geschafft und trotz großer Hitze eifrig mit der Sichel gearbeitet. Als jedoch der Ton der Glocke die wohlverdiente Ruhe verkündete, hatte sie aufgehört und war zum Gebet auf die Knie gesunken.

Das aber verdross den Herrn. Er schalt sie und sprach: „Was soll dieses nutzlose Beten?

Siehst du nicht in der Ferne die Schlechtwetterwolken stehen? Jetzt ist die Zeit der Arbeit, damit wir den Segen des Feldes noch vor der Nacht bergen. Da der Himmel nicht will, dass des Herrn Schaden auf die Seele des Knechtes geladen werde, so darfst du das Gebot der Feierabendglocke wohl verletzen. Danach ist noch Zeit genug zum Beten."

Notburga antwortete ruhig: „Mitnichten, Herr! Wie die heilige Kirche es geboten hat, so hat der Mensch auch sein Gebet einzurichten, und im tiefen frommen Glauben soll mich kein irdisches Begehren stören. Damit Ihr aber nicht glaubt, ich sei widerspenstig, soll der Himmel selbst entscheiden, wer von uns beiden Recht hat. Ich werfe diese Sichel in die Luft. Kommt sie wieder herunter wie jedes Ding, das man in die Höhe wirft, so sollt Ihr im Recht sein und ich werde die Arbeit wieder beginnen; bleibt die Sichel aber in der Luft schweben, so ist der Sieg mein."

Tat's und warf die Sichel in die Höhe, und – o unerhörtes Wunder! – die blanke Sichel schwebte, für alle gut sichtbar, frei in der Luft.

Da erschrak der Herr über dieses Zeichen des Himmels. Sogleich ließ er die Arbeiten beenden; nie wieder wurde auf seinen Feldern nach der Feierabendglocke geschafft. Notburga aber, die Gott in ihrer frommen Reine so wunderbar herrlich hatte erscheinen lassen, zeichnete er nun vor allen anderen aus und behandelte sie wie sein eigenes Kind. ■

Der Blautopf

Nicht weit hinter dem Städtchen Blaubeuren quirlen in der verschwiegenen Ecke eines lieblichen Berggrunds die Wasser des Blautopfs aus geheimnisvollen Tiefen empor. Glänzend wie des Himmels lichtes Blau liegt der große runde Kessel des wundersamen Quells vor dem Betrachter. Die Farbe des Wassers ist so blau, „als wenn zum wenigsten ein Stücker sechs Blaufärber samt einem vollen Kessel eben erst darin ersoffen wären" (Eduard Mörike). Wenn man es aber schöpft, sieht es ganz hell in dem Gefäß aus.

Dieser Blautopf ist einwärts wie ein tiefer Trichter. Sein Spiegel ist gewöhnlich ganz ruhig, seine Wassermasse aber so groß, dass die Stadt Blaubeuren, acht Albdörfer und etliche Weiler das ganze Jahr hindurch von ihm köstliches Trinkwasser in Fülle erhalten. Und zudem enteilt ihm noch das mun-

tere Blauflüsschen so stark, dass es, unmittelbar nachdem es seiner Heimat entsprungen ist, ein Hammerwerk und vier Mühlen treibt.

Das Geheimnisvolle, Feierliche am Blautopf nimmt jeden Besucher gefangen. Schon die Alten waren an diesem Ort von heiligen Schauern durchbebt. Deshalb klingen aus den Tiefen des Quells die Glöcklein der Sage voll herauf, und ein Geschlecht erzählt es dem anderen: „Am Blautopf, da war einmal …"

Eine dieser Sagen lautet so: Im Jahr 1641 war der Topf so stark übergelaufen, dass das Kloster Blaubeuren für sich fürchten musste. Es wurden daher ein allgemeiner Bettag abgehalten, eine Prozession zu der erzürnten Quelle veranstaltet, und zur Versöhnung mit der in der Quelle wohnenden Nymphe wurden zwei vergoldete Becher hineingeworfen. Darauf ging das Wasser zurück. ▪

Die Weiber zu Weinsberg

Als König Konrad III. im Jahr 1140 die Welfen geschlagen hatte und Weinsberg belagerte, stellten die Weiber der Belagerten eine Bedingung für die Übergabe: Jede von ihnen solle auf ihren Schultern mitnehmen dürfen, was sie tragen könne. Der König gönnte das den Weibern. Da ließen sie alle Dinge fahren, und jede nahm ihren Mann auf die Schultern und trug ihn aus der Stadt. Als aber des Königs Leute das sahen, sprachen viele, so sei das nicht gemeint gewesen, und wollten es nicht gestatten. Der König aber lachte und erwies den Frauen seine Gnade. „Ein königliches Wort", rief er, „das einmal gesprochen und zugesagt ist, soll unverwandelt bleiben." ◼

Der Mann im Mond

Im Schwarzwald, in der Umgebung von Calw und Liebenzell, erzählen sich die Leute, dass die dunklen Flecken, die man im Vollmond sieht, von einem Mann herrühren sollen, der in den Mond verwünscht worden sei. Dieser Mann stahl an einem Sonntag im Wald, als er meinte, dass kein Jäger anzutreffen sei, ein Büschel Besenreiser und wollte es heimtragen. Da begegnete ihm ein Mann – das war der liebe Gott. Der stellte ihn zur Rede und sagte ihm, dass er ihn bestrafen müsse, weil er den Sonntag nicht heilig halte. Er fügte aber hinzu, dass der Mann sich die Strafe selbst auswählen dürfe: Ob er lieber in den Mond oder lieber in die Sonne verwünscht sein wolle?

Darauf versetzte der Mann: „Wenn es denn sein muss, so will ich lieber im Mond erfrieren als in der Sonne verbrennen." So also ist er mit seinem Büschel Besenreiser auf dem Rücken in den Mond gekommen. ◼

92

Der Jettenbühl zu Heidelberg

Der Hügel bei Heidelberg, auf dem jetzt das Schloss steht, wurde früher „Jettenbühl" genannt. Dort wohnte ein altes Weib namens Jetta in einer Kapelle, von der es noch Überreste gab, als der Pfalzgraf Friedrich Kurfürst geworden war und ein schönes Schloss baute.

Diese Jetta war wegen ihrer Wahrsagerei sehr berühmt, kam aber selten aus ihrer Kapelle heraus und gab denen, die sie befragten, die Antwort zum Fenster hinaus, ohne dass sie sich sehen ließ.

Unter anderem verkündete sie in seltsamen Versen – in dieser Form brachte sie ihre Wahrsagerei meist vor –, ihr Hügel würde dereinst von königlichen Männern, die sie sogar mit Namen benannte, bewohnt, beehrt und geziert werden. Und das Tal unter dem Jettenbühl würde von vielem Volk besiedelt werden. Zu jener Zeit war dort noch finsterer Wald.

Als Jetta einst an einem schönen, sonnigen Tag zu einem Brunnen ging, der am Fuß des Geißbergs nahe bei dem Dorf Schlürbach liegt, eine halbe Stunde von Heidelberg entfernt, und dort kurz rastete, um etwas Wasser zu trinken, wurde sie von einem hungrigen Wolf, der Junge hatte, angefallen und zerrissen. Seitdem trägt der Brunnen den Namen Wolfsbrunnen.

Dort ganz in der Nähe gibt es unter der Erde einen gewölbten Gang, den der Volksmund „Heideloch" genannt hat. ▪

Wie Karl der Große in der Reis- mühle am Würmsee geboren wurde

Pippin, der fränkische König, wohnte eine Zeit lang auf der Burg zu Weihenstephan bei Freising. Nun gedachte er sich zu vermählen und schickte seinen Hofmeister, einen bösen Ritter, um die Braut abzuholen. Aber dieser und sein ruchloses Weib beschlossen, die fremde Prinzessin, die Bertha hieß, zu töten und statt derselben dem König ihre eigene Tochter unterzuschieben, die jener sehr ähnlich sah. Und so geschah es: Der Hofmeister führte die fremde Königstochter vom Hof ihres Vaters in einem prächtigen Zug fort. Der Abschied war unendlich traurig, als hätte die Ärmste geahnt, welch Unglück sie erwartete.

Nach dem letzten Nachtlager vor Weihenstephan nahm der Hofmeister einen großen Umweg in die tiefe Wildnis zwischen Würm- und Ammersee. Dort harrten verborgen sein Weib und seine Tochter. Nachts nahm er der Prinzessin die königlichen Gewänder und ihren Brautring fort, legte dafür seiner Tochter Kleid vor ihr Lager und befahl zweien seiner treuesten Knechte, nachdem er in aller Stille abgezogen sei, die Königstochter in den Wald zu führen und zu töten. Daraufhin verließ er mit Frau und Tochter den Ort.

Die Knechte weckten die Königstochter und befahlen ihr, sie solle ihnen folgen. Das tat sie, obgleich mit großem Schrecken. Ihr geliebtes Hündlein folgte ihr. Auch vergaß sie nicht ihr Werkzeug und Gold und Seide, denn sie konnte gar herrlich wirken.

Als sie nun mitten im finstersten Dickicht waren, sagten ihr die Knechte, sie hätten geschworen, sie zu töten, ließen sich aber doch durch ihre große Schönheit erbarmen und töteten sie nicht. Als Beweis dafür, dass sie getan, wie ihnen befohlen, brachten sie dem bösen Hofmeister ihres Hündlein Zunge und ihr blutiges Oberkleid.

Der war darüber froh und die Hochzeit seiner Tochter mit Pippin wurde vollzogen. Die in der Wildnis umherirrende Königstochter aber trieb der Hunger wieder zu den Leuten. Ein hässlicher Köhler, über den sie anfangs sehr erschrak, weil sie ihn für den Leibhaftigen hielt, führte sie zu der Reismühle bei dem alten Ort Gauting. Dem Müller war nun des edlen Königs Tochter eine Magd, nur sagte sie nicht, wer sie sei und was mit ihr geschehen, denn das hatte sie den Knechten geschworen. Sie machte herrliches Kunstwerk in Gold und in Seide, das trug der Müller auf ihre Bitten nach Augsburg und verkaufte es dort fränkischen Handelsleuten.

So vergingen Jahre und Tage. Da verirrte sich Pippin in dem weiten Wald mit seinem Knecht und seinem Sterndeuter. Schon brach der Abend herein. Von den Jagdhörnern der Gefährten hatten sie schon seit vielen Stunden keines mehr erschallen gehört. Der Knecht stieg auf eine Tanne und sah ganz in der Nähe Rauch. Sie ritten rasch darauf zu, fanden den Köhler und verlangten zu essen. Er konnte ihnen nichts geben, denn er hatte

selbst nichts, aber er führte sie zur Reismühle nach Gauting. Dort erquickten sie sich. Der Sterndeuter trat vor die Hütte, blickte gen Himmel, kam hocherstaunt wieder herein und sprach zu Pippin:

„Herr! Ihr sollt diese Nacht von eurer Frau einen Sohn gewinnen, vor dem die Christenkönige und die Heidenkönige sich neigen."

Da sprach Pippin: „Wie kann das sein? Es ist halb Mitternacht und noch weit nach Weihenstephan zu meiner Frau."

Der Sterndeuter ging noch einmal hinaus und sprach: „Dennoch ist es so, Ihr werdet bei der sein, die Eure Frau ist und schon lange war."

Da stürmte Pippin zu dem Müller und bedrängte ihn, er solle sagen, ob nicht jene Frau bei ihm verborgen sei. Der König hätte ihn fast getötet, als er gestand, es sei wohl schon sieben Jahre eine engelschöne Jungfrau bei ihm, die seitdem keines Menschen Auge gesehen habe. Da musste die Jungfrau kommen, und der König schmeichelte ihr, es stehe in den Sternen, sie sei sein eheliches Weib.

Pippin befragte sie nun eindringlich, doch die Jungfrau wollte ihr Geschick wegen des Eides nicht offenbaren. Erst als der König ihr erklärte, dieser sei durch Todesfurcht erzwungen und daher ungültig, berichtete sie von ihrem Schicksal. Pippin war außer sich vor Freude, gebot den Seinigen aber, über den Vorfall zu schweigen. Dann nahm er zärtlich

Abschied und erreichte am nächsten Tag Weihenstephan. Dort erzwang er das Geständnis der Knechte, die Bertha verschont hatten, ließ seine Hofweisen rufen, den Hofmeister dazu, und erzählte von dessen Falschheit und Missetat, aber so, als wäre sie einem anderen geschehen. Dann fragte er den Hofmeister mit schrecklichem Blick und Ton: „Was gebührt einem für eine solche Missetat?"

Blass und zitternd antwortete dieser: „Ich will kein Urteil fällen über mich selbst."

Da verdammte ihn der gemeine Rat zum schmählichen Tod. Die Hofmeisterin, die den verderblichen Rat gegeben hatte, wurde eingemauert, und ihre Tochter, die untergeschobene Königin, in einem besonderen Gemach verwahrt. Doch starb sie bald aus Gram.

Als Pippin heimkam aus dem langen Feldzug gegen die Sachsen, eilte er zur Reismühle am Würmsee. Dort trat ihm der Müller entgegen und reichte ihm einen Pfeil zum Zeichen dafür, dass ihm in der Mühle von der schönen Bertha ein Sohn geboren sei. Das war der große Karl.

Pippin führte seine Fürsten und Ritter zu seiner Frau, zeigte ihnen ihr armes Kämmerlein und ihr Lager bloß von weichem Moos und zog dann mit ihr ab. Von nun an wurde sie als Königin des Landes gegrüßt. Ihr schöner, kühner Knabe wurde getauft – Carolus Magnus, dessen Lobpreis in aller Welt erschallen sollte. ■

Der Spiegelbrunnen in München

Die Ecke am Anfang des Schrammergässchens in München, gegenüber der königlichen Polizeidirektion, hieß in alten Zeiten das Spiegelbrunneneck und taucht unter diesem Namen schon in einer Urkunde aus dem Jahr 1543 auf. Noch vor wenigen Jahrzehnten war an diesem Hauseck ein Gemälde angebracht, welches ein hahnartiges Tier vorstellte, so wie man den sagenhaften Basilisken zu malen pflegt. Vor diesem Haus stand damals ein Zieh- oder Kettenbrunnen. Hierüber geht folgende Sage:

In diesem Brunnen hauste vor uralten Zeiten ein Basilisk. Der Basilisk ist aber ein gräuliches Tier – seinen Blick kann kein lebendiges Wesen ertragen; wer ihn sieht, muss sterben, und auch das Tier selbst, wenn es seiner ansichtig wird. Das führte nun zu großem Jammer in München, denn jeder, der in die Tiefe des Brunnens hinabschaute, wurde sogleich von dem Blick des Basilisken getötet, und viele Menschen waren auf diese Weise schon umgekommen. Da wurde endlich ein großer Spiegel herbeigebracht und über dem Brunnen aufgestellt, und als gleich darauf der Basilisk aufwärts schaute und in dem Spiegel sein eigenes Bild erblickte, war er sofort tot. So wurde die Stadt von diesem schrecklichen Unheil befreit, und der Brunnen hieß seitdem der Spiegelbrunnen. ∎

Der Dreisesselberg

Dreisesselberg heißt ein mächtiger Bergrücken im Bayerischen Wald, nordöstlich von Passau, bei Altreichenau gelegen, der sich wohl drei Stunden weit hinzieht und dessen bekannteste Erhebung der Dreisesselstein genannt wird, der knapp viertausend Fuß hoch in die Lüfte ragt. Auf seinem Gipfel befinden sich drei sesselartige Vertiefungen, von denen die Sage Folgendes zu berichten weiß:

Auf dem Dreisesselstein hielten vor langer Zeit die Fürsten ihre Versammmlungen ab. Damals lebten auf den Burgen Wolfstein, Hauzenberg und Riedl drei liebreizende Edelfräulein, die ebenso schön wie hoffärtig waren. Sie wollten hoch hinaus; wem sie zum Altare folgen würden, der musste mindestens ein Graf oder Freiherr, möglichst aber ein Fürst sein. Unter diesem Rang hielten sie eine Heirat für unter ihrer Würde. Als sich ihnen nun drei Freier nahten, junge stattliche und tapfere Männer, aber nur gewöhnliche Ritter aus dem Gefolge der Fürsten, ein Bayer, ein Böhme und ein Österreicher, war ihnen das durchaus nicht angenehm. Sie rümpften die niedlichen Nasen und beratschlagten, wie sie die Lästigen am ehesten wieder los werden könnten.

Am Abend vor dem heiligen Dreikönigstag waren die drei Fräulein auf einer der Burgen beisammen, wohin sie auch die drei Ritter bestellt hatten, damit diese ihre Bedingungen hören sollten. Die jungen Männer fanden sich auch pünktlich ein, und wenn man sie so mit den Fräulein beisammenstehen sah, so musste man gestehen, dass drei schönere Paare weit und breit nicht gefunden werden konnten. Jede nahm nun ihren Ritter beiseite und stellte ihre Bedingungen, die darin bestanden, dass sie ausziehen und Abenteuer bestehen sollten, aber Abenteuer von so großem Schwierigkeitsgrad, dass jeder andere zurückgeschreckt wäre und die Sache als unerfüllbar aufgegeben haben würde.

Nicht so diese drei Ritter. Sie sagten die Erfüllung der ihnen gestellten Aufgaben freudig zu und empfingen nun von den Fräulein goldene Ringlein, mit denen sie sich nach einem Jahr, wenn sie die Abenteuer glücklich durchkämpft haben würden, oben auf dem Dreisesselstein einfinden sollten, und zwar am Abend vor dem heiligen Dreikönigstag. Dort sollten sie bis Mitternacht harren, dann würden sie auf den Türmen der drei Burgen Freudenfeuer auflodern sehen, zum Zeichen, dass die Fräulein sie als Verlobte mit Jubel empfangen würden.

Von den drei jungen Männern zweifelte keiner daran, dass er die ihm aufgegebenen Abenteuer bestehen würde, und frohgemut ritten sie von dannen, jeder in eine andere Richtung. Sie durchzogen nun manchen Gau des Landes, kämpften mit Riesen und Zwergen, mit Drachen und Lindwürmern, wie ihnen geboten war, und bewältigten ihre Aufgaben sämtlich mit glücklichem Ausgang.

Keiner sah einen von den anderen, bis sie endlich nach Ablauf des Jahres am Abend vor dem Dreikönigstag am Fuß des Dreisesselsteins wieder zusammentrafen, sich begrüßten und, einander ihre Abenteuer erzählend, langsam durch den tiefen Schnee aufwärts stiegen, um auf dem Gipfel die versprochenen Feuerzeichen zu erwarten.

Eine Ewigkeit erschien ihnen die Zeit bis Mitternacht. Ihre Leiber drückten sich tief in den Schnee ein, der hier oben alles klafterhoch bedeckte und ihnen das Heraufsteigen so schwer gemacht hatte, und durch den Schnee auch noch in die Felsen, auf denen sie saßen, sodass die Sesselform des Berges entstand. Endlich kam die mitternächtliche Stunde, aber vergebens spähten sie abwärts in die Ferne. Zwar konnten sie die drei Burgen im hellen Mondlicht undeutlich schimmern sehen, aber die ersehnten Feuerzeichen blieben aus.

Die Mitternachtsstunde verstrich, und alles blieb wie zuvor. Da merkten die Ritter endlich, dass die hoffärtigen Fräulein sie getäuscht hatten und sie nur hatten los werden wollen. Missmutig streiften sie die Ringlein von ihren Fingern und warfen sie, jeden in eine andere Himmelsrichtung, in die mit Schnee bedeckten Abgründe. Dann stiegen sie wieder abwärts und ritten auf Nimmerwiederkehr davon.

Die stolzen Fräulein aber, die zu derselben Stunde wieder beisammen saßen und sich über ihre getäuschten Freier lustig machten, führte niemand zum Altar. Sie welkten dahin in den freudeleeren Räumen ihrer Schlösser und sanken unverheiratet ins Grab. Hier aber fanden sie keine Ruhe, denn alljährlich am Abend vor dem Dreikönigstag kann man sie auf dem Gipfel des Dreisesselbergs umherirren und den Schnee nach ihren Ringlein durchsuchen sehen. ■

Der Traum vom Schatz auf der Brücke

Es ist einmal einer gewesen, der hat geträumt, er solle nach Regensburg auf die Brücke gehen, da würde er reich werden. Der Mann ist dem Traum gefolgt, hat sich nach Regensburg begeben und ist dort auf der Brücke wohl vierzehn Tage lang hin und her gegangen.

Das hat ein reicher Kaufmann gesehen, der sich darüber nicht wenig wunderte. Er hat den Mann angesprochen und gefragt, was er eigentlich auf der Brücke suche, dass er Tag für Tag so darauf hin und her laufe.

„Ei", sagte der Mann, „ich träumte, ich solle nach Regensburg auf die Brücke gehen, da würde ich reich werden. Das habe ich getan, denn Träume kommen von Gott."

„Larifari", lachte da der Kaufmann, „was hat der liebe Gott mit Träumen zu tun? Nein, mein Lieber, Träume sind Schäume und nichts als eitel Lügen. Siehst du dort den großen Baum stehen? Sieh, mir hat auch ein Traum versprochen, dass unter jenem Baum ein ganzer Kessel mit Geld vergraben sei. Was wäre ich aber wohl für ein großer Tor, wenn ich das ernst nehmen wollte; nein, Freund, glaube mir: Träume sind Schäume."

Der Mann geriet ins Grübeln, als der Kaufmann ihn verlassen hatte. Schließlich fasste er einen Entschluss: Wenn der Kaufmann nicht an seinen Traum glauben wollte, so könnte er es ja versuchen. Selbst wenn er keinen Kessel mit Geld finden würde, so schadete dies ja doch niemandem. Er ging also hin, besorgte sich eine Hacke und einen

Spaten und fing unter besagtem Baum an zu graben. Und siehe da, er hatte sich noch gar nicht tief in die Erde hineingearbeitet, da stieß er wirklich auf einen mit Geld gefüllten Kessel und wurde ein reicher Mann. So hatte sich sein Traum erfüllt, und „Träume sind Schäume" durfte ihm niemand mehr sagen.

Dasselbe wird aber auch aus anderen Städten erzählt, so aus Lübeck, wo ein Bäckergeselle träumte, dass er auf der Brücke einen Schatz finden würde. Der Geselle, der auch wie jener Mann in Regensburg fest an Träume glaubte, ging also auf die Brücke und schritt da unentwegt, die Hände auf dem Rücken, langsam hinüber und herüber. Da kam ein Bettler daher und betrachtete den jungen Mann kopfschüttelnd eine ganze Weile – ein Bettler versäumt ja keine Zeit und kann stehen und schauen, so lange es ihm gefällt. Endlich fragte er den Bäcker, was ihn dazu veranlasse, die Brücke immer wieder der Länge nach abzuschreiten. Da erzählte ihm der Geselle treuherzig die Ursache seines Aufenthalts.

Der Bettler lachte und sagte: „Ja, wisst ihr, junger Mann, das ist eine eigene Sache mit den Träumen. Manche meinen, es sei etwas daran, denn sie kämen von Gott; andere aber sagen wieder, das seien bloße Hirngespinste und müßige Gedanken, vom Teufel eingegeben, um die Menschen zu täuschen. Ich halte es mit der letzteren Meinung. Auch ich hatte einen Traum, der mir Reichtum versprach:

Auf dem Kirchhof zu Mölken liege unter der großen Linde, die links vom Totenhaus steht, ein Schatz vergraben; aber ich wäre ja wohl ein großer Narr, wenn ich das glauben und mir die Mühe machen würde, dort einen Schatz zu suchen."

Einen Augenblick verharrte der Geselle nachdenklich, dann aber ging ein verschmitztes Lächeln über sein Gesicht, und in das Lachen des Bettlers einstimmend, sagte er: „Ihr habt ganz Recht, mein Freund! Manchmal träumt man wirklich ganz närrische Dinge. So will ich denn das Warten und Suchen auf der Brücke aufgeben und Euch meinen Brückenschatz vermachen."

Lachend gingen beide auseinander. Der Geselle aber hatte das nur gesagt, um den Bettler in die Irre zu führen, denn da er fest an Träume glaubte, ging er alsbald nach Mölken und fand an dem bezeichneten Ort auf dem Kirchhof einen Schatz, sodass er Meister werden und sich eine eigene Werkstatt einrichten konnte. ▪

Eppela Gaila

Im Jahr 1385 gab es in Nürnberg große Aufregung. Der Raubritter Eppelin von Gailing hatte den Einwohnern als Wegelagerer wieder einmal großen Schaden zugefügt, war aber samt dreizehn Helfershelfern in einem fürchterlichen Kampf besiegt worden und nun Gefangener der Stadtknechte. Die Nürnberger hassten ihn nicht nur wegen seiner Räubereien; er hatte es auch einmal verstanden, die Bürger jämmerlich zum Besten zu halten: In einem besonderen Zimmer hatte der Rat allerlei Seltsamkeiten aufbewahrt, darunter als größtes Kleinod einen goldenen Käfig mit einem schönen Vogel aus Gold und Edelsteinen darin. Unerkannt stolzierte einmal der Ritter Eppelin von Gailingen in das Zimmer, ließ durch drei verkleidete Knechte im Nebenraum Lärm verursachen, sodass die Aufmerksamkeit der Diener abgelenkt wurde, und nahm dann die Gelegenheit wahr, das kostbare Vogelhaus unter den Mantel zu stecken und damit fortzueilen. Als man den Diebstahl bemerkte, war Eppelin längst über alle Berge.

Jetzt hatte man ihn bei Lauf also gefasst und auf die Burg gebracht. Nun sollte er den Lohn für all seine Schandtaten bekommen – und das war der Galgen. Als Gnade bat er sich vor seinem Ende aus, man möchte ihm erlauben, nochmals Gottes Sonne zu sehen und sich von seinem herrlichen Ross zu verabschieden. Der Rat erfüllte seine Bitte, und Eppelin wusste dies zu nutzen. Er lief zu seinem Ross und schlang die Arme um den Hals des treuen Tieres. Dann nutzte er einen günstigen Augenblick, saß plötzlich nach einem raschem Sprung im Sattel, packte die Zügel mit kräftiger Faust und drückte dem Tier mit Macht die Sporen in die Flanke, sodass es zwei ungeheure Sätze bis zur Brüstung machte und bei dem dritten samt Reiter verschwunden war. Im Burggraben erhob sich das Ross wieder, sprang an der anderen Seite eine schräge Böschung hinauf und führte seinen Herrn ins Weite. Die Nürnberger hatten das Nachsehen, und darum sagte man von ihnen: „Die Nürnberger hängen keinen, sie hätten ihn denn zuvor!" ▪

Die Meistersinger von Nürnberg

Die Meistersinger selbst erzählen die Sage vom Ursprung ihrer Zunft wie folgt:

Zur Zeit des Kaisers Otto I. und des Papstes Leo VIII. inspirierte Gottes Gnade im Jahr 962 zwölf Männer dazu, in deutscher Sprache zu dichten und zu singen. Dies taten sie, ohne voneinander zu wissen, und begründeten so den Meistergesang in Deutschland. Unter diesen Zwölf steht Heinrich Frauenlob oberan, dann gehört Walter von der Vogelweide dazu, auch Wolfram von Eschenbach, Regenbogen der Schmied, Konrad von Würzburg und einige andere.

Doch der Anhang des Papstes bezichtigte diese Meister beim Kaiser der Ketzerei. Der Kaiser meinte anfangs in der Tat, es handle sich um eine unreine Sekte, und beraumte einen Tag an, an dem sich die Sänger zu Pavia stellen sollten. Das geschah, und vor dem Kaiser, seinem ganzen Rat und einigen päpstlichen Legaten wurden die zwölf Sänger nach Zahl, Maß und Wort genau abgehört. Der Eindruck war günstig, alle hörten mit Wohlgefallen zu, und der Kaiser wie seine Begleiter überzeugten sich, dass die Zwölf keine Unholde seien. Als dann auch Papst Leo erkannte, dass die Lieder dieser Meister Gott nicht zuwider waren, erlaubte er den Meistergesang jedermann und ermahnte besonders die Deutschen, weil ihnen Gott die Kunst bekannt gemacht habe, diese zu verbreiten. So erhielt Gott den Meistergesang über sechshundert Jahre bei gutem Klang. ▪

Die langen Schranken
bei Schweinfurt

Jm Bereich der alten Stadt liegt ein schöner ebener Platz, der mit Obstbäumen bewachsen ist. Hier, sagt man, sei vor langer Zeit der Turnierplatz gewesen – und deshalb trage der Platz noch heute den Namen „die langen Schranken". Einst stand ein glänzendes Turnier bevor; zu dem kamen viele fremde Ritter. Einer von ihnen erblickte unter den anwesenden Damen eine, die wohl auch fremd sein mochte und deren Schönheit ihn so bezauberte, dass er sich zu ihrem Kämpfer machte. Und jedem, der ihr nicht den Preis der Schönheit zugestehen wollte, warf er den Handschuh hin. Er wurde auch wirklich Sieger des Turniers,

streckte alle Gegner in den Sand und nahte sich nun der Holden, die ein meergrünes Kleid trug, um ihren Dank zu empfangen.

Sie lächelte ihn liebreich und selig an, aber wie geschah ihm, als er dabei wahrnahm, dass sie grüne Zähne hatte? Er bebte zurück, sie stieß einen Schrei aus, verwandelte sich in ein Seeweiblein und rutschte auf ihrem Schlangenleib dem Main zu, in den sie sich stürzte und auf dessen Oberfläche sie noch eine Weile fortschwamm, bis sie untertauchte und den Blicken der staunenden Herren und Damen entschwand. Da legte der Ritter Waffen und Rüstung ab und trat als Mönch in einen der strengsten Orden ein. ∎

Das Weib
mit den Läusen

Vor Jahren ging in Wernfeld am Main ein zehnjähriger Junge in den Garten seiner Eltern und wollte Salat für seine Mutter holen. Da kam eine ältere Frau auf ihn zu und setzte ihm unvermittelt eine Menge Läuse auf den Kopf. Der Junge lief sogleich ins Haus zu seiner Mutter und berichtete ihr alles. Sofort erkannte sie, dass diese Frau eine Hexe war, und wusste auch, wie man sich an ihr rächen konnte. Sie suchte den Kopf ihres Buben ab und entfernte die Läuse. Drei davon legte sie aber auf den Deckel eines nagelneuen Kochtopfs und hieb mit einem ungebrauchten Kochlöffel heftig auf das Ungeziefer ein. Während dies geschah, bekam die Hexe eine mächtige Tracht Prügel, ganz gleich, wo sie sich gerade befand.

Da erschien auch schon das böse Weib am Fenster und rief: „Hör' auf, hör' auf! Du schlägst mir dauernd auf den Kopf!"

Die Mutter aber schrie zurück: „Wenn du meinem Buben noch einmal Läuse auf den Kopf setzt, so tue ich es wieder!"

Daraufhin verschwand die Frau, und bis heute hat niemand mehr etwas von ihr gehört oder gesehen. ■

Ausgehackte
Frösche

Einem Weinhacker aus Schweinfurt begegnete unter der Petersstirn bei der Mainleite etwas sehr Seltsames. Er war mit seiner Frau mit dem Umgraben eines Weinbergs beschäftigt; die Frau hackte sehr fleißig, und mit einem Mal hackte sie bei jedem Schlag in die Erde einen Frosch heraus. So mochte sie vielleicht fünf oder sechs Frösche herausgehackt haben, als es ihr auffiel und sie zu ihrem Mann sagte: „Pfui! Was sind das denn für garstige Frösche?"

Und ab dem Moment kamen keine mehr. Als nun der Mann näher trat, bückte er sich nach den Fröschen, sah aber keine. Doch dort, wo zuvor die Frösche zum Vorschein gekommen waren, leuchteten ebenso viele Goldstücke am Boden. Die hob er auf, steckte sie ein und schimpfte mit seiner Frau, dass sie nicht stillschweigend fortgehackt habe. Beide hackten nun emsig weiter und verbrachten den ganzen Tag damit, es gab aber keine Goldfrösche mehr. ■

Karl der Große, Eginhard und Emma

Der mächtigste Herrscher des ausgedehnten fränkischen Reiches, Karl der Große, hatte einst einen jungen Kanzler namens Eginhard, der ihm auch als Geheimschreiber treue Dienste erwies und des Kaisers Leben beschrieben hat. Der junge Eginhard liebte Emma, die Tochter des Kaisers, und Emma liebte auch ihn. Doch der Liebe der jungen Leute stand die Absicht des mächtigen Herrschers gegenüber, seine Tochter mit dem König von Byzanz zu verheiraten. Dem Herrscher dieses entfernten Reiches war sie auch bereits als Ehefrau versprochen.

Als Karl der Große aber von dem Techtelmechtel der beiden erfuhr, wurde er sehr zornig und verstieß sie von seinem Hof. Fortan lebten sie bescheiden und einfach in den Wäldern am Rande des Spessarts.

Bald bereute Karl seine Härte gegenüber seiner Tochter und dem jungen Eginhard, dessen vielfältige Talente er sehr zu schätzen wusste, doch von dem Paar fehlte jede Spur.

Eines Tages aber jagte der Kaiser in den Wäldern des Spessarts und verirrte sich dabei. In der Einsamkeit führte ihn das Schicksal ausgerechnet zu dem Haus seiner Tochter und Eginhards.

Als die beiden den Kaiser herannahen sahen, erschraken sie sehr und fürchteten seinen Zorn. Eginhard versteckte sich auf dem Dach, Emma aber verkleidete sich und bereitete Eierpfannkuchen zu, so wie sie ihr Vater besonders gern aß. An diesem Gericht aber erkannte Karl seine Tochter wieder und schloss sie mit Freuden in die Arme.

Emma und Eginhard konnten nun ihr kärgliches Heim verlassen; bald schlossen sie den Bund der Ehe und der Kaiser beschenkte sie reich mit Ortschaften, Wäldern und Feldern. An der Stelle aber, wo er seine Tochter wiedergefunden hatte, gründete Karl eine Stadt und verfügte: „Selig sei die Stadt genannt, wo ich meine Tochter wiederfand." Seitdem heißt diese Stadt Seligenstadt.

Eginhard, der dem Kaiser noch lange diente, hat übrigens in der Wallfahrtskirche Sankt Marcellinus und Petrus in Seligenstadt seine letzte Ruhestätte gefunden. ∎

Die Neun im Eschenheimer Turm

Zu Frankfurt steht noch heute ein alter Turm der Stadtmauer. Einst hatten die Frankfurter einen Wilddieb gefangen, dessen Name Hänsel Winkelsee war, und der saß schon neun Tage im finsteren Loch, ohne dass ein Urteil über ihn gefällt wurde. Allnächtlich hörte er hoch oben über seinem luftigen Gelass im Turm die Wetterfahne kreischen und sprach: „Wär' ich frei und dürft' ich schießen, so schöss' ich dir, du lausige Fahn', so viele Löcher durchs Blech, wie ich Nächte hier gesessen hab."

Diese Worte hörte der Kerkermeister und berichtete dem Schultheiß der Stadt davon. Dieser sagte: „Dem Kerl gebührt nichts anderes als der lichte Galgen; wenn er aber so ein guter Schütze sein will, so wollen wir ihn sein Glück probieren lassen."

Also wurde dem Winkelsee seine Büchse gegeben und gesagt, nun solle er tun, was er so vermessen angekündigt habe; wenn er das könne, solle er frei von dannen ziehen; wenn aber auch nur eine Kugel fehl gehe, so müsse er baumeln. Da nahm der Wildschütz seine Büchse, besprach sie mit guten Waidmannssprüchlein und hat angelegt und auf die Fahne gezielt und abgedrückt. Da saß ein Löchlein im Blech, und alles hat gelacht und bravo gerufen. Und nun noch achtmal so, und jede Kugel an die richtige Stelle, und mit dem neunten Schuss war der Neuner fertig, und um den Schützen gab es ein großes Hallo. Der Stadtrat aber dachte bei sich: „O weh, was wird aus unserem Wild, wenn dieser Scharfschütze wieder hinaus in die Wälder kommt!"

Man beriet sich, und der Schultheiß sagte: „Höre, Hänsel, dass du gut schießen kannst, haben wir schon lange am Wildstand der Stadt verspürt. Jetzt haben wir deine Kunst auch mit eigenen Augen gesehen. Bleibe bei uns, du sollst Schützenhauptmann bei unserer Bürgerwehr werden."

Aber der Hänsel sprach: „Bei allem Wohlwollen, werte Herren, eure Dachfahnen kreischen mir zu sehr, und euer Hahn kräht mir zu wenig. Mich seht ihr nimmer, und mich fangt ihr nimmer! Dank für die Herberge!"

Und nahm seine Büchse und ging von dannen. Mit dem Verweis auf den stummen Hahn hatte der Hänsel aber nur einen Spott ausgesprochen, er meinte das Frankfurter Wahrzeichen, den vergoldeten Hahn mitten auf der Sachsenhäuser Brücke. Denn der Baumeister hatte die Hilfe des Teufels benötigt, um sie fertigzubauen, und ihm die erste Seele, die darüberlaufen werde, versprochen. Also jagte er in der Frühe zu allererst einen Hahn über die Brücke. Da ergrimmte der Teufel, zerriss den Hahn und warf ihn durch die Brücke mitten hindurch; dadurch entstanden zwei Löcher, die können bis heute nicht zugemauert werden. Auf der Brücke aber wurde der Hahn als Wahrzeichen aufgestellt. Den meinte der Hänsel Winkelsee, dass er zu wenig krähe, nämlich gar nicht. ■

Der Franken Furt

Der Sage nach hat die freie deutsche Stadt Frankfurt ihren Ursprung wie folgt erhalten:

Zur Zeit Kaiser Karls des Großen führten die Sachsen gegen die Franken und ihren mächtigen König Krieg. Zunächst waren Erstere siegreich und trieben die Feinde bis hinab zum Ende des Mainstroms. Als nun die Franken in Richtung dieses Flusses flohen und an die Stelle kamen, wo jetzt Frankfurt liegt, erschreckte sie des Stromes Breite und Tiefe, da sie weder Brücke noch Schiffe hatten, um über den Main zu gelangen.

Doch siehe, da zeigte ihnen eine Hirschkuh gleichsam nach dem Ratschluss göttlicher Barmherzigkeit den Weg, indem sie ohne Gefahr durch den Strom schritt und also eine Furt anzeigte, wo die flüchtigen Franken nun ohne Gefahr über den Strom setzen konnten und dies auch taten. Als später dann die nachfolgenden Feinde kamen und jene Furt nicht fanden, mussten sie die Verfolgung der Franken abbrechen, und Karl der Große soll gesprochen haben: „Besser, dass die Völker sagen, ich sei dieses Mal mit meinen Franken vor den Sachsen geflohen, als dass sie sagen, ich sei hier gefallen, denn weil ich lebe, kann und will ich meine Ehre retten."

Dort nun siedelten Franken sich an, denn es war ein lieblich und fruchtreich gelegener Gau, und nannten den Ort die Furt der Franken, Frankfurt.

Manche sagen, gleich damals hätten die Sachsen den Ort Sachsenhausen, Frankfurt gegenüber dicht am Main gelegen, gegründet. Andere aber behaupten, dessen Gründung sei erst geschehen, als Karl der Große überwundene Sachsen aus ihrem Heimatland verschleppt und zur Ansiedelung im Frankenland genötigt habe. Von dieser Neubesiedlung zeugen noch heute viele Ortsnamen.

Später erbaute Kaiser Karl selbst eine kleine Pfalz zur Frankenfurt und hielt sich zur Jagd gern dort auf, feierte Ostern da und hielt Reichskonvente ab. Auch Karls des Großen Sohn, König Ludwig, wohnte da, recht in seines weiten Reiches Mitte, und sein Sohn Karl, später Karl der Kahle genannt, wurde dort geboren.

Noch immer wird die seichte Stelle im Main gezeigt, wo der Franken Furt war und Frankfurts erste Siedlung gegründet wurde und die Stadt ihren Namen erhielt.

Kaiser Karls Pfalz stand da, wo jetzt die Sankt-Leonhards-Kirche steht, und die neue Pfalz, die Ludwig der Fromme erbaute und die „Saal" hieß, lag neben dem Fahrtor – davon hat noch bis heute die Saalgasse ihren Namen. Im Saalhof starben Ludwig der Deutsche, des frommen Ludwigs jüngster Sohn, wie auch Hemma, dessen Gemahlin. Dieser König war es auch, der Frankfurt zur weltlichen Hauptstadt des ostfränkischen Reiches erhob, während Mainz die geistliche war.

Der
Elisabeth-Brunnen

Eine Stunde von Marburg quillt unter einem zierlichen, von Bäumen beschatteten Gewölbe der Schröckerbrunnen, auch Elisabeth-Brunnen genannt. Der Sage nach ging die heilige Elisabeth oft dorthin, um in der Einsamkeit zu beten und um in dem klaren Wasser des Quells ihre Weißwäsche zu waschen; wenn sie rein gewaschen war, warf sie die Stücke nur in die Luft, da blieben sie sogleich auf den Sonnenstrahlen hängen.

Lange gingen seitdem die Frauen und Mägde aus den nahen Dörfern zur Pfingstzeit hierher, um gleichfalls ihre Weißwäsche zu waschen. Das taten sie noch vor etwa fünfzig Jahren, denn – so sagten sie – das Wasser dieses Brunnens reinigt ohne Seife.

Einmal begegnete der heiligen Elisabeth ein Verbrecher, der zur Richtstätte geführt wurde. Einige Leute, die gerade vorbeikamen, bedauerten den Mann; doch Elisabeth sagte: „Er wird es verdient haben." Und alsbald fiel alle ihre Wäsche aus der Luft. ∎

Der
stillstehende
Fluss

Von der Fulda heißt es, sooft ein Fürst aus dem Land Hessen, besonders ein regierender Herr oder dessen Gemahlin, bald sterben soll, dass sie entgegen der Natur stillstehe und der Strom gleichsam seine Trauer zu erkennen gebe. Man hält das für eine sichere Todesanzeige – die Einwohner haben das Phänomen mehrmals beobachtet. ∎

Die Wichtel als Schuhmacher in Eschwege

In der alten Reichsstadt Eschwege lebte einst Meister Jobsen, ein armer Schuhflicker. Eines Abends saß er auf seinem Schemel, schon nahte Mitternacht und spärlich erleuchtete die Lampe das Stübchen. Finstere Sorgen trübten sein Inneres und der Gedanke, wie er sich mit Weib und Kind ehrlich durchbringen sollte in dieser schweren Zeit, lag ihm hart auf der Seele.

Da schreckte ihn plötzlich ein Männlein auf, das wie hergezaubert vor ihm stand und sagte: „Meister Jobsen, warum so gramvoll? Ich will dein Geselle werden."

„Du wärst mir der rechte Geselle", erwiderte Jobsen verdrießlich und verwundert.

„Bin's nicht allein, bin's nicht allein", sagte das Männlein. „Schneid' Leder zu, schneid' Leder zu, wir machen dir draus feine Schuh!"

Sprach's und verschwand. Staunend und sinnend saß Jobsen noch eine Weile auf seinem Schemel und dachte: „Vielleicht reicht dir ja das Glück die Hand, willst also des Männleins Rede nicht verachten."

Flugs sprang er, holte Leder, schnitt es zu Schuhen zurecht und legte sich dann müde zu Weib und Kind. Da trippelte und trappelte es zu Tür und Fenster herein, bald saß eine Schar kleiner munterer Gesellen um den Tisch herum und als Jobsen am Morgen erwachte, da stand manches Paar feiner Schuhe auf dem Tisch, aber die Gesellen waren verschwunden. Entzückt erzählte er seinem Weib davon und brachte die Schuhe zum Markt. Dann kaufte er Leder ein und legte es am Abend zugeschnitten wieder zurecht. Wieder kamen nachts die kleinen Gesellen und am Morgen fand Jobsen die schönsten Schuhe. So ging es eine Zeitlang fort, die Schuhe fanden viele Käufer und wurden gut bezahlt, sodass Jobsen viel Geld verdiente.

Eines Tages sagte er zu seiner Frau: „Wir müssen den fleißigen Gesellen doch einmal etwas Gutes tun. Kauf' Braten ein, back' Kuchen, bring' Wein herbei."

So geschah es. Speis und Trank wurden am Abend auf den Tisch gestellt, auch zugeschnittenes Leder. Doch wie wunderten sie sich, als sie am Morgen zwar neue Schuhe, die Speisen und den Wein aber unberührt vorfanden.

„Wir müssen es anders anfangen", sagte Jobsen, ging ins Tuchhaus, kaufte roten Stoff und ließ beim besten Schneider Röcklein und Höschen anfertigen. „Wie werden sich die Gesellen freuen", dachte er, „wenn sie die schönen Kleider finden?"

Nachts trippelte und trappelte es wieder zu Tür und Fenster herein, und als die Gesellen die schmucken roten Wämse fanden, warfen sie hurtig ihre schmutzigen Mäntel weg und hüpften auf Tisch und Bänken herum. Sie jubelten, schauten in den Spiegel und sangen: „Hör', wie so knapp, und sollen machen Schuhe lapp?"

Damit hüpften sie hinaus und kamen nie wieder. Meister Jobsen aber ging es gut – sein Leben lang. ∎

Den Mörder
verraten die Disteln

Bei Hohenzell, einem Dorf in der Nähe der Stadt Schlüchtern, liegt ein Acker, der „das Beinert" heißt. Dieser Acker liefert zwar auch Getreide, aber heute noch wie von jeher zugleich eine Menge Disteln, die nicht auszurotten sind. Die Bauern von Hohenzell erzählen sich darüber Folgendes:

Als sich einmal in alter Zeit ein vermögender Bauer auf diesem Acker befand, der ihm gehörte, kam ein Krämer daher, der ein Kästchen mit Geld bei sich hatte. Der gierige Bauer sah sich überall um und als er weit und breit keinen anderen Menschen sah, griff er den Krämer an, um ihm sein Geld zu rauben. Obwohl der Krämer sehr um sein Leben bat, achtete der Bauer doch nicht darauf, sondern sagte zu ihm: „Du musst sterben!"

Der Krämer entgegnete: „Wenn du mich tötest, so werden dich einst die Disteln auf deinem Acker verraten."

Der Bauer antwortete lachend: „Das ist sehr dumm gesprochen; Disteln haben keinen Mund."

Und er ermordete den Krämer, verscharrte ihn auf dem Acker und nahm das Geldkästchen mit sich. Doch seit dieser Zeit wurde der Mörder trübsinnig; jedesmal, wenn er auf den Acker kam, schienen ihm die Disteln darauf größer und drohender geworden zu sein, und wenn sie im Abendwind schwankten, meinte er zu hören, wie sie ihm zuzischten: „Du bist ein Mörder!"

So vergingen einige Jahre.

Eines Tages schließlich hatte der Bauer Weizen auf diesem Acker gemäht und aufgebunden und einige Nachbarn, die ihm bei der schweren Arbeit halfen, betrachteten ihn kopfschüttelnd, weil er verstört und nachsinnend auf einer Garbe saß.

„Warum redest du denn nicht mit uns, Hannes?" riefen sie ihm zu.

Er war tief in Gedanken versunken und versetzte: „Das darf ich nicht sagen, und die Disteln können – Gott sei Dank! – nicht sprechen, sonst würden sie mich verraten."

Neugierig fragten die Bauern: „Was würden sie denn verraten?"

Immer noch tief in Gedanken versunken antwortete der Mörder, ohne die Folgen zu bedenken: „Ei, dass ich den Krämer hier ermordet und verscharrt habe."

Sogleich ergriffen die Bauern den Mörder und überlieferten ihn der Obrigkeit, die ihn genau an der Stelle hinrichten ließ, wo der Krämer sein Leben hatte lassen müssen. Der Acker heißt seitdem „das Beinert", wegen der Gebeine des Krämers, die dort ausgegraben wurden. ▪

Der
heilige Bonifatius

Als der heilige Winfried, genannt Bonifatius, die Hessen bekehren wollte, kam er, vier Stunden von Marburg entfernt, auf den Castorberg, wo ein heidnisches Gotteshaus stand; das ließ er niederreißen und dort die erste christliche Kirche bauen. Seitdem heißt der Berg Christenberg, und zweihundert Schritt von der Kirche entfernt zeigen die Leute noch heute einen Fußabdruck im Stein, den Bonifatius hinterließ, als er in heiligem Eifer auf den Boden stampfte. Er sagte: „So fest sich mein Fuß in den Stein drückt, so sicher will ich die Heiden bekehren."

In der Nähe von Hofgeismar erhebt sich aus dem Tal der Diemel die Hüneburg, eine steil aufsteigende, mit Buchen bewachsene Felswand, von deren mit einem Wall umgebenen Gipfel man eine herrliche Aussicht genießt. Unter anderem sieht man das Dorf Eberschütz, dessen Bewohner sich seit uralter Zeit am Himmelfahrtstag in festlichem Zug auf die Hüneburg begeben, dort ein frommes Lied singen und dann heilkräftige Kräuter sammeln.

Die Sage weiß von dieser Sitte Folgendes zu erzählen:

In heidnischer Zeit wurden auf dieser Felsklippe Götzendienste gefeiert und Gericht gehalten. Zu einer solchen Versammlung erschien einst ein fremder, ehrwürdig aussehender Mann im Pilgergewand und mit einem Pilgerstab in der Hand. Er begann die Menschen zu belehren, wie töricht und nich-

tig ihr heidnischer Glaube sei, wie ohnmächtig ihre Götter, und predigte ihnen von dem wahren Gott, der Himmel und Erde geschaffen habe, und von seinem Sohn Jesus Christus, der für uns gestorben, auferstanden und gerade an diesem Tage gen Himmel gefahren sei.

Die Heiden hörten ihn zunächst verwundert an, dann staunten sie über die Auferstehung und Himmelfahrt eines am Kreuz gestorbenen Menschen; als der Pilger nun aber ihre Götter angriff und den Heiden deren Nichtigkeit klar zu machen versuchte, begannen sie zu murren und bald brach allgemeiner Unwille aus. Der Heilsverkünder wurde verhöhnt, Geschrei übertönte seine Worte, und man bedrohte ihn sogar mit dem Tod.

Der fromme Mann aber blieb unerschrocken, hob seinen Pilgerstab in die Höhe und rief mit kräftiger Stimme das Geschrei übertönend: „Dieser Stab soll die Wahrheit meiner Worte bezeugen! Denn sie sind so wahr, wie dieser dürre Stab hier vor euren Augen lebendig werden und Knospen und Blätter treiben wird."

Damit stieß er den Pilgerstab in die Erde, erhob die Hände zum Himmel und betete inbrünstig zu Gott dem Allmächtigen. Und siehe: Der Stab gewann Leben, staunend sahen die Heiden, dass sich an ihm Knospen entwickelten, die sich schnell öffneten und Blätter und Zweige trieben. Staunend sahen sie es, und überwältigt von einem solchen

Wunder sanken sie alle auf die Knie und blickten scheu zu dem heiligen Mann empor.

Dieser belehrte sie nun weiter, und bald entsagten sie dem Götzendienst und ließen sich taufen. Der fromme Mann aber, der ihnen das Heil verkündet hatte und auch die Kranken gesund zu machen verstand, war kein anderer als Winfried, der heilige Bonifatius, und zum Andenken an diese wunderbare Begebenheit ziehen noch heute die Eberschützer am Pfingstfest auf jene Felsklippe und suchen Heilkräuter.

Ähnliches soll sich auch in Thüringen zugetragen haben, denn die Sage erzählt: Als Bonifatius nach Thüringen kam, ließ er zu Großvargula eine Kirche bauen, die er selbst einweihen wollte. Da steckte er seinen dürren Stab in die Erde, trat in die Kirche und las die Messe; nach dem Gottesdienst aber hatte der Stab gegrünt und Sprosse getrieben.

Eine andere Sage berichtet Folgendes: Die Heiden in Hessen glaubten nicht mehr fest an ihre alten Götter. Bonifatius wusste das und wollte ihnen deshalb deren Ohnmacht vor Augen führen. Bei dem Ort Geismar in der Nähe von Fritzlar gab es einen heiligen Hain mit einer mächtigen Eiche, die dem Gott Donar geweiht war. An einem Herbsttag des Jahres 723 versammelte Bonifatius dort die Heiden. In respektvoller Entfernung umstanden sie die Donareiche. Während Bonifatius mit seinen Gehilfen begann, die Eiche zu fällen, erwarteten sie jeden Augenblick, dass Donar die Übeltäter mit einem Blitzstrahl zerschmettern würde. Als dies nicht geschah, ließen sie sich bekehren. Bonifatius aber veranlasste, dass am gleichen Platz aus dem Holz der Eiche eine Kapelle gebaut wurde. ∎

Sankt Bonifatius' Grab

Im schönen Dom zu Fulda liegt der heilige Bonifatius begraben, der die Hessen bekehrt und in Fulda ein Kloster gründet hat. Zum Dank dafür ernannte ihn der Papst zum Erzbischof von Mainz. Als vierundsiebzigjähriger Greis zog Bonifatius noch einmal zu den Friesen, um sie vollständig zu bekehren. Bei vielen gelang es ihm. Doch als er die Bekehrten taufen wollte, kamen heidnische Friesen und ermordeten ihn. Wunderbarerweise trieb sein Leichnam gegen die Strömung den Rhein hinauf nach Mainz.

Der fromme Mann hatte einst den Wunsch geäußert, er wolle in Fulda bestattet werden. Der Bischof von Mainz aber beschloss, seinen Leichnam im Dom zu Mainz zu begraben, und ließ ihn feierlich in die dortige Gruft hinabsenken. Doch am nächsten Morgen stand der Sarg oben in der Kirche neben der Gruft, in die man ihn hinabgelassen hatte – obwohl keines Menschen Hand ihn berührt hatte. Da erkannte der Bischof, dass der Heilige hier nicht ruhen wollte. Man setzte also den Leichenschrein auf einen Wagen, spannte zwei Kühe davor und ließ diese ziehen, wohin sie wollten. Die Kühe aber lenkten den Wagen zum Rhein, gingen in das Wasser hinein und schwammen mit ihrem kostbaren Gut hindurch bis ans andere Ufer. Dort hielten sie sich aber nicht auf, sondern zogen Richtung Fulda. Nachdem sie Tag und Nacht ohne Unterbrechung unterwegs gewesen waren, erreichten sie die Stadt.

Bei ihrer Ankunft erklangen die Glocken von selbst, ohne dass sie jemand in Bewegung gesetzt hätte, und der heilige Leichnam sank hinab in das selbstgewählte Grab, wo er noch heute liegt. ◼

Das Fräulein von Boyneburg

Einst lebten auf der Boyneburg drei Schwestern. Die jüngste träumte eines Nachts, es sei von Gott beschlossen, dass eine von ihnen vom Blitz erschlagen werden sollte. Am nächsten Morgen erzählte sie ihren Schwestern den Traum und als es Mittag war, stiegen bereits die ersten Wolken auf, die immer größer und schwärzer wurden. Am Abend dann zog ein schweres Gewitter über den Himmel und der Donner kam näher und näher.

Als nun die Blitze von allen Seiten herabzuckten, sagte die Älteste: „Ich will Gottes Willen gehorchen, denn mir ist der Tod bestimmt." Sie ließ sich einen Stuhl hinaustragen, saß einen Tag und eine Nacht lang dort und erwartete, dass der Blitz sie träfe. Dies geschah aber nicht.

Da sprach am zweiten Tag die Zweite: „Ich will Gottes Willen gehorchen, denn mir ist der Tod bestimmt." Sie saß den zweiten Tag und die zweite Nacht draußen und auch sie traf kein Blitz. Aber das Gewitter wollte nicht abziehen.

Da sprach die Dritte am dritten Tag: „Nun erkenne ich Gottes Willen, dass ich es bin, die sterben soll." Sie ließ den Pfarrer kommen, damit er ihr das Abendmahl reiche, machte ihr Testament und bestimmte, dass an ihrem Todestag die ganze Gemeinde gespeist und beschenkt werden solle. Danach ging sie getrost hinaus – und im nächsten Augenblick fuhr ein Blitz auf sie herab und tötete sie.

Später, als das Schloss schon längst nicht mehr bewohnt war, ist das Fräulein oft als guter Geist erschienen. Einst weidete ein armer Schäfer, der all sein Hab und Gut verloren hatte und dem am nächsten Tag das Letzte, was er besaß, gepfändet werden sollte, sein Vieh an der Boyneburg. Da sah er im Sonnenschein an der Schlosstür eine schneeweiße Jungfrau sitzen. Sie hatte ein weißes Tuch ausgebreitet, auf dem Flachsknoten lagen, die in der Sonne aufspringen sollten. Der Schäfer wunderte sich, an dem einsamen Ort eine Jungfrau zu finden, trat zu ihr hin und sprach: „Ei, was für schöne Knoten!" Er nahm ein paar in die Hand, besah sie und legte sie wieder zurück.

Die Jungfrau schaute ihn freundlich und zugleich traurig an, antwortete aber nichts. Da bekam der Schäfer es mit der Angst zu tun. Schnell ging er, ohne sich noch einmal umzusehen, fort und trieb seine Herde nach Hause.

Unbemerkt waren ihm aber ein paar Flachsknoten in einen seiner Schuhe gefallen, die ihn nun auf dem Heimweg drückten. Er setzte sich und zog den Schuh aus, um sie zu entfernen. Als er aber in den Schuh griff, da fielen ihm fünf oder sechs Goldkörner in die Hand. Sofort eilte er zur Boyneburg zurück, aber die weiße Jungfrau war samt den Knoten verschwunden. Er jedoch konnte mit dem Gold seine Schulden bezahlen und seinen Haushalt wieder einrichten. ■

Der Frau Hollenteich

Auf dem hessischen Berg Meißner weisen manche Dinge schon mit ihren bloßen Namen auf damit verbundene Sagen hin, wie die Teufelslöcher, der Schlachtrasen und besonders der Frau Hollenteich. Dieser, an der Ecke einer Moorwiese gelegen, hat nur wenige Meter Durchmesser; die ganze Wiese ist mit einem halb verfallenen Steindamm eingefasst und nicht selten sind auf ihr Pferde versunken. Alte Leute haben erzählt, dass in dem Teich des öfteren Frau Holle beim Bad in der Mittagsstunde gesehen worden sei.

Von dieser Frau Holle erzählt das Volk vielerlei, Gutes und Böses. Weiber, die zu ihr in den Brunnen steigen, macht sie gesund und fruchtbar; die neugeborenen Kinder stammen aus ihrem Brunnen und sie trägt sie daraus hervor. Blumen, Obst und Kuchen, die sie unten im Teich hat und alles, was in ihrem unvergleichlichen Garten wächst, teilt sie denen aus, die ihr zufällig begegnen und zu gefallen wissen.

Sie ist sehr ordentlich und achtet auf gute Haushaltsführung; wenn es bei den Menschen schneit, dann liegt das daran, dass Frau Holle ihr Bettzeug ausklopft, wobei die Flocken in die Luft fliegen. Faule Spinnerinnen straft sie, indem sie ihnen den Rocken besudelt, das Garn verwirrt oder den Flachs anzündet; Jungfrauen hingegen, die fleißig abspinnen, schenkt sie Spindeln und spinnt selbst für sie über Nacht, sodass die Spulen am Morgen voll sind. Faulenzerinnen zieht sie die Bettdecken weg und legt sie nackt aufs Steinpflaster; Fleißige, die schon frühmorgens in rein gescheuerten Eimern Wasser zur Küche tragen, finden Silbergroschen darin. Gern zieht sie Kinder in ihren Teich; die guten macht sie zu Glückskindern, die bösen zu Wechselbälgen.

Jährlich geht sie im Land um und verleiht den Äckern Fruchtbarkeit; aber sie erschreckt die Leute auch, wenn sie nämlich an der Spitze eines wütenden Heeres durch den Wald fährt. Mal zeigt sie sich als eine schöne weiße Frau in oder auf der Mitte des Teiches, dann wieder ist sie unsichtbar und man hört bloß aus der Tiefe ein Glockengeläut und finsteres Rauschen. ∎

Die Wichtel im Werratal

Im Werratal gab es einst viele Wichtelmänner. Bei Berka wohnten sie unter dem Pferdestall des Schlosses. Weil Tiere im Gegensatz zu den meisten Menschen die Geister sehen, hören oder wittern können, gebärdeten sich die Pferde in diesem Stall wie rasend. Sie zerrissen die Ketten und zerschlugen und zerbissen alles.

So ging es auch einem Bauern in Dankmarshausen, dem starb ein Pferd nach dem anderen und er stand schon kurz vor dem Ruin. Eines Abends ging der Bauer spät durch seinen Hausflur und hörte unter einer umgestülpten Wanne ein Flüstern. Er sah genauer hin und erkannte in mattem Schimmer vier Wichtel unter der Wanne. Sie hatten aus einem Backtrog ein Stück Teig stibitzt und kneteten Brote daraus. Als sie den Bauern bemerkten, der sie jedoch nur beobachtete und ihnen nichts Böses wollte, sagte einer der Wichtelmänner: „Weißt du, warum deine Pferde sterben? Weil wir unter dem Stall wohnen. Bring sie in einen anderen Stall und es wird dir keines mehr zugrunde gehen."

Diesen Rat befolgte der Bauer gern, und seine Pferde blieben gesund. Die Wichtel machten ihn durch ihre tägliche Hilfe reich, weil er die Brote, die sie backten, mit viel Gewinn verkaufen konnte.

Am Spatenberg am rechten Werraufer öffnet sich ein Erdloch, das nennt man auch heute noch die Wichtelkutte. Dort wohnten lange Zeit viele Wichtel. An einem schönen Morgen kamen zwei Männlein zu einem Fährmann und wollten über den Fluss gefahren werden. Als sie schon auf der Fähre standen und der Fährmann eben ablegen wollte, baten sie ihn, noch einige Augenblicke zu warten, denn es komme noch jemand. Der Fährmann wartete, aber es kam niemand. Dennoch senkte sich die Fähre immer tiefer und tiefer ins Wasser, sie wurde schwerer und schwerer und als er endlich vom Ufer abstieß, kam es ihm so vor, als habe er noch nie eine so große Last überschifft. Am anderen Ufer wurde die Fähre wieder zusehends leichter.

„Nun sag, Fährmann, welchen Lohn verlangst du für unsere Überfahrt? Willst du nach Köpfen bezahlt werden oder willst du einen Scheffel Salz?" fragten die Wichtel.

Da ein Scheffel Salz dem Fährmann ein ungleich reicherer Lohn zu sein schien als das Fährgeld für zwei Personen, wählte er diesen.

„Nach Köpfen wärst du besser gefahren, Mann! Sieh mir einmal über die rechte Schulter!", sprach das zweite Männlein.

Und als der Fährmann dies tat, sah er eine Menge kleiner Wichtel, die aus dem Schiff herauswimmelten. Mit den anderen stiegen nun auch die beiden ersten aus und verschwanden vor des Fährmanns Augen. Auf der Fähre aber stand ein gehäufter Scheffel reinsten Salzes und dieser Scheffel wurde niemals leer. Die Wichtel aber sind fortgezogen und niemand weiß, wohin. ∎

Hexenfahrt zur Walpurgisnacht auf dem Blocksberg

Der Brocken, in der Volkssprache allgemein der Blocksberg genannt, ist der höchste Berg des Harzgebirges und scheidet dieses in den Ober- und Unterharz. Mit seinem Hauptteil liegt er in der Grafschaft Wernigerode, mit einem kleinen Stück seines südwestlichen Teils in dem ehemals hannoverschen Fürstentum Grubenhagen. Schon vor langer Zeit war weniger der Brocken selbst als der Harz überhaupt, besonders der Oberharz, als Fundstätte von Edelerzen bekannt, und an vielen Stellen deuten Jahrhunderte alte, in den Felsen gehauene Zeichen an, wo solche Fundstätten waren. Auch das Sprichwort weist auf den Erzreichtum hin:

„Man wirft am Brocken oft mit einem Stein nach einer Kuh, der mehr Wert hat als die Kuh."

Sicher ist, dass schon in alter Zeit von nah und fern so genannte Kurgänger herbeigekommen sind, um hier Edelmetalle und Edelsteine zu schürfen, und Sagen von Venetianern, die ja die deutschen Gebirge vielfach zu diesem Zweck besuchten, haben sich bis in unsere Tage erhalten.

Bekannt ist der Harz, vor allem der Brocken, auch durch den auffallend schnellen Wechsel der Temperaturen, überhaupt durch sein mehr oder weniger raues Klima. Sommerschnee ist nicht selten und Nebel entstehen, selbst wenn kein Wölkchen am Himmel steht, mit unbegreiflicher Schnelligkeit, sodass ein Aufstieg zum Brocken der Aussicht

wegen eine sehr zweifelhafte Sache ist. Oft heißt es dann: „Der Brocken hat die Mütze auf", sein Gipfel ist also in Nebel gehüllt. Und dies ist weit öfter der Fall, als dass er sich klar präsentiert. Gefürchtet sind die großen Schneemassen des Winters und deren Veränderlichkeit, denn wo am Abend eine hohe Schneebank lag, da ist diese am nächsten Morgen verschwunden und anderswo aufgetürmt, und dazu heult dann der Sturm in den zahllosen Schluchten und Klüften auf eine ganz schauerliche Art.

Da kann der Reichtum des Harzes an nicht minder schauerlichen Sagen nicht verwundern. Sicherlich sind die vielfältigen auffallenden Naturerscheinungen auch die Ursache dafür, dass der alte Brocken so in Verruf geraten ist, und das greuliche Brausen und Heulen des Sturmes, der alle nur möglichen Schauder erregenden Töne erzeugt, hat sicherlich die Veranlassung zu dem allgemeinen Aberglauben gegeben, dass dort in der Walpurgisnacht unter dem Vorsitz des Teufels der Hexensabbat abgehalten wird.

Die allgemein verbreitete Lesart der Sage vom Hexentanz auf dem Blocksberg ist die, dass in der Nacht vom letzten Tag im April auf den 1. Mai die Hexen sich von allen Seiten zum Versammlungsort aufmachen. Da man frühzeitig vor Ort sein muss, um Platz zu finden, weil dann dort wegen der ungeheuren Zahl der Hexen und Zauberer ein fürchterliches Gedränge entsteht, kann sich keine

Hexe auf ihre Füße verlassen, sondern alle reiten auf Ofengabeln, Besen und Ziegenböcken durch die Luft, und man sieht sie dann zwischen den Bergen, aus den Schluchten, aus und über dem Wald heransausen. Ofengabeln haben den Vorzug, dass man damit gleich die Feuer schüren kann, und Besen, dass man damit den Schnee wegfegen kann, der noch am 1. Mai oft den Blocksberg bedeckt.

Die Hexen und Zauberer ziehen in so großer Zahl daher, dass die dunkle Nacht noch finsterer wird, ja selbst die Luft gerät in Bewegung und jagt im Wirbelwind von Berg zu Berg.

Viele Feuer leuchten nun auf, um die herum ein lebhaftes Treiben herrscht, in der Mitte ein Hauptfeuer, an dem des Teufels Großmutter vor einem ungeheuren Kessel sitzt, in dem sie mithilfe vieler kleiner Teufelchen die Hexensuppe kocht. Nun besteigt der Teufel die Teufelskanzel und hält vor der glänzenden Versammlung der Hexen und Zauberer eine gewaltige Rede, nach deren Beendigung alle mit großem Hallo und mit hoch geschwungenen Fackeln um ihn herum einen wilden Reigen aufführen. Währenddessen hat die Großmutter das Hexenmahl zubereitet, das heißt, die Suppe ist fertig, und alle Hexen und Zauberer können sich nun daran stärken für neue böse Taten unter den Menschen.

Mit dem ersten Schimmer des neuen Tages fängt der ungeheure Wirrwarr an abzunehmen, und wenn die Morgenröte sich bemerkbar zu machen beginnt, dann verschwindet der Höllenspuk nach und nach, und die Feuer erlöschen, und alle machen sich bereit, ebenso wieder abzuziehen, wie sie gekommen sind, auf ihren höllischen Reittieren in windschnellem Flug durch die Luft zu verschwinden, sodass sie mit Anbruch des Tages wieder daheim sind und niemand eine Ahnung hat, wo und in welcher Gesellschaft sie die Nacht zugebracht haben. So geheimnisvoll geht dabei alles zu, dass selbst Nachbarinnen und gute Freundinnen das Walpurgisfest mitgemacht haben können, ohne an Ort und Stelle einander erkannt zu haben.

Wie so vieles andere ist auch diese Sage von einem mächtigen Spuk am 1. Mai nur ein Nachklang vorchristlicher Bräuche. Ostera, die strahlende, Licht bringende Frühlingsgöttin, der im Kampf mit dem Winter liegende Frühling, waren es, die bei hellen Feuern auf den Bergen verehrt wurden: „Dann zogen rings aus allen Gauen des Harzes dankbare, frohe Menschen herbei und brachten als Opfergabe die Erstlinge des jungen Jahres, frisch knospendes Gezweig und Kränze von zarten Frühlingsblumen, die sie auf dem Heiligtum der Göttin niederlegten. Ehrwürdige, greise Männer mit langlockigem Haupt- und Barthaar und bekleidet mit wallenden Gewändern aus weißem Linnen zündeten ein Feuer an, um das kraftvolle Jünglinge und liebliche Mädchen unter Dank- und Bittgesängen tanzten. Sie alle, die erschienen waren, flehten, dass Ostera sich gegenüber den Menschen auch in diesem Frühling gnädig erweisen und die Erde mit Frucht verheißenden Blütenschleiern bedecken möge."

122

Als aber das Heidentum dem Christentum weichen musste, suchten dessen Verkünder in weiser Voraussicht die Heiden auch damit zu gewinnen, dass sie ihnen ihre Feste nicht nahmen, diesen aber eine andere Bedeutung zuwiesen. So wurden die Bergfeuer am 1. Mai der heiligen Walpurgis gewidmet, die Bonifatius zu seiner Hilfe aus England hatte kommen lassen und deren Leichnam im Jahr 772 am 1. Mai in Eichstädt beigesetzt wurde. Hartnäckige Heiden hielten jedoch trotzdem ihre Zusammenkünfte in der Nacht zum 1. Mai, versuchten aber andere davon abzuschrecken, indem sie sich mit schrecklichen Kostümen vermummten, wodurch dann der Glaube an die Zusammenkunft von bösen Geistern, Hexen und Zauberern in dieser Nacht entstand. Und dem gegenüber galten nun die Walpurgisfeuer als das wirksamste Mittel gegen Zauberer und Hexen, die sich endlich, nachdem das Heidentum ganz verschwunden war, auf den Blocksberg retteten, der nun für alle Zeiten als der Ort der Walpurgisnacht gilt. ∎

Der hessische Blocksberg

Im Süden des Kreises Ziegenhain erhebt sich bei Ottrau der Bechelsberg bis zu einer Höhe von vierhundertzweiundsiebzig Metern. An seinem Abhang wachsen mancherlei Heilkräuter, die zu Himmelfahrt gesammelt werden. Der Gipfel des Bechelsbergs heißt die Rumpelskuppe, ein Name, der seine Entstehung dem donnerähnlichen Getöse zu verdanken haben mag, das zum Entsetzen der Menschen und des Viehs mitunter auf dem Berg gehört worden sein soll. Dieses Gepolter wird von Ohrenzeugen mit dem Brausen eines schrecklichen Sturmes verglichen. Kurz davor will man in der Nähe des Berges bisweilen eine schwarze Gestalt, auch eine fein gekleidete Jungfrau, gesehen haben.

Nahe an der Rumpelskuppe befindet sich eine kesselförmige Vertiefung, die Hexenkaute, auch Silberkaute genannt. Hier wird am 1. Mai um Mitternacht ein „Hexentanz" veranstaltet. Dabei gelten strenge Regeln: Wer zum Beispiel eine Viertelstunde zu spät erscheint oder beim Tanz einen Fehltritt tut, bekommt zur Belustigung aller Gäste eine gewisse Zahl Besenhiebe. Es wird getanzt, gesungen, gelärmt und allerhand Unfug getrieben, zuletzt der Rest der Mahlzeit für die Rückreise eingepackt. Dann wünschen alle sich gegenseitig ein fröhliches Wiedersehen für das nächste Jahr, ehe sie auf Besen und Hähnen pfeilschnell wieder wegreiten.

Die Hexen kommen stets an Orten zusammen, an denen in altgermanischer Zeit Gericht gehalten und geopfert wurde; auch auf dem Bechelsberg war eine solche alte Gerichtsstätte. ∎

Das stille Volk zu Plesse

Tief unter dem Boden des Berges, auf dem die Burg Plesse bei Göttingen thront, wohnt ein stilles Zwergenvolk, hilfreich und guttätig den Menschen, das sich unsichtbar machen kann und durch jede verschlossene Tür, durch jede Mauer geht, wie es ihm beliebt. Der Haupteingang zum unterirdischen Reich des stillen Völkchens liegt bei einem tiefen Felsbrunnen.

Im Jahr 1743 besuchte ein Göttinger Student die absonderlich schöne und anmutige Ruine der Plesse. Er hatte ein Buch mitgebracht, und da er allein auf dem Burgplatz war, legte er sich auf das Gras und las. Ein süßer Geruch von Waldmeister, Maiglöckchen und Flieder schläferte ihn ein. Lange schlief er, bis ein Donnerschlag und strömender Regen ihn weckten. Dunkel war es um ihn her, nur Blitze beleuchteten mit fahlem Schein die verwitternden Trümmer. Der Student betete, als plötzlich ein Licht auf ihn zukam. Ein kleines altes Männchen mit eisgrauem Bart trug's und wies den Studenten an, ihm zu folgen. Das Männlein führte den Jüngling zum Brunnen, in dem ein Brettergerüst stand, darauf traten beide, und jetzt ging es wie auf der Hebebühne eines Theaters sanft in die Tiefe bis zum Wasserspiegel. Dort wölbte sich eine trockene und saubere Grotte.

Nun sagte das Männlein: „Es steht dir nun frei, hier im Trockenen zu verharren, bis droben das Unwetter vorüber ist, oder mir in das Reich der Unterirdischen zu folgen."

Der Student erklärte, Letzteres wählen zu wollen, wenn ihm keine Gefahr drohe. Darüber beruhigte ihn das alte eisgraue Männlein, und so folgte er ihm durch einen niedrigen und engen Gang, der für das Männlein gerade hoch und breit genug war, aber für den Studenten äußerst unbequem. Endlich traten sie aus dem Gang und sahen vor sich eine weite Landschaft, durch die ein rauschender Bach floss, mit Dörfern aus lauter kunterbunt bemalten kleinen Häusern.

In das schönste dieser Häuser traten sie ein, und darin lebte des eisgrauen Männleins Familie. Dieser Familie wurde der Student nun vorgestellt. Die Anwesenden begrüßten ihn mit einer stillen Verbeugung. Anschließend stellte das Männlein dem Studenten die werte Familie vor, seinen Vater – ein schneeweißer Greis – und seine Mutter. Beide waren so alt, dass sie nur noch sitzen, nicht mehr stehen und gehen konnten. Dann lernte der Student den Großvater und die Großmutter seines Gastgebers kennen – sie hatten kein Härchen mehr auf den Knochen und konnten bloß liegen, schließlich des Männleins Frau, die auch schon etwa in den Sechzigern war, und ihre Kindlein im Alter von dreißig bis vierzig Jährchen sowie die Enkelchen, die vierzehn bis fünfzehn Jahre alt waren.

Nun sprach der alte Großvater einige Worte des Grußes, der Gast aus der Oberwelt möge sich nur umsehen und ohne Furcht sein. Dann kam die jüngste Enkeltochter, die

war nur einen Schuh hoch, doch dreizehn Jahre alt, und sagte: „Es ist angerichtet."

Und die Tafel war königlich, was die Geräte, Tafeltücher, Teller und Löffel von Gold, Messer und Gabeln von Silber und dergleichen betraf. Auch das Essen selbst schmeckte gut, und was das Trinken anlangte, so meinte der Student, er trinke köstlichsten Wein, die Zwerglein aber behaupteten, es sei nur Wasser.

Nach Tisch erzählte der uralte Vater dem Studenten viel von der Einrichtung des unterirdischen Reiches. Ihm und den Seinen, als geborenen Herren, gehorche alles willig und gern. Er als Regent halte keine Minister, denn die seien so teuer wie unnütz. Es gäbe in diesem stillen Reich nur Frieden, Zufriedenheit und Wohlwollen. Ein jeder tue ohne Anordnung seine Pflicht. Es gebe keine Zwiste, keine Kriege, keine so genannte Politik.

Während der Alte noch redete, erscholl ein Hornsignal: das Zeichen zum Gebet. Alles faltete die Hände und fiel auf die Knie und betete still und leise. Der Abend brach an, und es kamen Lichter auf großen silbernen Leuchtern, und man ging in ein anderes Zimmer.

Alles, was er gesehen, gehört und wahrgenommen hatte, reizte den Wissensdurst und die Neugier des Studenten. Er dachte, es könne ein einträgliches Geschäft daraus entstehen, wenn er über dieses so wohlgeordnete Volk eine Reisebeschreibung verfassen und herausgeben würde, und wollte schon beginnen, Bemerkungen zu notieren. Aber das alte Männlein hinderte ihn daran und sagte: „Lass das! Ihr da oben lernt doch nicht, glücklich zu sein; ihr versteht das Befehlen so schlecht wie das Gehorchen. Ziehe hin und fürchte Gott, ehre den Herrscher und die Gesetze und scheue niemand!"

Der Student fand es sonderbar, dass man den Gast, den man erst eingeladen hatte, zu gehen bat, musste sich aber fügen. Er empfing noch einige Gaben mit auf den Weg und fand sich unversehens wieder oberhalb des Brunnens auf der Plesse. Der Morgen war prächtig angebrochen, und der Burgwald erschallte von Vogelstimmen. Der Student besah die Gaben und befand, dass es Gold und Edelsteine von hohem Wert waren. Er hatte, wenn er diesen Reichtum gut und vernünftig anwandte, genug für sein ganzes Leben. ▪

Quedl, das Hündlein

Im Dom zu Braunschweig steht ein Denkmal, auf dem ein Mann neben einer Frau, die einen starken Bart trägt, zu sehen ist. Von diesem Denkmal meldet die Sage, dass die Tochter selbst Gott um diese Entstellung ihres Gesichts gebeten habe, um vor unnatürlicher väterlicher Liebe beschützt und bewahrt zu bleiben. In der gleichen Lage soll auch Mathilde, die schöne Tochter Kaiser Heinrichs III. gewesen sein – doch in ihrem Fall seien alle inbrünstigen Gebete und Hilferufe zu Gott vergeblich geblieben.

Und als sie schon schier darüber verzweifeln wollte, erschien ihr der Teufel und erbot sich, ihr zu helfen, sodass des Kaisers allzustarke Zuneigung sich in Abneigung wandle. Der Teufel versprach, dass er dies ganz uneigennützig tun wolle, wenn er sie nur in drei Nächten nacheinander nicht schlafend fände. Finde er Mathilde freilich schlafend, so werde er seinerseits seine Freude an ihrer Schönheit und ihrer Seele haben dürfen.

Die Kaisertochter ging diesen höchst bedenklichen Vertrag in ihrer Not ein und begann die Stickerei eines großen Teppichs. Diese Arbeit hielt sie munter, während sie nachts daran stickte. Als ihr aber in der zweiten und dritten Nacht vor Müdigkeit doch die Augen zufielen, da weckte sie Quedl, ihr treues Hündlein, das knurrte und bellte und an ihrem Gewand zupfte. Als der Teufel kam und nachsah, ob sie schlief, fand er die Kaisertochter also wach, und da er ihrer Seele nichts anhaben konnte, wohl aber ihrem Leib, weil sie sich mit ihm auf ein Bündnis eingelassen hatte, griff er ihr mit seiner Kralle ins Gesicht, quetschte ihr die Nase platt, kratzte ihr ein Auge aus und schlitzte ihr den Mund auf. Als nun die so entstellte Mathilde wieder vor ihren Vater trat, wich alle sündige Liebe von ihm; sie aber wandte sich von allem Weltlichen ab, erbaute eine stattliche Abtei und nannte sie nach ihrem Hündlein, das sie gerettet hatte, Quedlinburg. ∎

Das Teufelsloch zu Goslar

Im Dom zu Goslar hat man früher an einem Pfeiler nicht weit über dem Boden unvertilgbare Blutflecken gezeigt. Im Jahr 1063 kam Kaiser Heinrich IV. nach Goslar. Aus diesem Anlass entbrannte zwischen dem Bischof Horzilo von Hildesheim und dem Abt Widerad von Fulda ein heftiger Streit um die Rangfolge zwischen ihnen und damit um den Ehrenplatz neben dem Kaiser. Dieser Streit ging so weit, dass die erbitterten Gegner gegenseitig Bewaffnete in die Kirche bestellten, die ihnen den erstrebten Sitz erkämpfen sollten.

Und tatsächlich kam es unter kräftiger Mitwirkung des Teufels so weit, dass in der Kirche mit scharfen Waffen gekämpft wurde und das Blut der Verwundeten und Toten an die Pfeiler spritzte und zur Kirchentür hinaus auf den Kirchhof floss. Daran hatte der Teufel ein herzinniges Wohlgefallen. Er stieß ein Loch in die Wand und zeigte sich den Kämpfenden, feuerte sie an und empfing die Seelen derer, die in diesem gottlosen und verruchten Kampf fielen.

Als das Morden endlich aufhörte, das sich über die drei Weihnachtsfeiertage erstreckt haben soll (andere sagen, es sei vor Pfingsten gewesen), und der Priester am Altar Gott für diesen glücklichen Tag und für den Frieden dankte, da steckte der Teufel seinen Kopf durch das von ihm gebrochene Mauerloch, streckte seine feuerrote Zunge in Armeslänge heraus und plärrte mit grober und lauter Stimme: „Aber ich habe diese Tage zu einem Fest des Krieges gemacht!"

Danach haben die Goslarer das Loch zumauern wollen, doch blieben sie dabei erfolglos. Vergebens wurde das Mauerwerk ringsum mit Weihwasser besprengt und der Mörtel mit Weihwasser angemacht; sobald der letzte Stein gesetzt war, fiel er immer wieder heraus, nicht anders als bei dem Loch auf der Frankfurter Mainbrücke.

Zu guter Letzt wurden Baumeister des Herzogs von Braunschweig nach Goslar entsandt. Sie mauerten eine schwarze Katze mit in das Teufelsloch ein und sprachen beim Einsetzen des letzten Steines: „Willst du nicht festsitzen in Gottes Namen, so sitze fest in des Teufels Namen!"

Da hielt auch dieser Stein, aber einen Riss bekam die Mauer doch wieder, und der ist auch nicht wieder wegzubringen gewesen.

In Goslar gibt es noch ein weiteres angebliches Teufelswerk: Vor dem altertümlichen Rathaus auf dem Markt steht ein mächtiges, großes metallenes Schallbecken, das vom Teufel stammen soll. Wenn man um Mitternacht dagegenschlägt, soll dies für ihn ein Aufruf sein herbeizukommen. Ob er tatsächlich kommt, weiß man aber nicht ganz sicher. Das Schallbecken hat einen wunderbaren Klang – und eine ganz und gar nicht teuflische Funktion: Wenn Feuer in der Stadt ausbricht, wird daran geschlagen, und so dient es als Sturmglocke. ■

Der Rattenfänger von Hameln

Es geschah im Jahr 1284, dass ein Mann von wunderlichem Aussehen und bunter Tracht nach Hameln kam. Er war ein Rattenfänger und versprach, gegen ein gewisses Entgelt die ganze Stadt von Ratten und Mäusen zu befreien, die damals eine große Plage waren. Das Geld wurde ihm also vom Rat und der Bürgerschaft zugesichert.

Daraufhin zog der Mann ein Pfeifchen hervor, ging durch die Gassen und pfiff, wie heutzutage in manchen Städten Hirten und Nachtwächter pfeifen, weil das Pfeifen auf dem Kuhhorn nicht städtisch genug klingt, und siehe, da kamen die Ratten und Mäuse aus allen Häusern gesprungen und liefen in Scharen hinter ihm her. Als der Rattenpfeifer durch alle Gassen gegangen war, zog er mit seinem grauen Gefolge durchs Wesertor hinaus zum Fluss, schürzte sein Gewand, trat in den Strom, Ratten und Mäuse folgten ihm blindlings nach und ersoffen wie Pharaos Heer im Roten Meer.

Nun waren die Bürger von Hameln damals nicht klüger als viele Menschen auch heute noch sind – nicht nur in Hameln, sondern überall. Sie legten den Maßstab für einen Lohn nicht an Talent, Kunst und Wissen, das jemand besaß, sondern sahen nur die Arbeit und Mühe, die jemand hatte, um etwas zu vollbringen. Also sprachen sie unter sich:

„Es ist doch ein sündhaftes Geld, das dieser Rattenfänger sich ausbedungen hat für so wenig Mühe; wenn er wenigstens Fallen gestellt und Gift ausgelegt hätte und sich das Geld so verdient hätte! Und ist es nicht auch ein Frevel, dass er das Ungeziefer in die Weser gelockt hat, wo es nun die Fische fressen? Da soll ein anderer Weserfische essen, wir lehnen dankend ab! Und wie hat er das Werk vollbracht? Mit einem Satanskunststück! Vielleicht ist es sogar nur ein Blendwerk – vielleicht kommen die Ratten zurück, sobald er das Geld hat und fort ist. Wir wollen ihm nur den halben Lohn zahlen, und wenn ihm das nicht recht ist, werfen wir ihn einfach als Zauberer in den Turm und warten ab, ob die Ratten und Mäuse wiederkommen."

Dies alles hielten die vorsichtigen und weisen, auch höchst sparsamen Bürger und Ratsherren von Hameln dem Rattenfänger vor. Sie boten ihm den halben Lohn und drohten ihm mit dem Turm. Da nahm der Künstler das Geld und ging im Zorn.

Doch er sollte bald wiederkehren. Am Tage Johannis und Pauli, dem 26. Juni, als alle Bürger in der Kirche waren, wurde derselbe Rattenfänger in den Straßen von Hameln gesehen, aber in der Tracht eines Jägers, mit schrecklichem Gesicht und mit einem roten, verwunderlichen Hut. Wieder pfiff er in allen Gassen. Doch diesmal kamen keine Ratten und Mäuse aus den Häusern, denn die blieben vertrieben, wohl aber die Kinder, Knaben und Mädchen vom vierten Lebensjahr an, und liefen dem Rattenfänger nach. Auch eine schon ziemlich große Tochter des Bür-

germeisters, der den Künstler besonders bedrängt hatte, war darunter.

Die Kinder folgten ihm mit großer Freude, fassten sich an den Händen und hatten ihren Spaß, selbst ein stummer und ein blinder Knabe gingen als letzte mit in dem Zug – der Stumme führte den Blinden –, und ganz am Schluss kam auch noch eine Kindsmagd, die ein Kind unter dem Mantel trug, die wollte auch sehen, wo es denn hingehen sollte.

Der Schwarm zog mit dem Jäger an der Spitze die schmale Gasse zum Ostertore hinauf und dann hinaus zum Koppelberg. Dort öffnete sich plötzlich ein Spalt, der Pfeifer ging hinein, die Kinder folgten. Nur der stumme und der blinde Knabe blieben draußen, weil der Blinde nicht so schnell laufen konnte – knapp vor ihnen schloss sich der Berg plötzlich wieder.

Auch die Kindsmagd wandte sich mit Grausen um und brachte die Nachricht in die Stadt, dass die Kinder von dem Rattenfänger in den Koppelberg geführt worden seien. Welch ein großer Schrecken! Die Eltern eilten voll Angst hinaus zum Berg, doch fanden sie nur noch eine schmale Vertiefung als Beweis. Einhundertunddreißig Kinder verschwanden auf diese Weise, und trotz allen Betens und Wehklagens kam keines von ihnen je zurück. Aufs Neue wurde den Menschen so schmerzlich offenbar, dass der blödsinnige Geiz und die dumme Sparsucht die Wurzeln allen Übels sind.

Lange, lange trauerte Hameln um seine verlorenen Kinder – zwei steinerne Grabkreuze wurden an der Stelle errichtet, wo der Berg sich hinter den Kindern geschlossen hatte, eins für die Knaben und eins für die Mädchen. In der Straße, durch die der Zug zuletzt gegangen war, durfte nie wieder Trommelschall und Musikgetöse ertönen, selbst die Musik der Brautzüge musste in ihr verstummen.

Der Unglückstag blieb schwarz angeschrieben in Hamelns Annalen; am Rathaus verewigte man sein Andenken in einer Steininschrift. Ebenso wurde die Kunde an der neuen Pforte lateinisch in Stein gemeißelt; im Jahr 1573 ließ der damalige Bürgermeister die Geschichte in der Glasmalerei der Kirchenfenster bildlich verewigen. Doch auch ohne diese Zeugnisse lebt sie von Mund zu Mund gesprochen unsterblich fort.

Es gibt eine Sage, nach der die Kinder von Hameln unter der Erde nach Siebenbürgen geführt und dort wieder ans Tageslicht gekommen seien. Als Erwachsene hätten sie dort den sächsisch-deutschen Volksstamm gegründet.

Den grausamen Rattenfänger und Teufelspfeifer hat niemand je wiedergesehen. Seinem Beispiel folgend haben später alle Ratten- und Mäusefänger des Heiligen Römischen Reiches Jägertracht angelegt und sich Kammerjäger genannt, so wie es Kammerknechte und andere Kammerbetitelte gab. ∎

Wittekinds Taufe

Kaiser Karl der Große war als mildtätig bekannt; besonders an den großen Festtagen folgten ihm die Bettler in Scharen, weil sie wussten, dass er nicht mit Silberpfennigen sparte. In einer Karwoche geschah es jedoch, dass Wittekind von Engern, der Heerführer der Sachsen, den Kaiser zu täuschen hoffte, indem er Bettlerkleidung anlegte und sich so in Karls Lager schlich, um dort die Franken auszukundschaften.

Als der erste Ostertag angebrochen war, wurde die heilige Messe gelesen, und als der Priester die Monstranz emporhob, erblickte Wittekind darin durch ein göttliches Wunder ein Kind, so schön, wie er noch nie eines gesehen hatte. Zu diesem Kind ergriff ihn sofort eine große Liebe.

Nach dem Messeopfer wurden den Bettlern Silberpfennige ausgeteilt, und dabei wurde Wittekind trotz seiner Verkleidung erkannt und vor Kaiser Karl geführt. Aber Karl empfing seinen großen Gegner gütig und sprach mit ihm über den Christengott und seinen Dienst. Wittekind wiederum erzählte von dem herrlichen Kind, das er gesehen hatte.

Der Sachsenheld hat darauf die heilige Taufe willig angenommen und auch veranlasst, dass viele seiner Fürsten und Führer sich taufen ließen. Karl der Große machte ihn zum Herzog von Sachsen, Engern und Westfalen und verwandelte das schwarze springende Ross, das der Sachsenheld in seinem Schild führte, in ein weißes. ◼

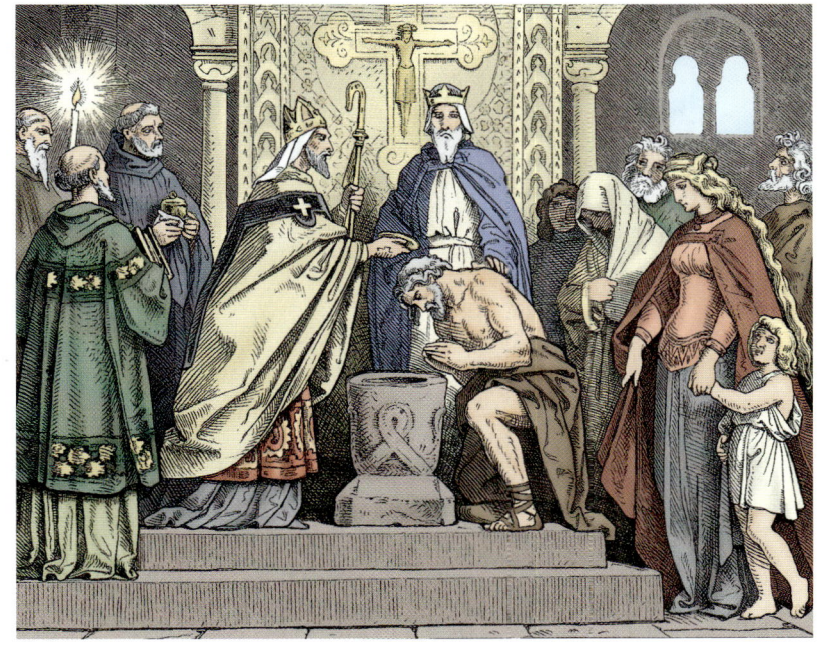

Heinrich der Löwe

Herzog Heinrich, der Herr der Braunschweiger Lande, fuhr einst übers Meer; da erfasste ein Sturm sein Schiff und verschlug es in unbekannte Meere. Bald ging Heinrich und seinen Männern alle Speise aus, und der Hunger quälte sie furchtbar. Einer nach dem anderen musste sein Leben opfern für die Sättigung der anderen, und das Los bestimmte den, der getötet wurde.

So fristeten sie eine Zeit lang ihr Leben, und immer fügte es Gott, dass das Los des Herzogs nicht gezogen wurde. Schließlich waren nur noch der Herzog und ein einziger Diener auf dem Schiff, und der Hunger nahm kein Ende.

„So losen wir nun zum letzten Mal", sprach der Fürst traurig, „und wen das Los trifft, der sterbe."

„Nein, lieber tötet mich, o Herr!" antwortete der treue Knecht.

„Nein, wir losen", bestimmte der Herzog. Und da warfen sie das Los, und dieses Mal traf es Heinrich.

Aber der Diener sagte: „Niemals werde ich meinen Herrn töten! Ich weiß einen letz-

ten Ausweg: Ich will Euch in eine Ochsenhaut einnähen und Euer Schwert dazu, vielleicht sendet der Himmel Euch eine Rettung."

Der Herzog war einverstanden, und als es geschehen war, kam ein Adler geflogen, der griff die Haut mit seinen Krallen, glaubte ein Tier in den Fängen zu haben und trug die Beute weit übers Meer in sein Nest. Dann flog er wieder weg, und Heinrich durchschnitt mit dem Schwert die Haut, und als die hungrigen Jungvögel ihn anfielen, schlug er ihnen mit dem Schwert die Köpfe ab, nahm eine Klaue mit und stieg von dem hohen Baum, auf dem das Greifennest war, in den Wald hinab.

Lange irrte der Fürst in diesem wilden Wald umher. Endlich hörte er ein schreckliches Brüllen, das wie Donner klang, und einen pfeifenden Laut, sodass der ganze Wald davon erfüllt war. Als der Fürst dem furchtbaren Geschrei nachging, sah er einen großen Löwen und einen entsetzlichen Lindwurm miteinander im wütenden Kampf, doch der Löwe drohte zu unterliegen. Der Fürst

meinte aber, dass der Löwe doch ein schönes und edles Tier und der König der Tiere sei, der Lindwurm aber ein giftiges Tier. Also stand er dem Löwen bei, befreite ihn und erlegte den Lindwurm nach langem Kampf.

Als der Löwe sich befreit und sein Leben gerettet sah, streckte er sich dankbar zu des Herzogs Füßen aus und verließ ihn nur, um Wild zu fangen, das er mit ihm teilte. Dem Herzog war in dieser Einsamkeit, in dieser Gesellschaft und bei dieser Kost nicht gerade wohl zumute. Da das Meer nahe war, baute er sich ein Floß, und als der Löwe eines Tages wieder jagen gegangen war, bestieg der Herzog sein Gefährt und stieß es vom Strand ab.

Bald aber kam der Löwe zurück, vermisste den Herrn und sprang in die Meeresflut, dem Floß nachschwimmend, das er auch bald erreichte, und dort streckte er sich wieder ruhig vor dem Herrn aus. Aber auf dem Meer gab es kein Wild zu jagen, und die Pein des Hungers kehrte zurück.

Da erschien dem Herzog der Teufel und sagte zu ihm: „Daheim bei dir in Braunschweig geht es heute lustig zu, da herrscht Freude in Fülle, und du schwebst hier herum zwischen Wasser und Wolken und hungerst; dort bei dir ist Hochzeit, denn dein Weib hält dich längst für tot und nimmt sich einen anderen jungen Mann, einen schönen Grafen."

Herzog Heinrich erschrak über diese Worte, und der Teufel fuhr fort: „Möchtest du nicht auch bei dieser Hochzeit sein? Ver-

trau' dich mir an, und ich führe dich noch heute heim, dann kannst du mittanzen."

„Das will Gott nicht, dass ich von ihm abfalle und dein werde", erwiderte der fromme Herzog.

Der Teufel antwortete: „Was dein Gott will oder nicht, weiß ich nicht. Helfen scheint er dir nicht zu wollen, ich aber will's, ich bin da, besinne dich, eh du's bereust!"

„Meine Seele würde für ewig Schaden erleiden, wenn ich dir folgte", sprach wieder der Herzog, und der Teufel erwiderte:

„Deine Seele wird auch nicht schnurstracks in den Himmel fahren, Pein muss sie leiden, so oder so. Du hast von meinem Reich keine rechte Vorstellung, es ist gar nicht so übel dort, die so genannte Seligkeit ausgenommen. Sieh, ich wohne schon lange dort und fühle mich recht wohl. Ich schlage dir vor, du lässt dich heimführen."

„Und was ist mit meinem Löwen?" fragte Heinrich, „der ist so gut und treu, ihn möcht' ich nicht mehr missen."

„Den bringe ich nach dir", sagte der Teufel zu.

Sie einigten sich darauf, dass Heinrich nur dann dem Teufel gehören solle, wenn dieser ihn bei der Ankunft mit dem Löwen auf dem Giersberge bei Braunschweig schlafend vorfinde. Sonst verlangte der Teufel für seine große Mühe gar nichts.

Herzog Heinrich, der sich herzlich nach seiner Gemahlin und nach der Erlösung aus

seiner trostlosen Lage sehnte, willigte endlich ein und wurde bald vom Teufel durch die Lüfte bis auf den Giersberg geführt und auf diesem abgesetzt.

„Nun sei wachsam!" rief der Teufel und schwang sich wieder hinweg, um den Löwen zu holen.

Der Held fühlte sich von den Entbehrungen und der Luftfahrt matt und todmüde, bald konnte er sich des Schlafes nicht mehr erwehren und schlief wie ein Toter.

Aber schon kam der Teufel mit dem Löwen durch die Luft herangesaust. Mit seinem Teufelsauge sah er den Schlafenden bereits aus weiter Ferne und schnalzte vor Freude mit der Zunge, denn er hatte vorausgesehen, dass der Fürst schlafen müsse und werde. Aber als er näher kam, sah auch der Löwe den Herrn steif und starr daliegen. Er meinte, Heinrich sei tot, und erhob ein furchtbares Gebrüll.

Von dem Gebrüll wachte Herzog Heinrich auf, und der Teufel war wütend, dass er ihn nun doch nicht schlafend vorfand, und warf den Löwen aus der Höhe herunter, dass es krachte. Der Löwe aber landete sicher

nach Katzenart und folgte seinem Herrn in die Stadt und auf seine Burg, aus der ihm laute Musik und Jubel entgegenscholl. Das war die Hochzeitsfreude.

Der Herzog gab sich als Pilger aus und ließ die Braut um einen Becher Wein bitten, und diese sandte den Becher. Der Pilger zog einen Ring vom Finger, warf ihn, nachdem er getrunken hatte, in den Pokal und bat den Diener, der Herrin beides zu übergeben. Da erkannte die Herzogin den Ring ihres Gemahls und ließ den Pilger zu sich in den Saal bitten; der kam, und ihm folgte sein Löwe nach. Da erkannte sie ihren Gemahl und fiel ihm zu Füßen und hieß ihn willkommen, und alle Diener jauchzten, und der junge Bräutigam wurde durch eine junge Braut entschädigt.

Danach hat Herzog Heinrich, den man nur den Löwen nannte, noch lange Jahre glücklich regiert, und als er starb, hat sich sein Löwe auf sein Grab gelegt und ist auch gestorben. Da wurde er auf der Burg begraben und ihm ein Denkmal errichtet. Des jungen Greifen Klaue aber hatte Heinrich im Dom aufhängen lassen, als Erinnerung an seine Meer- und Luftfahrt. ▪

Der Rosenstrauch zu Hildesheim

Kaiser Ludwig der Fromme jagte einst zur Winterszeit im Wald und verlor sein Reliquienkreuz, das er stets um den Hals trug. Er sandte Diener aus, um das wertvolle Kreuz zu suchen. Und siehe, tief im Wald stießen sie mitten im Schnee auf einen blühenden Rosenstrauch, und an diesem Strauch hing des Königs Kreuz, ließ sich aber nicht wegnehmen.

Die Diener berichteten dem König von dem Wunder, und er eilte selbst an den Ort. Dort angekommen, erblickte er ein Waldstück, das in Form eines großen Kirchenschiffs beschneit war und an dessen oberem Ende den über und über voll blühenden Rosenstock. Und wie ihm berichtet worden war, hing am Stamm des Strauches das Kreuz.

Der König wunderte sich über alle Maßen über diese Erscheinung. Plötzlich rief er aus:

„Das ist Hildeschnee" (Rosenschnee) und kniete nieder und betete zu Gott, dass er ihm offenbaren möge, warum das Kreuz nicht von der Stelle wolle.

Und da wurde ihm offenbart, dass er hier einen Dom bauen solle; so weit des heiligen Schnees Umfang reiche, so groß solle des Doms Umfang sein.

Da gelobte der König den Bau, und sofort konnte er sein Kreuz wieder an sich nehmen. Gleich ließ Ludwig den Raum abstecken, den Tempelbau beginnen und sorgte dafür, dass der Rosenstock erhalten blieb. Um das hohe Münster siedelten sich nun Bau- und Werkleute und andere Fromme an, der König verlegte das Bistum von Elze an diesen Ort, der nun Hildeschnee hieß, bis daraus im Lauf der Zeit Hildesheim wurde.

Der Rosenstock wuchs fort und gedieh und steht heute noch am Hildesheimer Dom. Seine Wurzeln treibt er bis unter den Hochaltar, da schnitzte einst ein frommer Domherr aus einem Wurzelstock ein Kruzifix, das wurde in hohen Ehren gehalten, und jeden Karfreitag oder jeden Morgen in der Karwoche mussten die Domherren das Kreuz in das Heilige Grab legen, das in der Vorhalle bereitet war. Einst aber vergaßen die Domherren, dies zu tun, da hob sich das Bild von der Stelle und wandelte von selbst in das Grab. Seitdem wird es das Wandelkreuz genannt und noch mehr als zuvor verehrt.

Im Hildesheimer Chorgestühl soll zudem – wie in Corvey durch eine Lilie und in Lübeck und Breslau durch eine Rose – der bevorstehende Tod eines Chorherrn durch eine weiße Rose angezeigt worden sein. ■

Hütchen

Als Bischof Bernhard in Hildesheim regierte, tauchte in seiner Residenz ein eigenartiger Kobold auf. Die Diener nannten ihn Hütchen, weil man von seinem Kopf meist nicht mehr sah als den Hut. Dieser sonderbare Geselle gab guten Rat und leistete manch einem hilfreiche Dienste. Ein Mönch in Hildesheim, der viel trank und wenig studierte, sollte einmal eine Rede halten. Davor fürchtete er sich sehr, denn er wusste wohl, wie dürftig es um seine Geistesgaben bestellt war. Doch Hütchen flocht ihm einen kleinen Kranz aus Kräutern, den musste der Mönch bei sich tragen. Und siehe da, als er ans Rednerpult trat, staunten alle über seine klugen Worte. Viele spätere Redner hätten sich glücklich schätzen können, wenn ihnen jemand auf diese Weise beigestanden hätte.

In Hildesheim hatte ein Mann eine schöne Frau mit einem offenherzigen Wesen. Als er verreisen musste, bat er Hütchen, auf seine Frau aufzupassen, damit sie ihm nicht untreu würde. Mit dieser Aufgabe hatte der Kobold seine liebe Not. Und als der Mann endlich heimkehrte, lief er ihm schon entgegen und sagte: „Gut, dass du wieder da bist! Einmal und nicht wieder! Lieber wollte ich einen Sack Flöhe hüten als dein listiges Weib!"

Da aber auch immer wieder Hütchens boshafte Koboldnatur zum Vorschein kam, wurde er dem Bischof schließlich doch lästig und jener verbannte ihn mit einer kräftigen Beschwörung aus Hildesheim.

Die Irmensäule

Im Dom zu Hildesheim gibt es eine zierliche Säule aus Marmor mit vergoldeten Erzringen, die ein Marienbild trägt. Sie soll früher ein Bild des alten Sachsengottes Irmin getragen haben und wird daher noch immer Irmensäule genannt.

Jenes Götterbild stand zu Eresburg an der Diemel und wurde von Karl dem Großen im Jahr 772 zerstört. Wenn mit einem Messer an die Säule geschlagen wird, ertönt ein heller Klang; in heißer Sommerzeit ist sie sehr kalt und aller Dunst schlägt sich an ihr in Tropfen nieder, sodass sie zu schwitzen scheint.

Es geht die Sage, dass Karl der Große sie nach Hildesheim hat bringen lassen. Später hat man in die eisernen Ringe lateinische Verse eingraviert, die aber zur Irmensäule und ihrer Geschichte keinen Bezug haben. Sie scheinen vielmehr darauf hinzudeuten, dass die Säule keine andere Bestimmung hatte, als einen riesigen Leuchter abzugeben.

Manche sagen, Irmen sei Irmin, Armin, Hermann, der Befreier Deutschlands, dem göttliche Verehrung zuteil geworden sei.

Die Bremer Saake

Die Bremer Saake ist keineswegs, wie man nach dem Sprachgebrauch annehmen sollte, irgendein menschliches Wesen, das sich bösen Künsten und der Zauberei ergeben hat, sondern ein grauenhafter Spuk, ein mitternächtlicher Unhold. Sie ist ein tückisches Scheusal, das träge in irgendeiner dunklen Ecke oder hinter dem Vorsprung eines Hauses hingestreckt liegt, bis jemand arglos die Straße herunterkommt, dem sie sich in Blitzesschnelle auf den Rücken schwingt, um sich von ihm tragen zu lassen, bis der Unglückliche zu ersticken droht oder bewusstlos niedersinkt.

Allerdings hat die Saake größere Gewalt über böse, frevelhafte Menschen als über den Gerechten. Deshalb ist es auch jedem frommen Mann, der ausnahmsweise in ruchloser

Gesellschaft bis in die späte Nacht bei Bier und Wein sitzt, geraten, sich nicht durch gottlose Reden der anderen hinreißen zu lassen, sondern seine Zunge im Zaum zu halten. Denn man kann der Saake nicht ausweichen, weil sie unsichtbar ist – bis auf ihr Augenpaar, das in der Dunkelheit schimmert wie glühende Kohlen. Wer ihr aber einmal in die Feueraugen geschaut hat, dem ist es nicht mehr möglich zu entrinnen, seine Füße stehen festgewurzelt am Boden, und er kann sich erst wieder von der Stelle bewegen, wenn er fühlt, dass der Spuk sich wie ein schwerer Kornsack um seine Schultern und Hüften gelegt hat. Und dann muss er mit seiner Last in Schweiß und Todesangst voranschreiten.

Und so ist es früher nicht selten vorgekommen, dass manch rechtschaffener Bürger, der aus einer Weinschenke oder aus dem Ratskeller kommend, wo er lustig und guter Dinge gewesen, und ohne die mindeste Ahnung des Unheils, das ihn erwartete, in aller Zucht und Ehrbarkeit ein Glas nach dem andern zu Leibe gesetzt hatte, an der ersten Wegkreuzung spürte, wie es ihn mit Zentnerschwere überkam und ihm in die Beine schoss, sodass er sich kaum noch aufrecht zu halten vermochte.

Und die Häuser und Straßen fingen an zu tanzen und zu springen und sausten zuletzt wie toll und töricht um ihn her im Kreise, sodass er die Richtung verlor, nicht mehr wusste woher und wohin, und aufs Geratewohl

weiter taumelte, bis ihm der Schweiß von Stirn und Wange lief. Dabei lagen ihm allerlei Steine im Wege, große und kleine, die er sah, und er musste die Füße hoch in die Höhe heben, wenn er hinüberschreiten wollte.

Und außerdem kamen ihm alle paar Augenblicke Steine und Spitzen in die Quere, die er nicht sah, sodass er darüber stolpern musste, bis er endlich erschöpft und von der schweren Last, die er zu tragen hatte, überwältigt zu Boden sank und die Besinnung verlor, bis ein vorübergehender Nachtwächter oder ein anderer guter Mann ihn wieder emporrichtete.

Und manches Opfer erinnerte sich dann deutlich, dass es die Saake habe tragen müssen, und manch einer erkannte mit Erstaunen, dass er sich seit fünf Stunden noch keine zwanzig Schritt vom Weinkeller entfernt hatte.

Mit solch großen Gefahren hatte jeder zu kämpfen, der es mit der Saake zu tun bekam. Daher ist es leicht erklärlich, dass alle Welt eine solche Angst und Scheu vor dem Ungetüm hatte, dass es gemieden wurde wie die Pest und der Tod. ■

ḥahl awer!

Zwei Bauernburschen, denen zu Hause kein rechtes Fortkommen gelang, kamen nach Bremen und versuchten dort ihr Glück zu machen; der jüngere wurde bei einem reichen Bürger Gärtner und heiratete nach einiger Zeit die Tochter des alten Fährmanns am Punkendeich, dessen Nachfolger er auch wurde.

Der ältere aber wurde Packknecht bei einem Kaufmann, stieg auf zum Buchhalter und zum Mann der reichen Pflegetochter, wurde reich und groß. Der Ehrgeiz ließ ihm jedoch keine Ruhe, sodass ihm Weib und Kinder und der Reichtum nicht genügten. Da ihm sein Reichtum Ansehen verschaffte und zufällig die Stelle des Stadtrichters zu vergeben war, seine Unparteilichkeit außer Zweifel stand und sein Vermögen die sicherste Bürgschaft für seine Unbestechlichkeit zu gewähren schien, wählte man ihn auch in dieses Amt. Er nahm es mit Ernst und Würde wahr, und niemand hatte Grund, sich über seine Entscheidungen zu beschweren.

Als einige Jahre vergangen waren, vereinigten sich die Melker auf dem Werder und forderten von dem Fährmann-Bruder eine Senkung des Fährgeldes zum Werder. Was sie früher dem alten Fährmann gezahlt hätten, sei freiwillig geschehen. Da trat der Fährmann vor seinen Bruder, den Richter, und überreichte ihm die Beweise, dass er im Recht sei. Der Richter fürchtete aber, man könne ihn für parteiisch halten, wenn er dem Bruder

Recht gäbe, und setzte das Fährgeld auf die Hälfte herab. Da erschrak der Fährmann, denn dieses Urteil kürzte ihm seine Haupteinnahme und stürzte ihn in Not, und er rief aus: „Das ungerechte Urteil wird dir auch noch im Tod keine Ruhe lassen!"

Der Richter, der bei diesem Wort erkannte, wie ungerecht er gewesen war, erhob sich, um dem Fortgehenden nachzueilen, aber nach wenigen Schritten erbleichte er und sank zum Schrecken aller tot zu Boden.

Nach seinem Tod hatte sein Weib an ihrem reichen Haus keine Freude mehr und sie verkaufte es. Der Käufer aber bereute das Geschäft bald, denn wenn er aus dem Fenster auf die Straße schaute, so stand der tote Richter hinter ihm und blickte ihm über die Schulter. Oder er zeigte sich unvermutet in der Küche und im Keller und erschreckte die Hausbewohner.

Da ließ man einen gelehrten Kapuzinermönch kommen, der bezwang den toten Richter und brachte ihn am Abend trotz allen Widerstrebens auf einen bereitgehaltenen Wagen. Der fuhr zum Ostertor, und als sie am Rathaus vorüberkamen, da rief es mit schrecklicher Stimme dreimal aus dem Wagen: „Richter, richte recht!"

Je näher sie aber dem Ostertor kamen, desto schwerer wurde der Geist, denn er wollte nicht zur Stadt hinaus, bis die Pferde schließlich standen. Der Mönch ließ aus dem Marstall Vorspann kommen, und nun ging es

rasch zum Tor hinaus und zur Pauliner Marsch. Dorthin wurde der tote Richter verbannt. Der Mönch stellte ihm die Bedingung, dass er erst wiederkommen dürfe, wenn er den Sumpf mit einem Sieb ausgeschöpft und das Gras auf der Wiese bis auf den letzten Halm gezählt habe. An seinem Aufenthaltsort nun neckte und quälte der Verbannte alle, die sich ihm näherten.

Da sich bald niemand mehr auf die Pauliner Marsch getraute und der tote Richter ja nicht in die Stadt zurückkehren konnte, versuchte er, zum Werder auszuweichen. Als der Fährmann am Morgen sein Schiff betrat, um die Melker überzusetzen, stand unter ihnen mit abgewandtem Gesicht ein prächtig angezogener Mann. Und als er drüben angekommen war und das Fährgeld einsammelte, raffte sich jener Mann empor, schoss jäh an ihm vorüber und rief aus: „Der letzte Mann bezahlt die Fähr'!" Da erkannte der Fährmann, wen er übergesetzt hatte, und die Melker schrien, er möge sie um Gottes willen

gleich wieder zurückfahren. Der tote Richter aber führte nun hier seine Neckereien und Quälereien aus wie zuvor auf der Pauliner Marsch.

Als schließlich der Winter kam und es auf dem Werder einsamer wurde und das Wasser die Landschaft weit und breit überströmte, da wollte der tote Richter zurück auf die Marsch. Er trat also ans Ufer und rief den Fährmann: „Hahl awer!" Der kam. Als er aber erkannte, wer da am Ufer stand, wendete er die Fähre sogleich und entwich.

Der tote Richter hat später noch sehr oft gerufen; aber dem Fährmann war der Ruf bekannt und er ließ sich nicht täuschen, ebensowenig wie nach ihm seine Kinder und Nachfolger. So muss nun der Verbannte, den man um seines Rufes willen den Hahl-awer nennt, für immer auf dem Werder bleiben. Und heute noch ziehen sich die Anwohner am Punkendeich die Bettdecke über die Ohren, wenn sie vom Werder herüber den Hahlawer hören. ■

Der Glockenguss zu Attendorn

In Attendorn, einem kleinen Städtchen in Westfalen, wohnte einmal eine Witwe, die ein kleines Ladengeschäft betrieb. Sie hatte einen einzigen Sohn, der auch gern Kaufmann werden wollte, und da sich in dem Städtchen dazu keine Gelegenheit bot, so schickte sie ihn nach Holland, damit er dort das Kaufmannsgewerbe gründlich erlerne. Der junge Mann stellte sich auch so gut an, dass er seiner Mutter jedes Jahr etwas von seinem Verdienst schicken konnte.

Einmal nun sandte er ihr neben anderen Waren eine Platte aus purem Gold, die er aber, um sie so unauffällig wie möglich zu machen, schwarz angestrichen hatte. Da ihr der Sohn keine besondere Mitteilung darüber gemacht hatte, wusste die Mutter denn auch nicht von dem Wert dieser Platte und stellte sie unter eine Bank in ihrem Laden, wo sie lange Zeit völlig unbeachtet blieb.

Da begab es sich, dass die Attendorner eine neue Glocke gießen lassen wollten und zu diesem Zweck einen Glockengießer kommen ließen. Das war ein finsterer, verschlossener, auf seine Kunst eingebildeter Mann, dessen abstoßendes Wesen ihm keine Liebe eintragen konnte. Da er zudem gleich in den ersten Tagen nach seiner Ankunft nicht nur gegenüber seinem jungen, liebenswürdigen Gehilfen, den er mitgebracht hatte, sondern auch gegen die ihm zur Verfügung gestellten Arbeitsleute dem hässlichsten Jähzorn die Zügel schießen ließ, bereuten die Attendor-

ner es fast, dass sie nicht einen anderen Meister hergebeten hatten. Das war nun aber nicht mehr zu ändern, und immerhin war der Glockengießer ja als ein in seiner Kunst sehr geschickter Mann bekannt.

Bald stellte es sich heraus, dass das für den Glockenguss vorhandene Metall nicht ausreiche, und da auch das Stadtsäckel gerade nur spärlich gefüllt war und man kein Metall kaufen konnte, gab der Meister hohnlachend den Rat, unter den Einwohnern so viel Metall aller Art zusammenbetteln zu lassen, wie nötig sein würde.

Zwar verdross die Art und Weise, wie der Mann diesen Rat gab, die Oberhäupter des Städtchens nicht wenig, da sie aber keine andere Möglichkeit sahen, beschlossen sie, sammeln zu lassen, was in den Haushalten an Metall und Erzen vorhanden war. Die Männer, die diese Zuschüsse zum Glockenguss zu sammeln hatten, bekamen da freilich die seltsamsten metallenen Dinge, die man nicht mehr brauchen konnte. Doch das schadete ja nichts, wenn es nur Metall war – es würde ja doch alles eingeschmolzen werden.

Als sie nun zu der Witwe kamen, fiel dieser die alte Metallplatte wieder ein, die noch immer unter der Bank im Laden stand, und da sie an Metall sonst weiter nichts zu geben hatte, gab sie diese her. Die Sammler hatten natürlich auch keine Ahnung vom Wert dieser Gabe, da die Platte durch Schmutz und Staub nun noch unansehnlicher geworden

war, und so wurde sie denn mit all dem metallenen Gerümpel zusammengeworfen.

Der Glockengießer hatte sich inzwischen nach Arnsberg, in ein anderes, nicht weit von Attendorn gelegenes Städtchen, begeben, um auch dort die Vorbereitungen für einen Glockenguss zu treffen. In Attendorn hatte er den Gehilfen zurückgelassen und ihn beauftragt, die Form anzufertigen und alles vorzubereiten. Er hatte ihm aber auch streng befohlen, den Guss hinauszuzögern, bis er selbst zurückgekommen sei, denn dieser wichtige Akt, bei dem das geringste Versehen verhängnisvoll sein konnte, dürfe er nicht einem Gehilfen anvertrauen.

Wie es aber nun manchmal im Leben zu gehen pflegt: Der Meister wurde in Arnsberg länger aufgehalten, als er beabsichtigt hatte, und seine Rückkehr nach Attendorn verzögerte sich von Tag zu Tag.

Sei es nun, dass der Gehilfe den Guss nicht länger hinauszögern durfte, wenn an dem Metall beim Schmelzen nicht manches verderben sollte, oder sei es, dass er vom Ehrgeiz gepackt wurde, auch einmal selbstständig zu handeln und gewissermaßen sein Meisterstück abzulegen, kurzum: Er blieb nicht mehr bei den Vorbereitungen stehen, sondern goss die Glocke fix und fertig.

Und siehe da, es war wirklich ein Meisterstück geworden, denn als das Metall abgekühlt, die Form zerschlagen war und die

Glocke emporgewunden wurde, zeigte sie sich vollkommen tadellos und hatte einen so außergewöhnlichen Klang, dass alle darüber erstaunt und erfreut waren, keiner natürlich mehr als der geschickte Gehilfe selbst, der ja nun alles allein getan hatte.

In seiner Freude hielt er es für seine Pflicht, den Meister von der glücklichen Vollendung des Werkes zu benachrichtigen. Dies wollte er selbst tun und deshalb machte er sich auf den Weg nach Arnsberg. Mehrere junge Leute, mit denen sich der Gehilfe bereits angefreundet hatte, begleiteten ihn, und der Rat hatte, um den jungen Mann ganz besonders zu ehren, beschlossen, ihm die neue Glocke nachläuten zu lassen, solange er sie hören konnte. Und alle freuten sich über den wunderschönen metallischen Klang, wie er voll und doch sanft durch die Luft dahingetragen wurde.

Noch war der Gehilfe mit seinen Begleitern nicht allzu weit gekommen, nur bis zur steinernen Brücke, die zwischen Attendorn und dem fürstenbergischen Schloss Schellenberg über ein Wässerchen führte, und sie hörten die Glocke immer noch klingen, als sie einen Reiter herantraben sahen. Es war der Meister, und sie eilten ihm bis auf die Brücke entgegen. Der Gehilfe ergriff die Zügel des Pferdes, aber fast hätte er sie wieder erschrocken fahren lassen, als er in das aschfahle, verzerrte Gesicht des Meisters blickte,

und nur stockend konnte er seinen Bericht vom glücklichen Vollbringen des Werks beginnen. Er kam damit aber nicht weit, denn der Meister brüllte ihn mit vor Wut fast erstickter Stimme an: „Glaubst du, Hund, dass ich das von da drüben her nicht längst gehört habe, und auch unterscheiden kann, was für Metall du dazu genommen hast? Es soll aber dein erstes und letztes Werk gewesen sein!"

Damit riss er eine Pistole aus dem Halfter und schoss dem Gehilfen eine Kugel durch den Kopf. Entsetzt sprangen die Begleiter des armen jungen Menschen hinzu und rissen den Mörder vom Pferd.

„Was wollt ihr?" schrie dieser, indem er sich heftig sträubte, „der Kerl hat die Glocke gegossen, wie jeder Schelm es kann. Ich werde sie nun umgießen und der Stadt ein würdigeres Werk geben."

Sein Sträuben half ihm aber nicht; es half ihm auch nicht, als er in die Stadt gebracht worden war, dass er hier in gleicher Weise frech leugnete, dass das Werk gelungen sei und dass er erst durch Umgießen eine Glocke herstellen würde, wie es die Stadt von so einem berühmten Meister verlangen könne. Er wurde gerichtet und zum Tod verurteilt.

Erst jetzt, als er sah, dass es keine Rettung mehr für ihn gab, kam es an den Tag: wie er an dem Klang der Glocke gehört habe, dass sie einen bedeutenden Zusatz an Gold haben müsse, was offenbar unter dem freiwillig gespendeten Material gewesen sei. Der unerfahrene Gehilfe habe dies aber nicht bemerkt; er würde es sicher erkannt und das Gold vorher ausgeschieden haben. Durch dieses mit greulichem Hohn hervorgebrachte Geständnis wurde den Richtern erst klar, dass er das Gold sicher für sich behalten haben würde. So wurde er denn zum Richtplatz geführt und enthauptet.

Niemand jedoch vermochte zu ersinnen, und zu entdecken, woher das Gold gekommen sein könnte. Nach vielen Jahren kehrte indes der Sohn jener Witwe als reicher Mann nach Attendorn zurück, um in der Heimat sein Leben zu beschließen. Als er seine alte Mutter nach dem Verbleib der Platte fragte, die er ihr vor Jahren geschickt habe, erfuhr er von den Ereignissen beim Glockenguss und machte sich nun bittere Vorwürfe, dass seine damalige Vorsicht, das Gold durch einen schwarzen Anstrich unkenntlich zu machen, zwei Menschen das Leben gekostet hatte, einen Unschuldigen und einen Schuldigen. Lange Zeit konnte er sich darüber nicht beruhigen. Eine ihm angebotene Entschädigung von der Stadt hat er aber dann doch nicht angenommen, denn er hatte ohnehin Reichtum genug gesammelt. ∎

Der Schatz von Soest

Im Dreißigjährigen Krieg befand sich unweit der Stadt Soest in Westfalen ein altes Gemäuer, von dem die Sage ging, dass darin eine eiserne Truhe voller Gold sei, die jedoch von einem schwarzen Hund und einer verwünschten Jungfrau gehütet würde. Einst solle aber ein frommer Edelmann in das Land kommen, die Jungfrau erlösen und den Kasten mit einem feurigen Schlüssel öffnen.

Es wurde ferner erzählt, dass manch einer sich in das Gemäuer begeben und dort gegraben habe. Doch alle, die dies versucht hätten, seien so übel empfangen und abgewiesen worden, dass keinen mehr nach dem Schatz gelüstet habe. Man kam allgemein zu der Ansicht, dass die Hebung überhaupt nicht möglich sei und keinem gelingen könne, der je Muttermilch getrunken.

Dass der Schatz vorhanden war, konnte indes ein Mägdlein beweisen, das einmal ihrer Geiß in das Gemäuer nachgeklettert war, die sich da weidend hinein verirrt hatte. Auf einmal stand eine Jungfrau in seltsamer Kleidung vor dem Mädchen und fragte es unfreundlich, was es hier zu schaffen habe. Nachdem die Kleine zitternd vor Schreck wahrheitsgemäß geantwortet hatte, sagte die Erscheinung, auf ein Körbchen mit Kirschen weisend, freundlicher: „So geh und nimm dir von den Kirschen dort, die du vor dir siehst, doch hüte dich, wieder hierher zu kommen, samt deiner Geiß, sieh dich auch nicht um, sonst wird dir Schlimmes geschehen."

Das erschockene Kind griff in das Körbchen und erwischte sieben Kirschen. Als es aber in seiner Herzensangst endlich den Weg aus dem Gemäuer gefunden hatte, waren die Kirschen in Goldstücke verwandelt.

Kaiser Barbarossa
im Kyffhäuser

Auf dem Kyffhäuserberg steht weithin sichtbar ein alter Turm, die Warte der Kaiserburg, welche dieser Berggipfel einst trug und deren Trümmer ein Stück weit unter dem Turm noch zu sehen sind; diesen Turm nennt das Volk den Kaiser Friedrich. Da der wirkliche Kaiser Friedrich, genannt der Rotbart, vom Papst mit dem Bann belegt worden war, waren für ihn alle Kirchen und Kapellen geschlossen, kein Priester durfte ihm die Messe lesen. Da legte der edle Held ein Gewand an, das ihm aus Indien verehrt worden war, nahm ein Fläschchen mit duftendem Wasser, bestieg sein Ross und ritt tief in einen dunklen Wald hinein. Nur wenige seiner Getreuen durften ihm folgen, aber auch ihnen entschwand er schließlich und wurde von keinem mehr gesehen. So war der hochgeborene Kaiser verloren.

Alte Bauern haben berichtet, er habe sich manchmal noch blicken lassen und angekündigt, er werde einst wieder mächtig werden, die Pfaffen stören und das Heilige Grab wieder in die Gewalt der Christen bringen, sodass niemals mehr ein Ritter sein Schwert deswegen ziehen müsse. Dann werde er seinen Schild an den Ast eines dürren Baumes hängen und im ganzen Land Frieden stiften. Allen werde er das gleiche Recht bringen, die heidnischen Reiche endgültig unterwerfen und die Nonnen verehelichen und zur Arbeit leiten. Dann kämen gute Jahre, und der dürre Baum werde wieder ergrünen.

So klangen Sage, Lied und Prophezeihung aus grauer Zeit, und über die Jahrhunderte verschmolz das Heldenbild Kaiser Friedrichs I., Rotbart, mit dem Bild Kaiser Friedrichs II., denn auch dieser hatte Deutschland verlassen, kehrte niemals zurück, und auch nachdem er tot war, glaubte das treue Volk doch, er lebe, und wartete ohne Ende auf seine Wiederkehr.

Da er aber nicht wiederkehrte, sagte das Volk schließlich, Kaiser Friedrich habe sich selbst – mit seiner Tochter, seinem ganzen Hofgesinde, seinen Wappnern und Zwergen – tief in den Schoß der alten Kaiserfeste Kyffhäuser verwünscht, und da sitze er nun schlummernd, mit einem langen Bart, der durch seinen steinernen Tisch und um diesen herum gewachsen sei, und zwar bereits zwei Mal. Wenn aber der Bart das dritte Mal herumgewachsen sei, dann werde der Kaiser wiederkehren, die Krone wieder in Anspruch nehmen und das Reich wie in alter Zeit wieder beherrschen.

Um den Berg aber, in dem der Kaiser verzaubert im Halbschlummer sitzt, fliegen in einem fort die Raben. Alle hundert Jahre sendet der Kaiser einen Zwerg herauf. Der muss auskundschaften und fragen, ob die Raben noch fliegen. Und wenn er zurückkehrt und verkündet, dass sie noch immer fliegen, dann neigt der Kaiser trauriger als zuvor sein greises Haupt und zwinkert im Halbschlaf mit den Augen. ∎

Wie Graf Ludwig die Wartburg baute

Über Eisenach, wo der alten Sage nach in grauen Zeiten ein König namens Gunther gesessen haben soll, dessen Schwester Kriemhild der Hunnenkönig Etzel freite und eine stattliche Hochzeit feierte, hob über alle Nachbarberge aufragend ein felsreicher Gipfel sein von Menschen selten betretenes Haupt. Wohl umgürtete bereits eine Burgenkette das Thüringer Land, denn es standen schon die alten Festen der Frankenkönige auf götterheiligen Höhen: Disburg, Kyffhausen, Merwigsburg, Scheidungen und andere. Außerdem sicherten die Trutzfesten Coburg, Eckartsburg, Freiburg, Giebichenstein, Held-

148

burg, Rudolfsburg, Sachsenburg, Sorben-
burg, ebenso wie die Geschlechterwiegen
Anhalt, Blankenburg am Harz, Frankenberg,
Frankenstein, Gleichen, Greifenstein (Blankenburg), Henneberg, Käfernburg, Mans-
feld, Schwarzburg, Stolberg und andere neben so manchem Dynasten- und Herrensitz

das Land. Bei Eisenach besaßen die Herren
von Frankenstein jenseits des Waldes einen
Sitz, das war der Mittelstein; ihr Stamm-
schloss aber lag drüben im Werratal.

Eines Tages nun ritt Graf Ludwig, Ludwig
des Bärtigen Sohn und später „der Springer"
genannt, von seiner Schauenburg durch jenes
Tal, in dem er später das Kloster Reinhardsbrunn gründete, nach einem Töpfer benannt,
dem an einer gewissen Stelle wunderbare
Flämmchen erschienen. So kam er das Hör-
seltal entlang, der Spur eines Wildes folgend,
und wurde vom Anblick eines Felskegels
überrascht, der, sonnig angestrahlt, sich hoch
über die Nebel hob, welche die Täler um-
schleierten. Der junge Graf hielt sein Ross an,
dachte kurz nach und sagte dann laut: „Wart
Berg, du sollst mir eine Burg werden!"

Da vernahm er nun von älteren Jagdbeglei-
tern, dass jener Berg nicht zu seinem und seines Vaters Besitz gehöre, sondern zu dem der
Frankensteiner, deren Gebiet an seines an-
grenze. Aber das beirrte den Grafen Ludwig
nicht. Er ersann eine List und ließ vom nahen
Land seines Vaters heimlich und nachts Erde
in Körben auf den Gipfel schaffen. Dort
wurde sie handhoch auf dem Boden ausgebreitet. Dann begann er, Wälle aufwerfen zu
lassen.

Spät genug bemerkten die Herren von
Frankenstein, dass hoch über ihrem Mittelstein jemand baute, ohne sie zu fragen. Auch
wenn sie das nicht hinnehmen wollten, so

ging es ihnen doch wie im Lied dem Knaben, der das Röslein brach: Sie konnten kaum etwas dagegen unternehmen, denn wenn sie den Grafen angriffen, konnte er von der Höhe herab mitten in ihren Mittelstein ganze Fuder von Steinen schleudern lassen.

Als dieses sich im Jahr 1067 zutrug, war gerade eine Zeit grausamer Hungers- und Durstnot; es gab so wenig Wein, dass er an manchen Orten sogar zur Feier des Abendmahls fehlte, was sehr schrecklich war. Als nun die Armen allerorten hörten, dass der Thüringer Graf eine Festung baue, strömten sie in Scharen herbei und schleppten Steine und halfen arbeiten, nur um das tägliche Brot zu verdienen und nicht den Hungertod zu sterben. Der Bau der Burg machte also gute Fortschritte.

In der Zwischenzeit klagten die Herren von Frankenstein bei Kaiser und Reich, dass der Graf auf ihrem Land baue, und da sich die Prozesse auch zu jener Zeit meist sehr in die Länge zogen – eine Eigenschaft, die ihnen zum großen Nutzen der Gerichte und Anwälte bis in unsere Tage wohlweislich erhalten worden ist –, wurde der Bau noch während des Prozesses fertig. Der Graf nannte die neue Burg Wartburg – nach den Worten, die er damals gesprochen hatte, als er den Berg zum ersten Mal erblickt hatte.

Als es aber endlich zum Richterspruch kommen sollte, da bot der Graf einen neuen Beweis dafür auf, dass er tatsächlich auf sei-

nem Land gebaut habe und nicht auf dem der Frankensteiner. Gemäß der Sitte benannte er zwölf Eideshelfer, die seine Sicht an Ort und Stelle eidlich erhärten sollten. Mit diesen Ehrenmännern trat er hin, sie zogen ihre Schwerter, steckten sie in den aufgeschütteten Boden und schwuren mit ihm einhellig, dass sie auf des Grafen eigner Erde und auf seinem Boden ständen.

Gegen die Eidesleistung solcher Schwurhelfer und Geschwornen galt nun kein Widerspruch – die Herren von Frankenstein mussten also vom Gericht höchstes Unrecht erleiden.

So ist die Wartburg erbaut worden und zu ihrem Namen gekommen. In neuerer Zeit sind auf ihr tief unterm Schutt zwölf große eiserne Schwertklingen, stark gerostet, überkreuzt beisammenliegend, aufgefunden worden. Man glaubt, dass dies die Schwerter der Eideshelfer Graf Ludwigs gewesen sind, die in den Boden eingesenkt worden seien, um diesen noch mehr zu befestigen. ▪

Der Sängerkrieg auf der Wartburg

Auf der Wartburg bei Eisenach kamen im Jahr 1206 sechs tugendhafte und vernünftige Männer mit Gesang zusammen und dichteten ihre Lieder. Diese Zusammenkunft hat man später als „Sängerkrieg auf der Wartburg" bezeichnet.

Die Namen der Meister waren: Heinrich Schreiber, Walter von der Vogelweide, Reimar Zweter, Wolfram von Eschenbach, Biterolf und Heinrich von Ofterdingen. Sie sangen aber und stritten von der Sonne und dem Tag, und die meisten verglichen Hermann, den Landgrafen zu Thüringen und Hessen, mit dem Tag, und setzten ihn über alle Fürsten. Als einziger pries Heinrich von Ofterdingen Herzog Leopold von Österreich noch höher und stellte ihn der Sonne gleich.

Die Meister hatten aber untereinander Folgendes ausgemacht: Wer im Streit des Singens unterliege, der solle auch sein Haupt verlieren. Daher musste der Henker Stempfel mit dem Strick daneben stehen, dass er den Verlierer bald aufhängte.

Heinrich von Ofterdingen sang nun klug und geschickt; doch zuletzt wurden ihm die anderen überlegen. Da klagte er, dass es bei dem Wettstreit nicht mit rechten Dingen zugegangen sei, weshalb er habe verlieren müssen. Die fünf anderen aber riefen Stempfel, der sollte Heinrich an einen Baum hängen.

Heinrich aber floh zur thüringischen Landgräfin Sophia, und diese gewährte ihm ihren Schutz – da mussten sie ihn in Ruhe lassen, und er machte mit ihnen aus, dass sie ihm ein Jahr Frist gäben: Er wolle sich nach Ungarn und Siebenbürgen aufmachen und Meister Clingsor holen – sein Urteil über ihren Streit solle dann gelten. Dieser Clingsor galt damals als berühmtester deutscher Meistersänger und war ein Gelehrter; und weil die Landgräfin dem Heinrich ihren Schutz bewilligt hatte, so ließen sich alle die Sache gefallen.

Heinrich von Ofterdingen wanderte fort, kam erst zum Herzog von Österreich und mit dessen Briefen nach Siebenbürgen zu dem Meister, dem er vom Anlass seiner Reise berichtete und seine Lieder vorsang.

Clingsor lobte diese sehr und versprach ihm, mit nach Thüringen zu ziehen, um den Streit der Sänger zu schlichten. Unterdessen verbrachten sie die Zeit mit mancherlei Kurzweil, und die Frist, die man Heinrich bewilligt hatte, nahte sich ihrem Ende. Weil aber Clingsor immer noch keine Anstalten zum Aufbruch machte, wurde Heinrich Angst und Bange, und er sprach: „Meister, ich fürchte, Ihr lasst mich im Stich, und ich muss allein und traurig meines Weges ziehen; dann bin ich ehrlos und darf zeitlebens nicht mehr nach Thüringen."

Da antwortete Clingsor: „Sei unbesorgt! Wir haben sehr starke Pferde und einen leichten Wagen, werden den Weg schnell gefahren sein."

Heinrich konnte vor Unruhe nicht schla-

fen; da gab ihm der Meister abends einen Trunk ein, dass er in tiefen Schlummer sank. Darauf legte er ihn in eine lederne Decke und sich dazu und befahl seinen Geistern, dass sie ihn schnell nach Eisenach in Thüringen schaffen und dort im besten Wirtshaus absetzen sollten. Das geschah, und sie brachten ihn in den Helgreven-Hof, noch ehe der Tag angebrochen war.

Im Morgenschlaf hörte Heinrich bekannte Glocken läuten und er sprach: „Mir ist, als ob ich das schon oft gehört hätte, und mir scheint, dass ich in Eisenach bin."

„Du träumst wohl", sprach der Meister. Heinrich aber stand auf und sah sich um, da merkte er schon, dass er wirklich in Thüringen war. „Gott sei Lob, dass wir hier sind! Das ist Helgreven-Haus, und dort sehe ich das Sankt-Georgs-Tor."

Bald wurde die Ankunft der beiden Gäste auf der Wartburg bekannt; der Landgraf befahl, den fremden Meister wohlwollend zu empfangen und ihm Geschenke zu bringen. Als man Heinrich von Ofterdingen fragte, wie es ihm ergangen und wo er gewesen sei, antwortete er: „Gestern ging ich in Siebenbürgen schlafen, und zur Messe war ich heute hier. Wie das geschah, hab' ich aber nicht erfahren." So vergingen einige Tage, ehe die Meister singen und Clingsor richten sollten.

Eines Abends saß Clingsor in seines Wirtes Garten und schaute ununterbrochen die Gestirne an. Die Herren fragten, was er am Himmel sähe. Clingsor sagte: „Wisset, dass in dieser Nacht dem König von Ungarn eine Tochter geboren werden soll; die wird schön, tugendreich und heilig, und sie wird einst mit dem Sohn des Landgrafen vermählt werden."

Als Landgraf Hermann diese Botschaft überbracht worden war, freute er sich und bat Clingsor zu sich auf die Wartburg, erwies ihm große Ehre und lud ihn an den fürstlichen Tisch ein. Nach dem Essen ging Clingsor ins Ritterhaus, wo die Sänger warteten, um seine Pflicht zu erfüllen.

Also sangen Clingsor und Wolfram mit Liedern gegeneinander, aber Wolfram sang so gut und geschickt, dass ihn der Meister nicht überwinden mochte. So rief Clingsor einen seiner Geister, der kam in Gestalt eines Jünglings: „Ich bin vom Reden müde geworden", sprach Clingsor. „Also bringe ich dir meinen Knecht, der mag eine Weile mit dir streiten, Wolfram."

Da begann der Geist zu singen, vom Anbeginn der Welt und anderem mehr. Doch Wolfram besang die göttliche Geburt des ewigen Wortes; und als er dazu kam, von der heiligen Wandlung des Brotes und Weines zu reden, musste der Teufel schweigen und von dannen weichen.

Clingsor hatte alles mit angehört, wie Wolfram mit gelehrten Worten das göttliche Geheimnis besungen hatte, und glaubte, dass Wolfram wohl auch ein Gelehrter sein möge. Hierauf gingen sie auseinander.

Wolfram hatte seine Herberge mitten in der Stadt in Titzel Gottschalks Hause, dem Brotmarkt gegenüber. Als die Nacht gekommen war und er schlief, sandte ihm Clingsor erneut seinen Teufel, der ihn prüfen sollte, ob er ein Gelehrter oder bloß ein Laie sei. Wolfram aber war lediglich gelehrt in Gottes Wort, ansonsten einfältig und auf anderen Wissensgebieten unerfahren. Da sang ihm der Teufel von den Sternen des Himmels und legte ihm Fragen vor, die der Meister nicht beantworten konnte. Als der nun schwieg, lachte der Teufel laut und schrieb mit seinem Finger in die steinerne Wand, als ob sie ein weicher Teig sei: „Wolfram, du bist ein Laie Schnipfenschnapf!"

Darauf entwich der Teufel, die Schrift aber blieb in der Wand stehen. Weil jedoch viele Leute kamen, die das Wunder sehen wollten, verdross es den Hauswirt schließlich. Er ließ den Stein aus der Mauer brechen und in die Hörsel werfen.

Clingsor aber verabschiedete sich von dem Landgrafen und fuhr mit Geschenken und Gaben belohnt samt seinen Knechten in der Decke wieder weg, wie und woher er gekommen war. ▪

154

Das Rosenwunder der heiligen Elisabeth

Ludwig IV., der um die Wende des 13. Jahrhunderts Landgraf von Thüringen war, hatte eine Gemahlin, Elisabeth, die infolge ihrer Frömmigkeit und ihres nur guten Taten gewidmeten Lebens nach ihrem Tod vom Heiligen Vater in Rom heilig gesprochen wurde. Um diese heilige Elisabeth wob dann das dankbare Volk einen ganzen Kreis von Sagen, von dem hier nur Teile erzählt werden sollen.

Elisabeth war eine Tochter des Königs von Ungarn, aber schon als Kind mit dem Knaben Ludwig verlobt worden und wurde deshalb mit ihm zusammen auf der Wartburg erzogen. Schon in früher Jugend machte sich ihre besondere Frömmigkeit bemerkbar, zeigte sie einen besonderen Hang zur Mildtätigkeit gegenüber den Armen und Notleidenden, und mildtätige Werke waren in der Folge die Richtschnur ihres ganzen Lebens. Die Sage berichtet, dass dies alles mit dem sichtbaren Beistand Gottes geschah.

Einst hatte der Landgraf viele Gäste auf die Wartburg geladen und als man zu Tisch gehen wollte, wartete man nur noch auf die Landgräfin. Diese wollte dem Ruf gerade folgen, als ihr ein gebrechlicher Armer gegenübertrat und um ein Almosen bat. „Ich habe jetzt keine Zeit", antwortete sie bedauernd. „Auch habe ich nichts bei mir, was ich geben könnte."

Da der Arme aber weiter flehte, reichte sie ihm ohne Bedenken den kostbaren Mantel, den sie um die Schultern trug, und der Arme ging dankbar damit von dannen.

Das hatten die Diener gesehen und der Küchenmeister trat zum Fürsten und sagte vor allen Gästen: „Gnädiger Herr, meint Ihr, dass es sich gebührt, dass unsere gnädige Frau so lange ausbleibt und das Mahl verzögert? Jetzt hat sie sogar einen Armen gekleidet und ihm ihren kostbaren Mantel geschenkt!"

Da ging der Fürst selbst zu ihr und fand sie in ihr Zimmer zurückgekehrt. „Liebe", sagte er freundlich, „wollt Ihr nicht mit uns zu Tisch gehen?"

„Ich bin bereit dazu", antwortete sie.

„Wo aber ist Euer kostbarer Mantel?" fragte er weiter, sich überall umschauend.

Harmlos entgegnete sie: „Er ist auf dem Speicher."

Und als eine der Dienerinnen hinging, fand sie den Mantel wirklich an dem bezeichneten Orte.

Das, fügt der alte Chronist hinzu, hatte der liebe Gott selbst bewirkt, und dieser Mantel ist nun ein Messgewand in der Zelle der heiligen Elisabeth unter der Wartburg.

So wie der Küchenmeister sich über diese schrankenlose Mildtätigkeit der Landgräfin ärgerte, so war sie auch für die stolzen und eitlen Großen des landgräflichen Hofes ein arger Verdruss. Sie sahen eine solche Herablassung zur Armut als ihres Standes unwürdig an und waren bemüht, der Landgräfin alle nur erdenklichen Schwierigkeiten zu ma-

chen, um ihr diese Liebeswerke zu verleiden. Dies versuchten sie vornehmlich durch Verdächtigungen bei ihrem Gemahl zu erreichen, der zwar auch oftmals den Kopf schüttelte, sie aber doch so innig liebte, dass er sie gewähren ließ.

Elisabeth aber ließ sich durch nichts beirren, und dem Volksglauben nach belohnte sie der Himmel dadurch, dass er sie durch zahlreiche Wunder aus allen Schwierigkeiten rettete.

Nur einmal glaubte Ludwig, ihr mit Strenge begegnen zu müssen. Das war, als eine schreckliche Hungersnot das Land heimsuchte und Elisabeth ihre Liebestätigkeit zu verdoppeln suchte. In Abwesenheit ihre Gemahls ließ sie unterhalb der Wartburg sogar ein Spital erbauen und nahm achtundzwanzig arme und hilfsbedürftige Menschen darin auf, und wenn einer von diesen starb, ließ sie sogleich einen anderen an seine Stelle treten. Zudem ließ sie durch ihre Dienerschaft an vierhundert Arme in der Gegend täglich Almosen und milde Gaben verteilen.

Als der Landgraf von seiner Reise zurückkehrte, musste er viele Klagen über diese Tätigkeit seiner Gemahlin hören, da alle diese Mittel doch dem Hof entzogen würden. Dem Landgraf schien Elisabeth dieses Mal auch wirklich zu weit zu gehen, und er glaubte, ein Verbot aussprechen zu müssen, damit das Murren der Hofleute aufhöre. Elisabeth hörte ihn ruhig an, änderte ihr Verhalten aber nicht, denn sie meinte, Gott mehr gehorchen zu müssen als den Menschen.

Da geschah es eines Morgens, als sie wieder von der Wartburg herabschritt, um Lebensmittel unter die Armen zu verteilen, dass ihr der Landgraf begegnete.

Nicht gerade freundlich fragte er: „Was tragt Ihr da, Liebe?"

Ruhig und ohne Zagen kam die Antwort über ihre Lippen, während ihre Augen gläubig gen Himmel blickten: „Herr, Blumen!"

„Blumen? Die will ich sehen!" rief Ludwig ungläubig lächelnd und hob den Deckel von dem Korb, und siehe da, dieser war bis zum Rand mit köstlichen Rosen gefüllt.

Staunend und beschämt stand der Landgraf vor seiner frommen Gemahlin, und nie wieder trat er ihren Liebeswerken hindernd entgegen. Und wenn darüber abfällig gesprochen wurde, sagte er ernst: „Lasst sie um Gottes willen nur geben und armen Leuten Gutes tun, wenn uns nur die Wartburg und die Neuenburg verbleiben. Ich weiß wohl aus der Heiligen Schrift, dass Gott dem Herrn drei Dinge wohlgefällig sind: Eintrachtigkeit unter Brüdern, Liebe und Treue unter den Mitmenschen und Mann und Frau, die beide einträchtig sind."

Die Herren von Gleichen

In einem Dreieck zwischen Gotha, Ohrdruf und Arnstadt finden sich auf drei Bergen die Überreste alter Burgen, die im Volksmund Die Drei Gleichen heißen. Mit Recht führt eigentlich nur eine den Namen Gleichen, die beiden anderen heißen Mühlberg und Wachsenburg. Vom Geschlecht der Gleichen berichtet eine oft erzählte Sage.

Unter den Rittern, die mit dem Landgrafen Ludwig dem Heiligen, dem Gemahl der heiligen Elisabeth, an dem Kreuzzug Kaiser Friedrichs II. teilnahmen, befand sich auch ein Graf von Gleichen. Der Landgraf Ludwig starb aber schon auf dem Hinzug bei Otranto in Italien, und viele seiner Mannen kehrten nun in die Heimat zurück. Der Graf von Gleichen jedoch zog mit dem Kaiser ins gelobte Land und vollbrachte hier wahre Wunder der Tapferkeit. Da hatte er eines Tages das Unglück, dass er, fern von den Seinen, in die Hände der Sarazenen fiel und in die Sklaverei des Sultans Melechsala geriet. Seinen Namen und Stand verriet er nicht, und daher musste er sich, wie alle übrigen Sklaven, der harten Feld- und Gartenarbeit unterziehen.

Bei dieser Arbeit sah ihn die in dem Garten lustwandelnde Tochter des Sultans. Der stattliche und schöne Sklave fiel ihr auf, und je öfter sie ihn sah, desto heftiger fing ihr Herz an zu pochen. Bald blieb sie bei ihm stehen, erfreute sich an seiner Geschicklichkeit, begann auch mit ihm zu reden und seine Traurigkeit zu erheitern. So wuchs ihr die Liebe zu dem Gefangenen ins Herz und sie wurden im Lauf der Zeit immer vertrauter miteinander. Die Sultanstochter glaubte, nicht mehr ohne den Fremdling leben zu können, obwohl er ein Sklave war, und auch er fand großes Wohlgefallen an dem ebenso schönen wie klugen Mädchen.

Da geschah es, dass einer der Diener des Grafen, der sich auch als Sklave in der Gesellschaft seines Herrn befand, der schönen Türkin den hohen Stand desselben verriet, da er wohl sah, wie innig sie an ihm hing. Nun war das Mädchen entschlossen, einen entscheidenden Schritt zu tun. Bei ihrer nächsten Unterredung versprach sie dem Grafen, ihn zu befreien und ihm viele Schätze zuzubringen, wenn er sie zur Ehefrau nehme; gern wolle sie auch mit ihm fliehen und sich zum Christentum bekehren, wenn er nicht in ihrem Land bleiben wolle.

Den Grafen rührte dieses Vertrauen des Mädchens, und auch er hatte sie, soweit er vermochte, herzlich lieb, aber als ehrlicher Mann musste er ihr doch bekennen, dass er daheim schon eine Gattin und zwei liebliche Kinder habe und dass die christliche Religion einem Mann zwei Frauen nicht gestatte. Da sie aber nicht aufhörte mit Bitten und Tränen, wurde er weich und überlegte, dass es ihm wohl gelingen könne, eine Ausnahmeerlaubnis zur Ehe mit zwei Frauen vom Papst zu erhalten und damit auch die Beziehung zu seiner Gemahlin zu erhalten.

So bereitete das Mädchen alles für die Flucht vor, und sie gelangten beide glücklich nach Venedig.

Nach einer anderen Variante der Sage floh das Paar nicht heimlich. Vielmehr nutzte die Tochter bei einem Fest des Sultans die Gelegenheit, ging in des Vaters Gemach, fiel vor ihm auf die Füße und erflehte von ihm die Erfüllung einer Bitte. Der Sultan sagte dies in seiner großen Liebe zu seiner einzigen Tochter unbedenklich zu, und nun bat sie ihn um die Freiheit des gefangenen Grafen und dass ihr dieser zum Gemahl gegeben würde. Zwar war der Vater über diese Bitte sehr bestürzt, doch konnte und wollte er seine Zusage nicht zurücknehmen, sondern bewilligte beides und hielt sein Wort. Reichlich mit Schätzen ausgestattet ließ er das Paar aus dem Land ziehen und stattlich nach Venedig begleiten.

Von hier reiste das Paar zunächst nach Rom, und nach langen Verhandlungen gab der Papst seine Erlaubnis zu der gewünschten Vermählung, nachdem die Sultanstochter vorher zum christlichen Glauben übergetreten war und die heilige Taufe empfangen hatte. Nun reisten sie nach Thüringen, wo der Graf die Sultanstochter nicht weit von seiner Burg in einer Herberge zurückließ und vorausritt, um seine Gemahlin vorzubereiten. Diese empfing ihn nach so langer Abwesenheit natürlich mit unsäglicher Freude, die auch keineswegs getrübt wurde, als er ihr zögernd eingestand, dass er noch eine zweite Gattin mitbringe, der er Leben und Freiheit verdanke.

Zu seiner Überraschung hatte er nun allen Grund zur Freude, denn die Gräfin sprach liebreich: „Mein lieber Herr! Danken wir Gott, dass ich Euch lebend und gesund wiederhabe, danach aber auch der, die mir Euch erhalten und wiedergegeben hat; sie soll mir herzlich willkommen sein und Zeit meines Lebens will ich's ihr zu vergelten suchen."

So ging die Gräfin der Sarazenin entgegen, hieß sie liebreich willkommen und führte sie auf das Schloss, wo sie fortan in größter Liebe und Eintracht miteinander lebten. Auch hatte die Sultanstochter, die kinderlos blieb, die Kinder der Mitschwester so lieb, als seien es ihre eigenen.

Das Tal unter der Burg, wo die beiden Frauen zuerst zusammentrafen, wurde nun das Freudental genannt, und so heißt es heute noch. Auch den bequemen Burgweg soll die Sarazenin haben bauen lassen, um den armen Leuten die Ersteigung des Berges weniger beschwerlich zu machen – daher heißt der Weg heute noch Türkenweg.

Lange Zeit hat man auf der Burg Gleichen auch noch das dreischläfrige Bett mit gewölbtem Himmel gezeigt. Das sollen aber die Franzosen 1812 im Feldlager verbrannt haben. Dagegen werden in manchen Archiven der Umgebung noch Gegenstände aufbewahrt, die aus dem Besitz der türkischen Gemahlin des Grafen stammen sollen. ■

Der hart geschmiedete Landgraf

Graf Ludwig, der die Wartburg baute und auch die Stadt Eisenach mit Mauern umgab, der das Kloster Reinhardsbrunn gründete und in diesem als Mönch büßte, hatte einen Sohn, der ebenfalls Ludwig hieß. Diesen machte der Kaiser zum Landgrafen in Thüringen. Der junge Mann hatte ein mildes Wesen und war gegenüber Edlen und Unedlen gütig und demütig. Das jedoch wurde ihm von seinen Vasallen als Schwäche ausgelegt. Er strafte nicht gern, hatte zu allen Menschen größtes Vertrauen und wusste nicht, dass die Edlen seine Untertanen schwer unterdrückten und dass Bürger und Bauern von ihnen viel böse Gewalt erleiden mussten.

Da geschah es, dass sich der junge Landgraf eines Abends während der Jagd im Wald verirrte und in die Nähe des Ortes Ruhla kam. Dort sah er das helle Feuer einer Waldschmiede durch die Nacht leuchten, ging darauf zu und bat den Schmied um Herberge. Der Schmied kannte ihn nicht und fragte ihn, wer er sei.

„Ich bin ein Jäger Eures Herrn, des Landgrafen."

„Pfui dem Landgrafen!" rief der Schmied und spuckte aus und wischte sich den Mund ab. „Wer ihn nennt, muss sein Maul abwischen, damit er es mit dem Namen nicht verunreinigt. Wegen deines Herren beherberge

ich dich wahrhaftig nicht! Geh, ziehe nur dein Pferd in den Schuppen, dann komm her und sitz nieder, iss und trink, was da ist, und ruhe auf dem Heu."

Der Landgraf, ganz verwundert über diese grobe Rede, schwieg, brachte sein Pferd in den Schuppen und kam dann wieder in die Schmiede. Der Schmied kümmerte sich fast gar nicht um ihn, schürte sein Feuer, zog den Blasebalg, hitzte und hetzte, glühte sein Eisen, löschte es, glühte wieder und hämmerte und rief bei den Schlägen fort und fort: „Landgraf Ludwig, werde hart, werde hart!" Dazu schlug er mit dem schweren Hammer aufs Eisen, dass die Funken stoben.

Dann erzählte er ohne Pause alles, worüber die Untertanen klagten, und schob alle Schuld und alles Unrecht, das im Land geschah, auf den Landgrafen und verwünschte und verfluchte ihn in die unterste Hölle. Dann sang er noch das alte Lied von den edlen Ratgebern, die in ihrem Dünkel alles besser wüssten, sich und ihre Weisheit für unfehlbar hielten, die Fürsten glauben machten, es stehe alles gut im Lande, auch wenn sich dies als Lug und Trug herausstelle und es schließlich zum allgemeinen Aufruhr komme. Alles Unglück, das daraus entstehe, werde anschließend den Fürsten in die Schuhe geschoben.

Der Landgraf erschrak, als er aus dieser harten Stimme des Schmiedes des Volkes Stimmung gegen sich vernahm, und er nahm sich vor, dem Unfug, den seine Edlen verübten, ein Ende zu machen. Ganz hart geschmiedet verließ er, nachdem er kein Auge zugetan hatte, die Ruhlaer Waldschmiede, und sein milder Sinn war in einen eisernen verkehrt. Er nahm die Zügel der Regierung in die eigne Hand und zog sie straff. Nun durften die ritterlichen Vasallen das Volk nicht mehr placken und schinden, sodass Bürger und Bauern endlich frei atmen konnten. ∎

Die Jungfrau mit dem Bart

Auf der Brücke zu Saalfeld steht eine alte Kapelle mit einem Sankt-Gehilfen-Bild, über das mehrere Sagen im Umlauf sind. Zwei Grafen von Arnstadt sollen diese Kapelle errichtet haben. Am dritten Pfingsttag und zu Allerheiligen gab es dort des Ablasses wegen regelmäßig einen Menschenauflauf.

Eine Sage berichtet, die Tochter eines Sorbenwendenfürsten, die insgeheim der Lehre Christi anhing, habe jedes Werben heidnischer Liebhaber beharrlich ausgeschlagen und in ein Kloster gehen wollen. Dieser Vorsatz reizte den Zorn ihres Vaters, besonders aber ihr Abfall von den Slawengötzen, der schließlich doch offenbar wurde. Er schwor, wenn sie sich nicht seinen Befehlen füge, solle sie den Tod des Christengottes sterben, den sie im Herzen trage und zu dem sie sich bekenne.

Als die edle Jungfrau standhaft blieb, hielt der Vater sein widernatürliches Wort und ließ sie mit den Armen an ein Kreuz nagln. Da sie nun so frevelhaft der Menge zur Schau gestellt dort hing, erflehte sie in ihrer tiefen Pein vom Heiland, er möge ihr die Gnade erweisen und ihre Gestalt unkenntlich machen.

Tatsächlich wurde sie erhört, und ein Wunder geschah: Ihr wuchs ein starker Mannesbart, und ihre Gestalt wurde in eine männliche verwandelt. Ein edler Jüngling, der die Jungfrau heimlich geliebt hatte, kam herbei und versüßte ihr den Tod mit seinem Saitenspiel, dem zum Dank ließ sie einen ihrer goldenen Schuhe vom Fuß fallen. Das ist später an der Brückenkapelle in einem schönen Steinbild dargestellt worden, das noch heute gut erhalten ist.

Andere sagen, jenes Bild stelle die heilige Kümmernis dar, die ihr eigener Vater in sündiger Liebe verfolgt habe, bis sie sich von Gott die Verunstaltung erfleht und erbeten habe, worauf der Vater sie kreuzigen ließ, damit sie den Tod des Erlösers sterbe, an den sie glaubte. Dies geschah, und sie wurde eine heilige Märtyrerin.

Und weil ihres Vaters sündiges Begehren bei ihr den tiefsten Kummer verursachte, ist sie später „Sankt Kümmernis" genannt worden. Auch wenn sie nicht im römischen Heiligenkalender steht, wurden viele Bilder und Kapellen ihr zu Ehren errichtet.

Einst war ein armer Spielmann dem Hungertod nahe. Doch in seinem Kummer hatte er ein felsenfestes Vertrauen zu Sankt Kümmernis. Also kniete er vor ihrem Bild nieder und flehte sie um Hilfe an; das Bild war aber ein reiches und prächtiges und die Figur trug goldene Schuhe.

Nachdem der Spielmann gebetet und vor dem Bild andächtig eine fromme Weise gespielt hatte, ließ das Bild einen goldenen Schuh vom Fuß fallen, genau vor den Spielmann hin. Der nahm die wertvolle Gabe dankbar an und ging los, um sie zu verkaufen. Der Goldschmied aber, der den Schuh wohl kannte, weil er ihn und den dazugehörigen selbst gefertigt hatte, zog den Spielmann vor Gericht und klagte ihn des Diebstahls an. Daraufhin wurde der Spielmann gerichtet und zum Tode verurteilt.

Auf seinem letzten Gang wurde der Spielmann wieder an dem Bild vorbeigeführt, da kniete er noch einmal nieder und flehte die heilige Kümmernis an, seine Unschuld zu bezeugen. Und siehe da: für jedermann offensichtlich warf sie ihm auch ihren anderen Schuh zu.

Nachdem seine Unschuld durch dieses Wunder erwiesen war und das Volk die göttliche Hilfe, den Erlöser und seine Heilige pries, entstanden weitere Bilder von der heiligen Kümmernis, und zwar nun solche mit dem Spielmann und dem ausgezogenen Schuh. Eines ist in Wien, eines in Ettersdorf bei Erlangen und weitere anderswo. ▪

163

Gadamars Vision

Die Stadt Schmalkalden ist wegen der in ihr abgehaltenen Fürstentage, wegen der mehrmaligen Anwesenheit Doktor Luthers und wegen jener berühmten, von Melanchthon dort verfassten Artikel des christlichen Glaubens berühmt geworden.

In Schmalkalden lebte im Jahr 1526 ein frommer Mann namens Siegmund Gadamar, der in diesem Jahr das Amt eines Bürgermeisters innehatte. Denn in der Stadt bestand seit langer Zeit die Einrichtung, dass zwei Bürgermeister und zwei Gemeindevorsteher und nicht eine Heerschar von Stadt- und Gemeinderäten das städtische Regiment verwalteten. Diese aber wurden jedes Jahr von der Gemeinde neu gewählt, und zwar so, dass meist der zweite des einen Jahres zum ersten im folgenden bestimmt wurde.

Dieser fromme Herr Gadamar hatte sich der neuen Lehre des Evangeliums zugewendet, nicht anders als Balthasar Wilhelm, in dessen Haus seinerzeit Luther Herberge gefunden hatte, und beide waren deshalb mancherlei Anfeindungen vonseiten der Stadtbewohner ausgesetzt.

Eines Abends legte sich Herr Gadamar mit bekümmertem Gesicht schlafen, kam aber, er wusste nicht wie, in eine Stube, in der ein trotziger Löwe stand. Er fürchtete sich jedoch gar nicht und war ganz mutig. Dann sah er eine Anzahl Fürsten im Kreis stehen, etwa sieben, die beratschlagten, wie sie dem Löwen beikommen sollten, und an einem Tisch saß ein alter Mann, der den Anschein erweckte, als schliefe er.

Auf diese Fürsten ging der Löwe grimmig los, und sie alle hatten keine Waffen und zauderten, einer jedoch nahm mutig einen Stuhl und wehrte den Löwen damit ab. Der aber schlug seine Pranke durch den Stuhl und blieb selbst drin stecken. Gleich darauf hatte der Fürst einen hessischen Bock- oder Kampfdegen in der Hand und stach damit auf den Löwen los, dass es puffte, doch hörte Gadamar es eben nur puffen und sah nicht, dass der Löwe verwundet worden wäre.

Die anderen aber zauderten weiter und kamen überein, dass es gut wäre, dem Löwen den Schweif abzuhauen – denn darin habe er seine größte Stärke. Tatsächlich hieb einer aus ihrer Mitte dem Tier den Schweif ab, ohne dass Gadamar sah, woher jener das Schwert genommen hatte.

Daraufhin verließen alle die Stube und beratschlagten, und das Haus war ganz finster, der Löwe aber befreite sich von dem Stuhl und legte sich vorn an der Türe auf die Bank und gewann wieder an Stärke. Bald war er wieder so grimmig, dass er schäumte, und rollte seine Augäpfel so sehr, dass man nur das Weiße sah. Wegen dieser Wut bemerkte er erst gar nicht, dass die Fürsten wieder in das Zimmer traten, wieder unbewaffnet, und der Löwe wollte sie zerreißen. Doch da erhob sich der Mann am Tisch, der dem Anschein nach geschlummert hatte, und hob nur

zwei Finger drohend in Richtung des Löwen, sagte aber kein Wort, und das Tier gehorchte ihm. Der Mann aber verwandelte seine Gestalt und war Jesus Christus, und eine Stimme sprach zu Gadamar: „Diese Vision merke dir und vergiss sie nicht."

Im Jahr 1537 ist zu Schmalkalden vor dem Auertor über einem Weiher, der „Totenlache" genannt wurde, von vielen ein Wolkengesicht am Himmel und auf Erden gesehen worden: Eine Nebelgestalt stand da, hoch wie ein Turm, und auf dem Turm wurde ein Lichtschimmer erblickt, und Kriegergeister schwebten um die hohen Zinnen.

Am Fuß des Turms aber stand ein riesengroßer grauer Mann, der schöpfte Wasser, und da kam ein greulicher Drache hinter dem Turm hervor, der sperrte den Rachen auf, als er den Mann sah, als wolle er ihn verschlingen. Der Graue aber blieb unerschrocken und streckte ihm etwas entgegen, etwas wie einen Kelch oder ein Buch, da zerbarst der Drache und verschwand, und alles hüllte sich in Nebel ein. ◾

Nach Tripstrill

Es ist eine allgemeine Scherzrede im Vogtland und dem angrenzenden Thüringen und Sachsen, dass man auf die Frage, wohin man gehe und man darauf nicht wahrheitsgemäß antworten möchte, entgegnet: „Nach Tripstrill!"

Dieser Scherz haftet an dem Städtchen Triptis, und damit hat es folgende Bewandtnis:

Drei Schlösser oder Burgfesten soll es einst in der Gegend gegeben haben, wo jetzt die Stadt Triptis liegt – die eine auf dem großen Hocker, die andere dort, wo das Schlossgebäude steht, und die dritte da, wo der Friedhof liegt. Diese drei Burgen nannte man das Trio oder Drillo und daraus wurde der Scherzname Tripstrill gebildet.

Bei Triptis gibt es eine Quelle, die heute den nicht schönen Namen „Pfütze" trägt, und man sagt von ihr scherzhaft: „Die Pfütze hängt über die Weide."

Vor langer Zeit war dort ein angenehmes, schattenreiches Plätzchen. Eine uralte und große Weide stand dort, übergrünte Quelle und Rasen und hatte eine starke Wurzel in das Wasser hingetrieben, die man in der klaren Flut sah und immer noch sieht. Es war dieselbe Quelle, in der die schöne Gräfin von Groitzsch vorahnend das Bild ihres künftigen Gemahls erblickte. Doch die Weide starb ab, und nur die Wurzel blieb; weil nun über ihr das Wasser steht, bildete sich im Volk das Scherzwort aus: „Die Pfütze hängt über die Weide." ◾

Pumphut in der Burkhardtsmühle

Es ist wohl schon lange her, dass im Vogtland ein alter Müllerbusche namens Pumphut lebte, der dem Wasser nach von Mühle zu Mühle ging. Wo es ihm gefiel, da blieb er, und für ein Glas Branntwein und ein schönes Stück Brot machte er zur Freude der Müllersleute und ihrer Nachbarn viel lose Schwänke und spaßige Dinge. Wo man ihn gut aufnahm, da ging er mit zufriedener Miene fort; wo sie ihm aber schlechte Kost vorsetzten oder ihn gar hungrig gehen ließen, spielte er den Leuten oft übel mit.

Einst waren in der Burkhardtsmühle alle Müller der Gegend versammelt – mit ihren Weibern und schönen Töchtern – und es ging lustig

zu. Die Fidel und der Dudelsack durften dabei nicht fehlen und die Müllerin hatte schon manche geleerte Flasche hinausgetragen.

„Halt", dachte der Pumphut, der zufällig vorbeikam, „da gibt es einen Schmaus, das ist etwas für dich!"

Ohne viele Worte trat er in die gut gefüllte Gaststube und setzte sich in einen Winkel.

Der Knabe, der den Ausschank machte, urteilte dem Aussehen nach, er sei ein einfacher Müllerbursche, und trug ihm einen gewöhnlichen Schnaps und ein Stück trockenes Brot hin. „Da Alter, könnt ihr euch mal etwas Gutes tun", sagte der Knabe.

Aber das erzürnte den Pumphut, und er schwor, dem Müller einen Streich zu spielen.

Und er tat's. Beim Weggehen fragte er den Jungen, was denn eigentlich gefeiert werde.

„Das Rad soll gehoben werden", gab dieser zur Antwort.

Pumphut schlich sich mit schelmischem Blick davon, machte hier und da noch seinen Hokuspokus und trollte sich lustig von dannen.

Nachdem die Gäste in der Mühle sich tüchtig satt gegessen und getrunken hatten, schickten sie sich an zum Radhub. Sie hatten alles vorher richtig abgezirkelt und abgemessen und glaubten, die Arbeit bald erledigt zu haben. Aber o Wunder: Die Welle war plötzlich nicht weniger als eine halbe Elle zu kurz. Alles stand im ersten Augenblick stumm vor Schreck, bis der Müller in ein lautes Geschrei ausbrach und sich die Haare raufte.

„Es passte vorher wie angegossen", rief einer. „Zum Teufel", ein anderer.

Endlich ließ sich eine Stimme vernehmen. „Das ist bestimmt ein Streich von Pumphut."

Da fielen allen die Schuppen von den Augen: Der Müllerbursche im Winkel war kein anderer als der Schwarzkünstler selbst gewesen.

„Lauft ihm nach, lauft ihm nach!", schrie alles, und es dauerte nicht lange, da fanden sie ihn am Bach sitzen. Er wusste wohl, was sie wollten, und folgte zunächst ihrer Einladung zum Schmaus. Als er sich vor aller Augen tüchtig satt gegessen hatte, erzählte man ihm von dem Unfall und fragte beiläufig, ob dem nicht abzuhelfen sei.

„Da müsste der Kuckuck drin sitzen; schenk noch einen ein, Junge", sprach Pumphut. Darauf ging er mit hinaus, besah mit schelmischem Gesicht die verkürzte Welle, klopfte hinten und vorne mit dem Hütchen daran, und als man das Rad zum zweiten Mal hob, da passte die Welle so prächtig wie zuvor. Die Müllersleute gaben dem Pumphut, so oft er später kam, Butter und Brot und besseren Branntwein als beim Radhub. ▪

Frau Holla und der getreue Eckart

In Thüringen liegt ein Dorf namens Schwarza, da zog Weihnachten Frau Holla vorüber. An der Spitze ihres Zuges ging der treue Eckart und warnte die begegnenden Leute, dass sie aus dem Weg weichen sollten, damit ihnen kein Leid widerfahre.

Ein paar Bauernknaben hatten aber, als der Zug erschien, gerade Bier in der Schenke geholt, das sie nach Hause tragen wollten. Staunend sahen sie dem Zug zu. Die Gespenster nahmen jedoch die ganze breite Straße ein, und so wichen die Jungen mit ihren Kannen abseits in eine Ecke aus. Schon nahten indes verschiedene Weiber aus der Rotte, nahmen die Kannen und tranken.

Die Knaben schwiegen aus Furcht vor den Geistern. Aber auch bei dem Gedanken daran, wie sie zu Hause erklären sollten, dass sie mit leeren Krügen kämen, war ihnen nicht wohl. Endlich trat der treue Eckart herbei und sagte: „Das riet euch Gott, dass ihr kein Wörtchen gesprochen habt, sonst wären euch eure Hälse umgedreht worden! Geht nun flugs heim und sagt keinem Menschen etwas von der Geschichte, dann werden eure Kannen immer voll Bier sein und es wird euch nie daran mangeln."

Die Knaben befolgten den Rat. Und tatsächlich: Die Krüge wurden nie leer. Drei Tage lang konnten sie ihr Stillschweigen bewahren, doch dann erzählten sie ihren Eltern vom Verlauf der Sache. Sofort war es aus und die Kannen versiegten. ▪

Die Sage vom Scheibenberg und seinem Zwergkönig

Das Städtchen Scheibenberg im Obererzgebirge hat seinen Namen von dem tafelförmigen Basaltberg gleichen Namens, der sich an seiner nordwestlichen Seite befindet. Er soll von Zwergen bewohnt sein und reiche Schätze sollen in ihm ruhen.

Im Jahr 1605 hatte Lorenz Schwabe, der Pfarrer in Scheibenberg war, mehrere Gäste aus Annaberg bei sich. Seine Frau führte etliche Freundinnen, die sich unter den Gästen befanden, zum Scheibenberg, um ihnen die Gegend zu zeigen. Sie trafen auf ein Loch im Berg, in welches drei Stufen führten, und in diesem lag ein glänzender Klumpen, der aussah wie glühendes Gold. Darüber erschraken sie, gingen eilends wieder heim und führten den Pfarrer mit seinen Gästen heraus. Jedoch konnten sie das geheimnisvolle Loch nicht wiederfinden.

Allerdings befindet sich auch an der Ostseite des Berges eine Art Höhle, die das Zwergloch genannt wird. Darin wohnten der Sage nach zahlreiche Zwerge, deren König Oronomassan – oder auch Zembokral – hieß. Sie waren recht klein und trugen bunte Röcke und Hosen. Es schien ihr größtes Vergnügen zu sein, die Leute zu necken. Andererseits ta-

ten sie aber auch manchen Menschen viel Gutes und halfen vor allem frommen und armen Leuten.

Einmal ging eine arme Frau aus Schlettau in den Wald, der am Fuß des Scheibenbergs liegt, um Holz zu holen. Da begegnete ihr ein kleines Männchen mit einer goldenen Krone auf dem Haupt, der Zwergenkönig Oronomassan. Er grüßte die Frau und rief kläglich: „Ach, du liebe Frau, nimm mich mit in deinem Tragekorb! Ich bin so müde und ich weiß nicht, wo ich übernachten kann! Darum nimm mich mit zu dir!"

Die Frau erkannte den Zwergenkönig nicht. Aber da er so flehentlich bat, setzte sie ihn in ihren Tragekorb und legte ihre Schürze über ihn. Dann nahm sie den Korb auf den Rücken und trat den Rückweg an. Aber das Männchen in dem Korb war sehr schwer, und sie musste alle Kräfte zusammennehmen, um nicht unter der gewaltigen Last zusammenzubrechen.

Als sie nach Hause kam, setzte sie keuchend den Tragekorb ab und wollte nach dem Männchen darin sehen. Aber sie erlebte eine große Überraschung: Das Männchen war fort und in dem Tragekorb lag ein großer Klumpen Silber. ■

Das verliebte Gespenst zu Leipzig

Einst hatte sich ein Student auf dem Neumarkt eine Stube gemietet, in welcher ihm seit mehreren Wochen nichts Wunderbares zugestoßen war.

Als er aber eines Tages nach elf Uhr zu Bett ging und der Mond so hell schien, dass er in seiner Schlafkammer alles noch gut sehen konnte, obwohl er das Licht bereits gelöscht hatte, sah er auf einmal eine alte Frau durch die Tür an sein Bett treten. Während ihm vor Schreck der Angstschweiß ausbrach, bemühte sich die alte Frau, ihn aus dem Bett zu ziehen. Weil er sich aber fest dagegen stemmte und mit aller Kraft seine Decke hielt und zurückzog, stießen sie mit den Nasen zusammen. Der Geist ließ den schon in die Höhe gehobenen Studenten wieder niederfallen und verschwand unter lautem Seufzen.

Als nun dieser Student am nächsten Abend später als sonst nach Hause kam und vor einem sonst zugeschlossenen Keller vorbeigehen musste, sah er, dass dieser ganz geöffnet war und ein helles Kohlenfeuer darin leuchtete. Er dachte sich jedoch nichts dabei, sondern begab sich in seine Stube.

Es dauerte indes nicht lange, bis der Geist der alten Frau wiederkam und dieselben verliebten Angriffe auf den Studenten machte. Er wurde aber ebenso scharf zurückgedrängt wie am Abend zuvor. Da der Geist also keinen Erfolg hatte, machte er ein Zeichen, dass ihm der Student folgen sollte, was dieser aber wohlweislich nicht tat.

Am dritten Abend bat er einige Freunde, mit auf sein Zimmer zu kommen, und spielte mit ihnen Karten, um ihnen die Zeit zu vertreiben. Denn er glaubte, die alte Person werde dann nicht wiederkommen. Indes genau zur bestimmten Stunde kam die Frau wieder, während seine Freunde in tiefen Schlaf gefallen waren, und machte dieselben Angriffe auf seine Unschuld. Der Geist verschwand aber, als er wieder nicht ankam. In Folge davon gab der Student seine Wohnung auf. ▪

Doktor Faust in Auerbachs Keller

Doktor Faustus, den man für den Verfasser des Höllenzwangs hält, ein Buch, das so viel Unglück angerichtet, so viele Menschen um den Verstand und um ihr Seelenheil betrogen hat, weilte in Wittenberg. Dort machte er gute Geschäfte mit adligen Studenten, welche viel Geld ausgaben. Er fuhr mit ihnen durch die Gegend und eines schönen Tages auf einem schnellen Wagen nach Leipzig, wo gerade Messe war. Zu dieser Fahrt brauchten sie nur wenige Stunden. Am nächsten Tag besichtigten sie die Stadt und ihr Messgewühl und erblickten gegenüber ihrem Wirtshaus einen Keller.

Sie sahen, wie vier oder fünf Weinschröter, auch Weißkittel genannt – sie waren dafür zuständig, volle Weinfässer aus den Kellern zu transportieren –, versuchten, ein volles Achteimerfass heraufzubringen. Sie hatten jedoch keinen Erfolg, sondern ließen davon ab und warteten, bis weitere Helfer dazukämen.

Da sprach Faustus fast höhnisch zu den Schrötern: „Wie stellt ihr euch doch so ungeschickt an mit dem Fass! Könnt es nicht hochbringen und seid doch so viele! Das könnte doch wahrhaftig einer allein, wenn er Geschick hat!"

Diese Schröter aber waren handfeste Gesellen, mit dem Maul so derb wie mit ihren Fäusten. Sie kannten Doktor Faustus nicht und antworteten ihm auf seine höhnische Bemerkung: „Was kümmert der Herr sich um unsere Arbeit? Hat der Herr so viel studiert, dass er dieses Fass heben und die Treppe allein hinaufbringen kann? So lasse er seine Kunst sehen, so bringe er es hinauf in aller Teufel Namen!"

Indem Faustus sich mit den Schrötern einen Wortwechsel lieferte, kam der Wirt vom Auerbachskeller, wo sich dieses Abenteuer zutrug, vernahm des Scheltens Ursache und sprach im Unwillen: „Seid ihr so starke Riesen, dass einer von euch behauptet, er könne dieses Fass allein hinaufbringen, der mag es tun!"

Unterdessen waren noch mehrere Studenten hinzugekommen und stehen geblieben, und Faustus rief diese als Zeugen für die Worte des Weinkellerwirts herbei. Dann stieg er hinab, setzte sich auf das Fass als wie auf einen Bock und sagte: „Marsch!" Und zu jedermanns Verwunderung ritt er das Fass die Treppe herauf.

Am meisten wunderte sich der Wirt und schrie: „Das geht nicht natürlich zu!" Es half ihm aber nichts, sondern hernach ging es um so natürlicher zu, als Faustus und die Studenten das Fass anstachen und solange davon zechten, wie noch ein Tropfen aus dem Zapfen rann. ■

Geist Mützchen

In einem Wäldchen bei Freiberg in Sachsen hauste einstmals ein unheimlicher Kobold, den die Leute Mützchen nannten; auf diese Weise erinnerten sie an den bekannten Kobold Hütchen.

Geist Mützchen gehörte zu jenen gespensterhaften Hockelmännchen, die sich auf Reisende und solche Leute hockten, die im Wald beschäftigt waren. Diese Männchen ließen sich weite Strecken tragen, bis die Leute völlig erschöpft waren und fast atemlos zu Boden sanken.

Wenn die bedauernswerten Opfer Geist Mützchen nun fast nicht mehr tragen konnten, hüpfte er plötzlich von ihrem Rücken, schnellte auf einen Baum und begann, schmetternd zu lachen.

Dies arge Possenspiel trieb Geist Mützchen besonders im Jahr 1573, und viele Personen sind durch sein Aufhockeln krank geworden. Mützchen glich in allem dem Geist Osschaert im Wanslande und machte gar wunderliche Grimassen, wenn er sich einmal blicken ließ.

Eine Butterhändlerin fand einen prächtigen Käse im heimischen Busch. Sie war sehr glücklich über den Fund und überschlug bereits, was sie wohl dafür bekäme. Sie legte den Käse in ihren Tragekorb, doch auf einmal wurde der Korb so schwer, dass sie schließlich von der Last niedergezogen wurde, auf die Knie sank und den Korb abwarf.

Da rollte ein Mühlstein aus dem Korb in die Büsche, und aus den Büschen schaute Mützchen mit einem gellenden Gelächter hervor. Daher pflegt man auch von einem hell und grell Lachenden zu sagen: „Der lacht wie ein Kobold."

Den Namen aber hatte Mützchen von seiner Nebelkappe, die ihn unsichtbar machte. Er setzte sie oft plötzlich wieder auf und war im Nu verschwunden. So ist das Sprichwort entstanden, wenn jemand etwas sucht und es an einem Ort gesehen zu haben überzeugt ist. Dann hat es Mützchen auf – nämlich das Nebelkäppchen der Zwerglein, das unsichtbar macht.

Der Berggeist am Donat zu Freiberg

Am Donat zu Freiberg sieht man in der Nähe eines alten Schachtes den Namen Hans in Stein gehauen. Man deutet ihn als das Erinnerungszeichen an einen hier verunglückten Bergmann dieses Namens. Die Sage erzählt hierüber Folgendes.

Es hat einmal am Donat ein armer Bergmann mit Namen Hans gearbeitet, der so arm und unglücklich war, dass er oft in der Grube laut über seine Not jammerte. Da zerteilte sich einmal plötzlich der Felsen und aus dem steinernen Tor trat ein kleines Männchen hervor.

Das war der Berggeist. Der sprach zu ihm: „Hans, ich will dir helfen, aber du musst mir jede Schicht dafür ein Pfennigbrot und ein Pfenniglicht geben und keinem Menschen etwas davon sagen." Hans erschrak zwar, aber weil er sah, dass derselbe guter Laune war, versprach er alles.

Der Berggeist verschwand und ließ ihm viel Silber zurück. Hans hatte nun immer Überfluss an Geld und ließ es sich gut gehen, hütete sich aber wohl davor, irgendjemandem von seiner Geldquelle zu erzählen.

Da kam das Stollnbier, von welchem die Bergleute gewöhnlich etwas zu viel zu trinken pflegten. Dies tat leider auch Hans. Und es dauerte nicht lange, so war er betrunken. Der Bergmann vergaß das Versprechen, das er dem Berggeist gegeben hatte, und erzählte seinen Genossen, was ihm begegnet war.

Am andern Tage, als er nüchtern geworden war, erinnerte er sich freilich an sein Geschwätz, allein er konnte das Gesagte nicht wieder zurücknehmen und begann sein Tagwerk mit Zittern und Zagen. Seine Aufgabe war es aber, den Knechten, welche an der Seilwinde, standen, das Zeichen zu geben. Dieses jedoch ließ an diesem Tage lange auf sich warten, man rief ihn zwar, aber es erfolgte keine Antwort.

Plötzlich zuckte es am Seile, ein helles Licht erglänzte, und die Knechte, die freilich nicht wussten, was das zu bedeuten haben könne, drehten geschwind den Rundbaum und schon bald war der Kübel zu Tage gefördert.

Allein statt des Erzes lag in demselben der Bergmann Hans tot mit blauem Gesicht wie ein Erwürgter, auf ihm das letzte Pfennigbrot, und rings um den Kübel brannten die Pfenniglichter, die er dem Berggeist geopfert hatte und die dieser jetzt samt dem toten Geber zurückgab. ∎

Die Lüneburger Salzsau

Vor achthundert Jahren gab es um Lüneburg noch reichlich Wald und Morast. Da gingen Jäger einer wilden Sau nach, die sich so recht nach Herzenslust im Schlamm suhlte und sich dann auf eine trockene Stelle legte und schlief. Und als die Sonne auf die Sau schien, da gewannen deren braune Borsten gar eine schöne weiße Farbe. Das wunderte die Jäger und sie töteten die Sau und fanden, dass gutes, reines Salz an den Borsten kristallisiert war, von einer herrlich gesättigten Sole. Dadurch ward das ergiebige Salzwerk zu Lüneburg zuerst entdeckt, und es wurde von dieser Sau kein einziges Schinkenstück gegessen, sondern sie zum ewigen Andenken in der Küchenstube eines Rats zu Lüneburg aufbewahrt. Das Salzwerk aber ward die Sälze genannt, und weil Lüneburg neben ihm einen namhaften Berg und eine treffliche Brücke hat, die über den Fluss Ilmenau führt, so wurde ein lateinischer Denkspruch auf diese drei Herrlichkeiten gedichtet, der gerade so anfängt, wie es in einem Gedicht auf die sieben Wunder von Jena lautet, nämlich: „fons, mons, pons.“

Damit aber allem Mutwille beim Salzwerk entgegengesteuert werde, wurde zu dieser Zeit ein Turm gebaut, der der weiße Turm hieß. Er erhielt aber seine Farbe nicht von Salzkristallen. In diesen Turm steckte man mutwillige und boshafte Sälzer und legte sie an eine große und schwere Kette. Da fuhr der Teufel in den Turm und rumorte darin wie im Ponellenturm zu Aachen. Jede Nacht biss er ein Stück von dem Turm ab, und nach einigen hundert Jahren war der Turm gänzlich zerfallen und nur die große Kette war noch zu sehen. ∎

Die Kremper Glocke

Dass die Hamburger wohl genug Gold hatten, zeigt sich in dieser Sage. In dem Kirchturm von Krempe hing einst eine herrliche Glocke. Bei ihrem Guss hatte sich etwas Besonderes zugetragen: Als nämlich die Speise schon flüssig und alles zum Guss fertig war, hatte der Meister noch ein Geschäft und befahl dem Lehrjungen, auf den Gießofen Acht zu geben. Da stand aber ein Schmelztiegel, in welchem Silber geschmolzen wurde, das der Meister wohl zu einer Zier oder Inschrift benutzen wollte. Der Junge indes meinte, das müsse noch zur Speise, um die Glocke recht gut und wohlklingend zu machen, und schüttete den Tiegel Silber hinein zur Masse. Der Meister kam gerade dazu, wurde zornig und schlug mit seinem Stock so hart auf den Jungen ein, dass dieser tot niederfiel.

Der Glockenguss fand statt, und als nun die Glocke Maria getauft war, in ihrem Stuhle hing und geläutet wurde, da hatte sie von dem Silber einen gar reinen Klang. Einen solchen hatte noch niemand so schön gehört, aber immer klangen die Worte hindurch: „Schad' um den Jungen! Schad' um den Jungen."

Da nun die Glocke so schön tönte, wurden die Hamburger neidisch auf die Kremper und machten ihnen ein Angebot für die Glocke. Sie boten und boten und boten zuletzt eine Kette von Gold, so groß, dass sie um ganz Krempe herumreichen sollte. Da endlich waren die Bewohner von Krempe zufrieden und die gute Maria wurde auf einen Wagen gesetzt und fortgefahren. Aber auf einer nahen Anhöhe blieb der Wagen im Boden stecken und sank ein. Weitere Pferde wurden vorgespannt, jedoch vermochten sie nicht, das Gefährt weiterzubringen.

Da spannte man zwei Pferde am hinteren Teil des Wagens an, und siehe, mit Leichtigkeit ließ er sich samt der Glocke ziehen, wieder hinab nach Krempe zu. Dort hing die Maria bald wieder im Turm und ließ ihre wehmütige Klangstimme ertönen: „Schad' um den Jungen!"

Im Krieg der Russen gegen die Schweden, der sich auch über diese friedliche Region hinwegwälzte, sprengten die Schweden die schöne Kirche von Krempe in die Luft, aber von der Glocke ist nichts entdeckt worden. Man sagt, sie sei in die Erde versunken und werde dereinst wieder gefunden werden.

In ganz Deutschland gibt es unzählige Sagen von versunkenen Glocken. Die vom Glockenguss in Verbindung mit dem Tod eines Lehrlings gibt es an nicht minder vielen Orten, beispielsweise in der Stadt Breslau. Glocken in Wassertiefen hört man läuten, sowohl aus Orten, die wegen ihrer Sünden versanken, als auch einzelne Glocken, welche räuberisch hinweggeführt wurden und dann der Räuberhand entkamen, so etwa eine von Haddeby, eine von Gramm in Nordschleswig, eine Kapellglocke aus Neukirchen und eine im Flemhuder See. ■

Der Zauberer zu Magdeburg

Ein Zauberer kam nach Magdeburg, schlug auf dem Markt seine Bude auf und sammelte ein großes Publikum um sich herum. Er sammelte auch recht viel Geld ein, bevor er anfing mit seinem Hokuspokus und Abrakadabra. Da nun das Spiel im Gange war, zeigte sich unter anderem ein allerliebstes wunderkleines Pferdchen, das tanzte im Ring und belustigte die Menge. Gegen Ende aber stellte der Zauberer seine Frau, seine Magd, den Hanswurst und das Pferdchen nebeneinander und fing an zu erzählen. Dabei klagte er über das schlechte und schmachvolle Zeitalter, in welchem man jetzt lebe, wo die Leute davonliefen, wenn der Teller käme und sie bezahlen sollten. Und dass ein ehrlicher Mann es doch zu gar nichts Rechtem bringen könne. Er habe es nunmehr mit seinen Lieben satt auf dieser Welt und besonders in Magdeburg. Er wolle daher davonziehen, zunächst gen Himmel, und wenn es ihm da nicht glücke, gen Bitterfeld, zwischen Dessau und Halle, wo es ja auch gar schön sein solle.

Darauf warf er ein Seil in die Luft, das erfasste flugs das Rösslein und fuhr stracks daran in die Höhe, und der Zauberer erwischte das Pferdchen beim Schwanz, rief: „Hoppdiho!" und fuhr auf. Seine Frau hing sich an ihres Mannes Beine und die Magd an die Beine der Frau und der Hanswurst an den Rock der Magd, und so fuhr die Gesellschaft hinauf, und der Zauberer rief aus der Luft herunter:

„Sehen wir uns nicht mehr auf dieser Welt, so sehen wir uns doch in Bitterfeld!", und alles Volk lachte und staunte mit weit offenem Mund, bis ihm in Richtung Himmel und gen Bitterfeld die Gesellschaft aus den Augen kam. Da kam ein Bürger vorbei, dem erzählten seine Bekannten von dem Wunder, es sei schade, dass er es nicht auch gesehen habe, so etwas sähe man selten. Aber der Bürger sprach: „Das kann nicht wahr sein, denn gerade habe ich den Zauberer, sein Rösslein und seine Leute in ihre Herberge gehen sehen, sie sind also weder gen Himmel noch gen Bitterfeld durch die Luft gefahren." ∎

Hermann Billung

In der Umgebung des Hofes Stübecks-horn, zwei Stunden von Soltau entfernt, hat sich unter den Landleuten folgende Sage erhalten, die angeblich einer geschriebenen Chronik des Anwesens entnommen ist.

Kaiser Otto der Große befand sich einst auf der Reise nach Soltau. Er fuhr über den Hof zu Stübeckshorn und wollte seinen Weg quer über das benach-barte Feld nehmen. Hier hütete aber Her-mann, der junge Sohn des Meiers, die Schafe. Als er die Absicht des Kaisers bemerkte, stell-te er sich mit seinem Hirtenstock, an wel-chem ein kleines Beil befestigt war, den Pfer-

den entgegen und drohte, sollte der Wagen weiterfahren, mit seinem Beil darauf zu schlagen. Diese Keckheit des Knaben gefiel dem Kaiser. Er nahm ihn mit an den Hof, machte ihn zum Edelmann und nannte ihn Hermann Billung, von Beil = Biel, Bill. Das ist der Ursprung des berühmten Geschlechts.

Hermann Billung eignete sich alle Tugen-den an und erwies sich als rechtschaffen und fromm, sodass alle Leute ihn lieb gewannen. Da vertraute ihm Kaiser Otto seine Kinder an, dass er sie aufziehe. Danach setzte er ihn zum Richter über ein besonderes Land ein. Er regierte und richtete so recht, dass alle Leute ihn fürchteten. Als der Kaiser auszie-hen musste gen Rom und Italien, vertraute er Hermann das Land zu Sachsen an. Fünf Jahre blieb der Kaiser aus und Hermann re-gierte zu jedermanns Freude.

Als Otto wieder-kam, Graf Gero ge-storben und sein Land an den Kaiser gefallen war, da beschloss er in seinem Rat, dass er Hermann von Stübecks-horn zum Herzog an Geros Stelle machen wollte. Also gab ihm Otto zum Wappen ei-nen blauen Löwen in einem goldenen Feld; Herzog Hermann wohnte in Lüneburg und der Kaiser gab ihm das Land an der Elbe. ▪

Klaus Störtebeker

Woher Störtebeker stammt, weiß niemand genau. Einige sagen, er sei in Ostfriesland geboren, aber die meisten berichten, er sei der Sohn eines Edelmanns aus Halsmühlen bei Verden an der Aller. In seinen jungen Jahren lebte er ein fröhliches Leben, raufte, schmauste und trank. In Hamburg feierte und würfelte er später mit andern wilden Gesellen so lange, bis er Hab und Gut verprasst hatte. Und als ihm die Hamburger wegen seiner Schulden schließlich sogar das ritterliche Gewand und seine Waffen abgenommen und ihn aus der Stadt gewiesen haben, ging er unter die Vitalienbrüder und wurde so ein mächtiger Seeräuber, wie es vor ihm noch keinen gegeben hatte.

Der Anführer der Seeräuber war damals Godeke Michels, ein tapferer großer Mann, auch ein Sohn aus gutem Hause. Über seinen Geburtsort streitet man sich in Holstein, Mecklenburg, Pommern und Rügen; andere aber behaupten, er sei in einer Burg bei Walle in der Region Verden geboren worden.

Godeke Michels hat den neuen Genossen mit Freuden aufgenommen; und nachdem dieser seine Kraft bewiesen hatte – er konnte eine eiserne Kette wie einen Bindfaden zerreißen – wie auch seine Unerschrockenheit und Tapferkeit, unterstellte Michels ihm gleich ein Schiff und teilte danach den Oberbefehl über die ganze Brüderschaft mit ihm. Und weil der neue Genosse, der seinen adligen Namen abgelegt hatte, so unglaublich

viel trinken konnte, dass er die vollen Becher immer ohne abzusetzen in einem Zuge hinunterstürzte und dieses Stürzen des Bechers täglich unzählige Male wiederholte, so nannte man ihn den Becherstürzer, oder plattdeutsch Störtebeker.

Als die Freibeuter schließlich die Nordsee geplündert hatten, fuhren sie nach Spanien, um dort ihre Raubzüge fortzusetzen. Störtebeker und Godeke Michels teilten die Beute immer auf. Die Reliquien des heiligen Vincentius jedoch, die sie aus einer Kirche genommen hatten, behielten sie für sich und trugen sie seitdem unter ihrem Hemd auf der Brust. Und daher waren sie vor Hieben und Schüssen bestens geschützt; kein Schwert, kein Dolch, keine Armbrust oder Büchse konnte sie je verwunden oder töten – so berichtet es die Sage.

Nach ihrer Vertreibung aus der Ostsee mussten sie ihre Schlupfwinkel auf Rügen und an anderen Orten aufgeben. Aber sie gewannen in Ostfriesland gute Freunde und konnten dort ihre Beute verstecken und die Schätze verkaufen. Besonders bei Marienhave waren sie häufig anzutreffen und dort gibt es auch heute noch viele Erinnerungen an Störtebeker.

Der Häuptling Keno ten Brooke wurde sein Schwiegervater, denn dessen schöne Tochter verliebte sich in den kühnen mächtigen Störtebeker und folgte ihm auf sein Schiff und in sein schwankendes Reich.

Claus Stürtz den Becher

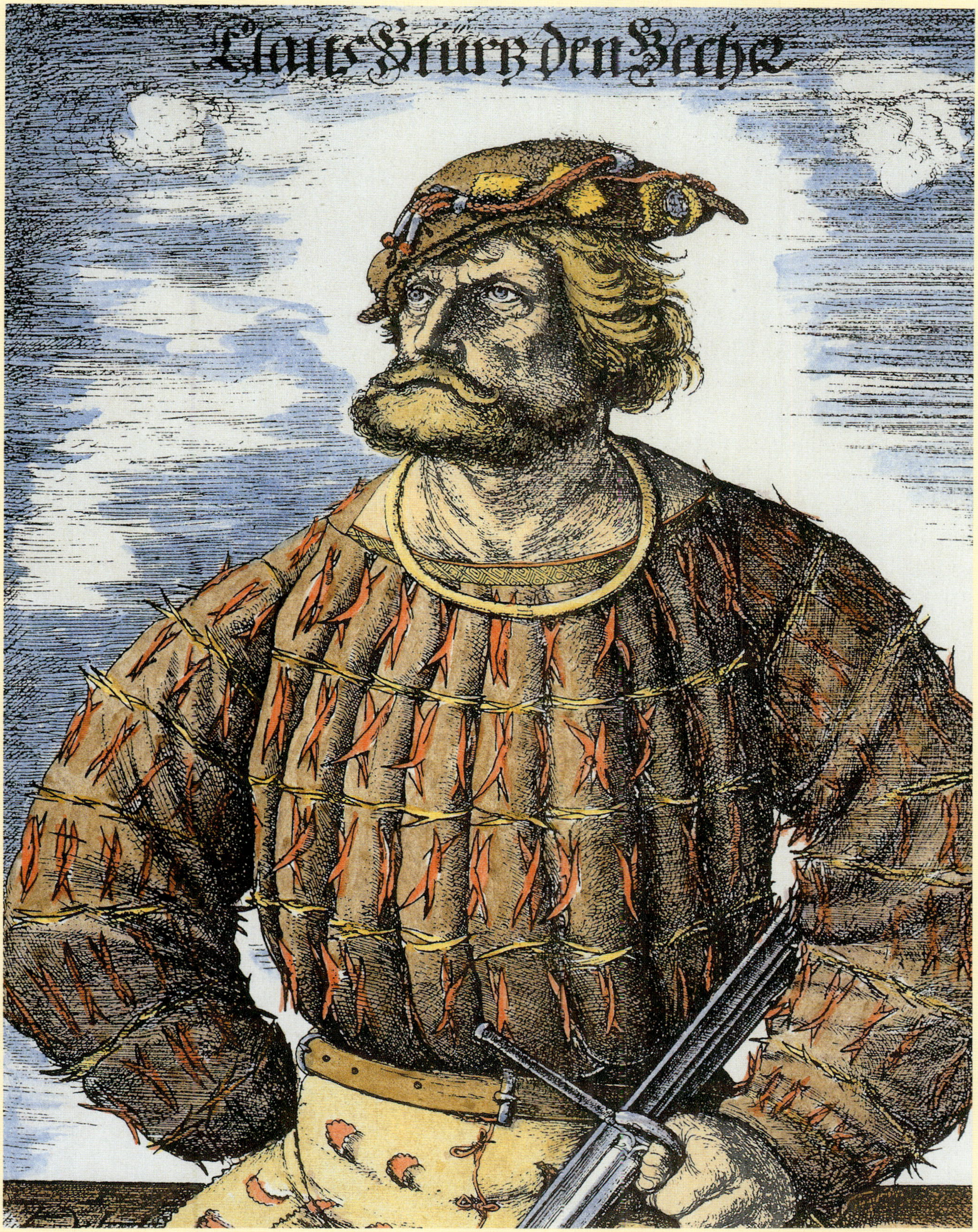

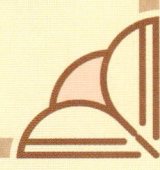

Wenn Störtebeker Gefangene machte, die ihm ein Lösegeld versprachen, so ließ er sie leben. Waren sie aber arme Teufel und dazu alt oder schwach, ließ er sie ohne weiteres über Bord ins Meer werfen. Erschienen sie ihm jedoch tüchtig und brauchbar, so stellte er sie auf die Probe: Konnten sie einen Becher Wein in einem Zuge leeren, dann waren sie seine Leute, dann nahm er sie als Gesellen an. Wer dies aber nicht konnte, dessen Schicksal war besiegelt.

Bisweilen haben Störtebeker und Godeke Michels Reue über ihr Leben verspürt. Daher soll jeder von ihnen dem Dom zu Verden sieben Fenster geschenkt haben, um ihre sieben Todsünden zu büßen. Das Wahrzeichen Störtebekers, zwei umgestürzte Becher, ist in einem dieser Fenster angebracht. Auch Lebensmittel an dortige Arme und Kranke haben sie gespendet. Und hierin finden viele eine Bestätigung dafür, dass beide aus der Region Verden kamen.

Als Störtebeker endlich gefangen genommen worden war, machte man in Hamburg mit den Piraten kurzen Prozess – denn der Kaiser hatte über Seeräuber den Blutbann verhängt. Störtebeker saß in einem Keller des Rathauses, der „Störtebekers Loch" genannt wurde. Nach der Sage hat er, als man ihm sein Todesurteil verkündete, für sein Leben und die Freiheit dem Rat eine goldene Kette geboten. Die Kette sollte so lang sein, dass man den Dom, ja die ganze Stadt damit um-

schließen könne. Er wollte sie aus seinen vergrabenen Schätzen herbeischaffen. Mit großer Entrüstung wies der Rat jedoch diesen Vorschlag von sich und ließ der Justiz ihren Lauf.

Schon am folgenden Tag fand die Hinrichtung auf dem Grasbrook statt. Das Volkslied sagt, dass die zweiundsiebzig wilden verwegenen Gesellen, die ihrer Bitte gemäß im besten Gewand stattlich und mannhaft hinter den Trommlern und Pfeifern in den Tod schritten, von den Weibern und Jungfrauen Hamburgs sehr beklagt wurden.

Störtebeker aber bat um Gewährung einer letzten Bitte. Wenn er, mit bereits abgeschlagenem Haupt, noch an der Reihe seiner Männer vorbeilaufen könne, bis er endgültig zusammenbreche, so sollten all jene frei sein, die er bereits passiert habe. Nachdem der Bürgermeister zugestimmt hatte, schaffte es der kopflose Störtebeker bis zum elften Mann; dann stellte ihm der Scharfrichter Rosenfeld ein Bein. Und der hartherzige Bürgermeister brach sein Versprechen. Alle Seeräuber wurden enthauptet und ihre Köpfe auf Pfähle nahe dem Elbstrand gesteckt.

Der Sage nach durchsuchten die Hamburger Störtebekers Schiff eifrig nach seinen ungeheuren Schätzen. Außer einigen Pokalen und anderen Gegenständen fanden sie aber anfangs nichts. Zufällig schlug jedoch ein Zimmermann mit der Axt gegen den Hauptmast und entdeckte darin eine Höhlung, die

voll geschmolzenen Goldes war. Von diesem Schatz wurden die beraubten Hamburger Bürger entschädigt und die Kosten des Kriegszugs bezahlt. Von dem restlichen Gold aber, so heißt es, ließ der Rat eine schöne goldene Krone für den Sankt-Nicolai-Kirchturm anfertigen.

Noch galt es indes, Godeke Michels und den Rest der Vitalienbrüder zu finden und zu vernichten. Gleich nach Störtebekers Hinrichtung liefen die Hamburger wieder in die Nordsee aus, um ihr Werk zu vollenden. Es war Simon von Utrecht, der nach den alten Berichten auch diesen erfolgreichen Seezug unternahm, der mit der völligen Niederlage der Piraten endete.

Unter den achtzig nach Hamburg gebrachten Gefangenen war Godeke Michels mit seinem Unterhauptmann Wigbold. Dieser war ein gelehrter Magister der Philosophie, der seine Stelle auf dem Rostocker Katheder gegen das Leben auf dem Freibeuter-

schiff eingetauscht hatte. Diese Seeräuber wurden ebenso wie ihre früheren Spießgesellen auf dem Grasbrook enthauptet.

Die Sage geht noch weiter: Als der ehrbare Rat, welcher der Hinrichtung beiwohnte, den Scharfrichter bei seiner schweren Arbeit beobachtet hatte, fragte er ihn teilnahmsvoll, ob er ermüdet sei. Darauf soll Rosenfeld grimmig gelacht und trotzig gesagt haben, es sei ihm nie wohler gewesen und er habe genug Kraft, um den ganzen Rat ebenfalls noch zu köpfen. Wegen dieser höchst verbrecherischen Antwort war der Rat sehr entsetzt und entließ den Kerl sofort.

Verschiedene Gegenstände, die in Hamburg als Kuriositäten und Merkwürdigkeiten aufbewahrt werden, erhalten das Andenken Störtebekers: Eine kleine Flöte oder Pfeife, mit der er auf dem Schiff im Sturm oder im Kampf Signale gegeben haben soll, soll früher mit der dazugehörigen silbernen Halskette in der Kämmerei gewesen sein. Eine neunzehn Fuß lange eiserne Kanone, eine so genannte Feldschlange, sowie Störtebekers Harnisch hat man im vormaligen Zeughaus aufbewahrt. Das Richtschwert von Meister Rosenfeld kann noch jetzt im Arsenal des Bürger-Militärs gesehen werden.

Als größte Merkwürdigkeit Hamburgs aber und als zweites Wahrzeichen der Stadt (das erste und älteste war der Esel mit dem Dudelsack im Dom) galt der so genannte Störtebeker, ein silberner Becher, aus dem er getrunken haben soll. „Wer nach Hamburg kommt und sollte nicht in die Schiffer-Gesellschaft gehen, damit er aus Störtebekers und Godeke Michels Becher trinke und seinen Namen in das bei dem Becher befindliche Buch schriebe, der wäre nicht in Hamburg gewesen", heißt es in einem alten Buch mit dem Titel „Die lustige Gesellschaft".

Auf dem Becher, der etwa eineinviertel Ellen hoch ist und vier Bouteillen fasst, ist eine Seeschlacht dargestellt, die mit den anderen Abbildungen darauf Störtebekers Leben andeuten soll. Der Becher ist aber, wie es schon die darauf eingegrabenen schlechten hochdeutschen Verse zeigen, später angefertigt und wurde sicher nicht von ihm benützt. Er befindet sich jetzt im Schiffer-Armenhaus. ▪

Dat lütte Rümeken

Dat lütte Rümeken in Hamburg ist ein Gebiet vom Heiligengeistfeld in Sankt Pauli bis zur Grenze von Altona. Von ihm erzählt man sich folgende Geschichte:

Jedesmal, wenn der lebenslustige Graf Otto von Schauenburg, der zu Pinneberg residierte, auf seiner Vogtei Ottensen Recht gesprochen hatte, stärkte er sich im Hamburger Ratskeller. Einmal zechte er dort so lange, dass alle Stadttore schon fest verschlossen waren. Die Ratsherren aber brachten ihrem Ehrengast sein Unglück so schonend bei, dass er sich nicht weiter darum sorgte. Gern kam er der Einladung des Bürgermeisters nach, bis zum Morgen in seinem Haus Herberge zu nehmen.

Als der Graf dort anlangte, stand da eine prächtige Tafel mit Speisen und herrlichsten Weinen zum Abendimbiss bereit, und die Frau Bürgermeisterin kredenzte dem hohen Gast den Goldpokal. Sie unterhielt ihn und scherzte mit ihm, sodass der Graf von all den guten Dingen sehr lustig wurde.

Und als nun der reichliche Wein auch seine Wirkung tat, bat die schöne Bürgermeisterin mit lieblichen Worten den Grafen, dass er ihr doch das kleine Räumchen schenken möge, „dat lütte Rümeken" zwischen dem Millern-Tor und dem Bach, der zur Elbe läuft, weil die Hamburger Frauen gern im Stadtgebiet ihr Linnen bleichen wollten. Und da sie so artig bat und der Graf ein ritterlicher Herr war, der einer bittenden Frau, besonders wenn sie

schön war, nichts abschlagen konnte, erfüllte er ihre Bitte – auch war ihm nicht bewusst, dass das gewünschte kleine Räumchen eigentlich ziemlich groß war. Und da zufällig ein Notar anwesend war und gleich eine Abtretungsurkunde abfassen konnte, unterschrieb der Graf Otto geschwind und fröhlich den Brief und setzte sein Siegel dazu. Nach getanen Staatsgeschäften schmeckte daraufhin der Wein noch besser, bis schließlich der Graf vom Bürgermeister und Notar zu Bett geleitet wurde.

Am nächsten Morgen, als er auf dem Heimweg über das abgetretene „lütte Rümeken" ritt, wunderte er sich sehr über dessen Größe. Aber er war ein edelmütiger Herr, der fröhliche Schwänke mochte, darum lachte er über die List seiner Gastgeber, die er nun wohl verstand, und ließ die Sache gut sein. Und wenn er später, wie es noch recht oft geschah, nach Hamburg ritt und sich Wein und Bier schmecken ließ, so nahm er sich besser in Acht: Nie wieder verpasste er die Stunde, zu der die Stadttore geschlossen wurden.

Der schönen Bürgermeisterin aber sagte er lächelnd, dass sie, um das ganze Hamburger Linnenzeug zu bleichen, wohl seine ganze Herrschaft Pinneberg als ein „lüttes Rümeken" ansehen und ihm zukünftig abschwätzen würde. ■

Wie Altona
entstand

Auf dem Hügel, wo jetzt Altona steht, standen vor einigen hundert Jahren nur einige elende Fischerhütten. Da wetteten eines Tages die reichen Hamburger miteinander, sie könnten, wenn sie nur wollten, mit ihrem Geld noch eine solche Stadt erbauen wie Hamburg. Gesagt, getan. Um nun zu er-fahren, wo das erste Haus gebaut werden sollte, band man einem Waisenknaben die Augen zu, damit er nichts sehe, und ließ ihn losgehen. Dort, wo er zuerst niederfiele, sollte die Stadt entstehen. Der Knabe ging fort, kam bald von dem Hamburger Gebiet auf holsteinischen Grund und Boden, und als er nun jenen Hügel erreichte, stieß er daran und fiel nieder. Da riefen die Hamburger: „Dat is ja all to na!" Aber sie hielten doch Wort, die Stadt wurde gebaut und bekam den Namen Altona. ▪

Das Aschenweibchen zu Zittau

In der Neujahrsnacht des Jahres 1756 und um die Mitternachtsstunde der folgenden Tage sahen mehrere Personen in der Stadt Zittau, wie ein verkrüppeltes und verrunzeltes altes Frauenzimmer vor der Johanniskirche und auf vielen Straßen mit einem Besen eifrig den gerade gefallenen Schnee zusammenkehrte. Einige, die sich ein Herz fassten, fragten sie, was sie da mache und wer sie sei, und sie antwortete:

„Ich bin das Aschenweibchen der Stadt und kehre die Asche zusammen, überall, wo welche liegt: Ich habe noch lange zu tun, denn sie liegt bergehoch und auf allen Gassen, doch hier vor der Johanniskirche gerade am meisten."

Da sich diese Erscheinung täglich wiederholte, und die ganze Stadt in Angst und Schrecken versetzte, beschloss ein hochedler Rat, der Sache ein Ende zu machen und die Landstreicherin – denn dafür hielt man sie – einzufangen. Die Stadtsoldaten, mehrere Ratsherren an der Spitze, lauerten ihr dann eines Nachts auf. Sie erschien auch wie gewöhnlich, man rief sie an, jedoch ließ sie sich in ihrem Kehren durchaus nicht stören, und als man nach ihr griff, verschwand ihre Gestalt in der Luft. Sie kehrte aber auch in den nächsten Nächten weiter, doch wagte sich niemand mehr an sie heran, und so konnte man sie jede Nacht eifrig kehren sehen.

Am 23. Juli des Jahres 1757 jedoch bombadierten die mit den Sachsen verbundenen Kaiserlichen die von einigen hundert Preußen besetzte Stadt und legten sie zum größten Teil in Asche. Eine der ersten Bomben schlug in die Johanniskirche ein. Und überall, wo das graue Mütterchen sich früher hatte sehen lassen, waren glühende Kugeln gefallen und hatten die Gebäude in Brand gesteckt.

Während des Brandes aber sah man eine graue Gestalt über den glühenden Trümmern schweben und mit einem Besen Wolken von Asche vor sich herfegen. Nun begriff man die warnende Erscheinung des grauen Mütterchens, aber leider zu spät. Seitdem schwebt es in der Silvesternacht und am Vorabend des so genannten Brandfestes am 22. Juli wie damals fegend durch die Straßen der Stadt und ruft allen leichtfertigen Bürgern die Lehre zu:

„Seid wachsam und hütet euch, dass das Unglück nicht noch einmal unerwartet über euch komme und euch ganz vernichte." ▪

Die Männer im Protschenberg bei Bautzen

Der alten Ortenburg gegenüber erhebt bei Bautzen der so genannte Protschenberg sein Haupt aus Granit. Man sagt, dass vor alten Zeiten auf dem Berg eine Burg gestanden habe, von der ein unterirdischer Gang zur Spree herabgegangen sei. Als Überrest davon zeigt man noch heute in der Mitte des zackigen Felsabhangs die Teufelshöhle, ein enges Felsloch mit einem von Nässe rutschigen, abschüssigen Eingang. Diese Höhle soll aber unermessliche Schätze bergen, die von drei alten Männern mit langen, weißen Bärten bewacht werden.

Die Teufelshöhle wird manchmal noch die Judenschule genannt: Zur Zeit der Judenverfolgungen sollen sich hier mehrere Juden versammelt haben, um nicht in ihrer Religionsausübung gestört zu werden. Sie sollen feierlich gelobt haben, dass, wenn sie unentdeckt blieben und ungehindert mit ihrem Vermögen nach Polen gelangten, sie dieses nie vergessen und jährlich an einem bestimmten Tag an diesem Orte reichlich Spenden verteilen würden.

Ihr Abgang muss ungehindert geschehen sein, denn als einst im 16. Jahrhundert an einem Sonntag nach der Kirche ein ehrsamer Bürger Bautzens namens Gotthelf Arnst in dieser Gegend spazieren ging, trieb ihn die Neugier dazu, diese Höhle zu besuchen. Er trat hinein und – wahrscheinlich war sie zu jener Zeit geräumiger als heute – erblickte sieben Männer in polnischer Judentracht mit ehrwürdigen weißen Bärten, die um eine runde Tafel saßen und mit Goldstücken hantierten. Bestürzt über diese ungewöhnliche Erscheinung wollte er zurückgehen, doch man rief ihm zu: „Fürchte dich nicht! Denn wir sind nicht hier, um Böses, sondern um Gutes zu tun!"

Daraufhin erzählten sie ihm, wie sie ihre Reise vor einigen hundert Jahren ungestört gemacht hatten und dass ihre Geister jährlich an diesem Tage hier zusammenkämen und denjenigen, den sie träfen, aus Dank für ihre Rettung beschenkten. „Nimm daher", fuhren sie fort, „so viel du kannst und willst, denn jedem ist es nur einmal erlaubt zu kommen. Doch beeile dich, bald ist die Zeit verronnen, während der es uns vergönnt ist, auf Erden zu weilen."

Arnst nahm sein Taschentuch, packte so viel Gold ein, wie er vermochte, und begab sich dankbar aus der Höhle. Als er mit seiner Goldlast den Berg erklommen hatte, vernahm er einen dumpfen Knall, was, wie er später erfuhr, das Verschwinden der freigiebigen Juden bedeutete.

Mit dem Geld soll Arnst sich Häuser und Felder und auch den nahe Bautzen gelegenen so genannten Weinberg gekauft haben und als wohlhabender Mann gestorben sein. Den Weinberg baute später ein gewisser Steinberger aus. Ob irgendein anderer nach Arnst die Höhle besuchte und ebenfalls so glücklich gewesen ist, davon schweigt die Sage. ▪

Die Wasserkunst in Bautzen

Vor vielen Jahren hat ein Mechaniker vom Stadtrat zu Bautzen den Auftrag bekommen, die Stadt mit Wasser aus dem Fluss zu versehen. Da jedoch das Werk sehr kostspielig war, musste er sich verpflichten, seinen Kopf herzugeben, wenn es nicht gelänge. Er hat also eine so genannte Kunst gebaut und dazu einen der Türme in der Ringmauer verwendet, in dem das Wasser durch Maschinen in die Höhe gehoben und von da in die Stadt geleitet wurde.

Als das Werk fertig war, funktionierte der Mechanismus aber nicht. Man nahm also den Erbauer fest, und es erwartete ihn der Tod. Jedoch gelang ihm in der Nacht die Flucht in die Neusalzer Straße hinaus. Als er aber an den Berg kam, der beim Dorf Ebendörfel liegt, wurde er plötzlich so müde, dass er sich niedersetzte und einschlief. Da träumte er so lebhaft, als sehe er es genau

vor sich, dass in einer der Röhren seiner Wasserkunst eine Ratte stecke und daher das Werk verstopft sei. Beim Erwachen beschloss er auf die Gefahr hin, sein Leben einzubüßen, zurückzugehen.

Er kehrte also um und stellte sich seinen Richtern unter einer Bedingung: Sie sollten gestatten, dass er, ehe er zum Tode geführt werde, noch einmal das Getriebe seines Wasserwerks untersuchen dürfe. Dies wurde ihm gestattet, und er fand wirklich eine Ratte in der Röhre genau so, wie er sie im Traum gesehen hatte. Als die Ratte herausgezogen war, funktionierte die Wasserkunst und geht noch bis auf den heutigen Tag.

Im Volksmund hieß aber der Berg bei Ebendörfel fortan der Traumberg, woraus später Dromberg oder Dronberg geworden ist. Eine andere Sage nennt ihn freilich richtiger den Thronberg. ■

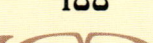

Die Erbauung des Klosters Lehnin

Wusso, ein Ahnherr der märkischen Familie von Bredow, war ein wilder Heide, der nach dem Blut der Fremden dürstete, die in das Land seiner Väter fremde Sitten und einen fremden Gott bringen wollten. Oft hatte er sich der fremden Gewalt unterworfen, aber ebenso oft, wenn die Gelegenheit sich bot, stieß er in das Horn des Urs, rief die alten Freunde und Genossen, riss die Kruzifixe nieder, zerstörte und verbrannte die Kapellen und warf das Joch ab, das für ihn eine Schmach war. Auch als die Herrschaft der Sachsen in der Nordmark schon gefestigt schien, diente er nur mit innerem Grollen den Söhnen Albrechts des Bären.

Einst ritt er mit dem Markgrafen Otto zur Jagd aus und sie kamen in eine Wildnis, die der Markgraf noch nicht kannte. Wusso hatte die böse Eingebung, dass er den Markgrafen in das Dickicht locken sollte, um ihn fernab von den Seinen zu töten. Dort würde es keiner sehen und keiner die Spur finden. Dann werde alles wieder sein, wie es gewesen war, denn das Neue, das die Christen gebracht hatten, machte die Leute nur unzufrieden mit dem, was sie hatten. Diejenigen, die sich eigentlich mit Eicheln und Buchnüssen zufrieden gaben, wollten nun Brot essen, und die, die auf Streu lagen, wollten in Betten schlafen und aus Höhlen und Hütten in Häuser und Türme übersiedeln.

So überredete sich Wusso selbst und suchte damit sein schlechtes Gewissen zu beruhigen, das doch auch diesen Heiden, denn das war er trotz des Taufwassers, quälte. Denn Markgraf Otto hatte ihm so viel Liebe erwiesen und sein Vertrauen so in ihn gesetzt.

Die Gegend war damals ganz anders, als sie es heute ist: Wo jetzt die Fichten luftig und schlank ins Blaue schießen, war ein Dickicht von Eichen und Buchen, die ineinander wuchsen und um das bisschen Boden und Luft kämpften. Da lagen umgeworfene Stämme faulend einer über dem andern, und Würmer, Kröten und Schlangen wimmelten am Boden, auf den nie ein Lichtstrahl fiel.

Und wo der Wald aufhörte, war die Heide mit stachligen Ginster- und Wacholderbüschen bewachsen. Und wo die Heide aufhörte, war das Bruchland: verwachsene Erlen und wilde Schlingpflanzen, durch die kein Lüftchen dringen konnte. Und in dem warmen, feuchten Dunst nisteten Schwärme giftiger Stechmücken. Wer sich verirrte und nicht versank, blieb in den Dornen stecken und kam jämmerlich um vor Hunger und Qual und unter den Stichen des Getiers.

Und auch das Wasser spiegelte nicht die Sonne und die Sterne und den blauen Himmel. Da trieben umgefallene Bäume umher, mit dickem Moos und Pflanzen überzogen, und ein buntes, schillerndes Netz von faulenden Stoffen schien darüber ausgebreitet. Die wilden Katzen kletterten in den Baumkronen und kämpften mit den Habichten, Raben und Krähen. Auch der Bär schlich noch brum-

mend umher. Nur den Auerochsen hatte der Mensch schon vertrieben und die stolzen und wilden Elchtiere jagte er.

„Wird Euch in der Wüstenei nicht bange, Herr Markgraf?", fragte Wusso, da sie sich nun auf der Spur eines großen Elchhirsches von ihrem Gefolge weit entfernt hatten und Gewitterwolken am Himmel aufzogen.

„Was soll mir bange werden", antwortete Otto, „da Sankt Johannes bei mir ist in der Wildnis, der mein Schutzpatron ist und auch deiner, Wusso."

Nun dachte Wusso heimlich: „Ob dir der Sankt Johannes jetzt den Weg zeigen wird?", und blieb heimlich zurück, als der Fürst, den Speer über sich schwingend, der Fährte des Elches folgte, ohne vor sich auf den Boden zu achten. Ihre Pferde, die durch das Moor nicht weitergehen konnten, hatten sie zurücklassen müssen.

Otto ging mit kühnen Schritten den Spuren des Hirsches nach. Nur Wusso kannte den einzigen schmalen Weg durch das Bruchland, und bei jedem Schritt meinte er, der Fürst werde versinken. Dann würde ihm der Morast die Mordarbeit abnehmen. So viele Deutsche waren in den Kriegen in die Moräste gelockt worden und dort versunken.

Aber der Fürst fand den Weg, ohne dass er ihn kannte. Als er fast drüben war, rief er: „Was scheust du, Wusso? Kommst du mir nicht nach?"

Wusso machte sich nun auf den Weg, den er schon so oft zurückgelegt hatte, aber seine Augen waren wie geblendet. Er sank mit dem Fuß ein, und noch einmal, und plötzlich, als der ganze Boden unter ihm zu zittern anfing, wurde ihm klar, dass er falsch gegangen war, und es war zu spät, die Richtung noch zu ändern. In höchster Not rief er: „Ach Sankt Johannes, wie du den da hinübergebracht, so hilf auch mir, wenn du den Weg kennst." Und ihm war es, als liege eine Wolke um ihn, und ein Mann, halb nackt, mit einem Fell um die Schultern, aber einem lichten Streifen um die Stirn, reichte dem Versinkenden die Hand, hielt ihn und führte ihn sicher hinüber. Dann verschwand er.

Der Tag war heiß und die beiden wurden müde von der Jagd, denn der Elchhirsch verschwand immer wieder, so oft sie ihn auch sahen. Da rief Markgraf Otto: „Den Hirsch muss ich zum Stehen bringen. Mir ist, als hinge mein Heil und Leben von seinem Leben ab. Ich hab's dem heiligen Hubertus gelobt; aber jetzt kann ich nicht mehr." Und er sank, den Speer in der Hand, todmüde unter eine alte Eiche.

Aber Wusso hatte auch bei seinem Götzen gelobt, sein Heil und Leben solle davon abhängen, dass er dem Markgrafen das Leben nehme, was es ihn auch koste. Aber ihm fiel es schwer, denn er war kein schlechter Mann, und er glaubte, es nur für sein Land zu tun.

Und als es finster wurde, weil Wolken aufzogen, drückte er die Augen zu und fasste

den Speer mit fester Faust. Da flammte ein Blitz hernieder und ein gewaltiger Donner krachte. Vor dem Mörder stand wieder derselbe Mann, der ihn über das Bruch geführt, mit drohend erhobenem Arm, und Wussos Speer blieb regungslos in der Hand.

„Ist das dein Dank dafür, dass ich dich hergeführt habe?", sprach Sankt Johannes.

Und in demselben Augenblick fuhr auch der schlafende Fürst mit einem Schrei in die Höhe, der Wusso wie die Posaune des Gerichts vorkam: „Ha, es ist überstanden!"

Und Wusso lag auf den Knien und wollte Worte stammeln, aber seine Zunge klebte am Gaumen und in ihm brannte es wie ein stilles Feuer. Markgraf Otto rieb sich den Schlaf aus den Augen: „Wo ist nun das Ungetüm? Es stürzte mir ja zu Füßen!"

„Hier, Herr", sprach Wusso, „zertritt es!"

Der Fürst schüttelte das Haupt und blickte in die Wolken, wie noch im Traum: „Den großen Hirsch meine ich mit seinem gezackten Geweih; sein Rachen sprühte Feuerflammen und ich kämpfte mit ihm. Nun ist der überwunden, der mir das Reich streitig machen will. Lichten soll ich die Finsternis und die Wege zur Erkenntnis des wahren Gottes soll ich bauen und bahnen. Sein Licht war über mir, es schmetterte ihn nieder; aber wo ist der Feind? Ein Stück Gold, wer ihn herbeibringt."

Da kam das Gefolge des Fürsten heran, und als er seinen Leuten erzählte, was er geträumt hatte, erkannten alle Gottes Fingerzeig. Der grimmige Elchhirsch, der ihn im Schlaf umbringen wollte, könne nur der Satan gewesen sein, der wütend sei, weil der Markgraf dafür sorgen wolle, dass im Lande die Herrschaft der Finsternis aufhöre.

Der Markgraf erkannte, dass sie Recht hatten, und gelobte, an der Stelle, wo er gelegen hatte, ein Kloster zu bauen. Von da aus solle das Licht des Glaubens über das ganze Heidenland erstrahlen. Er wolle es mit Gütern ausstatten und es gegen Angriffe von außen gut sichern. Weiterhin wolle er darin eine Gruft bauen, in der man ihm sowie seinen Kindern und seinem ganzen Geschlecht die letzte irdische Stätte bereiten solle.

So stiftete der Markgraf Otto, nachdem er die Wälder gelichtet, die Sümpfe getrocknet und Wege in das Holz gehauen hatte, die Abtei und das Kloster Lehnin. Es war das erste in diesem Gebiet, und er ließ Zisterziensermönche aus Seevenbeeke im Mansfeldischen dahin kommen. Sie bauten die hohe Kirche sowie die Türme, die Klostergebäude, Wälle und Mauern zum Schutz gegen die Sorben, denen diese Stätte des Herrn noch lange ein Ärgernis war.

Lehnin aber nannte er es, weil der Elchhirsch auf sorbisch diesen Namen führt. Noch heutzutage ist am Chor in der Kirche der Eichenstamm zu sehen, unter dessen Wipfel der Markgraf Otto geschlafen und den schweren Traum gehabt hat. ■

Der Bludnik in der Oberlausitz

Der sorbische Bludnik – blud bedeutet Irrtum – ist der deutsche Irrwisch. Er ist ein schadenfroher Gnom, der bei Nacht und Nebel die Menschen so blendet, dass sie sich verlaufen und dabei leicht in die Sümpfe geraten. Das macht er besonders mit den Vorwitzigen, die ihm mutwillig nachlaufen. Am besten ist es daher, man kümmert sich so wenig wie möglich um ihn und geht ruhig seines Weges. Manchem jedoch, der gut zu ihm spricht und eine annehmliche Bezahlung verspricht, hilft er, den verlorenen Weg wiederzufinden und geleitet ihn nach Hause.

Aber wehe dem, der ihn betrügen will. Ein Verirrter versprach ihm einmal zwei Silbergroschen, wenn er ihn nach Hause bringen würde. Der Irrwisch war damit zufrieden, und sie kamen schließlich vor das Haus des Verirrten. Dieser war erfreut, dass er keiner Hilfe mehr bedurfte, dankte dem Führer, gab ihm aber nur eine Kupfermünze. Der Irrwisch nahm sie und fragte, sich bereits entfernend, „ob der Geleitete nun allein nach Hause finden werde?"

Letzterer antwortete fröhlich: „Ja! Denn ich sehe schon meine Haustür offen stehen." Er schreitet auf diese zu und – fällt ins Wasser, denn es war alles Täuschung gewesen.

Besonders mit den Betrunkenen macht sich der Irrwisch seinen Spaß, wenn sie von einem Gelage nach Hause gehen. Er führt sie vom Wege ab und in die Irre, und wenn sie in ihrer Trunkenheit nicht weitergehen wollen, sondern es vorziehen, draußen ihren Rausch auszuschlafen, dann brennt er ihnen die Fußsohlen an. In einigen Gegenden hat das Volk den Glauben, die Irrlichter seien die Seelen der ungetauft gestorbenen Kinder. ■

Der falsche Waldemar

Zwar hatte das 14. Jahrhundert für die Mark Brandenburg hoffnungsvoll begonnen, doch gegen Mitte des Jahrhunderts wurden die Verhältnisse immer schlechter. Im Jahr 1308 hatte Markgraf Waldemar die Regierung des Landes übernommen, und schon im folgenden Jahr vereinigte er als Haupt des askanischen Fürstenhauses, das 1134 mit Albrecht dem Bären die Herrschaft in der Mark übernommen hatte, sämtliche märkische Besitzungen in seiner Hand. Dazu entriss er den Polen noch Pommerellen und zwang den Markgrafen von Meißen zur Abtretung der Niederlausitz. Im Lande selbst waltete er als ein weiser Fürst, sorgte für Recht und Ordnung, förderte die Städte und erfreute sich der Liebe der Märker.

Umso größer war die Trauer im Land, als Markgraf Waldemar, nicht zu Unrecht oft auch der Große genannt, schon 1319 zu Bärwalde starb und im Kloster Chorin begraben wurde. Seine Ehe war kinderlos geblieben. Zwar hinterließ er als Erben einen Vetter namens Heinrich, einen unmündigen Knaben, der mit seiner Mutter in Landsberg lebte und deshalb auch Heinrich von Landsberg genannt wird. Aber auch dieses Kind starb schon 1320, und mit ihm erlosch der letzte Spross des askanischen Fürstenhauses in der Mark Brandenburg.

Nun war das Land ohne Fürst und wurde vom deutschen Kaiser, Ludwig dem Bayern, als Reichslehen eingezogen. Die aus verschiedenen Fürstenhäusern erwählten Kaiser benutzten ihre Macht zumeist dazu, ihre eigene Familie zu stärken und deren Besitz und Einfluss zu vergrößern. So konnte es nicht überraschen, dass auch Kaiser Ludwig die Markgrafschaft nicht dem nächsten Seitenverwandten der Askanier, dem Fürsten von Anhalt, sondern seinem eigenen ältesten Sohn verlieh, der auch Ludwig hieß. Er wurde gewöhnlich, zum Unterschied zu einem jüngeren Bruder, Ludwig der Ältere genannt. Diesen Sohn hatte der Kaiser mit der Erbin von Tirol vermählt und ihm so auch den Besitz dieses Landes gesichert.

Markgraf Ludwig war ein zweifellos gutherziger, aber auch leichtlebiger junger Fürst, der zumeist in Tirol lebte, weil es ihm dort in dem herrlichen Land weit besser gefiel als in dem vergleichsweise ärmlichen Brandenburg, um das er sich herzlich wenig kümmerte. Kein Wunder also, dass sich die so hoffnungsvollen und verhältnismäßig glücklichen Zustände unter den Askaniern sehr bald verschlechterten. Der Handel stockte, der Wohlstand ging zurück, auf allen Seiten waren die Nachbarn feindlich gesonnen, und der Friede musste zumeist mit der Abtretung ganzer Landstriche erkauft werden. Dazu kam, dass der Kaiser mit der Geistlichkeit in stetem Unfrieden lebte. Der Bannfluch, welcher ihn und seine Familie getroffen hatte, belastete natürlich auch die Mark Brandenburg und ihre Bewohner.

Wohl erkannten die Märker die guten Eigenschaften ihres Landesfürsten an, freuten sich auch über seine ritterliche Tapferkeit, die er in den verschiedenen Kriegen seines Vaters entwickelte, aber er stand ihnen stets nur als ein Fremdling gegenüber. Sie liebten ihn ebenso wenig wie die bayerischen Herren, die im Lande walteten.

Und es schien noch schlimmer zu werden, als die deutschen Fürsten, die mit dem Kaiser ebenso unzufrieden waren, mit Karl von Luxemburg einen Gegenkaiser aufstellten. Nun befehdeten sich zwei Kaiser im Deutschen Reich. Ein großer Missmut gegen die Bayern erfasste die Brandenburger und wehmütig dachte man an die Zeiten unter Waldemar.

Es war im Herbst des Jahres 1347, als die Kunde durch das Land ging, Kaiser Ludwig sei auf der Bärenjagd verunglückt und sein Gegner als Karl IV. nunmehr einziger deutscher Kaiser. Und nicht lange danach erzitterten alle märkischen Herzen bei der ebenso überraschenden wie wunderbaren Nachricht: Markgraf Waldemar sei nicht gestorben, in Chorin sei an seiner statt ein Fremder begraben worden. Er selbst sei aber ins Heilige Land gepilgert und nun von dort zurückgekehrt, um sein Land vor dem Verderben zu retten.

Die wunderbare Nachricht bestätigte sich, denn sie wurde von Fürsten und Herren beglaubigt. Demzufolge war am Hof des Erzbischofs von Magdeburg im Sommer 1348 ein alter Pilger erschienen. Er ließ in den Becher, den man ihm mit Wein gefüllt reichte, einen Ring fallen und gab den Auftrag, ihn dem Erzbischof zu bringen. Dieser erkannte zu seinem höchsten Erstaunen darin den echten Siegelring des verstorbenen Markgrafen Waldemar.

Vor den Erzbischof geführt, bekannte der Pilger, er sei der vor achtundzwanzig Jahren angeblich verstorbene Markgraf Waldemar selbst. Gewissensqualen wegen der Ehe mit seiner Gemahlin, die ihm in zu nahem Grade verwandt gewesen war, hätten ihn damals veranlasst, sich den weltlichen Dingen ganz zu entziehen, seinen Tod vorzutäuschen und einen Fremden an seiner Stelle begraben zu lassen. In Wirklichkeit aber sei er heimlich zum Grab des Erlösers ins Heilige Land gepilgert, um dort in völliger Entsagung seinen Frevel zu büßen. Dort habe er jedoch gehört, dass sein Vetter Heinrich, der letzte Spross aus dem regierenden Askanierhause, bald nach seinem Weggang gestorben sei. Und dass das Land nicht den askanischen Seitenverwandten, sondern vom Kaiser seinem eigenen Sohn übergeben worden sei, und wie

unverantwortlich die Fremden in seinem Lande wirtschafteten. So sei er nun zurückgekommen, um sein Recht zu fordern und die Mark an die Seitenverwandten des Hauses Askanien auszuliefern, denen sie von Rechts wegen gehöre.

Der Eindruck, den diese Erzählung auf alle Hörer machte, war außerordentlich. Tief beeindruckt aber waren die alten Herren, die den Markgrafen Waldemar noch gekannt hatten: In Gestalt und Antlitz, in Miene und Gebärde, in Sprache und in allerhand kleinen Eigentümlichkeiten stand der Fürst jetzt leibhaftig vor ihnen. Dazu kam, dass er das Leben Waldemars bis ins Kleinste kannte, dass er über Dinge sprach, die nur Waldemar selbst wissen konnte. Kurz: Die Mehrzahl der Herren war mehr und mehr davon überzeugt, dass man es mit dem wirklichen Markgrafen Waldemar zu tun habe, und die Zweifler verstummten, denn sie wagten es nicht, ihren Zweifel laut werden zu lassen.

Schnell verbreitete sich die Botschaft im Land. Alle Ritter, Stände und Bürger wurden aufgefordert, den Bayern zu verlassen, und an den angestammten alten Herrn verwiesen. Allen wurden neue Freiheiten und Vorteile zugesichert, den Unfolgsamen wurde Strafe angedroht. Fast überall wurde die Botschaft mit Jubel aufgenommen. Auch die Fürsten von Anhalt, Herzog Rudolf von Sachsen sowie die Herzöge von Pommern und Mecklenburg stellten sich gleich anfangs auf die

Seite des alten Herrn. Schließlich erkannte sogar Kaiser Karl die Rechte des Pilgers als wirklicher Markgraf an und sagte ihm seine nachdrückliche Hilfe zu. Die Geistlichkeit stand wie der Erzbischof von Magdeburg ohnehin auf seiner Seite.

Die Aufforderung an Ludwig, die Mark herauszugeben, blieb allerdings ohne Erfolg, und so überschritt Waldemar an der Spitze von mecklenburgischen, pommerschen, magdeburgischen und sächsischen Truppen die Grenzen des Landes und zog gegen Berlin. Überall, wo er erschien, wurde er mit Jubel empfangen und das Volk stellte sich auf seine Seite. Wenige Städte nur versagten ihm den Gehorsam und blieben Ludwig treu, darunter als die wichtigsten Briezen, das daher den Namen Treuenbriezen erhielt, und Frankfurt an der Oder. In letztere Stadt rettete sich Markgraf Ludwig, der infolge der drohenden Unbill wie im Fluge herbeigeeilt war. Hier wurde er vom Kaiser, der ebenfalls zur Unterstützung des alten Markgrafen erschienen war, belagert.

Kaiser Karl war jedoch nicht gekommen, um zu kämpfen. Dies war überhaupt nicht seine Sache. Alles, was er erreichte – und das war nicht wenig – erlangte er durch List und schlaue Unterhandlung. So blieb Frankfurt zwar umlagert, er selbst aber begab sich nach Müncheberg, um über die Sache der beiden Gegner zu richten. Die Reden des alten Waldemar, die durch die Eidschwüre des Erz-

196

bischofs von Magdeburg, der Herzöge von Sachsen und Mecklenburg und anderer Herren bekräftigt wurden, führten dazu, dass der Kaiser die Ansprüche des Pilgers anerkannte. Er belehnte ihn feierlich mit allen ihm zustehenden Landen und Rechten und erkannte die Fürsten von Anhalt, die nächsten Verwandten des askanischen Hauses, als Nachfolger an. Für sein Haus Luxemburg jedoch nahm er die Niederlausitz in Beschlag.

Ob es Karl schon damals auf die ganze Mark abgesehen hatte, weiß man nicht. Jedenfalls war es seine Absicht, Ludwig den Bayern zu stürzen und die Bayern in der Mark unmöglich zu machen. Ludwig entwickelte nun aber eine Aktivität, die ihm niemand zugetraut hätte. Infolge der rauen Winterwitterung hatte Karl die Belagerung von Frankfurt aufgehoben und sein Heer nach Böhmen zurückgezogen. Dies schon hielt der alte Waldemar für sehr ungünstig. Dazu erhielt der Bayer Hilfe von mehreren Seiten, sodass er wieder festeren Boden unter den Füßen fühlte. Ludwig führte nämlich gegen den Kaiser denselben Schachzug durch, den dieser gegen ihn unterstützt, vielleicht sogar selbst ins Werk gesetzt hatte. Durch unaufhörliche Bemühungen gelang es ihm, in Günther von Schwarzburg einen Gegenkaiser aufzustellen, der zu Anfang des Jahres 1349 von vier Kurfürsten auch wirklich gewählt wurde.

Nun ging es für Karl also um seine eigene Krone, und da er jeden ernsten Kampf scheute, zögerte er keinen Augenblick, wiederum eine Versöhnung mit Markgraf Ludwig herbeizuführen. Denn er sah wohl ein, dass er ihn unterschätzt hatte. Und so begann ein Spiel, wie es die Geschichte selten gesehen hat.

Karl verpflichtete sich, den Markgrafen Waldemar aufzugeben, und Ludwig gelobte, den Gegenkaiser Günther fallen zu lassen. Letzterer erlebte diese Schmach allerdings nicht mehr, denn er starb schon wenige Monate nach seiner Wahl ganz plötzlich – war Gift im Spiel gewesen? Der alte Waldemar aber wurde auf einem Reichstag zum Betrüger erklärt und der Mark Brandenburg geboten, ihn zu verlassen und dem Markgrafen Ludwig den Treueid zu leisten.

So endete das frevelhafte Spiel, und der alte Waldemar sah sich plötzlich von allen verlassen. Nur die Fürsten von Anhalt, die als nächste Verwandte der Askanier seine Erben gewesen wären, hielten noch treu zu ihm, und so zog er sich nach Dessau zurück und lebte dort in fürstlichen Ehren bis zu seinem Tod im Jahr 1356.

In der Geschichte heißt der Pilger stets der falsche Waldemar, aber die Frage nach Echtheit oder Unechtheit dieses Waldemars ist niemals entschieden worden. Die Verteidiger der letzteren Meinung behaupten, dass er ein Müllergeselle namens Jakob Rehbock aus Hundeluft bei Zerbst gewesen sei, der als bevorzugter Knappe im Dienst des Markgrafen Waldemar dessen Eigenheiten und Gewohnheiten genau kennen gelernt und eine täuschende Ähnlichkeit mit ihm gehabt habe. Andere führen in gleicher Weise einen Bäckergesellen Mänicke aus Belitz an. Sicher ist keine dieser Erklärungen. Wäre es so, dann wäre auch die Annahme gerechtfertigt, dass das schmachvolle Spiel von dem intriganten Karl IV. selbst angezettelt worden ist, um die Mark zu gewinnen. Die gewann er übrigens, nachdem Ludwig der Ältere vom Schauplatz abgetreten war, durch List und Überredung dennoch. ■

Der große Stechlin

Nahe dem Dorf Neuglobsow breitet der große Stechlinsee seine Gewässer über eine Fläche von ungefähr fünfhundert Hektar aus. Ein prächtiger Wald, mit den schönsten Eichen, Buchen und Kiefern bestanden, und hohe, zum Teil sehr steil zum Uferrand abfallende Anhöhen schließen schützend seine silberklaren Fluten ein, die uns gestatten, noch bei zehn Meter Tiefe bis auf den Grund zu schauen. Man glaubt, einen Alpensee vor sich zu haben.

Die hügelige Beschaffenheit der Umgebung setzt sich noch unter dem Wasserspiegel fort, und wenn auch keine Inseln im See zu Tage treten, so erheben sich doch inmitten der sehr großen Tiefe an fünf bis sechs Stellen Kuppen bis dicht an die Oberfläche. Der Boden ist zum Teil moorig und mit Wasserpflanzen dicht bewachsen; auch ganze Baumstämme, die im Lauf der Zeit in die Tiefe gesunken sind, haben sich dort eingebettet.

Alle diese Umstände machen den Fischern bei ihrem Handwerk große Schwierigkeiten. Es kommt oft vor, dass Netze und Taue reißen oder Holzmassen sich in dem Fischerzeug festsetzen, ja einmal brachten die Fischer anstatt der leckeren kleinen Maräne, die der See in Menge birgt, mehrere Scheffel Steine in ihrem Netz ans Tageslicht.

Das alles mag mit Veranlassung gegeben haben, dass sich im Lauf der Jahrhunderte manches Geheimnisvolle und Sagenhafte an den See geknüpft hat. So wird vom Stechlin erzählt, dass man am Tag des Erdbebens von Lissabon, am 1. November 1755, Bewegungen auf ihm verspürt und dass der See an jenem Tag geschäumt und Wellen geschlagen habe, trotz heiteren und stillen Wetters.

Der See ist ein so genannter Kreuzsee, das heißt, er hat eine dem Kreuz ähnliche Form. Dieser Umstand hat dem Volk zu denken gegeben. So heißt es, kein Gewitter könne über ihn hinwegziehen, im Winter friere er nur selten zu, insbesondere aber berge er in seinem unergründlichen Innern einen gewaltigen und bösen purpurroten Riesenhahn, der das Messen der großen Tiefen und das Fischen an gewissen Orten nicht dulden wolle und seine Herde im See gegen die raubgierigen Menschen schirme und schütze. Schon manchem sei er erschienen und habe auch manchen, der seine Warnungen nicht beachtet oder gar verlacht habe, in die Tiefe hinabgezogen.

Von diesem roten Hahn nun erzählte vor langer Zeit ein damals fast achtzigjähriger alter Mann folgende Geschichte, von deren Wahrheit er so fest überzeugt war, dass er sie auf das Evangelium beschwor:

Vor vielen Jahren lebte im Fischerhaus am Stechlin ein Fischer namens Minack. Das war ein roher und wilder Mann, der im Vertrauen auf seine gewaltigen Kräfte weder Menschen noch Geister fürchtete. Selbst wenn ihm Nachbarn und Freunde den guten Rat gaben, er solle vor dem großen Hahn im Stechlinsee

Respekt haben und sich hüten, an den Orten zu fischen, an denen der Hahn es nicht dulden wolle, lachte er nur darüber. Und wiesen sie darauf hin, dass bereits seine Vorgänger, wenn sie sich an eine der verrufenen Stellen gewagt hätten, ihren Frevel mehrfach durch Verlust ihrer Netze und andere Unfälle gebüßt hätten, ja dass einer hier beim Fischen den so genannten Totenzug getan und ertrunken sei, so ließ sich Minack durch all das Gerede nicht schrecken, sondern fischte nach wie vor, wo und wie er wollte.

Einst gedachte Minack an einer der tiefsten und gerade darum verpöntesten Stellen einen Hauptfang zu machen, da er genau wusste, dass sich hier die Maränen besonders zahlreich aufhielten. Es war ein böses, stürmisches Wetter, und mit Zittern und Zagen folgten ihm seine Gesellen. Das Netz wurde auf dem See ausgeworfen, man fuhr an das Ufer und begann an den mehrere hundert Ellen langen Tauen das Netz herauszuwinden. Doch bald gingen die Winden schwerer und immer schwerer herum, bis man schließlich vollständig festsaß. Minack fuhr mit seinem Nachen auf den See hinaus, um das Fischerzeug, das sich vielleicht in Schlamm und Kraut verfangen haben mochte, zu lüften. Dies geschieht in der Art, dass man das Tau, an dem das Netz befestigt ist, über den Kahn hinnimmt und diesen am Tau auf den See hinauszieht. So machte es denn auch Minack. Doch das Tau wurde immer straffer

und straffer und drohte schon, das Boot unter Wasser zu drücken. Da rief Minack seinen Gesellen am Ufer zu:

„Halt! Haltet an, lasst die Winden los!"

Aber der Sturm war jetzt stärker losgebrochen und bei dem Toben der Elemente verstanden jene fälschlich: „Windet zu, windet zu!" und arbeiteten umso kräftiger drauflos.

Schon füllte sich der Nachen des Minack mit Wasser; das straffe Tau vom Kahn herunterzuheben war ihm unmöglich; in seiner Todesangst holte er sein Messer hervor und zerschnitt es. In dem Augenblick, als die beiden Enden des durchschnittenen Taues in die Tiefe fuhren, teilte sich die Flut, und aus den Wogen rauschte der rote Hahn empor. Indem er mit seinen mächtigen Flügeln das Wasser peitschte, betäubte er mit donnerndem Krähen den Fischer und zog ihn hinab.

Auch von einem im See versunkenen Dorf wurde früher viel erzählt. Fährt man an einem schönen, stillen Sonntagvormittag über die Stelle, an der der Ort untergegangen ist, so kann man noch heute, heißt es, aus dem Wasser herauf das Läuten der Kirchenglocken vernehmen.

In der Nähe der nördlichen Spitze des Stechlins, die Kreuzlaute genannt, erscheinen dem nächtlichen Wanderer drei Jungfrauen mit brennenden Laternen und führen ihn so in die Irre, dass er stundenlang laufen muss, ehe er den rechten Weg wiederfindet. ▪

Kohlhasenbrück

In der Nähe von Potsdam, auf der Straße nach Berlin, führt eine Brücke über die Bäke oder Telte, einen kleinen Nebenfluss der Ruthe. Diese Brücke heißt Kohlhasenbrücke und hat von Hans Kohlhase, einem Berliner Pferdehändler, der zur Zeit der Kurfürsten Joachim I. und II. viel von sich reden machte, den Namen bekommen. Die Sache ist recht bezeichnend für jene Zeit:

Hans Kohlhase war ein angesehener Bürger zu Kölln an der Spree, der einen nicht unbedeutenden Pferdehandel betrieb. Einmal kam er nun mit einigen Pferden von Leipzig zurück, als er in der Nähe von Düben von den Leuten des Junkers von Zaschwitz angehalten wurde. Er solle den rechtmäßigen Besitz der Pferde nachweisen, hieß es, es seien sicherlich gestohlene. Zwar beteuerte er seine Unschuld, doch die Pferde wurden zurückbehalten. Darüber beklagte er sich bei seinem Kurfürsten, Joachim I., und der erwirkte den Befehl vom Kurfürsten von Sachsen, dass Junker von Zaschwitz die Pferde zurückgeben sollte.

Inzwischen aber waren die Tiere als Zugpferde in der Landwirtschaft gehalten und schlecht gefüttert worden, sodass Kohlhase es ablehnte, sie zurückzunehmen, und Schadenersatz forderte. Als nun all seine Bemühungen vergeblich waren und er nicht zu seinem Recht kommen konnte, sandte er nach damaliger Sitte als freier Mann, dem seine Ansprüche verweigert wurden, einen Absagebrief an den Landvogt von Sachsen, dass er fortan des Junkers von Zaschwitz und des ganzen Landes Sachsen Feind sein wolle, bis er zu vollem Recht und zu vollem Schadenersatz für alles, was er erlitten habe, gelange.

Mit einer Schar verwegener Gesellen begann er nun, Sachsen auf jede nur mögliche Weise zu schädigen und trieb die Sache bald so weit, dass die Kurfürsten von Sachsen und Brandenburg den Streitfall beizulegen beschlossen und einige ihrer Räte nach Jüterbog schickten, wohin auch Kohlhase kommen sollte, um seine Forderungen geltend zu machen. Der kam auch; aber man ging unverrichteter Dinge auseinander, da der Junker von Zaschwitz inzwischen gestorben war und seine Erben sich zu keiner Entschädigung bereit erklären wollten.

Von neuem begann Kohlhase das sächsische Land heimzusuchen, ja er brannte sogar die Vorstadt von Wittenberg nieder. Da schrieb Dr. Martin Luther an den gefährlichen Mann, wie unchristlich es sei, sich selbst zu rächen. Das machte auf Kohlhase Eindruck, und heimlich kam er, als Pilger verkleidet, nach Wittenberg, um mit Luther über die Sache zu sprechen. Luther versprach, sich des Falls anzunehmen; aber sein Bemühen war vergeblich.

Die Dinge nahmen ihren Lauf: Bald konnte es der Kurfürst von Sachsen beim Kurfürsten von Brandenburg durchsetzen,

201

dass er Kohlhase auch auf märkischem Boden verfolgen und fangen lassen könne. Die sächsischen Späher und Landsknechte ergriffen ihn jedoch nicht. So kam das Jahr 1540 heran.

Da beschloss Kohlhase auf Anraten seines Spießgesellen Georg Nagelschmidt, seinen Kurfürsten selbst zu schädigen und ihn so zu veranlassen, sich wirksamer seiner Sache anzunehmen. Er überfiel einen kurfürstlichen Transport, der mit Silber aus dem Mansfeldschen unterwegs war, in der Gegend, wo eben jetzt Kohlhasenbrück liegt, raubte das Silber und versenkte es unter der Brücke in die Telte. Das bekam ihm aber übel. Denn nun wurde überall nach ihm und Nagelschmidt gefahndet. Und als sich das Gerücht verbreitete, sie seien in Berlin, wurde unter Androhung der Todesstrafe allen verboten, sie zu beherbergen.

Tatsächlich ergriff man Kohlhase und Nagelschmidt bei einer Hausdurchsuchung. Beiden wurde der Prozess gemacht. Kohlhase wollte man insofern begnadigen, als er nicht auf dem Rad, sondern durch das Schwert hingerichtet werden sollte, was als weniger schmachvoll galt.

Da rief ihm Georg Nagelschmidt zu: „Gleiche Brüder, gleiche Kappen!"

„Ich will die Begnadigung nicht, ich will mein Recht", sagte Kohlhase, und so wurde er wie Nagelschmidt an einem Sonntag im Jahr 1540 auf dem Rad gerichtet, obwohl es dem Kurfürsten Leid getan haben soll, dass ein tüchtiger Mensch ein solches Ende nehmen musste. Ob man das Silber gefunden hat, berichtet keine Chronik. Die Brücke aber und der Ort, der dort entstand, bekamen den Namen Kohlhasenbrück. ■

Der Schmied zu Jüterbog

Zu Jüterbog lebte einmal ein Schmied, der war ein sehr frommer Mann und trug einen schwarzweißen Rock. Zu ihm kam eines Abends noch ganz spät ein Mann, der geradezu heilig aussah, und bat ihn um Herberge. Da der Schmied immer freundlich zu jedermann war, nahm er den Fremden auch gern auf und bewirtete ihn nach Kräften.

Am nächsten Morgen, als der Gast weiterziehen wollte, dankte er seinem Wirt herzlich und forderte ihn auf, drei Bitten zu äußern, die wolle er ihm erfüllen. Da bat der Schmied erstens darum, dass sein Stuhl hinter dem Ofen, auf dem er abends nach der Arbeit auszuruhen pflegte, die Kraft bekäme, jeden ungebetenen Gast so lange auf sich festzuhalten, bis ihn der Schmied selbst loslasse; zweitens, dass sein Apfelbaum im Garten die Hinaufsteigenden in gleicher Weise nicht herablasse; drittens, dass aus seinem Kohlensack keiner herauskäme, den er nicht selbst befreien würde.

Diese drei Bitten gewährte der fremde Mann auch und ging danach seiner Wege. Es dauerte nicht lange, da kam der Tod und wollte den Schmied holen. Der aber bat ihn, er möge doch, da er sicher von der Reise zu ihm ermüdet sei, sich noch ein wenig auf seinem Stuhl erholen. Der Tod ließ sich wirklich nieder, und als er nachher wieder aufstehen wollte, saß er fest. Nun bat er den Schmied, er möge ihn doch wieder befreien, doch der wollte es zuerst nicht gewähren – nur unter der Bedingung, dass der Tod ihm noch zehn Jahre schenke, war er dazu bereit. Damit war der Tod gern zufrieden, der Schmied löste ihn, und nun ging er davon.

Als nun die zehn Jahre um waren, kam der Tod wieder, da sagte ihm der Schmied, er solle doch erst auf den Apfelbaum im Garten steigen, einige Äpfel herunterzuholen, sie würden ihnen wohl auf der weiten Reise schmecken. Das tat der Tod, und nun saß er wieder fest. Jetzt rief der Schmied seine Gesellen herbei, die mussten mit schweren eisernen Stangen gewaltig auf den Tod losschlagen, dass er Ach und Wehe schrie und den Schmied flehentlich bat, er möge ihn doch nur frei lassen, er wolle ja gern nie wieder zu ihm kommen.

Als der Schmied hörte, dass der Tod ihn ewig leben lassen wollte, befahl er den Gesellen einzuhalten und entließ ihn von dem Baum. Der Tod zog glieder- und lendenlahm davon und konnte nur mit Mühe vorwärts; da begegnete ihm unterwegs der Teufel, dem er sogleich sein Herzeleid klagte; aber der lachte ihn nur aus, dass er so dumm gewesen, sich von dem Schmied täuschen zu lassen, und meinte, er wolle schon bald mit ihm fertig werden.

Darauf ging er in die Stadt und bat den Schmied um ein Nachtlager. Nun war's aber schon spät und der Schmied verweigerte ihm die Bitte, sagte weiter, zumindest könne er die Haustür nicht mehr öffnen; wenn er jedoch zum Schlüsselloch hineinfahren wolle, so möge er nur kommen. Das war dem Teufel ein Leichtes und sogleich huschte er durch, der Schmied war aber klüger als er, hielt innen seinen Kohlensack vor, und als der Teufel drinsaß, band er den Sack schnell zu, warf ihn auf den Amboss und ließ seine Gesellen wacker drauflosschmieden. Da flehte der Teufel zwar gar jämmerlich und erbärmlich, sie möchten doch aufhören, aber sie ließen nicht eher nach, bis ihnen die Arme von dem Hämmern müde waren und der Schmied ihnen befahl aufzuhören.

So war des Teufels Keckheit und Vorwitz bestraft und der Schmied ließ ihn nun frei, doch musste er zu demselben Loch wieder hinaus, wo er hineingeschlüpft war, und wird wohl kein Verlangen mehr nach einem zweiten Besuch bei dem Schmied gehabt haben. ▪

Wallenstein und der Pferdejunge

Als Kaiser Ferdinand im Dreißigjährigen Krieg seinen Feldherrn Albrecht von Wallenstein zum Herzog von Friedland erhoben hatte, übergab er ihm als Pfand für seine großen Auslagen, die er durch das von ihm geschaffene Heer gehabt hatte, das Land Mecklenburg, nachdem dessen Fürsten geächtet worden waren.

Es war im März 1628, als Wallenstein in Güstrow seinen Einzug hielt und sich hier von den Ständen huldigen ließ. In Güstrow hielt er dann Hof, und von hier aus sollten nun die Ostseeländer dem Kaiser unterworfen werden. Mit Pommern und Rügen wurde der Anfang gemacht.

In Güstrow erschien eines Tages ein schon ziemlich lang aufgeschossener, über und über verschmutzter Bursche, der bisher als Pferdejunge gedient hatte, und brachte für den großen Feldherrn ein ganz und gar eigentümliches Geschenk: In einem großen Sack brachte er einen Fuchs und in einem kleineren einen Hecht. Nach seinen Erzählungen hatte er diese bei einer Wanderung in einem Sumpf miteinander kämpfend gefunden und gefangen.

Das hielt er für einen so seltenen und darum so kostbaren Fang, dass er ihn keinem Geringeren als dem neuen Landesherrn als Geschenk glaubte anbieten zu dürfen, und stehenden Fußes hatte er sich, ohne sich erst groß zu säubern, nach Güstrow auf den Weg gemacht.

Dass der verschmutzte Bursche dafür ein reiches Gegengeschenk erwartete, darf man ohne weiteres annehmen.

Die Sache erwies sich aber doch als nicht so einfach, wie er sich das wohl gedacht hatte, denn als er nach Güstrow kam und ins Schloss gehen wollte, wurde er von dem Wachtposten am Tor zunächst barsch zurückgewiesen. Verlegen kraulte sich der Bursche hinter den Ohren. Auf näheres Befragen erzählte er dann treuherzig, was ihn hergeführt habe, und zeigte dem plötzlich sehr interessierten Wachtposten auch seinen seltenen Fang vor.

Der Soldat sah nun ein, dass dies in der Tat ein Geschenk war, das dem Fürsten wohl gefallen könnte und wofür der Bursche auch ein reiches Gegengeschenk erwarten durfte. Er ließ sich deshalb mit ihm in Verhandlungen ein, und das Ergebnis war, dass er den Burschen passieren lassen wollte, wenn er ihm die Hälfte des zu erwartenden Lohns abzugeben verspräche. Das sagte der Bursche zu, und nun durfte er nicht nur eintreten, sondern der Soldat erklärte ihm sogar noch genau, über welche Gänge und Flure er in dem großen Schloss gehen müsse, um zum Herzog zu gelangen.

Aber auch das ging keineswegs so glatt ab, denn als er glücklich den Eingang zu dem Saal erreicht hatte, in dem Wallenstein sich befand, stand auch da wieder ein Diener, der ihm den Eintritt verweigerte.

205

Und nun begannen dieselben Unterhandlungen zum zweiten Male. Sie endeten jedoch ebenso wie die am Tor. Auch dieser Diener sah den Wert des seltenen Geschenkes ein und glaubte die Verantwortung auf sich nehmen zu können, den Burschen ohne weitere Genehmigung einzulassen, nachdem dieser ihm ebenfalls die Hälfte des zu erhoffenden Gewinns zugesagt hatte.

So durfte der Bursche denn eintreten und stand im nächsten Augenblick schmutzig, wie er war, vor dem nicht wenig erstaunten Feldherrn und dessen Gefolge. Da Wallenstein schon mehr als einmal Gelegenheit gehabt hatte, die urwüchsige Treuherzigkeit der Mecklenburger kennen zu lernen, unter denen er sich ja nun Freunde in allen Schichten der Bevölkerung zu erwerben trachten musste, fragte er den merkwürdigen Sackträger leutselig, welche Angelegenheit ihn zu ihm führe.

Nun erzählte der Bursche zum großen Ergötzen aller Anwesenden, wie die beiden Geschöpfe im Sumpf miteinander gekämpft hätten, wie er sie dann gefangen, in die Säcke gesteckt und sogleich hierhergebracht habe. Dies Letztere war offensichtlich richtig, denn sein Anzug zeugte mehr als deutlich davon, und auch Gesicht und Hände trugen noch die mannigfachen Spuren des Sumpfes.

Wallenstein lachte, wie er wohl selten in seinem Leben gelacht hatte. Und da er voraussetzen konnte, dass der Bursche auf den seltsamen Gedanken, ihm das Geschenk zu überbringen, nur gekommen war, um einen Lohn zu erhalten, forderte er ihn auf, sich dafür eine Gnade auszubitten.

Ohne weiteres Nachdenken bat der Bursche um fünfzig Stockhiebe.

Einen Augenblick blieben die Anwesenden stumm vor Erstaunen über den sonderbaren Wunsch, dann aber brach ein Gelächter los, dass die Wände förmlich zitterten. Nachdem es endlich wieder ruhig geworden und der Bursche aufgefordert worden war, doch zu erklären, wie er zu einer so seltsamen Bitte komme, erzählte er treuherzig, dass er selbst gar keinen Anteil mehr an dieser Gnade des Herzogs haben werde, weil er der Wache am Tor schon die eine Hälfte und dem Diener vor dem Saal die andere Hälfte habe versprechen müssen, sonst hätten sie ihn gar nicht einlassen wollen.

„Ei sieh", meinte da der Herzog, der die Augen des Burschen, aus denen eine ungewöhnlich große Klugheit und Verschlagenheit blitzten, genau beobachtet hatte, „der Bursche ist nicht auf den Kopf gefallen, aus dem kann etwas werden. Wer weiß, vielleicht können uns seine Fähigkeiten sogar einmal nützlich sein. Daher mag er mit uns speisen, damit wir ihn besser kennen lernen. Vorher müssen wir den jungen Mann aber doch wohl noch ein wenig säubern lassen, damit er uns bei Tisch nicht ganz und gar den Appetit verdirbt."

Der Herzog gab einem rasch herbeigerufenen Diener die nötigen Befehle, und bald trat ein hübsches Kammerfräulein herein, die eine Schüssel und ein Handtuch trug, sowie eine Scheuerfrau, die sich nun gemeinsam über den Burschen hermachten und ihn gründlich säuberten. Das war bald geschehen, und der junge Mensch machte jetzt gar keinen üblen Eindruck.

Wallenstein nickte vergnügt, als er ihn so betrachtete, und sagte dann: „Da du den Lohn, den ich dir für das Geschenk zu geben verpflichtet war, schon anderen zugesagt hast, die ihn auch – daran soll kein Zweifel bestehen – jeder zur Hälfte mit fünfundzwanzig Hieben pünktlich ausgezahlt erhalten sollen, so bleibt für dich allerdings nichts übrig. Ganz leer sollst du aber doch nicht ausgehen, also erbitte nur noch frisch von der Leber weg ewas für dich.“

Schmunzelnd betrachtete der Bursche das hübsche Mädchen, dessen Pflege er wohl zu schätzen gewusst hatte und das noch immer wartend mit der Schüssel und dem Handtuch dastand, weil sie von ihrem Herrn noch keinen Wink erhalten hatte, sich wieder zu entfernen. Schnell entschlossen sagte er darauf:

„Nun, wenn es denn doch etwas für mich sein soll, so bitte ich um den ungewöhnlichen Nagel, an dem das Handtuch hängt.“ Dabei zeigte er auf das Kammerfräulein, welches das Handtuch über der Schulter hängen hatte.

„Auch das soll dir gern gewährt sein“, lachte der Herzog. „Denn dieser eigentümliche Nagel wird ja wohl damit einverstanden sein.“

Die klugen Antworten, die der Bursche bei Tisch gab, nahmen Wallenstein ganz für ihn ein. Er behielt ihn als Soldaten bei sich und konnte ihn sehr bald bei den verschiedensten geheimen Aufträgen verwenden. Der junge Mann stieg dann rasch von Stufe zu Stufe, heiratete das Kammerfräulein und hätte sich sicherlich, wie so mancher andere von Wallensteins Truppenführern auch, zu einer namhaften Persönlichkeit weiterentwickelt, wenn nicht Wallenstein schon sechs Jahre später ein so blutiges Ende genommen hätte. ■

Aus Rübezahl

Der Rübenzähler

Wer hat nicht schon von Rübezahl, dem bekannten Berggeist des Riesengebirges gehört? Er wohnt im Inneren des Gebirges, kommt aber von Zeit zu Zeit an die Oberwelt, um sich an dem Tun und Treiben der Menschen zu ergötzen. Dabei kann er sehr hart und streng, aber auch edel und großmütig sein, je nachdem wie die Menschen ihm gegenüber auftreten.

Hören wir zunächst, wie er zu seinem Namen gekommen ist:

Einst durchstreifte der Berggeist wieder einmal sein Revier auf der Oberwelt und sah ein wunderschönes Mädchen, eine Fürstentochter, in einem Wasserbecken des Gebirges baden. Er verliebte sich unsterblich in sie und beschloss, sie für sich zu gewinnen.

Er ließ sie im Wasser versinken, und als sie wieder zu sich kam, befand sie sich in einem prachtvollen Schloss, das inmitten eines herrlichen Lustgartens gelegen war. An ihrer Seite stand ein freundlicher junger Mann, in den sich der Berggeist verwandelt hatte. Er tat alles, um ihr das Leben bei ihm so angenehm wie möglich zu machen. Das hätte der schönen Emma, so hieß die Fürstentochter, bestimmt sehr gefallen, wenn sie nur nicht mit ihm so ganz allein gewesen wäre.

Diese Einsamkeit bedrückte sie sehr und sie konnte nicht richtig fröhlich werden. Sie vermisste ihren Verlobten, den Sohn des Fürsten von Ratibor, den sie nun nicht mehr sehen konnte. Und auch ihre Frauen und

Dienerinnen fehlten ihr sehr. Sie hatte niemanden als den jungen Mann, und wenn dieser nun das Schloss verließ, dann war sie in den weiten, endlosen Räumen ganz mutterseelenallein.

Die große Pracht der Gemächer bedrückte sie von Tag zu Tag mehr. Kein Wunder, dass sie immer trauriger wurde und durch nichts aufzuheitern war, obwohl der einzige Genosse ihrer Einsamkeit alles versuchte, sie fröhlich zu stimmen. Schließlich gelang es ihm aber doch, wenigstens den Grund für ihren Trübsinns zu entdecken, und da wusste er sofort Rat.

Er brachte ihr einen Korb voller frischer Rüben und gab ihr einen Zauberstab. Er sagte, dass sie mit dem Stab nur eine Rübe zu berühren brauche, dann würde diese sofort die Gestalt und das Wesen der Person annehmen, die sie herbeiwünsche. Und das funktionierte wirklich: Die Rüben nahmen jede gewünschte Gestalt an, und bald sah die Prinzessin sich von ihren Freundinnen und Dienerinnen umgeben, die völlig den wirklichen Personen glichen, von denen sie normalerweise umgeben war.

Die Freude dauerte jedoch nicht allzu lange, denn genau so, wie frische Rüben verwelken, schrumpften auch die herbeigezauberten Gestalten bald mehr und mehr zusammen. Und nach wenigen Tagen sah sich Emma nur noch von alten, ehrwürdigen Mütterchen umgeben.

208

Heftig zürnte sie mit dem Berggeist, dass er sie betrogen habe. Doch sah sie wohl ein, dass sie ihm eigentlich unrecht tat, denn der Misslichkeit war ja leicht abzuhelfen: Er brauchte nur frische Rüben herbeizuschaffen, und der Zauberstab würde genau wie das erste Mal die von ihr gewünschten Personen herbeizaubern.

Schnell also machte er sich auf die Reise ins Land. Aber o weh! Drunten war inzwischen der Winter eingezogen, und er konnte nirgendwo mehr eine frische Rübe bekommen. Unverrichteter Dinge musste er zu der zu Recht zornigen Prinzessin zurückkehren, aber er konnte sie milde stimmen. Er hatte nämlich einen ganzen Sack voll Rübensamen mitgebracht, die er aussäen wollte, sodass er nicht immer erst frische Rüben herbeiholen musste.

Das geschah denn auch, und er säte Rüben auf einem großen Feld in der Nähe des Palastes. Dann ließ er von seinen dienstbaren Geistern darunter im Inneren der Erde ein gewaltiges Feuer entfachen, um den Acker zu erwärmen. So sollten die Samen möglichst rasch keimen und es dauerte auch nicht lange, da schauten schon die ersten Rüben-

pflänzchen aus der Erde hervor und entwickelten sich schnell. Jetzt hatte Emma stets einen Vorrat für ihre zauberhaften Verwandlungen, ganz wie es ihr gefiel.

Dieser glückliche Umstand brachte sie dann aber auch schließlich auf den Gedanken, den Berggeist zu überlisten. Mithilfe der Rüben und des Zauberstabs wollte sie ihren Vertrauten und ihrem Verlobten eine Nachricht senden, um ihnen mitzuteilen, wo sie jetzt lebte und wie es ihr ging. Sie verwandelte also eine Rübe in eine Biene, die sie mit der Botschaft fortsandte. Leider musste sie mitansehen, wie das Tierchen von einer Schwalbe geschnappt wurde. Dann versuchte sie es mit einem Grashüpfer, der aber von einem Storch gefressen wurde.

Nach reichlicher Überlegung verwandelte sie nun eine Rübe in eine sprechende Elster, der sie sorgfältig beibrachte, wie sie bis zum Fürsten von Ratibor von Baum zu Baum huschen sollte. Sie sollte ihm die Nachricht bringen, dass er von heute an gerechnet in drei Tagen im Maientale mit Pferden und Männern bereit sein solle, um sie in Empfang zu nehmen und sie in die Sicherheit seines Schlosses zu bringen.

Nachdem sie sich überzeugt hatte, dass die Elster alles richtig verstanden hatte, ließ sie den Vogel fliegen und bereitete sich auf ihre Flucht vor.

Am dritten Tage, ganz früh am Morgen, erzählte sie dem Berggeist, dass ihr Trübsinn ganz sicher verschwinden würde, wenn sie wüsste, wie viele Rüben das Feld enthielte und auf welchen Vorrat sie zählen könne. Dazu müssten die Rüben aber ganz genau gezählt werden. Gehorsam und geduldig wie immer begab sich der Berggeist auf das Feld und begann zu zählen. Er solle ganz genau zählen, hatte Emma befohlen, und so meinte er, nachdem er die Zählung beendet hatte, dass er sich eventuell verzählt haben könnte, und begann die Aufgabe noch einmal am anderen Ende des Felds. Und tatsächlich ergab sich nun eine andere Summe, und so blieb ihm nichts anderes übrig, als zum dritten Mal zu zählen. Jetzt musste es richtig sein, und er kehrte ganz vergnügt heim mit dem Gedanken, wie sich Emma nun freuen würde.

Als er das Schloss betrat, fand er die Prinzessin nicht in ihren Zimmern. Er durcheilte alle Räume, sie war nirgends zu sehen. Dann ging er in den Garten und durchstöberte ihn, doch auch hier war Emma ebenso wenig zu finden wie in dem Palast, dessen Räume er noch einmal alle durchsuchte.

Da schöpfte er Verdacht, dass sie wohl geflohen sein könnte, und stieg sofort hoch in die Luft, um nachzusehen. O Schrecken! Da sah er sie wirklich in der Ferne inmitten eines Reitertrosses schnell davonreiten. Zwar sammelte er nun in wütendem Zorn die Wolken und schleuderte furchtbare Blitze hinter ihr her, aber das war vergebens, denn die Reiter waren schon aus seinem Gebiet herausgekommen und er konnte ihnen nichts mehr anhaben.

Die Prinzessin Emma hatte in der Tat die Abwesenheit des Berggeistes benutzt und eine Rübe in ein schnelles Pferd mit Sattel und Zaumzeug verwandelt. So war sie in das Maiental entflohen, wo Fürst Ratibor auf sie wartete und sie in Sicherheit brachte.

Die Nachricht von der geglückten Überlistung des Berggeistes verbreitete sich im ganzen Land. Und da die Bewohner seinen wahren Geisternamen nicht kannten, gaben sie ihm einen Spottnamen: „Rübenzähler" oder kurz „Rübezahl". ∎

Der Glashändler

Eines Tages sonnte sich Rübezahl an der Hecke seines Gartens, als eine Frau daherkam, die seine Aufmerksamkeit auf sich zog. Sie hatte ein Kind auf dem Arm, eines trug sie auf dem Rücken, eines führte sie an der Hand und ein etwas größerer Knabe trug einen leeren Korb und einen Rechen. Also wollte sie wohl eine Ladung Laub und Gras für ihr Vieh holen.

„Eine Mutter", dachte Rübezahl, „ist doch ein gutes Geschöpf. Sie belädt sich mit vier Kindern und geht dabei noch ihrem Beruf nach und bald wird sie den Korb voll Laub heimschleppen müssen."

Diese Betrachtung versetzte den Geist in gute Stimmung und er wollte gerne mit der Frau ein Gespräch beginnen.

Die Frau setzte nun die Kinder auf den Rasen und fing an, das Laub von den Büschen abzustreifen. Indessen wurde den Kleinsten die Zeit lang und sie fingen heftig an zu schreien. Sogleich ließ die Mutter ihr Geschäft liegen und spielte mit den Kindern. Sie nahm sie auf, hüpfte mit ihnen singend und scherzend herum, beruhigte sie und ging dann wieder an ihre Arbeit. Bald darauf stachen die Mücken die Kleinen und das Geschrei fing von neuem an. Die Mutter machte sich wieder die Mühe, abermals die Kinder zu beruhigen. Sie lief in den Wald hinein, suchte Erdbeeren und Himbeeren und gab sie den Kleinen zu essen. Mit Erfolg; nur der kleinste Junge, der vorher auf dem Rücken der Mutter geritten hatte, gab sich nicht zufrieden. Er schrie eigensinnig und störrisch weiter, warf die Erdbeeren trotzig dahin und schlug um sich. Da riss der Mutter endlich der Geduldsfaden und sie rief ärgerlich:

„Rübezahl, komm und friss mir den Schreihals!"

Augenblicklich trat der Berggeist zu der Frau und sagte:

„Hier bin ich. Was steht zu Diensten?"

Er trat in der Gestalt eines Köhlers auf, groß, schwarz, und er trug einen mächtigen Bart. Die Frau erschrak wegen dieser Erscheinung sehr. Weil sie aber klug und stark war, fasste sie sich ein Herz und erwiderte:

„Ich rief dich nur, damit die Kinder schweigen. Sie sind jetzt ruhig und da brauche ich dich nicht mehr. Besten Dank für deinen guten Willen."

„Weißt du auch, dass man mich nicht ungestraft ruft? Ich nehme dich beim Wort. Her mit dem Schreihals, dass ich ihn fresse. Junges Menschenfleisch schmeckt gut."

Mit diesen Worten streckte er die rußige Hand aus, um den kleinen Bösewicht zu fassen. Als die Frau sah, dass es dem Riesen ernst war, fasste sie sich, sprang auf ihn zu und fuhr ihm laut schreiend in den Bart.

„Ungetüm", rief sie, „erst musst du mir das Mutterherz aus dem Leib reißen, ehe du mir mein Kind raubst."

Auf einen so mutigen Angriff war Rübezahl nicht gefasst. Er wich fast eingeschüch-

212

tert zurück und freute sich über den Mut dieser Frau. Er lächelte sie freundlich an und sagte:

„Beruhige dich nur, ich bin kein Menschenfresser, will auch dir und deinen Kindern kein Leid antun. Aber lass mir den Jungen, ich will ihn bei mir behalten wie einen Junker, will ihn in Samt und Seide kleiden und einen tüchtigen Kerl aus ihm machen, auf den ihr alle stolz sein könnt. Ich will dir hundert Taler dafür geben."

„Ich glaube wohl, dass Euch der Junge gefällt, doch der ist für Geld nicht zu haben."

„Nicht für zweihundert Taler?"

„Nicht um alle Schätze der Welt."

„Törichtes Weib! Hast du denn nicht noch drei andere Kinder, die dir Qual und Sorge genug machen, für die du dich plagen musst Tag und Nacht?"

„Dafür machen sie mir auch viel Freude."

„Schöne Freude! Vor dem Geschrei Tag und Nacht keine Ruhe zu haben. Die Kinder zu reinigen, zu kleiden, zu betten und dabei noch für den Unterhalt zu schaffen."

„Ja, hundert Hände könnte man haben."

„Hat denn dein Mann keine Hände, die sich für dich und deine kleine Gesellschaft rühren?"

„Ach ja, der arme Steffen plagt sich wohl genug, er ist ein Glashändler, der jahraus, jahrein seinen schweren Korb aus Böhmen über das Gebirge trägt, besonders im Winter ist das ein hartes Stück Arbeit."

„Dann wird er wohl so viel verdienen, dass du nicht so hart arbeiten brauchst, wo du doch die Schar Kinder auf dem Halse hast."

„Ach nein, Herr Berggeist, für mich und die Kinder muss ich schon selbst sorgen. Er würde sehr böse werden, wenn ich von ihm etwas verlangen wollte. Wir müssen es schon aushalten; wenn ihm unterwegs Glas entzweigegangen ist, dann ist seine Laune dahin."

„Scheint ein rechter Taugenichts zu sein, dein Ehemann."

„O nein, er ist ein herzensguter Mann, wenn er gegen mich auch manchmal rau und hart ist."

„Also mein Angebot mit dem Jungen schlägst du in den Wind?"

Hierauf antwortete das Weib gar nicht, sondern packte ihren Korb voll, band den Schreihals oben drauf fest und machte sich daran, nach Hause zu gehen. Auch Rübezahl ging, und es sah aus, als sei er sehr unzufrieden. Aber sie rief ihn noch einmal zurück.

„Ich habe Euch einmal gerufen", sagte sie, „seid doch so gut und helft mir den Korb aufladen, und, wenn Ihr noch etwas tun wollt, so schenkt doch dem Buben, der Euch so gefallen hat, einen Sonntagsgroschen. Morgen kommt der Vater aus Böhmen, der wird ihm Weißbrot bringen."

„Aufhelfen will ich dir wohl", antwortete er, „aber du gibst mir den Schlingel nicht. So soll er auch keinen Sonntagsgroschen haben."

„Auch gut", sagte sie und ging davon.

Je weiter sie ging, desto schwerer wurde der Korb, sodass sie alle zehn Schritte verschnaufen musste. Das schien ihr nicht mit rechten Dingen zuzugehen, bisher war ihr doch keine noch so hochgetürmte Graslast so schwer vorgekommen. Da kam ihr der Verdacht, dass Rübezahl ihr wohl einen Streich gespielt und eine Last Steine unter das Laub geschmuggelt haben könne. Sogleich prüfte sie ihre Last und stülpte den Korb um. Es fiel jedoch nur Laub heraus und keine Steine. Da füllte sie den Korb wieder halbvoll, setzte Rübezahls jungen Freund hinein und nahm noch so viel Laub in die Schürze, wie hineinpasste. Dennoch kam sie todmüde zu Hause an. Hier erledigte sie ihren Haushalt, warf den Ziegen das Laub vor, richtete den Kindern ihr Abendbrot, brachte sie zu Bett und schlief selbst einen gesunden Schlaf.

Die frühe Morgenröte und die kleinsten Kinder, die laut nach ihrem Frühstück riefen, weckten die geschäftige Mutter zu ihrem Tagwerk. Sie ging zuerst nach ihrer Gewohnheit mit dem Melkeimer in den Ziegenstall. Da bot sich ihr ein schrecklicher Anblick. Das gute, Milch spendende Haustier, die alte Ziege, lag stocksteif da und hatte alle viere von sich gestreckt. Und ebenso lagen die Zicklein in ihrem Verschlag. Alle tot! Solch ein Unglücksfall war der braven Frau noch nicht begegnet, so lange sie arbeitete. Ganz betäubt von dem Schrecken sank sie auf ein

Bündel Stroh, hielt die Schürze vor die Augen, denn sie konnte das Unglück nicht ansehen, und seufzte tief: „Ich Unglückliche, was fange ich nun an? Was wird mein Mann sagen, wenn er heimkommt! Ach, nun ist alles Glück auf Erden für immer dahin!"

Dieser Zustand der Verzweiflung dauerte jedoch nicht lang und bald strafte sich die rechtschaffene Frau für ihr Selbstmitleid: „Wenn das bisschen Vieh dein ganzes Glück wäre, was ist denn dann Steffen, dein Mann? Und was sind dir deine Kinder? Bist du denn etwa an dem Unheil schuld? Kommt der Steffen heim, so wird er wohl ärgerlich werden, und das gibt dann einen verdrießlichen Tag. Aber das ist auch alles. Kommt jetzt die Ernte, so kann ich mich als Tagelöhnerin verdingen und Geld verdienen. Und wenn es Winter wird, so kann ich spinnen bis Mitternacht. Eine Ziege wird sich ja wohl wieder erwerben lassen."

Während sie sich so ihre Gedanken machte, fasste sie wieder Mut, trocknete ihre Tränen, und wie sie sich richtig umsah, erblickte sie vor ihren Füßen ein Blättchen, das glänzte wie Gold. Sie hob es auf, sah es genau an und fand, dass es auch so schwer war wie Gold. Rasch sprang sie auf, lief damit zu ihrer Nachbarin, der Handelsfrau, und zeigte ihr den Fund mit großer Freude. Die Nachbarin hielt es gleichfalls für reines Gold, kaufte es ihr ab und legte ihr dafür zwei blanke Taler auf den Tisch.

Vergessen war nun alles Leid, denn einen so großen Schatz hatte die arme Frau noch nie besessen. Schnell lief sie zum Bäcker, um Weißbrot für die Kinder zu kaufen, sie besorgte auch Milch und kehrte mit diesen Schätzen, einem so seltenen Frühstück, zu den Kleinen zurück. Wie freute sie sich, als die Kinder munter zugriffen.

Dann ging sie in den Stall, um das tote Vieh wegzuschaffen. Sie wollte ihrem Mann das Unheil so lange es ging verheimlichen und ihm zum Abend sein Lieblingsgericht kochen, um ihn zu besänftigen.

Ihr Erstaunen aber war grenzenlos, als sie in den Futtertrog sah und da einen ganzen Haufen solch goldener Blätter erblickte. Nun kam ihr auch die Erklärung, wovon ihr Vieh gestorben sei. Darum schärfte sie geschwind ihr Küchenmesser, schnitt den Ziegenleib auf und fand im Magen einen Klumpen Gold in der Größe eines Apfels, und auch im Leibe der Zicklein fanden sich entsprechend große Goldklumpen.

Jetzt wusste sie, dass sie einen unermesslichen Reichtum besaß. Doch mit dem Besitz des Goldes quälten sie auch drückende Sorgen. Sie wurde unruhig, ängstlich und für den Augenblick ratlos. Sollte sie den Schatz in der Schublade verschließen? Oder sollte sie ihn im Keller vergraben? Und wie sollte sie es beginnen, dass er ihr wirklich nützte?

Das Einfachste wäre es wohl gewesen, wenn sie ihrem Mann das Geheimnis anvertraut hätte. Aber diesen Plan verwarf sie bald wieder, denn Steffen neigte zum Geiz, und es war zu befürchten, dass er den Schatz wie der Drache im Märchen verwahren und Frau und Kinder nach wie vor hungern lassen würde.

Sie überlegte lange und kam endlich auf den Einfall, den freundlichen Pfarrer des Ortes um Rat zu fragen. Sie eilte zu ihm und berichtete vom Abenteuer mit Rübezahl, wie er ihr zu großem Reichtum verholfen und was sie dabei für ein Anliegen habe, und belegte mit dem Schatz, den sie bei sich trug, die Wahrheit ihrer Geschichte.

Der Seelsorger wunderte sich sehr über die Angelegenheit, die ihm unglaublich erschienen wäre, wenn er den Schatz nicht vor sich gesehen hätte. Dann überlegte er hin und her, was er – ohne Aufsehen zu erregen – tun müsse, damit die Frau ihren Reichtum behalten könne, und wie er ein Mittel fände, dass Steffen sich des Schatzes nicht bemächtigen könne.

Nachdem er lange gegrübelt hatte, rückte er mit folgendem Plan heraus:

„Ich will das Gold in Verwahrung nehmen und treu verwalten. Dann will ich einen Brief in italienischer Sprache schreiben, der folgendermaßen lauten soll. Du hattest ja einen Bruder, der im Dienst Venedigs nach Indien gefahren ist und dort große Reichtümer erworben hat. Nun ist er gestorben und hat dir im Testament all sein Gut vermacht unter der Bedingung, dass es der jeweilige Pfarrer der

Gemeinde zu deinem Vorteil verwaltet. Ich begehre von dir weder Lohn noch Dank, aber denke im Reichtum daran, dass es Arme genug gibt, die ein Recht auf deine Hilfe in der Not haben."

Dieser Plan gefiel der Frau sehr, und sie gab gerne dem menschenfreundlichen Mann die Vollmacht, das zu tun, was er für recht halte. Daraufhin holte der Pfarrer die Goldwaage, wog alles gewissenhaft ab und legte es in den Kirchenschatz. Die Frau aber ging dankbar und leichten Herzens von ihm.

Inzwischen bekam Rübezahl Lust, dem rauen und harten Ehemann der Frau einen Streich zu spielen. Er sattelte den raschen Morgenwind, saß auf und galoppierte über Berg und Tal, wobei er auf alle Wanderer scharf Acht gab, die von Böhmen her über das Gebirge wollten. Fand er einen, der schwer beladen war, so forschte er genau nach der Ladung. Jeder konnte sich glücklich schätzen, der keine Glasware trug, sonst wäre er vielleicht zu Schaden gekommen, auch wenn er nicht der Mann gewesen wäre, den Rübezahl suchte. Bei solcher Aufmerksamkeit konnte ihm der schwer beladene Steffen allerdings nicht entgehen.

Zur Vesperzeit kam ein rüstiger, frischer Mann daher mit einer großen Bürde auf dem Rücken. Unter seinem festen, sicheren Tritt konnte man das Glas, das er trug, gut hören. Rübezahl, der auf der Lauer lag, freute sich, dass ihm seine Beute gewiss war, und rüstete sich, seinen Meisterstreich auszuführen.

Der keuchende Steffen hatte beinahe das Gebirge bestiegen, nur die letzte Anhöhe war noch zu schaffen. Hatte er das geschafft, dann war das Schwerste des Weges überstanden, und mit geringerer Anstrengung ging es dann der Heimat zu. Aber der Berg war steil und die Last drückte. Mehr als einmal musste er halten und den Knotenstock unter die Last stemmen, denn Glas wiegt schwer.

Jetzt war die Höhe erreicht, und ein schöner, ebener Pfad führte langsam abwärts. In der Mitte dieses Weges war eine mächtige Fichte abgesägt worden. Der Baum lag noch neben dem Stumpf, der so glatt abgeschnitten war, dass er als Tisch hätte dienen können. Ringsumher wuchs schönes Gras, und der Platz war so einladend und lieblich, dass der ermüdete Mann es sich nicht versagen konnte, hier ein wenig zu rasten. Er setzte darum den schweren Korb vorsichtig auf den Stumpf und legte sich ins weiche Gras.

Hier fing er an zu rechnen, wie viel Reingewinn ihm die Ware bringen würde, und errechnete schließlich, dass er gerade so viel herausschlagen würde, dass er in Schmiedeberg einen Esel kaufen könnte. Natürlich wäre dann kein Pfennig mehr für den Haushalt übrig. Für Nahrung und Kleidung müsste Ilse, seine Frau, nach wie vor aufkommen. Mit einem Esel, rechnete er, wäre das eine andere Sache; das Geschäft ginge leichter von-

statten und wäre nicht so mühsam.

Der Plan erfreute ihn derart, dass er ihm weiter nachhing und sich mehr und mehr seinen Träumen hingab. „Habe ich erst einen Esel, dann wird bald ein Pferd daraus, und eine Wiese findet sich auch, worauf sein Futter wächst. Aus einem Pferd werden bald wohl zwei, und dann ist die Zeit nicht fern, dass ich mir ein Bauerngut kaufen kann. Ilse wird bis dahin wohl so viel gespart haben, dass ein neuer Rock für sie herausspringt und ein Oberteil für die Buben."

Er hätte sich in seinen Gedanken sicher noch ein Rittergut erträumt, wenn Rübezahl ihm nicht einen Strich durch die Rechnung gemacht hätte. Der Berggeist schickte nämlich seinen Morgenwind um den Fichtenstumpf herum und stürzte die gesamte Ladung um. Der Korb mit seiner zerbrechlichen Ware sauste im hohen Bogen herab und die Gläser zerschellten in tausend Stücke. Zugleich hörte Steffen in der Ferne ein lautes Gelächter. Doch konnte das auch das Echo von dem Sturz der Gläser sein.

Steffen betrachtete starr das Unglück, und als er sah, dass Baum und Stumpf plötzlich verschwunden waren, erriet er leicht, wer für den Schaden verantwortlich war.

„Rübezahl, du Schadenfroher", rief er, „was habe ich dir getan, dass du mir mein sauer verdientes Brot nimmst?"

Hierauf geriet er richtig in Wut und rief dem Berggeist allerlei Beleidigungen entgegen, um ihn zu reizen. „Dummer Rübenzähler, komm her und drehe mir auch noch den Hals um, nachdem du mir alles genommen hast!" In der Tat war ihm das Leben in dem Augenblick nicht mehr wert als ein zerbrochenes Glas, aber Rübezahl ließ sich nicht hören oder blicken.

Der arme Steffen beruhigte sich schließlich einigermaßen und entschloss sich, die Bruchstücke zusammenzulesen, um in der Glashütte dafür wenigstens ein paar Spitzgläser einzutauschen, die den Anfang für ein neues Geschäft bilden könnten. Tiefsinnig wie ein Reeder, dessen Schiff der gefräßige Ozean verschlungen hat, ging er mit seinem Korb hinab. Dabei grübelte er, wie er den Schaden ausgleichen und seinen Handel wieder in Gang bringen könnte. Da fielen ihm die Ziegen ein, die seine Frau im Stall hatte. Wenn er sie verkaufen würde, könnte er doch ein wenig Geld dafür erlösen, um wieder Glas kaufen zu können. Aber er wusste auch, dass Ilse

sie nicht bereitwillig hergeben würde, denn sie liebte sie ja fast so wie ihre Kinder.

Daher erdachte er sich einen Plan. Er wollte von seinem Verlust zu Hause nicht reden und auch nicht tagsüber wie sonst heimkehren. Stattdesssen wollte er um Mitternacht in sein Gehöft einbrechen, die Ziegen stehlen, nach Schmiedeberg auf den Markt treiben und sie dort verkaufen. Für das Geld hoffte er neues Glas erstehen zu können. Wenn er dann heimkehrte, wollte er mit seiner Frau streiten und ihr vorwerfen, sie habe durch Unachtsamkeit das Vieh in seiner Abwesenheit stehlen lassen.

Um dieses schlaue Vorhaben auszuführen, versteckte er sich nahe beim Dorf in einem Busch und erwartete dort die Nacht, um sich selbst zu bestehlen. Endlich machte er sich auf den Weg, kletterte über die niedrige Hoftür, öffnete sie von innen und schlich mit Herzklopfen in den Ziegenstall, denn er hatte doch Angst, dass ihn seine Frau bei einer solchen Tat ertappen würde.

Ganz gegen die Gewohnheit fand er den Stall unverschlossen, worüber er sich sehr wunderte. Andererseits freute er sich auch, denn so konnte er sein Vorhaben besser vor sich rechtfertigen.

Aber der Stall war leer, er fand weder Ziege noch Böcklein. Im ersten Schrecken erklärte er sich dies so, dass ihm wohl ein anderer Dieb zuvorgekommen sein müsse. Nun war er davon überzeugt, dass das Schicksal ihn verfolge, da ihm die letzte Möglichkeit genommen war, seinen Handel wieder in Gang zu bringen. Bestürzt ließ er sich aufs Stroh nieder und lag da in tiefer Traurigkeit bis zum Morgen.

Als Ilse vom Pfarrer zurückgekehrt war, hatte sie sich große Mühe gegeben, um für ihren Gatten ein schönes Abendessen zuzubereiten, wie er es wohl noch nie gehabt hatte. Sie richtete es so ein, dass alles schmackhaft und warm blieb, denn nach so vielen Jahren wusste sie wohl, um welche Zeit er etwa nach Hause kam.

Oft sah sie zum Fenster hinaus, ob Steffen käme; ungeduldig lief sie vor die Tür und blickte die Straße entlang, woher er kommen musste. Über sein langes Ausbleiben war sie sehr bekümmert und machte sich ernste Gedanken. Schließlich ging sie zur Ruhe, ohne weiter an das Abendessen zu denken.

Den armen Steffen quälten jedoch Ärger und Langeweile im Ziegenstall, und am Morgen war er so niedergedrückt, dass er sich nicht traute, an die Tür zu klopfen. Endlich kam er doch hervor, klopfte kleinlaut an und rief mit kläglicher Stimme:

„Liebe Frau, steh auf und lasse deinen Mann ins Haus!"

Sobald Ilse seine Stimme vernahm, sprang sie auf wie ein munteres Reh, öffnete die Tür und umarmte ihren Mann mit Freuden. Er aber erwiderte die Begrüßung recht kalt und

frostig, setzte seinen Korb ab und warf sich missmutig auf die Ofenbank. Als die fröhliche Frau das Bild des Jammers sah, tat er ihr sehr leid. „Geht's dir nicht gut, lieber Mann? Was hast du?"

Er antwortete nur mit Stöhnen und Seufzen, dennoch ergründete sie die Ursache seines Kummers bald. Denn da er so betrübt war, konnte er sein Unglück auch nicht lange verbergen. Als sie hörte, dass Rübezahl den Schabernack verübt hatte, konnte sie die erzieherische Absicht des Geistes gut nachvollziehen. Er wollte den Geizhalz mürbe und zahm machen, und das war ihm wirklich gut gelungen. Steffen war ganz mutlos, fragte aber dennoch mit einem gewissen Eifer nach den Ziegen. Da merkte sie, dass er schon überall herumspioniert hatte und musste herzlich darüber lachen.

„Was kümmert dich mein Vieh? Du hast doch noch nicht einmal nach den Kindern gefragt. Ärgere dich nicht so sehr über den Streich Rübezahls. Wer weiß, ob du für dein Glas nicht anderswo reichen Ersatz findest."

„Da kannst du lange warten", brummte er.

„Unverhofft kommt oft, Steffen. Hast du kein Glas und ich keine Ziegen mehr, so haben wir doch beide gesunde Arme und können uns damit ernähren. Das ist auch etwas wert."

„Nun, dann sieh zu, wie du die Kinder ernährst. Ich kann es nicht." – „Nun, dann kann ich's", sagte sie.

Bei diesen Worten trat der freundliche Pfarrer herein, der den letzten Teil der Unterhaltung schon vor der Tür gehört hatte. Er hielt Steffen, der über den unverhofften Besuch völlig verblüfft war, zunächst eine Predigt darüber, dass der Geiz die Wurzel alles Übels sei. Dann zog er den italienischen Brief hervor und übersetzte die wichtigsten Passagen daraus. Steffen stand mit wachsendem Erstaunen da wie ein stummer Ölgötze und tat nichts weiter, als dass er sich wortlos verneigte, als der Pfarrer bei der Erwähnung der Republik Venedig ehrerbietig ans Käpplein griff. Nachdem er aber die frohe Nachricht völlig erfasst hatte, wurde er fast närrisch vor Freude. Dann fiel er seiner klugen Frau um den Hals und lachte und weinte zugleich.

Der ehrliche Pfarrer aber verwandelte bald danach Rübezahls Gold in bares Geld und kaufte für die Familie ein hübsches Bauerngut. Steffen bewirtschaftete das Anwesen mit allem Eifer. Er war ein sparsamer und fleißiger Landwirt, dabei aber ein guter Ehemann und seinen Kindern ein treuer und zärtlicher Vater.

Ilse hatte viel Freude an ihren Kindern, besonders an Rübezahls Liebling, der später ein tüchtiger Mensch wurde und der Familie zu Ehre verhalf. ∎

Aus Rübezahl

Rübezahls Streiche

Neben seinen edelmütigen Zügen hatte Rübezahls Charakter aber auch andere Seiten, und oft spielte er aus bloßer Schadenfreude den Plagegeist. So erschreckte er zuweilen die furchtsamen Marktweiber durch abenteuerliche Gestalten wildfremder Tiere. Den Fuhrleuten zerbrach er ein Rad oder eine Achse am Wagen oder ließ vor ihren Augen ein abgerissenes Felsstück in einen Hohlweg rollen, das sie mit unendlicher Mühe auf die Seite rollen mussten, um sich freie Bahn zu verschaffen. Oder er hielt mit unbändiger Kraft einen Wagen fest, sodass sechs kräftige Pferde ihn nicht fortzuziehen vermochten.

Mit einem alten Schäfer hatte er Bekanntschaft und sogar eine Art Freundschaft geschlossen und gestattete ihm, seine Herde bis an die Hecke seines Gartens zu treiben. Oft hörte er dem Graukopf mit Vergnügen zu. Doch eines Tages brachen einige Schafe durch die Hecke und weideten auf den Grasplätzen des Gartens. Darüber erzürnte sich Rübezahl dermaßen, dass er die Herde durch sein Erscheinen in panische Angst versetzte und sie in wildem Getümmel den Berg hinabscheuchte, wobei sie größtenteils verunglückte und der alte Schäfer so arm wurde, dass er sich darüber zu Tode grämte.

Ein Arzt aus Schmiedeberg, der im Riesengebirge Heilpflanzen suchte, hatte gleichfalls die Ehre, den Berggeist, der sich oft als Holzhauer verkleidete, mit seiner prahlerischen Gesprächigkeit zu unterhalten.

Gelegentlich erzählte ihm Rübezahl von der Wirkung einiger seltener Heilkräuter. Den Arzt, der sehr viel auf sein Wissen in der Kräuterkunde hielt, ärgerte diese Belehrung, und unwillig sagte er: „Der Schuster soll bei seinem Leisten bleiben, und der Holzhauer soll den Arzt nicht lehren. Weil du aber so kräuterkundig bist, so sage mir doch, du weiser Salomo, wer war eher: die Eichel oder der Eichbaum?"

Der Geist antwortete: „Doch wohl der Baum, denn die Frucht kommt vom Baum."

„Narr", sprach der Arzt, „wo kam denn der erste Baum her, wenn er nicht aus dem Samen spross?"

Der Holzhauer erwiderte: „Das ist, sehe ich eine Meisterfrage, die mir zu hoch ist. Aber ich will euch auch eine Frage stellen: „Wem gehört dieser Boden, auf dem wir stehen, dem König oder dem Herrn vom Berge?"

Der Arzt musste nicht lange nachdenken: „Ich meine, dieser Boden gehört dem König von Böhmen; denn der Herr vom Berge, der Rübezahl, ist ja nur ein Hirngespinst, ein Popanz, mit dem man die Kinder erschreckt."

Kaum waren die Worte aus seinem Mund, verwandelte sich der Holzhauer in einen scheußlichen Riesen, fuhr den Arzt grimmig an und rief mit rauer Stimme: „Hier ist Rübezahl, der dich popanzen wird, dass dir die Rippen krachen!" Darauf verprügelte er den Arzt so schwer, dass dieser hoch und heilig schwor, nie wieder ins Gebirge zu gehen. ∎

Aus Rübezahl

Rübezahl und der ehrliche Bauer

Einem Bauern im Amt Reichenberg hatte ein böser Nachbar sein Hab und Gut gerichtlich abgestritten, sodass ihm nichts blieb als sein Weib und ein halbes Dutzend Kinder. Zwar gehörten ihm noch ein Paar rüstige Arme, aber sie genügten nicht, um sich und die Seinen zu ernähren. Es schnitt ihm ins Herz, wenn die Kinder nach Brot schrien, und er nichts hatte, um ihren quälenden Hunger zu stillen.

„Mit hundert Talern", sprach er zu seiner bekümmerten Frau, „wäre uns geholfen, unseren Haushalt woanders einzurichten und fern von dem streitsüchtigen Nachbarn neues Eigentum zu gewinnen. Du hast reiche Vettern jenseits des Gebirges, ich will hingehen und ihnen unsere Not klagen; vielleicht erbarmt sich einer und leiht uns von seinem Überfluss, so viel wir brauchen."

Der Mann machte sich früh auf, und als er Weib und Kinder verließ, sprach er ihnen Trost zu: „Weint nicht! Mein Herz sagt mir, ich werde einen Wohltäter finden, der uns förderlicher sein wird als die vierzehn Nothelfer, zu denen ich so oft vergeblich gewallfahrt bin."

Dann steckte er eine harte Brotrinde als Wegzehrung in die Tasche und ging davon. Müde und matt von der Hitze des Tages und dem weiten Weg gelangte er abends in dem Dorf an, wo die reichen Vettern wohnten; aber keiner wollte ihn kennen, keiner wollte ihn beherbergen. Unter heißen Tränen klagte

er ihnen sein Leid; aber die hartherzigen Filze achteten nicht darauf, sondern kränkten den armen Mann mit Vorwürfen und beleidigenden Sprichwörtern.

Einer sprach: „Junges Blut, spar dein Gut!", ein anderer: „Hochmut kommt vor dem Fall!", der dritte: „Wie du's treibst, so soll's dir ergehen", der vierte: „Jeder ist seines Glückes Schmied." So höhnten und spotteten sie, nannten ihn einen Prasser und Faulenzer, und endlich stießen sie ihn zur Tür hinaus.

Eine solche Aufnahme hatte der arme Vetter nicht erwartet; stumm und traurig schlich er von dannen, und weil er das Schlafgeld in der Herberge nicht zahlen konnte, musste er in einem Heuschober übernachten. Hier erwartete er den kommenden Tag, um sich auf den Heimweg zu begeben.

Als er nun wieder ins Gebirge kam, befielen ihn die Sorgen so sehr, dass er der Verzweiflung nahe war. „Zwei Tage Arbeitslohn verloren", dachte er, matt und entkräftet von Gram und Hunger, ohne Trost, ohne Hoffnung! „Wenn du nun heimkehrst und die sechs armen Münder dir entgegenschmachten, hungrig ihre Hände erheben und du ihnen statt eines Bissens Brot einen Stein bieten musst! Wie sollst du das ertragen?" Hierauf stürzte er sich unter einen Schlehenbusch, um dort seinen Gedanken weiter nachzuhängen.

Da aber die Seele am Rand des Verderbens noch die letzten Kräfte mobilisiert, um Rettung zu suchen, jede Hirnfaser alle Winkel

der Phantasie durchspäht, so verfiel der trostlose Veit unter tausend nichtigen Einfällen endlich auf den Gedanken, sich mit seinem Anliegen an den unheimlichen Geist des Gebirges zu wenden.

Er hatte viele abenteuerliche Geschichten über ihn gehört; dass er zuweilen die Reisenden schikaniere und ihnen manchen Schabernack antue, dass er ihnen aber auch mitunter Gutes erweise. Es war ihm auch nicht unbekannt, dass er sich nicht ungestraft bei seinem Spottnamen rufen lasse; ihm fiel aber nichts anderes ein. Also wagte er es und rief so laut er konnte: „Rübezahl! Rübezahl!"

Auf diesen Ruf erschien alsbald eine rußige Gestalt mit einem fuchsroten Bart, der bis an den Gürtel reichte, und mit feurigen Augen, mit einer Schürstange bewaffnet, die er voll Grimm erhob, um den frechen Spötter zu erschlagen.

„Nichts für ungut, Herr Rübezahl", sprach Veit ganz unerschrocken, „verzeiht, wenn ich Euch nicht recht tituliere; hört mich nur erst an, dann tut, was Euch gefällt."

Diese dreiste Rede und die humorvolle Miene des Mannes besänftigten den Geist etwas. „Erdenwurm", sprach er, „was fällt dir ein, mich zu stören? Weißt du auch, dass du mir mit Hals und Haut für deinen Frevel büßen musst?"

„Herr", antwortete Veit, „die Not treibt mich zu Euch, ich habe eine Bitte, die Ihr mir leicht gewähren könnt. Ihr sollt mir hundert Taler leihen, ich zahle sie Euch mit landesüblichen Zinsen in drei Jahren zurück!"

„Tor", sprach der Geist, „bin ich ein Wucherer, der gegen Zinsen leiht? Gehe hin zu deinen Menschenbrüdern und borge da, so viel du brauchst, mich aber lass in Ruhe."

„Ach!", erwiderte Veit, „mit der Menschenbrüderschaft ist's aus! Auf Mein und Dein gilt keine Brüderschaft."

Hierauf erzählte er ihm seine Geschichte und schilderte ihm sein drückendes Elend so rührend, dass ihm der Geist seine Bitte nicht abschlagen konnte.

„Komm, folge mir", sprach er und führte ihn darauf waldeinwärts, in ein abgelegenes Tal zu einem schroffen Felsen, dessen Fuß ein dicker Busch bedeckte.

Nachdem sich Veit und sein Begleiter mit Mühe durch das Gesträuch gearbeitet hatten, gelangten sie zum Eingang einer finsteren Höhle. Dem guten Veit war nicht wohl dabei zumute, da er so im Dunkeln tappen musste; es lief ihm ein kalter Schauer nach dem anderen den Rücken herab und seine Haare sträubten sich. „Rübezahl hat schon manchen betrogen", dachte er, „wer weiß, ob ich nicht beim nächsten Schritt in einen tiefen Abgrund hinabstürze!" Dabei hörte er ein fürchterliches Brausen.

Je weiter er voranschritt, desto mehr engten ihm Furcht und Grauen das Herz ein. Doch bald sah er zu seinem Trost in der Ferne ein blaues Flämmchen hüpfen. Das Berg-

gewölbe erweiterte sich zu einem großen Saal und das blaue Flämmchen brannte hell und schwebte als ein Hängeleuchter in der Mitte der Felsenhalle. Auf dem Pflaster derselben fiel ihm eine kupferne Braupfanne in die Augen, die mit harten Talern bis an den Rand gefüllt war.

Als Veit den reichen Geldschatz erblickte, schwand all seine Furcht dahin, und das Herz hüpfte ihm vor Freude.

„Nimm", sprach der Geist, „so viel du brauchst, nur stelle mir einen Schuldbrief aus."

Der Bauer zählte sich gewissenhaft die hundert Taler zu, nicht einen mehr und keinen weniger. Der Geist schien gar nicht auf das Zählen zu achten, drehte sich weg und suchte sein Schreibzeug hervor. Veit schrieb den Schuldbrief so bündig wie er konnte; der Berggeist schloss ihn in einen Schatzkasten und sagte zum Abschied: „Zieh hin, mein Freund, und nütze dein Geld mit arbeitsamer Hand. Vergiss nicht, dass du mein Schuldner bist, und merk dir den Eingang in das Tal und diese Felsenkluft genau. Nach drei Jahren zahlst du mir Kapital und Zins zurück; ich bin ein strenger Gläubiger, hältst du nicht Wort, so fordere ich es mit Ungestüm."

Der ehrliche Veit versprach, seine Zahlungspflicht treu zu erfüllen und schied mit dankbarem Herzen von seinem Schuldherren in der Felsenhöhle.

Die hundert Taler wirkten bei ihm so mächtig auf Seele und Leib, dass er, als er das Tageslicht erblickte, das Gefühl hatte, als ob er in der Felsenkluft ein neues Lebenselixier eingesogen hätte. Freudig schritt er nun seiner Behausung zu und trat in die elende Hütte, als sich der Tag zu neigen begann.

Sobald ihn die ausgezehrten Kinder erblickten, schrien sie ihm einmütig entgegen: „Brot, Vater, einen Bissen Brot! Du hast uns so lange darben lassen!"

Das abgehärmte Weib saß in einer Ecke und weinte, fürchtete das Schlimmste und vermutete, dass der Ankömmling schlechte Nachrichten bringen werde. Er aber reichte ihr freundlich die Hand und ließ sie Feuer machen auf dem Herd; denn er hatte in Reichenberg Grütze und Hirse gekauft, wovon die Mutter nun einen so steifen Brei kochen musste, dass der Löffel darin stand. Nachdem sie alle gesättigt waren, berichtete er von dem guten Erfolg seines Geschäftes.

„Deine Vettern", sagte er, „sind redliche Leute, sie haben mir nicht meine Armut vorgehalten, haben mich nicht verkannt oder mich schimpflich abgewiesen, sondern mich freundlich beherbergt, Herz und Hand für mich geöffnet und hundert bare Taler vorschussweise auf den Tisch gezählt."

Da fiel der guten Frau ein schwerer Stein vom Herzen, der sie lange gedrückt hatte. „Wären wir", sagte sie, „eher zu den Vettern gegangen, hätten wir uns manchen Kummer ersparen können." Hierauf rühmte sie ihre Verwandtschaft, von der sie vorher wenig

Gutes erwartet hatte, und war recht stolz auf die reichen Vettern.

Der Mann ließ ihr nach so schweren Zeiten gern die Freude, die ihrer Eitelkeit so schmeichelhaft war. Als sie aber nicht aufhörte, die reichen Vettern zu loben, hatte Veit schließlich doch genug von den Lobgesängen auf die Geizhälse und sprach:

„Als ich bei deinem Vetter, dem Schmied, war, weißt du, was er mir für eine Lehre gab? Jeder, sagte er, sei seines Glückes Schmied, und man müsse das Eisen schmieden, solange es heiß sei; drum lass' uns nun die Hände rühren und unserem Beruf fleißig nachgehen, damit wir in drei Jahren den Vorschuss nebst den Zinsen zurückzahlen können."

Darauf kaufte er einen Acker und einen Heuschlag, dann wieder einen und noch einen, und so fort – es war, als ob in Rübezahls Geld eine besondere Kraft wirke. Veit säte und erntete, wurde wohlhabend, und immer wieder gelang es ihm, sein Eigentum zu erweitern. Im dritten Sommer hatte er schon ein Herrengut gepachtet, das ihm reichen Ertrag brachte. Kurz, er war ein Mann, dem alles, was er tat, zu gutem Glück gedieh.

Der Zahlungstermin kam nun heran, und Veit hatte so viel zurückgelegt, dass er seine Schulden leicht bezahlen konnte. Er legte das Geld zurecht, und am festgelegten Tag stand er früh auf, weckte das Weib und seine Kinder, ließ sie sich waschen und kämmen und ihre Sonntagskleider anziehen, auch die neu-en Schuhe und die neuen scharlachroten Mieder und Brusttücher. Er selbst zog gleichfalls seinen Sonntagsstaat an und rief zum Fenster hinaus: „Hans, spann an!"

„Mann, was hast du vor?", fragte die Frau, „es ist heute weder Feiertag noch ein Kirchenfest. Wo gedenkst du uns hinzuführen?"

Er antwortete: „Ich will mit euch die reichen Vettern besuchen und dem Gläubiger, der mir durch seinen Kredit wieder auf die Beine geholfen hat, Schuld und Zins bezahlen, denn heute ist der Zahltag!"

Das gefiel der Frau; sie putzte sich und die Kinder stattlich heraus. Damit die reichen Vettern eine gute Vorstellung von ihrem Wohlstand bekämen und sich ihretwegen nicht schämen müssten, band sie sich eine Schnur um den Hals, an der gekrümmte Dukaten aufgezogen waren. Veit schnürte den schweren Geldsack zusammen und nahm ihn zu sich. Dann saßen sie auf, Hans peitschte die vier Hengste an, und sie trabten mutig gen Riesengebirge.

Vor einem steilen Hohlweg ließ Veit den Wagen anhalten, stieg ab und ließ die anderen Gleiches tun. Dann gebot er dem Knecht:

„Hans, fahr langsam den Berg hinauf, oben bei den drei Linden sollst du auf uns warten, und wenn es auch spät wird, so soll dich das nicht kümmern, lass die Pferde verschnaufen und einstweilen grasen. Ich kenne hier einen Fußpfad, er ist etwas unbequem, doch lustig zu wandeln!"

Darauf schlug er sich in Begleitung seines Weibes und der Kinder waldeinwärts durch dicht gewachsenes Gebüsch und spähte hin und her, sodass die Frau meinte, ihr Mann habe sich verirrt, und ermahnte ihn darum, zurückzukehren und der Landstraße zu folgen. Veit aber hielt plötzlich inne, scharte seine sechs Kinder um sich und sagte:

„Du meinst, liebe Frau, dass wir zu deiner Verwandtschaft ziehen – aber danach steht jetzt nicht mein Sinn. Deine reichen Vettern sind Knauser und Schurken, die mich, als ich einst in meiner Armut Trost und Zuflucht bei ihnen suchte, verhöhnt und mit Übermut abgewiesen haben.

Hier wohnt der reiche Vetter, dem wir unseren Wohlstand verdanken, der mir nur auf mein Wort hin das Geld geliehen hat, das in meiner Hand so wohl gediehen ist. Auf heute hat er mich herbestellt, damit ich ihm Kapital und Zins zurückerstatte. Wisst ihr nun, wer unser Gläubiger ist? Der Herr vom Berge, Rübezahl genannt!“

Die Frau erschrak heftig bei diesen Worten, schlug ein großes Kreuz, und auch die Kinder gebärdeten sich ängstlich vor Furcht und Schrecken, dass sie der Vater vor Rübezahl führen wollte. Sie hatten viel von ihm gehört, auch dass er ein scheußlicher Riese und Menschenfresser sei.

Veit erzählte ihnen nun sein ganzes Abenteuer, pries Rübezahls Mildtätigkeit mit dankbarem Herzen und so inniger Rührung,

dass ihm die Tränen über die freundlichen rotbraunen Backen herabliefen.

„Bleibt ihr hier“, fuhr er fort, „jetzt geh’ ich in die Höhle, um unseren Handel abzuschließen. Fürchtet euch nicht, ich werde nicht lange weg sein, und wenn ich den Gebirgsherrn überreden kann, bring’ ich ihn zu euch. Scheut euch nicht, eurem Wohltäter treuherzig die Hand zu schütteln, ganz gleich ob sie schwarz und rußig ist; er tut euch nichts zuleide und wird sich gewiss wegen seiner guten Tat und unseres Dankes freuen.“

Auch wenn seine Frau und die Kinder ihn nicht gehen lassen wollten, so riss er sich doch mit Gewalt von ihnen los und gelangte zu dem wohl bekannten Felsen. Er fand alle Merkzeichen der Gegend wieder, die er sich damals eingeprägt hatte; die alte halb abgestorbene Eiche, an deren Wurzel die Kluft sich öffnete, stand noch, wie sie vor drei Jahren gestanden hatte, doch von einer Höhle war keine Spur mehr vorhanden. Veit versuchte es auf alle Arten, sich den Eingang in den Berg zu eröffnen; er nahm einen Stein und klopfte an dem Felsen; er zog den schweren Geldsack hervor und klingelte mit den harten Talern; er rief so laut er nur konnte:

„Geist des Gebirges, nimm zurück, was dein ist“, doch der Geist ließ sich nicht blicken. Also musste der ehrliche Schuldner mit seinem Säckel wieder umkehren.

Sobald ihn das Weib und die Kinder erblickten, eilten sie ihm freudig entgegen; er

aber war sehr bekümmert, dass er sein Geld nicht hatte abliefern können, setzte sich zu den Seinen auf eine Lichtung und überlegte, was nun zu tun sei.

„Ich will", sprach er, „den Geist bei seinem Schimpfnamen rufen; wenn's ihn auch ärgern mag – soll er mich ruhig schlagen, aber auf diesen Ruf hört er gewiss!" Er schrie darauf: „Rübezahl! Rübezahl!"

Doch alles Rufen war umsonst – der Berggeist kam nicht.

Die Familienkarawane trat nun den Rückweg an, und Vater Veit ging betrübt auf der breiten Landstraße vor sich hin. Da erhob sich vom Wald her ein sanftes Rauschen in den Bäumen, kam als Brausen näher, und der Wind schüttelte die Äste, trieb dürres Laub und Grashalme vor sich her und kräuselte kleine Staubwolken empor. Unter dem dürren Laube wurde auch ein Blatt Papier über den Weg geweht, auf das eines der Kinder Jagd machte. Doch immer wenn Veits kleiner Sohn danach griff, hob es der Wind auf und führte es weiter, sodass er es nicht fassen konnte. Darum warf er schließlich seinen Hut danach, der es auch bedeckte. Weil es nun ein schöner weißer Papierbogen war und der sparsame Vater jede Kleinigkeit in seinem Haushalt auszunutzen pflegte, brachte ihm der Knabe den Fund, um sich ein kleines Lob zu verdienen. Als Veit aber das zusammengerollte Papier aufschlug, um zu sehen, was es wäre, fand er, dass es der Schuldbrief war, den

er dem Berggeist ausgestellt hatte, von oben eingerissen, und unten stand geschrieben: Zu Dank bezahlt.

Als Veit das sah, rührte es ihn in der Seele, und er rief mit freudigem Entzücken: „Freue dich, liebes Weib, und ihr Kinder – freut euch! Er hat uns gesehen, hat unseren Dank gehört; unser guter Wohltäter, der uns unsichtbar umschwebte, weiß, dass Veit ein ehrlicher Mann ist. Nun lasst uns mit frohem Herzen heimkehren."

Eltern und Kinder weinten noch viele Tränen der Freude und des Dankes, bis sie wieder zu ihrem Fuhrwerk gelangten, und weil die Frau unbedingt noch ihre Verwandten besuchen wollte, um die filzigen Vettern mit ihrem Wohlstand zu beschämen, so rollten sie den Berg hinab, gelangten abends ins Dorf und hielten beim Hof eines der Vettern an.

Veit klopfte herzhaft an die Tür und fragte nach dem Wirt. Es kam aber ein unbekannter Mann zum Vorschein; von diesem erfuhr Veit, dass die reichen Vettern ausgewirtschaftet hatten. Der eine war gestorben, der andere verdorben, der dritte davongegangen, und ihre Stätte ward nicht mehr gefunden.

Veit übernachtete nebst seiner Gesellschaft bei dem gastfreundlichen Hauswirt, der ihm und seiner Frau das alles genauer erzählte, kehrte Tags darauf in seine Heimat zurück, nahm zu an Reichtum und Gütern und blieb sein Leben lang ein redlicher Mann. ■

Der Schwarze Friedrich

Vor langer Zeit hauste in der Gegend von Liegnitz am Fuß des Riesengebirges eine Räuberbande, die das ganze Land in Furcht und Schrecken versetzte. Sie bestand aus verwegenen Gesellen, aber der Räuberhauptmann stellte sie alle in den Schatten. Wo er seinen Zufluchtsort hatte, das wusste keiner, er war nur unter dem Namen „Schwarzer Friedrich" bekannt. Das auf ihn ausgesetzte hohe Kopfgeld wollte sich niemand verdienen, zu groß war die Furcht vor dem gefährlichen Gesellen.

Da erschien eines Tages in einem Dorf bei Liegnitz ein gut aussehender junger Mann, dessen Freundlichkeit und Bescheidenheit den Bewohnern umso mehr gefiel, als die Ausgaben, die er sich gestattete, erkennen ließen, dass er nicht gerade arm war.

In der Schenke hatte er Quartier genommen, und man konnte bald bemerken, dass er ein Auge auf die hübsche Wirtstochter geworfen hatte – und umgekehrt. Man betrachtete beide bald als ein Paar, und auch die Eltern schienen nichts dagegen zu haben, denn obwohl sie von dem Fremden nichts Näheres wussten, gestatteten sie doch, dass er mit ihrer Tochter sogar allein verkehrte, dass er sie ins Feld und auch in die Kirche nach Liegnitz begleiten durfte, denn das Dörfchen hatte keine eigene Kirche.

So geschah es denn auch eines Sonntags – aber o Schrecken! – das Paar kehrte nicht zurück. Man suchte überall, wo das Mädchen geblieben sein könne, aber nirgends fand sich eine Spur. Da verbreitete sich in dem Dorf das Gerücht, dass der Schwarze Friedrich gesehen worden sei, wie er, ein Mädchen in den Armen haltend, davongeritten sei. Allen war klar, dass dies die Wirtstochter gewesen war. Nicht der junge Mann, sondern der Räuberhauptmann selbst hatte ein Auge auf das Mädchen geworfen und der schöne Jüngling hatte nur die Rolle eines wohlhabenden Liebhabers gespielt, um eine Gelegenheit herbeizuführen, es in die Hände seines Hauptmanns zu liefern. Man kann sich die Verzweiflung der Eltern denken, denn es wurde nichts wieder von der Tochter gehört.

Der Räuber hatte das Mädchen in seine Höhle entführt und nahm ihr den fürchterlichen Eid ab, diese ohne sein Wissen nie zu verlassen, andernfalls würde er sie langsam zu Tode martern und auch ihre Eltern töten. Da das Mädchen ganz in der Gewalt des Gefürchteten war, leistete sie den Schwur und diente ihm fortan als Frau und Magd. Das geschah nun lange Zeit, während der sie das Tageslicht nur selten zu sehen bekam.

Das wäre noch zu ertragen gewesen, wenn nur die gräuliche Gefangenschaft nicht gewesen wäre, denn Schmuck und Ähnliches brachte ihr der Schwarze Friedrich zur Genüge und er war auch sonst wohl ein ganz umgänglicher Mensch. Was sollte sie aber mit all den schönen Dingen, wenn sie niemand zu sehen bekam?

230

Da geschah es eines Tages, dass sie der Schwarze Friedrich jenen fürchterlichen Eid noch einmal ablegen ließ, denn er hatte einen großen Zug nach Böhmen vor und wollte längere Zeit wegbleiben.

Als er Abschied genommen hatte, schoss ihr ein Plan zur Flucht durch den Kopf. Aber nein, das ging ja nicht, denn daran hinderte sie ihr Eid. Sie hatte geschworen, die Höhle nicht zu verlassen; aber wie, wenn sie wieder dahin zurückkehrte? Dann verließ sie die Höhle ja nicht wirklich und brach ihren Eid nicht.

Dieser Gedanke war kaum gedacht, als sie ihn schon auszuführen beschloss, denn da gerade Sonntag war, wollte sie nur die Kirche in Liegnitz besuchen. Und so fest stand ihr Entschluss, ihren Eid zu halten, also auch wieder in die Höhle zurückzukehren, dass sie sogar ein Säckchen mit Erbsen mitnahm, von denen sie nach und nach hinter sich ausstreute, damit sie so den Rückweg finde.

Mit einem der vielen Nachschlüssel, die in der Höhle vorhanden waren, öffnete sie die eiserne Tür, womit der Zugang verschlossen war, und schlug den ersten besten Fußweg ein, den sie fand, denn sie meinte, er würde sie schon irgendwohin führen, von wo aus sie Liegnitz sehen könne, denn dass sie nicht allzu weit davon entfernt war, das wusste sie ja. Sie hatte sich auch nicht geirrt, denn es dauerte keine Stunde, da sah sie die Türme der Stadt und ging nun rasch darauf zu. Sie hätte auch in ihr Heimatdorf gehen können, aber sie wagte nicht, ihren Eltern unter die Augen zu treten, außerdem fürchtete sie, von diesen zurückgehalten zu werden, und dann hätte sie ja ihren Eid gebrochen.

So kam sie nun also zur Stadt und betrat eine der Kirchen. Hier war gerade Gottesdienst, und sie sank auf die Knie, inbrünstig zu Gott betend, dass er sie erleuchten und ihr den rechten Pfad zeigen möge, den sie einschlagen solle. Und da kam es in der Tat wie eine Erleuchtung über sie, wie sie den schändlichen Räuber der Gerechtigkeit ausliefern könnte, ohne ihren Eid zu brechen. Vor einem steinernen Heiligenbild kniete sie nieder und betete laut, sodass es alle umstehenden Leute hören konnten:

„Dir, o Stein, dir will ich heimlich sagen,
wonach all die Leute nutzlos fragen:
Wer da will die Räuberhöhle sehen,
folge nur, dann kann es leicht geschehen,
dass der arge Räuber wird gefangen
und für seine Taten wird gehangen."

Danach stand sie auf und lief zur Kirche hinaus, ohne jemand anzusehen. Man hatte sie aber verstanden, und wie ein Lauffeuer ging es durch die Stadt. Erst folgten ihr nur wenige, dann aber liefen immer mehr hinzu, die sich bewaffnet hatten, und endlich war es eine ganze Truppe.

Dem Mädchen zeigten die Erbsen den Rückweg. Aber welch ein Schrecken fuhr ihr in die Glieder, als sie die Tür zur Höhle offen stehen sah und eine wütende Stimme ihren Namen rufen hörte! Der Räuber war zurückgekehrt, da er den Zug ins Böhmerland noch hatte aufschieben müssen.

Es blieb ihm jedoch keine Zeit, über die Verräterin herzufallen, denn nun drangen die Leute in die Höhle ein, überwältigten ihn nach hartnäckiger Gegenwehr und führten ihn gefangen nach Liegnitz. Das Mädchen indes erhielt den vom Rat der Stadt ausgesetzten hohen Preis ausbezahlt und kehrte zu seinen Eltern zurück. Der schändliche Räuber aber wurde hingerichtet. So geschah es im Jahr 1661. ■

231

Die Männer im Zottenberg

Im 16. Jahrhundert lebte in Schweidnitz ein Mann mit Namen Johannes Beer. Im Jahr 1570, als er einmal auf den nahe gelegenen Zottenberg ging, bemerkte er dort eine Öffnung. Als er hineinging, wehte ihm ein starker Wind entgegen. Erschrocken kehrte er um. Bald darauf jedoch, an einem Sonntag, beschloss er, die Höhle von neuem zu untersuchen. Er kam in einen engen, geraden Felsgang und ging einem Lichtstrahl nach, der in der Ferne schimmerte. Schließlich gelangte er zu einer verschlossenen Tür, in der sich eine Glasscheibe befand, durch die das wundersame Licht schien. Nachdem er dreimal angeklopft hatte, wurde ihm geöffnet, und er sah in der Höhle an einem runden Tisch drei große ausgemergelte Männer in altdeutscher Tracht sitzen, die sehr betrübt aussahen und zitterten. Vor ihnen lag ein Buch, das in schwarzen Samt gebunden war und goldene Beschläge hatte. Er sprach sie an mit: „Friede sei mit euch!" und bekam zur Antwort: „Hier ist kein Frieden!"

Er trat ein Stück vor und rief nochmals: „Friede sei mit euch im Namen des Herren!"

Sie antworteten: „Hier ist kein Frieden."

Er trat an den Tisch und sprach erneut: „Friede sei mit euch im Namen des Herrn Jesu Christi."

Darauf blieben sie stumm. Auf Beers Frage, wer sie seien, antworteten sie jedoch, sie würden sich selbst nicht kennen und sie erwarteten das Jüngste Gericht und den Lohn für ihre Taten.

Auf die Frage, was sie zu Lebzeiten getrieben hätten, zeigten sie auf einen Vorhang, hinter dem allerlei Gewehre hingen sowie Menschengerippe und Schädel.

Beer fragte, ob sie sich zu ihren Werken bekennen würden und ob sie ihre bösen Taten bereuten.

Und sie sagten: „Wir wissen es nicht!"

In alten schlesischen Chroniken wird tatsächlich ein Raubschloss auf dem Zottenberg erwähnt, dessen Ruinen noch zu sehen sind. ■

Der Skarbnik

Ein armer, kranker Bergmann aus Godullahütte konnte wegen seiner schwachen Gesundheit nur wenig arbeiten und verdiente kaum etwas. In seiner Not rief er den Berggeist, den Skarbnik, damit er ihm helfe. Bald darauf sah er neben sich ein kleines Männchen, das ein tiefes Loch in die Kohlenwand stieß und den Sprengschuss abfeuerte. Das Ergebnis war so gut, dass der Bergmann an einem Tag so viel förderte wie früher kaum in einer Woche. So arbeiteten sie gemeinsam ungefähr vier Wochen. Als der Lohn ausgezahlt wurde, setzten sie sich beide zusammen auf ein Brett über einem tiefen Schacht. Gewissenhaft teilte der Bergmann das Geld, bis schließlich genau ein Pfennig übrig blieb. Diesen wollte der Bergmann seinem fleißigen Helfer überlassen. Der aber lehnte ab. Nun schlug der Bergmann vor, das Geldstück zu teilen. Da sprach der Berggeist: „Weil du so ehrlich gewesen bist, so behalte du nicht nur den Pfennig, sondern den ganzen Lohn. Wehe dir, wenn du unehrlich gewesen wärest! Sieh dich einmal um, worauf du sitzt." Da wurde der Bergmann kreidebleich, denn er sah, dass er auf einem Strohhalm saß. ∎

Der Name von Krebsjauche

In der Nähe von Frankfurt an der Oder liegt das Dorf Krebsjauche. Hier trafen sich einmal ein Fuchs und ein Krebs, die miteinander wetteten, wer am schnellsten laufen könne. Da machten sich beide auf, und der Fuchs, der seines Sieges gewiss war, ging ganz langsam voraus. Der Krebs aber hängte sich leise und ohne dass es der Fuchs bemerkte, in die Haare der Rute des Fuchses. So ließ er sich von dem Fuchs mitschleifen. Als sie nun nah am Ziel waren, kroch der Krebs tiefer in die Haare hinein und kniff den Fuchs mit seinen Scheren so an der Rute, dass dieser wütend mit ihr um sich schlug. Der Krebs jedoch wartete den richtigen Augenblick ab, ließ los und wurde so mit aller Macht ins Ziel geschleudert. Da rief er vor Freude: „Krebs juchhe."

Als später an dieser Stelle ein Dorf gebaut wurde, nannte man es zum Andenken an die List des Krebses „Krebsjuchhe", woraus dann der jetzige Name entstanden ist. ∎

Das Gespensterhaus von Danzig

In Danzigs vornehmster Straße, der Langengasse, stand lange Zeit ein halbfertiges Haus. An diesem hastete die große Menge von Spaziergängern und Einkaufslustigen, die von früh bis abends hier unterwegs war, nur scheu vorüber. Man erzählte sich, dass jeder, der es wage, in diesem Haus eine Nacht zu verbringen, am Morgen einen Geldbeutel mit Dukaten an seinem Bett vorfinde, aber dass er auch viel Schreckliches erleben müsse. Doch niemand, der die Nacht erlebt hatte und am Morgen mit Dukaten belohnt worden war, war bereit, das Geheimnis des Hauses preiszugeben.

Einmal kam ein Seemann nach Danzig, ein junger Mann vom Rhein, der in einer einzigen Nacht seine ganze Heuer verspielte. Weil er eine Weltreise hinter sich hatte, handelte es sich um eine stattliche Summe. Da überfiel ihn großer Kummer. Zu Hause wartete seine Braut, und mit dem Geld hatte er ein Häuschen bauen wollen. Da tröstete ihn einer der Kumpane, die ihm das Geld abgeknöpft hatten: „Schlaf doch eine Nacht im Geisterhaus, da bekommst du mehr, als du verspielt hast." Der Matrose war Feuer und Flamme und holte sich im Rathaus den Schlüssel für das Gespensterhaus. Die Warnungen des Ratsschreibers schlug er in den Wind.

Mit einem Windlicht ausgerüstet begab er sich abends zu dem Haus. Es war leicht zu finden, da ihm der Dachstuhl fehlte und der Vorbau erst bis zur Hälfte fertig war.

Unheimlich war es schon in den Zimmern mit den vielen Spinnweben, in denen in allen Ecken Mäuse und Ratten raschelten. Aber als mutiger Matrose, der die Stürme auf dem Atlantik kannte und karibischen Seeräubern getrotzt hatte, reinigte er das Bett im Schlafzimmer von einer fingerdicken Staubschicht, stellte das Licht auf den Tisch und legte sich zur Ruhe.

Es dauerte nicht lange, da begann es im Kamin zu rumoren. „Nur heraus, Nachtgespenst", rief der Seemann, „hier liegt einer, der sich mit dir unterhalten möchte."

Und plötzlich stand ein Mann in einem langen schwarzen Talar vor ihm, der behauptete, ein Schwarzkünstler zu sein, der sein Gewerbe in Venedig gelernt habe. Er besitze zum Beispiel die Fähigkeit, ihm jeden Verstorbenen erscheinen zu lassen, und bot dem Matrosen an, dessen Eltern aus dem Grab herbeizurufen. Der Matrose erwiderte, dass es seinen Eltern sehr gut gehe.

Der Magier schien das aber gewusst zu haben, denn nun rückte er mit seinem Vorhaben heraus: „Dann will ich dir die Bewohner dieses Hauses vorführen, sie wurden alle ermordet. Sie wollen so gern wieder einmal die Luft der Oberwelt atmen. Wenn du gestattest, dass sie dir erscheinen, wollen sie dir einen Beutel voll Dukaten bezahlen."

Der Matrose überlegte eine Weile, dann lehnte er ab. Denn es war ihm klar geworden, dass der ungeheure Schrecken, den die Duka-

tenempfänger aus dem Geisterhaus mitnahmen, in der Beschwörung der Ermordeten begründet sein musste.

„Wen soll ich dir dann herbeirufen?" fragte ärgerlich der Schwarzkünstler.

Gut gelaunt, nicht auf den dämonischen Gesellen hereingefallen zu sein, rief der Matrose: „Adam und Eva möchte ich gern hier begrüßen."

Und tatsächlich erschienen Adam und Eva. Sie machten ein sehr trauriges Gesicht, und auf die Frage, was sie denn bekümmere, sagte Adam: „Wir bereuen unseren Sündenfall noch immer, denn wir sind schuld am ganzen Leid der Welt."

Ein Sturm erhob sich, das Licht verlöschte. Der tapfere junge Mann erhob sich vom Bett und tastete sich durch den ganzen Raum, konnte aber niemanden entdecken. Adam und Eva waren mit dem Magier verschwunden. So legte er sich zur Ruhe.

Am nächsten Morgen schaute er zunächst nach der Börse mit Dukaten, denn er meinte, er habe sie sich wohl verdient, auch wenn er den Ermordeten nicht den Gefallen getan hatte, vor ihm erscheinen zu dürfen. Es war aber kein Geldbeutel da, und so ging er betrübt weg. Im Hausflur grinste ihn noch der Schädel des Magiers zum Abschied an, er war vom Rumpf getrennt.

Der Matrose begab sich zum Rathaus und erstattete Bericht. Zu seiner Überraschung händigte ihm der Stadtschreiber einen Beutel mit Dukaten aus: „Du hast das Haus von Gespenstern befreit. Das soll dein Lohn sein."

Über dem Eingangstor seines Hauses am Rhein ließ der Matrose später ein Relief von Adam und Eva anbringen. ▪

Die Wunder der Marienburg

Als die Kreuzherren im Heiligen Land waren und in Jerusalem wohnten, residierten sie genau in dem Haus, in dem sich der Heiland mit seinen Jüngern zuletzt aufgehalten und das letzte Abendmahl zu sich genommen hatte. Als die Ritter wieder nach Deutschland zurückkehrten, nahmen sie von diesem Haus einen behauenen Stein mit sich auf die Fahrt über das Meer und weihten ihn zum Grundstein des Ordenshaupthauses Marienburg. Und darum segnete der Herr diesen Bau, damit er groß, stattlich und herrlich würde. Marienburg steht in all seiner alten Pracht und Schönheit noch heute, während tausende und abertausende andere Schlösser mit der Zeit in Trümmer fielen.

236

Zahlreiche Wunder sind im Schloss Marienburg geschehen, so berichtet es die Sage. Noch weit aus der Ferne zu sehen ist etwa das leuchtende, unglaublich hohe Marienbild, das außerhalb der Schlosskirche steht. Dieses Bild ließ der Hochmeister des Deutschen Ordens, Konrad von Jungingen, dort aufstellen. Ein frommer Meister fertigte es an und machte es zu seiner Lebensaufgabe. Als das Bild vollendet war und an seinen Standort gebracht werden sollte, fiel es dem Meister sehr schwer, sich von ihm zu trennen, da es ihm lieb geworden war. Er zündete also vor dem Bild geweihte Kerzen an, betete davor und weinte bitterlich. Da war ihm, als sehe die Mutter aller Gnaden ihn strahlend an und als winke die Hand aus dem Bild ihm zu, und sein Leben ging vor der Muttergottes im ewigen Frieden zu Ende.

Nach der Schlacht bei Tannenberg, welche die Kraft des Ordens brach, war Marienburg die letzte Zuflucht der Ritter. Der Ort wurde von den Polen hart belagert. Ein Polenfürst aber wurde wütend über das herrliche Marienbild, das wegen seines Goldmosaiks einen besonderen Glanz ausstrahlte. Zudem stand es genau wie das Symbol des ewigen Sieges des Christentums gegen das Heidentum hoch erhoben über den wilden Auseinandersetzungen und Kriegshandlungen. So wollte es der Fürst vernichten oder zumindest verhöhnen und schänden.

„Schieße auf die Maria! Schieße ihr die Augen aus!", gebot der Polenfürst einem seiner Söhne. Und der Sohn spannte die Armbrust, legte den schweren Bolzen auf und zielte auf die Augen des Bildes.

Aber plötzlich senkte er die Armbrust und rief aus: „Vater! Wo ist denn das Bild? Ich sehe es nicht mehr! Mir wird so schwarz vor den Augen!" Der junge Prinz war plötzlich erblindet.

Darüber wurde der Fürst sehr zornig. Er nahm selbst die Armbrust, zielte gut und traf – beinahe. Denn vor dem Bild drehte sich plötzlich der Pfeil, kehrte zurück und fuhr dem Fürsten blitzschnell mitten ins Herz.

Einst gab es auf Marienburg zwei Liebende. Da aber das Haus des Ordens ein Ort sein sollte, wo man der irdischen Lust entsagen sollte, duldete es derartige Gefühle nicht. Die Liebenden wurden in Steine verwandelt, genauso wie Mönch und Nonne in der Nähe der Wartburg in riesige Felsen. Lange hat man auf Marienburg auf diese Steine gezeigt und gesehen, dass sie vor Schmerz noch salzige Tränen weinten. ▪

238

Das Wunschpferd

In den Wäldern Ostpreußens lebt ein Zauberpferd, das den Menschen erscheint, die dringend Hilfe brauchen und die es innig herbeiwünschen. Es ist ein Schimmel, mit dem der Vogt Dietrich zu Drago ritt, dem Fürsten der Altpreußen. Dietrich wollte ihn dazu bewegen, von dem alten heidnischen Brauch abzulassen, nach dem jedes weiße Pferd sofort nach der Geburt getötet wurde. Dietrich hatte ein Kreuz an die Satteltasche gehängt, und als der Schimmel den Dolchstößen der Altpreußen widerstand, beugte sich Drago der Macht des neuen Glaubens. Das Pferd aber riss aus und verschwand in den Wäldern. Die Wunderkraft jedoch nahm es mit sich.

Einmal erkrankte die Frau eines Wirtes in einer abgelegenen Gegend, und ihr Mann machte sich auf den Weg, um den Arzt in Königsberg herbeizurufen. Der Weg aber zog sich und zog sich. Der Mann dachte an seine arme Frau, die von Fieberschüben geschüttelt wurde, und daran, wie weit Königsberg noch entfernt war. Er wünschte sich so sehr, dass ihn doch eine Kutsche überholen möge, die ihn mitnähme, oder dass ein Bauer in der Nähe wäre, der ihm sein Pferd leihen würde. Und als er einen Moment von der Straße aufblickte und zur Seite sah, erblickte er auf einer Koppel ein Pferd. Es war ein Schimmel, der ein altertümliches Sattelzeug trug.

Noch dachte er nicht, dass es das Wunschpferd sei. Er nahm sich einfach in seiner Not die Erlaubnis, sich in den Sattel zu schwingen. Auf dem Rückweg dann wollte er das Pferd wieder auf die Koppel zurückbringen.

Aber als er so auf dem Rücken des Pferdes dahinflog, dessen Hufe kaum den Boden zu berühren schienen, und er viel schneller, als er es für möglich gehalten hatte, die Türme des Doms von Königsberg vor sich auftauchen sah, da glaubte er zum ersten Mal an Spuk. Doch er hatte nicht viel Zeit, um sich Gedanken zu machen, denn plötzlich warf ihn das Pferd in hohem Bogen ab und verschwand im Gebüsch. So stand er nun erneut auf der Landstraße, die Angst um seine Frau bedrückte ihn sehr und das Ziel war wieder in weite Ferne gerückt, denn zu Fuß war es nach Königsberg noch ein großes Stück.

Da kam in schneller Fahrt eine Kutsche aus Königsberg daher. Ein Mann mit Dreispitz beugte sich heraus und fragte: „Ist's hier richtig nach Lapehnen?"

Erst war der Wirt ganz verwirrt. Lapehnen! Das war ja sein Heimatdorf. Welch ein Zufall! Er bejahte und fügte hinzu, dass er der Wirt von Lapehnen sei.

„Ja, genau zu dem will ich. Ich bin Doktor Schneitgut aus Königsberg. Steig ein." Verblüfft nahm der Wirt Platz und schon waren sie unterwegs.

Der Mann aber fuhr fort: „Ein Kind hat mir gesagt, dass eine Frau in Lapehnen dringend einen Arzt benötige. Ich habe mich gleich reisefertig gemacht, und als ich vor die

Tür trat, um bei dem Fuhrunternehmen gegenüber meinen Wagen anspannen zu lassen, stand eine Kutsche vor der Tür. Ich fragte, ob sie für mich sei, der Kutscher bejahte es, und darauf gab ich ihm die Anweisung, nach Lapehnen zu fahren."

„Euer Gnaden", erwiderte der Wirt, „als die Kutsche vor mir auftauchte, sah ich weder Pferd noch Lenker."

Der Doktor beugte sich aus dem Fenster hinaus: „Potz Blitz! Ich sehe sie auch nicht. Wo die nur geblieben sind? Dabei sausen wir dahin, als ob uns der Sturmwind trüge."

„Das Wunschpferd zieht unsichtbar an der Deichsel", antwortete der Wirt.

Bald kamen sie dann nach Lapehnen, der Doktor hatte gute Heilkräuter mitgebracht, und die Frau wurde bald wieder gesund.

Der Wirt glaubte nun sicher, dass er die richtige innere Wunschkraft besitze, um sich nach Belieben das Zauberpferd herbeiwünschen zu können.

Einmal in einer Sturmnacht eilte er hinaus zum Strand, weil sich die Nachricht verbreitet hatte, dass sich ein schöner Dreimaster nähere. Der Wirt dachte, dass dieser gewiss im Sturm zerschellen und das Meer dann viel Strandgut in seine Hände spülen werde. So hoffte er, reiche Beute machen zu können.

Er sah die Lichter des Schiffes wie Irrwische in der Dunkelheit tanzen, einmal Richtung Osten, das andere Mal Richtung Westen, und er rannte am Strand auf und ab, um ja an der richtigen Stelle zu sein, wenn der Segler unterging.

Aber das Schiff hatte den Klabautermann an Bord und überstand das Unwetter. Als der Morgen anbrach, sah man es mit vollen Segeln dem Hafen von Königsberg zustreben.

Todmüde schlich sich der habgierige Wirt nach Hause. Und als ihn seine Füße kaum mehr tragen wollten, da fiel ihm das Wunschpferd ein, und er begann, es mit aller Kraft der Seele herbeizuwünschen.

Und tatsächlich erschien es auch, aber es sah grausig aus, denn es hatte keinen Kopf und war schaumbedeckt. Der Wirt erschrak sehr und nahm sofort Reißaus. Er begriff, dass man das Wunschpferd nicht herbeirufen dürfe, wenn man ein unehrliches Unternehmen im Schilde führte. ∎

Der Zauberwettkampf des alten Dessauer

Der Feldmarschall Fürst Leopold von Anhalt-Dessau ist zu einer Legendenfigur im Volk geworden, hat er doch, indem er im Spanischen Erbfolgekrieg vor Turin und Cassano dem edlen Ritter Prinz Eugen half, Kurfürst Friedrich Wilhelm von Preußen die Königswürde verschafft.

Und so erzählte man sich nicht nur im Norden, in Preußen und Brandenburg, die ihm „lange Kerle" als Grenadiere für den Kampf zur Verfügung gestellt hatten, sondern auch im Süden und in Wien die Geschichte vom alten Dessauer und sang den „Dessauermarsch": „So leben wir … so leben wir." Die Leute behaupteten auch, der alte Dessauer könne zaubern.

Das ärgerte einen alten Zauberer aus Litauen, weil man ihn damit verspottete, dass er sein Handwerk nicht so gut verstünde wie der alte Dessauer. So erschien der alte litauische Magier eines Tages auf dem Gut Norkitten, wo der alte Dessauer lebte. Der Litauer machte nicht viele Umschweife und forderte den Feldmarschall zum Zauberwettkampf heraus. Dieser nahm die Herausforderung an, und der Magier schlug vor, erst möge der Marschall sein bestes Zauberkunststück zeigen. Der Dessauer dachte eine Weile nach, dann schlug er ein und befahl, die große Kutsche, die sechsspännige, fertig zu machen und gefütterte Fußsäcke darin zu verstauen.

Der Magier war sehr erstaunt: „Es ist August und die Hitze ist groß, Exzellenz."

„Ja, mein Lieber, wir fahren über das Kurische Haff nach Memel, und das ist jetzt im August so fest zugefroren wie sonst manchmal im Winter nicht."

Der Dessauer hatte nicht zu viel versprochen. Unter der brennenden Augustsonne fuhr er mit dem Magier über das zugefrorene Kurische Haff, aber das Eis war immer nur genau dort, wo die Kutsche sich im Moment befand. Hinter ihr zerschmolz es so schnell, wie der Zauber seine Kraft verlor.

„Bravo, bravo", zollte der Magier Beifall, „das haben Eure Durchlaucht gut gemacht, im Augenblick kann ich Sie nicht übertrumpfen. Aber bei dem großen Fest, das seine Majestät, der König, jedes Jahr im Schloss von Königsberg veranstaltet, werde ich mein Gegenstück liefern, wenn mir Eure Durchlaucht die Erlaubnis gibt, unter den Gästen zu sein."

Daran werde es nicht fehlen, schmunzelte der Fürst, der mit seiner Leistung als Zauberkünstler durchaus zufrieden war.

Es kam ein sehr strenger Winter. Solche Mengen an Schnee hatte man schon jahrelang nicht mehr in den Straßen von Königsberg gesehen. Die kleinen Häuser verschwanden hinter Bergen von Schnee und Eis.

Am Tag des besagten Festes fuhren vor dem Schloss die Schlitten vor, einer nach dem anderen. Aus ganz Ostpreußen, von allen Gütern und Schlössern waren die Gäste des Königs gekommen. Als das Fest in vollem Gange war, entdeckte der Fürst den Magier

inmitten einer größeren Gruppe adliger Herren. Er steuerte auf ihn zu und forderte ihn auf, nun seine Kunst zu zeigen.

Der litauische Zaubermeister verneigte sich ehrerbietig: „Ihr habt im Sommer den Winter hervorgebracht, ich will Euer Durchlaucht im Winter den Sommer sehen lassen."

Der Fürst wurde ein wenig unruhig, denn insgeheim hatte er gehofft, der Litauer würde sich gar nicht mehr blicken lassen. „Den Sommer also, den Sommer will er mir zeigen … gut, dann hätten wir gleichgezogen."

„Sehr wohl, Durchlaucht", verneigte sich der Zaubermeister zum zweiten Mal, „aber ich werde Euch in die Sommerlandschaft etwas ganz Besonderes hineinstellen."

Der Magier ließ die Gesellschaft an die Fenster des Festsaales treten, die einen guten Blick auf die verschneite Stadt freigaben. Dann legte er seinen Zaubermantel an, nahm den Zauberstab und murmelte einige arabische Sätze. Man hörte ein Sausen, Blitze zuckten über den Schnee, und vor den erstaunten Augen hatte sich, als das scheinbare Ungewitter vorüber war, die Landschaft vollständig verwandelt.

„Das muss Italien sein", hörte man erstaunte Ausrufe, „natürlich, es ist Italien mitten im Sommer", bekräftigten andere. Und wirklich, die großen Linden hatten

die Gestalt von Zypressen und Maulbeerbäumen angenommen, und ein typisches italienisches Gässchen vervollständigte das Bild.

„Italienische Stadt im Sommer während des Winters", murrte der Fürst, der seine Niederlage noch nicht eingestehen wollte, „Eis im Sommer ist besser."

„Belieben Eure Durchlaucht noch den Flecken genauer in Augenschein zu nehmen", drängte der Magier.

Da brach's aus dem alten Dessauer heraus: „Das ist ja Potz Donner das Dorf Cassano, wo ich mit meinem Freund, dem Prinzen Eugen, dem Herzog von Orléans eins auswischte. War das 'ne Geschichte, Herrgottchen … ja, ja, so lebten wir damals."

„Noch einen Augenblick Geduld, Durchlaucht", bat der Magier, „ich will die Szene noch etwas beleben."

Und aus dem Hintergrund marschierten im Stechschritt Grenadiere heran, die „langen Kerle". Eine Musikkapelle folgte ihnen, und Grenadiere und Musikkapelle nahmen Aufstellung vor dem Schloss, und die Instrumente intonierten den Dessauermarsch. Nun schallte es zum Schloss hinauf: „So leben wir … so leben wir." Dann verschwand das Zauberbild. Der alte Dessauer aber wandte sich an den Magier und sagte: „Er hat den Wettstreit gewonnen." ▪

Vineta

Auf der Insel Usedom liegt zwischen den bekannten Seebädern Heringsdorf und Zinnowitz das Dorf Coserow. Die Ansiedlung ist vom Strand der Ostsee durch den Streckelberg abgetrennt. Dieser steigt vom Dorf her schön bewaldet bis etwa dreihundert Meter sanft in die Höhe, fällt Richtung Meer aber ziemlich schroff ab. Die steile Wand ist jedoch keineswegs felsig. Sie besteht nicht einmal aus festem Erdreich, sondern aus losem Dünensand.

Wenn man auf der Höhe steht, sieht man in nicht allzu großer Entfernung vom Strand im Meer eine lang gestreckte, niedrige Insel mit einem Leuchtturm, die Greifswalder Oie. Dahinter auf der linken Seite schimmern bei klarem Wetter ziemlich deutlich die Kreidefelsen der Insel Rügen herüber.

Früher sah es hier anders aus. Die Ostsee reichte nicht bis an den Fuß des Streckelberges, sondern das Land erstreckte sich noch weit hinaus ins Meer. Und darauf lag die große und lebhafte Stadt Vineta, die größte und reichste Handelsstadt des Nordens, das nordische Venedig. Zwar waren die breiten und geraden, meist Richtung Meer weisenden Straßen ungepflastert und schmutzig. Bei schlechtem Wetter war schwer durchzukommen, und vor den Häusern häufte sich der Kehricht, den die Schweine durchwühlten. Dennoch war Vineta für diese Zeit eine prächtige, jedenfalls eine sehr reiche Stadt. Land und Stadt indes wurden vom Meer ver-

schlungen, und nur die Sage berichtet noch von dem einst so mächtigen Vineta.

Hohe Mauern und feste Türme schützten die Stadt, denn nur zu oft hatte sie unter den Nachbarn, den Normannen und Dänen, zu leiden gehabt. Deshalb spähte ein Wächter vorsichtig bei Tag und bei Nacht über Land und Meer, um das kleinste Zeichen einer nahenden Gefahr zu melden.

Die Einwohner waren zumeist Schiffsbesitzer und Handelsherren, die in der Welt umherfuhren und die Erzeugnisse und Kostbarkeiten fremder Länder mitbrachten, um ihre Häuser damit zu schmücken. Da sah man etwa schlanke Säulen aus farbigem Marmor an den Türen, sie stammten aus Italien. Oft hatte auch die Bauart der Häuser etwas Fremdartiges. Man fand hin und wieder südliche Altane und Galerien zwischen niedrigen Bauten und dann wieder spitze gotische Giebel mit reichen geschnitzten Steinarbeiten, mit Bogenfenstern und gewölbten Türen. Selbst Glasscheiben und Glaswaren, ein unerhörter Luxus zur damaligen Zeit in dieser fernen nordischen Gegend, waren gar nicht so selten.

Auch viel fremdes Volk sah man in Vineta, denn so wie die Leute der Stadt auf ihren Schiffen in die entlegensten Länder zogen, so kamen die Fremden auch zu ihnen: Juden und Türken, schwarzäugige Griechen und dunkel gelockte, braune Südländer, und sie blieben oft den ganzen Winter über, wenn die

Schiffe in dem großen Hafen im Eis festgefroren waren. Dann zogen sie mit Gitarrengeklimper an den Türen der schönen Mädchen von Vineta vorüber. Die lauschten in den fernsten Winkeln des Hauses dem ausländischen Spuk mit geheimem Grausen, lächelten aber doch dabei.

Am Abend saßen dann die wilden Südländer in ihren Herbergen und erzählten von den Wundern ihrer lachenden Heimat. Die nordischen Schiffer hörten ihnen zu, schüttelten aber die Köpfe, wenn die Erzähler in ihrem großen Eifer allzusehr auftrugen; hatten doch die meisten selbst diese Wunderländer mit eigenen Augen gesehen. Aber ein großer Teil des Geldes, das die Fremden durch ihren Handel in Vineta gewonnen hatten, blieb auf diese Weise in der Stadt und vermehrte den Reichtum der Wirte.

So reich die Leute von Vineta waren, so stolz und hochmütig waren sie. Nichts war ihnen gut genug, und ihr Übermut kannte bald keine Grenzen mehr. Sie waren zwar Christen, aber eigentlich mehr dem Namen nach als in Wirklichkeit. Sie meinten genug zu tun, wenn sie den Priestern gaben, was diese für die Kirche forderten. Das musste ihnen ja doch im Himmel angerechnet werden, was sollten sie sich noch weiter darum bemühen. So blieben die Kirchen leer, die Zuhörer waren ein paar alte Mütterlein, die obendrein insgeheim mehr an den alten Göttern hingen als an dem Kreuz.

Die Kaufleute glaubten, sich selbst genug zu sein und der Kirche nicht weiter zu bedürfen. So spendeten sie ihr überreichlich Gaben, womit sie sich von allen bösen Wesen loskaufen wollten. Auf diese reichen Spenden beriefen sie sich, wenn die Priester versuchten, sie durch Ermahnungen zur Umkehr zu bewegen, und dazu, ihr sündhaftes Leben und Treiben aufzugeben. Über Drohungen mit dem Strafgericht des Himmels lachten sie nur. Vineta war ein zweites Sodom, in dem wohl kaum ein Gerechter gefunden werden konnte. Und das Strafgericht des Himmels sollte auch nicht ausbleiben.

Es geschah an einem Karfreitag. Wieder hatten die Glocken vergebens die Leute in die Kirchen gerufen. Nur wenige waren dem Ruf gefolgt und diese bewegte meist nicht das Be-

dürfnis, an diesem ernsten Feiertag Buße zu tun. Ein Feiertag war es zwar auch für die Leute von Vineta. Sie aber feierten ihn in Saus und Braus bei festlichen Mahlzeiten. Daher sah auch niemand die außergewöhnlichen bedrohlichen Anzeichen der Natur. Höchstens ein paar arme Fischer, die gewohnt waren, das Wetter zu beobachten, wurden aufmerksam. Und die Zeichen waren äußerst Besorgnis erregend: Angstvoll flatterten die Möwen über dem Meer, und unheimlich krächzten die Raben und Krähen in den Bäumen des Waldes. Ein ängstliches, drückendes Brüten hing über der Erde, und man vermochte nur mühsam zu atmen.

Gegen Mittag dann erhob sich ein Sturm aus Nordost, der von Minute zu Minute an Heftigkeit zunahm. Mit donnerndem Brausen brandeten die Wogen gegen die Dünenwände und die Hafendämme, bald schlugen sie darüber hinweg, und der salzige Schwall ergoss sich über die Umgebung der Stadt. Im Wald brachen die dicken Stämme wie Äste, der Himmel verdunkelte sich und es wurde finster wie am Abend. Aus den schwarzen Wolken prasselte der Hagel und ergoss sich der Regen in Strömen. Immer höher wurden die Wogen und bald war die ganze Gegend nur noch ein riesiger See. Das Wasser drang durch die Tore in die Stadt ein. Da freilich scholl ein Angstruf durch die Straßen, und die ausgelassenen Festgelage wurden jäh unterbrochen.

Plötzlich dröhnte ein gewaltiges Donnern durch das Brausen des Sturms und man wusste nicht, ob es vom Himmel herabkam oder aus der Erde herauf. Gleich darauf öffnete sich ein breiter Erdspalt vom Meer bis tief in den Wald hinein. Ein Teil der Mauern, Hafendämme und Häuser stürzte ein und wurde von den gewaltigen Wassermassen begraben, die durch den Spalt hereindrangen. Da war nicht mehr an Rettung zu denken, umso weniger, als der Sturm die ganze Nacht und den ganzen folgenden Tag fortwütete. Und als der Ostermorgen kam und die Wut der Elemente sich endlich zu legen begann, war Vineta vom Erdboden verschwunden. Wo es in Pracht und Üppigkeit gestanden hatte, umgeben von herrlichen Wäldern und fruchtbaren Wiesen, da flutete und schäumte nun das furchtbare Meer.

Die Fischer auf Usedom wissen noch heute seltsame, wunderliche Dinge von der Stelle im Meer zu erzählen, an der Vineta einst versank. Bei klarem Wetter soll man bisweilen noch tief unten auf dem Meeresgrund die Stadt sehen, namentlich am Ostermorgen. Auch die Glocken sollen lieblich herauftönen. Manche wollen sogar gesehen haben, dass die Stadt aus dem Meer heraussteigt und wie eine Fata Morgana über den Wassern schwebt. Bei stürmischem Wetter aber meidet noch heute jeder Schiffer die Stelle, denn er läuft Gefahr, an den Trümmern der versunkenen Stadt zu zerschellen. ■

Der Herthasee auf Rügen

Auf der Insel Rügen liegt in der Nähe der Kreidefelsen der Stubbenkammer ein dunkler, runder See, „Herthasee" oder auch „Schwarzer See" geheißen. Die Dunkelheit des Sees, so wie sie sich zu manchen Tageszeiten darstellt, kommt aber nur von den dichten Buchenwäldern, welche die Anhöhen bedecken, die den See umgeben. Der Schatten dieser Bäume lässt die Oberfläche beinahe schwarz erscheinen. Sonst ist das Wasser klar und rein, und wenn die Sonne darauf scheint, sieht der See nicht anders aus als andere Seen.

Am Ostufer des Gewässers sieht man eine wallartige Erhöhung, auf der einzelne Bäume stehen; sie wird der „Burgwall" oder die „Herthaburg" genannt. Denn der See und seine Umgebung sollen der Hauptsitz des altheidnischen Herthakults gewesen sein.

Hertha wurde als die Mutter der Erde von verschiedenen norddeutschen Völkern, denen sie Frieden und Fruchtbarkeit brachte, als Göttin verehrt. Wenn, wie jedes Jahr, ihr Umzug stattfand, so hatte jeder Streit zu ruhen und die Waffen wurden abgelegt. Friede und Ruhe herrschten überall, solange der Umzug andauerte und bis die Göttin wieder in ihr geheimnisvolles Heiligtum am See zurückgekehrt war.

Die Göttin hatte ihre Wohnung in der Herthaburg. Jedes Jahr, kurz vor der Ernte, wurde sie in einen verhüllten, von zwei heiligen Kühen gezogenen Wagen gesetzt und von Sklaven durch das Land gefahren. Ehr-erbietig folgte der Oberpriester. Viele sollen sich dann vor die Räder des Wagens geworfen und sich auf diese Weise der Göttin zum Opfer gebracht haben. War der Umzug beendet und die Göttin zur Herthaburg zurückgekehrt, wurde der Wagen in dem See gewaschen. Die Sklaven aber, die den Wagen gefahren hatten, wurden ertränkt: Wer die Göttin gesehen hatte, musste sterben.

Der Göttin dienten zwölf Jungfrauen, die nach einem Jahr geopfert wurden. Zu diesem Zweck mussten sie keusch und rein bleiben, und keine durfte jemals mit einem Mann verkehren. Darüber hatte der Oberpriester zu wachen. Einmal jedoch wurde eine der zwölf Jungfrauen abends im Wald mit einem jungen Mann gesehen. Man ging ihr nach, konnte sie aber weder fassen noch erkennen. Bei der Befragung am nächsten Morgen wollte keine der Jungfrauen ihr Gelübde gebrochen haben, so sehr man auch nachfragte. Da wollten die Priester es auf ein Gottesurteil ankommen lassen. Vor einem großen Stein, der noch heute zu sehen ist, mussten sich alle Jungfrauen aufstellen und dann der Reihe nach über den Stein gehen. Elf Jungfrauen gelang es, aber die zwölfte trat mit dem Fuß ein tiefes Loch in den harten Fels. Und neben diesem Fußabtritt war ein winziger Tritt wie von einen neugeborenen Kind zu sehen. Da war es jedermann klar, dass die Göttin, die über den Frevel erzürnt war, unter den Sohlen der Schuldigen den Stein erweicht hatte, damit

247

das Vergehen an den Tag komme. Die Jungfrau wurde natürlich getötet. Ihre Genossinnen aber wurden am Ende des Jahres in dem heiligen See ertränkt.

Manche Leute glauben ernstlich, dass man noch heute, besonders bei hellem Mondschein, aus der Herthaburg eine schöne Frau hervortreten sehen könne, die sich zum See begebe, um darin zu baden. Sie sei von Dienerinnen umgeben, die sie zum Wasser begleiteten. Sie verschwänden alle in dem See und man höre nur noch das Plätschern. Nach einer Weile kehrten sie dann, in große weiße Schleier gehüllt, in den Wald zurück. Gefährlich aber sei es für denjenigen, der das sähe, denn mit unwiderstehlicher Gewalt ziehe es ihn in den See, in dem die weißen Frauen badeten. Berührte er auch nur das Wasser, so sei es um ihn geschehen: der See verschlinge ihn.

Von der Herthaburg wird auch noch Folgendes erzählt, das mit der Göttin Hertha allerdings wohl nicht zusammenhängt:

Eines Morgens, vor Aufgang der Sonne, wollte ein Bauer aus dem Dorf Schwierenz Hafer nach Bergen zum Verkauf fahren. Als er auf den Weg kam, der von Stubbenkammer nach Ripmerow führt, stand da ein Mann, der ihn fragte, ob er ihm seinen Hafer nicht verkaufen wolle. Der Bauer ging auf den Handel ein und musste dem Fremden folgen. Der führte ihn, so glaubte der Bauer, auf den Weg zum „Burgwall", also zur „Herthaburg". Da

es aber immer noch finster war, konnte er nichts erkennen. So gelangten sie über Zugbrücken und durch Tore vor ein großes Gebäude, nach der Einschätzung des Bauern musste es im Burgwall sein. Da wurden die Pferde abgeschirrt, der Hafer wurde abgeladen und der Bauer von seinem Begleiter in einen Saal geführt.

Dort sah er viele Männer, die wie Soldaten bewaffnet waren, an langen Tischen sitzen. Sie hatten alle den Kopf auf den Arm gestützt und schliefen. Als er eintrat, erwachten sie und fragten, was es Neues in der Welt gäbe. Er antwortete: „Nichts Neues!" und da schliefen sie weiter.

Dann führte ihn der Mann in einen zweiten Raum. Da standen an Krippen viele Pferde und bei jedem der Tiere ein bewaffneter Mann. Die Männer hatten einen Arm auf den Rücken der Pferde gelegt und schliefen ebenfalls. Als der Bauer eintrat, wachten sie auf und fragten wie ihre Kameraden, was es draußen Neues gäbe. Auf die Antwort: „Nichts Neues!" schliefen auch sie weiter.

Nachdem der Führer den Bauern aus dem Gebäude geleitet, ihm das ausgehandelte Geld für den Hafer gegeben und ihn und seine Pferde mit reichlich Nahrung versorgt hatte, fuhr der Bauer ab. Als er hinauskam, war es noch immer finster. Als er aber die Stelle wieder erreichte, an der er am Morgen den Fremden getroffen hatte, ging gerade die Sonne unter. ■

Die schwarze Frau in der Stubbenkammer

In der Stubbenkammer auf der Insel Rügen befindet sich eine große, tiefe Höhle, die „Höhle der schwarzen Frau" genannt wird. Zu ihr windet sich ein schmaler und steiler Pfad, der tief in die Felsen hineinführt. In dieser Höhle sitzt schon seit vielen hundert Jahren eine schwarze Frau, die auf ewige Zeiten dorthin verbannt ist. Früher bewachte sie einen goldenen Becher, und oben auf dem Felsen hielt eine weiße Taube Wache.

Eines Tages vor mehr als hundert Jahren kam auf dem Meer ein Schiff daher. Aus ihm stiegen viele fremde, große Männer, die nach der Höhle der schwarzen Frau fragten. Als man sie ihnen gezeigt hatte, stiegen sie hinauf. Unter ihnen befand sich auch ein Verbrecher, der in seiner Heimat zum Tod verurteilt worden war. Er sollte indes vom König begnadigt werden, wenn er den Becher holte, den die schwarze Frau bewachte.

Die Männer begleiteten den Verbrecher bis auf den Felsenpfad, der zu der Höhle hinführte. Dort lösten sie seine Fesseln, und er musste allein zur Höhle gehen. Er fand sie offen, aber die Höhle war voll heißer, heller Flammen, sodass man es vor Hitze darin nicht aushalten konnte. Mitten in diesem Feuer saß vollkommen still die Frau. Sie war vollständig in schwarze Kleider gehüllt und ein schwarzer Schleier hing vor ihrem Gesicht. Neben ihr lag der Becher aus reinem Gold, den sie bewachte.

Der schlechte Mensch schritt vorsichtig, aber doch eilig, um rasch aus diesem Flammenmeer zu entkommen, auf sie zu und griff nach dem Becher.

Da bewegte sich die schwarze Frau und sagte mit klagender Stimme zu ihm: „Wähle richtig, fremder Mann; wenn du richtig wählst, bin ich auf ewig dein!"

Aber der Mann sah nur den Becher. Er ergriff ihn und verließ schnell die Höhle, denn er hatte die Worte der Frau nicht verstanden. So dachte er nicht daran, dass er die Frau selbst hätte nehmen und erlösen sollen.

Als er auf dem Pfad zurückging, hörte er sie hinter sich tief seufzen und mit trauriger Stimme klagen: „Wehe mir, nun kann mich keiner mehr erlösen." In diesem Augenblick verschwand auch die weiße Taube, und an ihrer Stelle saß ein schwarzer Rabe, der jetzt die ewige Wache hält.

Die schwarze Frau jammerte aber in der Höhle so laut, dass alle Männer sie deutlich hörten, als der Räuber ihnen den goldenen Becher übergab. Sie erschraken sehr und brachten den Becher in die benachbarte Kirche von Bobbin. Dort kann man ihn noch heute sehen.

Andere erzählen, eine Prinzessin habe große Schätze in den Kreidefelsen der Stubbenkammer vergraben. Die Arbeiter jedoch habe sie hinrichten lassen, damit niemand den Ort verraten könne. Zur Strafe für diese Missetat müsse sie nun bei ihren Schätzen ewig Wache halten. Nur am Johannistag komme sie jedes Jahr aus den Felsen hervor und setze sich auf den Königsstuhl. Dort warte sie den ganzen Tag, ob jemand kommen wolle, um die Schätze zu heben und sie zu erlösen. Wie das aber geschehen soll, das weiß niemand. ▪

Die Sieben in Rostock

Rostock, die berühmte Universitäts- und Münzstadt, wurde schon immer wegen ihrer Siebenzahl als merkwürdig bezeichnet.

Die Stadt hatte sieben Tore, sieben Brücken und sieben Hauptstraßen, die alle vom Markt ausgingen. Weiterhin hatte sie sieben Türme und sieben Türen im Rathaus, sieben Portale an der Marienkirche und sieben Glocken an den Uhrwerken. Im Rosengarten, der aus alter Zeit berühmt ist und der sogar in der Sage vom Begräbnis des Minnesängers Heinrich Frauenlob in Mainz erwähnt wird,

standen sieben uralte Linden. Man hat früher wohl manchmal auch Rostock spottend nachgesagt, es habe zu diesen vielen Sieben auch nur sieben Studenten. Und manche sagen, es habe Rostocker Bürger gegeben, die in ihrem ganzen Leben keinen einzigen Studenten gesehen haben.

Seinen alten Namen aber hat Rostock von einem Rosenstock. Die Stadt wurde „urbs rosarum", die Rosenstadt, genannt. Hier ist die Verbindung zu dem oben erwähnten Rosengarten. ▪

Rebundus' Rose im Dom zu Lübeck

In alten Zeiten zeigte in Lübeck eine weiße Rose, die morgens unter dem Stuhlkissen im Chor lag, einem Domherrn an, dass er in nächster Zeit sterben werde. Daher war es Sitte, dass jeder Domherr, wenn er ankam, sein Kissen umdrehte, um zu sehen, ob diese Todesankündigung darunter liege.

Eines Morgens fand einer von den Domherren – er hieß Rebundus – diese Rose unter seinem Kissen. Er entfernte sie jedoch schnell und steckte sie unter das Stuhlkissen seines Nebensitzers, obwohl dieser schon darunter nachgesehen und nichts gefunden hatte. Rebundus fragte ihn daraufhin, ob er nicht sein Kissen umdrehen wolle?

Der andere entgegnete, dass er es schon getan habe. Rebundus aber sagte weiter, er habe wohl nicht richtig hingeschaut und er solle noch einmal nachsehen. Denn es schiene ihm doch, als habe er etwas Weißes unter dem Kissen schimmern sehen.

Hierauf wendete der andere Domherr sein Kissen und fand die Grabesblume. Er sagte zornig, das sei Betrug, denn er habe, gleich als

er gekommen sei, genau hingeschaut und unter seinem Sitz keine Rose gefunden.

Er nahm die Rose und versuchte sie dem Rebundus unter sein Kissen zu stecken. Dieser aber wollte sie sich nicht wieder unterschieben lassen. So bemühten sich beide, dem anderen die Rose aufzudrängen, es entstand ein heftiger Streit und ein Handgemenge unter ihnen.

Endlich mischten sich die anderen Domherren ein und versuchten, die Streithähne auseinander zu bringen. Rebundus wollte aber keinesfalls zugeben, dass er die Rose als Erster gehabt hatte, sondern beharrte starrsinnig auf seiner falschen Aussage.

Da fing der andere Domherr, ungeduldig und verbittert, an zu rufen: „Gott wolle geben, dass der von uns beiden, welcher heute Unrecht hat, anstelle der Rose in Zukunft das Zeichen geben soll. Wenn ein Domherr in nächster Zeit sterben wird, soll derjenige von uns in seinem Grab klopfen, und zwar bis an den jüngsten Tag!"

Rebundus, der diese Verwünschung kein bisschen ernst nahm, sprach frevlerisch: „Amen! So sei es."

Rebundus indes starb kurze Zeit darauf – wie es die Rose angezeigt hatte. Und seit diesem Tag klopfte es unter seinem Grabstein äußerst heftig, sobald das Leben eines Domherrn zu Ende ging. So entstand das Sprichwort: „Rebundus hat sich gerührt, ein Domherr wird sterben!"

Eigentlich war es nicht bloß ein Klopfen, sondern unter seinem sehr großen, langen und breiten Grabstein waren drei Schläge zu hören, die so laut krachten, als ob es donnerte oder drei Schüsse abgegeben würden. Beim dritten Schlag drang der Schall durch die ganze Kirche und krachte so laut, dass man denken konnte, das Gewölbe würde einstürzen und mit ihm die ganze Kirche. Nicht nur in der Kirche, sondern auch in den Häusern in der Nachbarschaft war dieser Schlag deutlich zu hören.

Einmal hat sich Rebundus an einem Sonntag zwischen neun und zehn Uhr genau während der Predigt gemeldet. Es schlug so gewaltig unter der Platte, dass etliche Handwerksgesellen, die genau auf dem Grabstein standen, teils durch das starke Beben des Steins, teils aus Schrecken, herunterstürzten, als ob sie der Donner gejagt hätte.

Beim dritten entsetzlichen Schlag wollte jedermann zur Kirche hinaus fliehen, weil er dachte, sie würde einstürzen. Der Prediger aber fasste sich ein Herz und rief die Gemeinde dazu auf, zu bleiben und sich nicht zu fürchten. Es handele sich nur um ein Teufelsgespenst, das den Gottesdienst stören wolle. Man müsse es verachten und ihm entschlossenen Widerstand leisten.

Wenige Wochen später jedoch starb der Sohn des Dechanten. Denn Rebundus tobt auch, wenn bald ein naher Verwandter eines Domherrn sterben wird. ■

Der Schimmelreiter

Vor langen, langen Jahren setzte einmal in der Gegend von Eiderstedt nach einem sehr strengen Frost im Februar plötzlich starkes Tauwetter ein. Dazu gesellte sich ein furchtbarer Sturm, der aus Nordwesten blies. Er trieb die grimmigen Wogen mit gewaltigen Eismassen auf den Deich zu.

Die Einwohner sahen voll Angst dem kommenden Unglück entgegen. In der Nacht ritt der Deichgraf auf seinem Schimmel mit den Deichleuten zu einer Stelle im Deich, die äußerst gefährdet war, und gab dort ruhig und wohl überlegt seine Befehle. Aber obwohl viele fleißige Menschenhände ohne Unterlass arbeiteten, um zu verhindern, dass der Deich brach, musste der Deichgraf doch einsehen, dass die Mühen auf Dauer vergeblich sein würden.

Der Deichgraf befahl also, an einem Ort, der in einiger Entfernung von der gefährdeten Stelle lag, den Deich zu durchbrechen und die Wassermassen freiwillig einzulassen. So wollte er verhindern, dass größeres Unheil angerichtet würde.

Die Deichleute waren starr vor Entsetzen und weigerten sich, den Befehl auszuführen.

Da fuhr er sie zornig an: „Ich trage die Verantwortung und ihr habt zu gehorchen."

Mürrisch führten sie den Befehl aus, aber als das Meer brausend durch den Deich brach und immer größere Landflächen bedeckte, flammte der Zorn der Friesen auf. Sie bedrohten den Deichgrafen mit den schrecklichsten Verwünschungen. Der aber gab seinem Schimmel die Sporen, und Pferd und Reiter stürzten ins Wasser hinab und wurden nicht mehr gesehen. Bald indes schlossen mächtige Eisschollen den Durchbruch des Deiches, der Sturm legte sich und die Wasser gingen langsam wieder zurück.

Später haben Wanderer in der Nacht einen Reiter auf einem Schimmel auf dem Deich gesehen. Das ist der Deichgraf, der noch immer an stürmischen Tagen wiederkehrt und den Deich entlangreitet, als wolle er die Menschen an der Küste vor einem nahenden Unglück warnen. ◼

König Waldemar

Nicht weit entfernt von Bau stand früher das alte Jagdschloss Waldemarstoft, das der König Waldemar in Sommer und Herbst bewohnte. Dort ging er seinem Lieblingsvergnügen nach, der Jagd.

Einmal ritt der König frühmorgens mit vielen Jägern und Hunden in den Wald. Er jagte sehr erfolgreich, aber je größer die Beute war, desto stärker wurde seine Jagdlust. Der Tag ging seinem Ende zu und noch immer ließ Waldemar nicht ab.

Als es schließlich tiefe Nacht war und die Jagd beendet werden musste, rief der König aus: „O, wenn ich doch ewig jagen könnte!"

Da erscholl eine Stimme aus der Luft: „Dein Wunsch sei dir gewährt, König Waldemar, von nun an wirst du ewig jagen."

Bald darauf starb der König und seit seinem Todestag reitet er in jeder Nacht auf einem schneeweißen Pferd, umgeben von seinen Jägern und seinen Hunden, in einer wilden Jagd durch die Luft dahin. In den Johannisnächten ist er allein zu hören. Doch hört man ihn im Flensburger Stadtgraben auch im Herbst ziehen. Dann ist die Luft voll von Hörnerklang und Hundegebell, von Pfeifen und Rufen – als ob eine Jagd käme. Man sagt dann: „Da zieht König Wollmer!" ◼

Rungholt

In Rungholt auf Nordstrand wohnten früher reiche Leute; sie bauten gewaltige Deiche und wenn sie dann auf ihnen standen, sprachen sie: „Trotz nu, blanke Hans!"

Ihr Reichtum verleitete die Rungholter zu allerlei Übermut. So machten am Weihnachtsabend des Jahres 1300 in einem Wirtshaus die Bauern eine Sau betrunken, setzten ihr eine Schlafmütze auf und legten sie ins Bett. Dann ließen sie den Prediger holen, damit er „diesem Kranken", als den sie das Tier gegenüber dem Geistlichen ausgaben, das Abendmahl reiche. Sie schworen sich, dass, wenn er ihren Willen nicht erfüllte, sie ihn in den Graben stoßen wollten.

Der Prediger aber wollte das heilige Sakrament nicht so fürchterlich missbrauchen. Also besprachen sie untereinander, ob man nicht halten solle, was man geschworen habe. Als der Prediger jedoch bemerkte, dass sie nichts Gutes mit ihm im Sinn hatten, machte er sich stillschweigend davon.

Als er aber nach Hause gehen wollte, sahen ihn zwei gottlose junge Männer, die im Gasthof „Krug" saßen. Sie vereinbarten, dass sie ihm eine Tracht Prügel verabreichen würden, wenn er nicht zu ihnen hereinkäme.

Als er das nicht tat, gingen sie zu ihm hinaus, zogen ihn mit Gewalt ins Haus und fragten, wo er gewesen sei. Und so erzählte er ihnen die Geschichte, die ihm widerfahren war und wie man Gott gelästert habe. Sie fragten ihn, ob er das heilige Sakrament bei sich habe, und baten ihn, es ihnen zu zeigen. Daraufhin gab er ihnen die Büchse, in der er das Sakrament aufbewahrte.

Die frevelhaften Männer jedoch gossen sie voll Bier und sprachen die gotteslästerlichen Worte: „Wenn Gott darinnen ist, muss er mit uns saufen."

Nachdem der Prediger die Büchse auf sein freundliches Bitten hin wiederbekommen hatte, ging er zur Kirche und rief Gott an, dass er diese gottlosen Leute strafen solle. Und tatsächlich: In der folgenden Nacht wurde er gewarnt, dass er aus dieser Region, die Gott strafen wolle, fliehen solle. Er stand auf und ging davon.

Und sogleich erhob sich ein fürchterlicher Sturm, der solche Wassermassen herbeitrieb, dass die Flut hoch über jene Deiche stieg, auf die die Rungholter bis dahin so stolz gewesen waren, dass sie sogar das Meer verspottet hatten. Das ganze Land Rungholt, der Ort selbst und noch sieben andere Dörfer gingen unter. Und niemand kam davon außer dem Prediger und seiner Magd sowie drei Jungfrauen, die am Abend zuvor von Rungholt aus nach Bopschlut zur Kirchmess gegangen waren.

Es gibt aber eine alte Prophezeiung, dass Rungholt vor dem Jüngsten Tage wieder erstehen werde. Denn der Ort steht auf dem Grund des Wassers und seine Türme und Mühlen zeigen sich bei hellem Wetter und sind in den Fluten klar zu sehen. Zeitweise soll auch Glockenklang zu hören sein. ◼

Die Schlacht auf dem Tausendteufelsdamm

König Johann von Dänemark sprach zu dem Herzog, seinem Bruder: „Was unternehmen wir nur, damit wir das reiche freie Dithmarschenland an uns bringen?"

Da antwortete der Herzog: „Wir wollen einen Boten an die sächsische Garde senden, mit deren Unterstützung werden wir die Dithmarscher wohl besiegen."

Und sie sandten einen Boten auch in die Marsch und kündigten dem Volk an, dass der König drei feste Schlösser im Land haben wolle. Dazu waren aber die Bauern keinesfalls bereit. Und der Bote ging zurück nach Rendsburg, wo der König lagerte und wo er aus Jütland, aus Fünen, aus Holstein und aus Deutschland ein mächtiges Heer sammelte.

In deutschen Landen gab es Soldknechte, eine ganze Schar vom Rhein, aus Franken und aus Sachsen. Sie hatten sich zusammengetan und nannten sich die sächsische Garde.

Und als die Garde zum Königsheer stieß, fragte sie: „Herr König, wo liegt denn das, Dithmarschen? Liegt es im Himmel droben oder unten auf der Erde?"

Da sprach der König: „Es ist nicht an den Himmel gekettet, es liegt auf Erden."

Darauf antwortete die Garde: „Herr König, wenn das Dithmarschenland nicht an den Himmel gekettet ist, so soll es bald uns gehören."

Da ließ der König die Fahnen hissen und die Trommeln schlagen und zog mit dem Heer von zwölftausend Mann auf das tiefe Land zu. Zuerst zog das Heer nach Windbergen, da lag es eine kleine Weile und rastete, danach zog es weiter nach Meldorf und trieb übermütige und grausame Streiche mit der Bevölkerung. Die Soldaten hissten die Fahne des Königs oben auf dem Turm und hängten ihre Schilde über die Mauer – alles den Dithmarschern zum Hohn.

Die Dithmarscher besaßen nur eine kleine Schar von tausend Streitern und wichen zurück bis an die Hemmingstedter Brücke. Da war noch ein alter Wall und es gab tiefe Gräben, die schlammig und voll Wasser waren. In der Nacht errichteten die Dithmarscher ein Bollwerk: Sie stopften die Lücken des alten Erdwalls mit Moos, Schlamm und Binsen, brachten Pfähle an und erwarteten so tapfer den Feind.

Der kam im Morgengrauen voll Kampfesmut heran und die Dithmarscher warfen ihm einen Steinhagel entgegen. Die Feinde aber versuchten, möglichst schnell den Graben zu überwinden. Sie banden Speere zusammen, und quer darauf warfen sie wieder Speerbündel. Darauf gingen sie hinüber, wurden aber niedergestürzt und niedergeschmettert. Viele wollten im Sprung auf den Wall heraufkommen und schwangen sich am Schaft der Lanzen empor. Aber die meisten sprangen zu kurz. Wem indes der Sprung gelang, wurde auf dem Wall empfangen und fand den sicheren Tod. Da leuchtete mancher alte Morgenstern vom Bornhöveder Schlachttag wieder

257

hell, und manche verrostete Klinge von damals schliff sich blank an den Helmen und Panzern des Feindes.

Aber plötzlich verbreitete sich ein Angst- und Schreckensruf unter den kämpfenden Dithmarschern: „Umgangen! Wehe! Wir sind umgangen!" Von hinten heran zogen jetzt die Feinde, die an anderer Stelle den Wall überklettert hatten, und den Dithmarschern drohte der sichere Tod.

Da trat plötzlich eine Jungfrau der Dithmarscher hervor, die in der Hand eine Fahne mit dem Bild des Heilands hielt und laut rief: „Hilf uns, Maria, gebenedeite Mutter Gottes, dann gelobe ich dir ewige Keuschheit!" Weiter rief sie: „Mir nach! Auf sie!" und stürmte mit der Fahne und einem Schwert mit fliegenden Haaren auf den Feind zu.

Da gab es wieder einen harten und fürchterlichen Kampf, der lange nicht entschieden wurde. Doch die Übermacht der Feinde war zu groß. Schließlich aber erbarmte sich Gott und sandte die Flut. Die wälzte sich heran, drückte an die Schleuse, brach sie und ergoss sich über die Felder von Hemmingstedt.

Als die Bauern die Wogen daherbrausen sahen, erfasste sie neue Kampfeslust. Sie bezogen wieder Stellung hinter dem Tausendteufelsdamm, wo sie vor der Flut sicher waren, und schlugen auf den Feind ein, der von allen Seiten vom Wasser bedrängt wurde.

Es gab einen Gardenführer, den sie den langen Jürgen nannten. Er war ein mutiger Mann, der seinen Hengst anspornte und auf den Wall ritt, von wo er rief: „Wer es wagt, sich mit mir zu messen, der komme heran!"

Und es gab einen Bauern, der Reimer von Wiemerstede hieß. Er sprang vor, schlug mit seiner Mordaxt den Speer des Junkers zur Seite und schlug dieselbe Axt in dessen Panzer. Dort saß die Axt so fest, dass er sie nicht wieder herausziehen konnte. Da riss Reimer den Junker mit dem Axtstiel zu Boden, wo er auf das Eisen trat und es dem Gardenführer fünf Zoll tief in den Leib hineintrieb.

Von den anderen Feinden fanden sich nach dieser wilden Schlacht zahllose Tote. Viele waren jedoch auch von den Wogen verschlungen worden. Man fand fünf Tote aus dem Geschlecht von Rantzau, sieben von Ahlefeld, vierzehn von Wakkerbarth. Der König entfloh mit einem Schiff.

Lange noch wurden Lieder von dieser Schlacht auf die sächsische Garde, auf den langen Jürgen, auf die kühne Maid und auf Reimer von Wiemerstede in Dithmarschen gesungen. ■

Der Jungfernstuhl

Als die elftausend Jungfrauen unter Anführung der heiligen Ursula aus Albion gen Köln zogen, kamen sie auf ihrer Meerfahrt auch nach dem grünen Helgoland und landeten dort. Aber die Einwohner verfolgten einige an das Land Gekommene, dass sie nicht wussten, wie sich retten. Da eilten sie an den Strand und sprangen auf das Wasser. Darin gingen sie nicht unter, sondern es hob sich ein Fels unter ihren Füßen, auf dem sie ruhten, bis ihr Schiff herankam und sie aufnahm. Dieser Fels hat davon den Namen Jungfernstuhl erhalten. Um ihn her wurden noch lange Jahre die Fußstapfen der Jungfrauen tief in den Boden eingedrückt gesehen. Zur Strafe verwünschten die Jungfrauen alles auf der Insel, außer die Menschen. Da verwandelte sich alles Gerät in Stein.

Als später Helgoland doch christlich geworden war, hielten seine Bewohner fest am alten Glauben. Da sandte der König einen Mönch, welcher Luthers Lehre angenommen hatte, diese Lehre dort zu predigen. Aber die Einwohner stürzten ihn von einem Felsen herab in das Meer. Da wuchs ein steinernes Gebilde aus der Tiefe, ganz wie ein Mönch gestaltet, und auf der Klippe ging der Geist des Bekehrers um und predigte mit einer Donnerstimme so lange, bis sich die Leute schließlich doch zur neuen Lehre bekehrten. Da hatte der Geist Ruhe, aber der steinerne Mönch blieb als ein sonderbares Wahrzeichen stehen. ■

Der Hagedornbusch

Die Leute erzählen sich, dass es einst Gehölze auf Sylt gegeben habe. Zeugnis dafür legt der Hagedornbusch ab, der im Südosten des Dorfes Kampen steht.

Früher war das ganze Tal bis zur Wuldemarsch hinunter mit solch einem Gebüsch bedeckt. Das Gehölz hieß das Wolderholz oder der Klawenbusch, und die Bauern pflegten aus den krummen Zweigen Teile für ihr Pferdegeschirr zu schneiden.

Aber die Einwohner des Dorfes, auf deren Gebiet das Gehölz lag, waren besorgt, dass Leute aus andern Dörfern ihnen zuvorkommen und zu viel von dem Holz schneiden würden. Sie gönnten es ihnen nicht, dass sie sich an ihrem Busch bedienten. Auch untereinander schauten sie argwöhnisch auf den Nächsten und meinten, der eine habe vielleicht unnötigerweise sein Pferdegeschirr erneuert oder sich überhaupt zu reichlich mit Holz eingedeckt.

Und weil deshalb jeder dem anderen zuvorkommen wollte und jeder sich über seinen eigentlichen Bedarf hinaus mit so viel Holz versorgte, wie er nur konnte, wurde schließlich durch den Eifer der Kampener selbst das ganze Wolderholz bis auf besagten Hagedornbusch abgeholzt und ausgerottet. Da kamen sie endlich zur Besinnung.

Wahrscheinlich ist der Strauch bis auf den heutigen Tag stehen geblieben, um die Nachkommen vor zu viel Eigennutz und Neid zu warnen. ■

Wiebke Kruse

Im Dreißigjährigen Krieg überschwemmten Tilly und Wallenstein, die Feldherren des Kaisers, ganz Norddeutschland mit ihren kriegerischen Scharen und drohten, den protestantischen Glauben auszurotten. Da ergriff auch der ganze niedersächsische Kreis Partei für den bedrohten Glauben und der dänische König Christian IV. stellte sich an die Spitze des Heeres. Bei Lutter am Barenberg in der Region Braunschweig wurde er aber von Tilly vernichtend geschlagen und musste sich eilig zurückziehen.

Er zog sich zu seinen Schiffen zurück und floh. Als er aber bei Büsum in Holstein landen wollte, rotteten sich die Bauern aus Dithmarschen zusammen, bewaffneten sich in aller Eile mit Spießen und Knüppeln und eilten an den Strand, um die Landung zu verhindern. Denn sie glaubten, dass es kaiserliche Schiffe seien, die nun auch sie bedrohten.

Christian hatte keine Ahnung von dem Unheil, das ihn hier erwartete. Mit seiner Begleitung hatte er die Boote bestiegen und ruderte heran. Er war völlig überrascht, als er sich an Land von einer schreienden, offenbar feindseligen Menge empfangen sah, die drohend ihre Waffen schwang. Rasch trat er den Bauern entgegen

und wurde so von seinen zögerlichen Gefährten getrennt. Das wütende Volk umringte ihn, und obwohl er jetzt hastig sein Schwert zog, um sein Leben wenigstens so teuer wie möglich zu verkaufen, so wäre er doch gewiss den Schlägen der Bauern erlegen, bevor ihm seine Begleiter hätten zu Hilfe eilen können.

Da aber sprang Wiebke Kruse, eine kräftige Bäuerin, dazwischen. Sie stellte sich mit ausgebreiteten Armen vor den König und rief ihren Landsleuten zu: „Schämt ihr euch denn nicht, alle über einen einzelnen Mann herzufallen? Fragt den Herrn lieber, wer er ist und was er will."

Das war die Rettung, denn die verblüfften Bauern ließen ihre Waffen sinken, und König Christian konnte sich nun zu erkennen geben. Die Bauern erschraken sehr bei der Vorstellung, dass sie beinahe ihren eigenen König erschlagen hätten.

Aber er trug es ihnen nicht nach, lobte vielmehr ihre Wachsamkeit und ihren Mut, dem Feind entgegenzutreten und das Land gegen drohende Gefahr zu verteidigen.

Der tapferen, beherzten Wiebke Kruse aber schenkte er ein großes Stück Land. Und ihre Nachkommen hatten dort lange Zeit ihr Auskommen. ■

Das brave Mütterchen

Als im Winter einst das Eis recht dick war, beschlossen die Husumer, ein großes Fest zu feiern: Sie schlugen draußen Zelte auf und Alt und Jung, die ganze Stadt, versammelte sich. Die einen liefen Schlittschuh, die andern fuhren Schlitten. In den Zelten erscholl Musik, und Tänzer und Tänzerinnen wirbelten herum. Die Alten saßen an den Tischen und tranken. So verging der Tag und der helle Mond ging auf, aber der Jubel schien nun erst recht anzufangen.

Nur ein altes Mütterchen war allein in der Stadt geblieben. Sie war krank und gebrechlich und konnte kaum mehr laufen. Da ihr Häuschen aber auf dem Deich stand, konnte sie von ihrem Bett aus aufs Eis hinaussehen und das große freudige Fest betrachten. Als nun langsam der Abend kam, bemerkte sie, als sie so auf die See hinaussah, im Westen ein kleines weißes Wölkchen, das eben am Horizont aufstieg. Sofort befiel sie eine unendliche Angst; sie war früher mit ihrem Mann zur See gefahren und verstand sich wohl auf Wind und Wetter.

Sie rechnete nach: „In einer knappen Stunde wird die Flut da sein, und wenn dann der Sturm losbricht, sind alle verloren." Da rief und jammerte sie so laut, wie sie konnte, aber niemand war in ihrem Haus und die Nachbarn waren alle auf dem Eis. Niemand konnte sie hören.

Zwischenzeitlich wurde die Wolke immer größer und allmählich auch immer schwär-

zer. In einigen Minuten musste die Flut da sein und der Sturm losbrechen. Da nahm sie ihre letzte Kraft zusammen und kroch auf Händen und Füßen aus dem Bett zum Ofen. Zum Glück fand sie noch ein wenig Glut, schleuderte sie in das Stroh ihres Bettes und eilte so schnell, wie sie konnte hinaus, um sich in Sicherheit zu bringen.

Augenblicklich stand das Häuschen hell in Flammen. Als die Menschen auf dem Eis das Feuer sahen, stürzten sie in wilder Hast auf den Strand zu. Schon frischte der Wind auf und fegte den Staub auf dem Eis vor ihnen her. Der Himmel wurde dunkel und bald fing das Eis an zu knarren und zu schwanken. Der Wind wurde zu einem Sturm, und gerade als die Letzten den Fuß aufs Land gesetzt hatten, brach das Eis und die Flut wogte an den Strand.

So rettete die arme Frau die Stadt und opferte dafür ihr ganzes Hab und Gut. ◼

Hexen besorgen Fahrtwind

Ein Schiffer von Wangerooge namens Luters Fauk lag an einem Sonntag mit seinem Schiff vor Minsen am Kai. An diesem Sonntagmorgen ging er zur Kirche. Abends kamen zwei Frauen von Wangerooge auf einem Besenstiel herbeigeritten, die beide einen roten Wollrock trugen und deren Haar nach hinten sehr seltsam abstand. Als sie bei Luters Fauk vorbeikamen, bat er sie, ob sie ihm nicht einen guten Fahrtwind machen könnten, denn er liege schon so lange fest.

„Freilich", sagten sie, „dort gleich bei der Deichecke steht ein Baum. Davon musst du den dritten Zweig abreißen und ihn holen, wenn wir zuvor auf ihn gespuckt haben!"

Als er den Zweig an Bord hatte, kam der Wind von Osten. Er segelte los und war in zwölf Stunden in Amsterdam.

Im Hafen dort löschte er seine Ladung und war in vierundzwanzig Stunden wieder vor Minsen. Dort meinten die Leute, er liege noch da mit seiner Ladung und sei noch gar nicht weggewesen.

Da sagte er, er sei schon in Amsterdam gewesen, habe die Ladung gelöscht und wolle nun wieder laden. Er sei gut weggekommen, wolle aber kein zweites Mal so nach Amsterdam fahren. Das Wasser sei grasgrün gewesen und der Sturm habe gebraust, dass man sein eigenes Wort nicht verstanden habe.

In der folgenden Nacht kam eine Katze zu ihm und sagte, er solle den Zweig von dem Baum verbrennen. Und das tat er.

Als er jedoch wieder nach Wangerooge kam, lagen seine Schwester und seine Schwägerin beide todkrank im Bett. ∎

Die Elben

In den Gewässern um die Nordseeküsten, um Friesland und zwischen der Elbmündung und Helgoland erblickt man häufig schwimmende Eierschalen. Darin fahren die Elben umher. Elben sind kleine zarte Elementargeister, von denen manche ein gutes, manche ein böses Wesen haben. Sie wohnen im Wasser und kommen oft in Wasserbläschen über fischleeren Weihern an die Oberfläche. Sie hausen aber auch in kleinen Hügeln. In Brabant heißen diese Hügel Alvinnehügel. Darin stecken die alten Wörter „Alf", „Elf", „Elbe", die sich in „Alfin", „Alvinne" umgewandelt haben.

So klein die Elben in ihrer Erscheinung sind, so groß ist ihre Macht. Das wird besonders deutlich an dem großen, gewaltigen Strom, an dessen Mündung sie wohnen und der ihren Namen trägt: die Elbe. Hier zeigt sich wohl zugleich im Kleinsten wie im Größten die Mächtigkeit des Naturgeistes.

Dies beweist etwa auch folgendes Rätsel: Man solle ein Wort finden, das das ätherisch Leichteste und gleichzeitig etwas sehr Schweres enthält. Die Lösung lautet beispielsweise: „Elfenbein".

In Westflandern sagen die Leute, wenn der Wind pfeift und heult: „Alvinna weint." Sie halten die Alvinna für eine mythische Persönlichkeit. Es ist aber doch nur die personifizierte Stimme der Natur, die als elbisch-dämonische Macht im Volksbewusstsein lebendig geblieben ist. ▪

Der gewarnte Steuermann

Einst befand sich ein Steuermann aus Ostfriesland an Bord eines englischen Schiffes, das im Hafen von Stockholm vor Anker lag. Am Abend ging er auf Deck, um ein wenig frische Luft zu genießen. Da sah er am Ende des Schiffes ein kleines rotes Männchen und auf dem nächsten Schiff war ebenfalls so ein Männchen zu sehen. Er erkannte, dass es Klabautermänner waren, und betrachtete sie neugierig.

Auf einmal begannen die beiden ein Gespräch: „Fährst du mit mir aufs Meer?", fragte das Männchen auf dem anderen Schiff.

„Nein", antwortete das auf dem Schiff des Steuermanns, „ich bleibe im Kanal, denn dort geht dieses Schiff unter."

„Halt!", dachte der Steuermann, „wenn das so ist, dann gehe ich wenigstens nicht mit."

Am anderen Morgen erzählte er dem Kapitän sein Erlebnis, dieser aber und die ganze Mannschaft lachten ihn aus. Der Steuermann ließ sich jedoch nicht beirren, nahm seinen Abschied von dem Schiff und ging auf ein anderes. Als er seine Reise beendet hatte und an seinem Bestimmungsort ankam, erhielt er auch schon die Nachricht, dass sein früheres Schiff mit Mann und Maus im Kanal untergegangen sei. ▪

Das Gespensterschiff

Als die Ems noch unmittelbar an der Stadtmauer von Emden vorbeifloss und der Hafen noch jeden Abend abgeschlossen wurde, brach eines Tages ein gewaltiger Nordweststurm los.

Bei diesem Unwetter wurde ein großes Handelsschiff, das schon lange über fremde Meere gefahren war, sehnlichst zurückerwartet. Es war bereits bei der Einfahrt in die Ems gesichtet und seine baldige Ankunft gemeldet worden. So erschien es in der Nacht mit vollen Segeln vor der Stadt.

Schon war es dem schützenden Hafen nahe, und man sah, wie die Seeleute bei trübem Lampenschein arbeiteten, um die Landung vorzubereiten. Man hörte auch die Stimme des Kapitäns, dessen Kommandorufe den Sturm übertönten, als das Schiff plötzlich von einem Wirbelwind erfasst wurde.

Wie von Geisterhand wurde es mit einem Ruck emporgehoben, niedergetaucht, wieder hochgehoben, herumgewirbelt und dann in die Tiefe gezogen. Die Hilferufe der vierzig tapferen Emdener Seeleute hallten durch die Nacht. Und die Leute am Ufer erfasste Grauen und Mitleid mit ihren Vätern und Brüdern, die, kurz bevor sie ihre Vaterstadt erreichen konnten, so jämmerlich zugrunde gehen sollten.

Man verlangte vom Hafenmeister, dass er das Wachtboot herausgeben solle, um die Seeleute zu retten, unter denen sich auch dessen eigener Sohn befand.

Aber der Hafenmeister weigerte sich, es herzugeben, weil er den Schiffskapitän auf den Tod hasste, und sprach: „Die Barke bleibt hier! Es wäre nutzlos, sie auf den Fluss zu schicken. Zudem hat der Kapitän auch nichts Besseres verdient als das, was ihm jetzt da draußen passiert!"

Schließlich zwang man ihn, den Schlüssel herzugeben, aber da war es längst zu spät: Das Schiff war bereits mit Mann und Maus versunken.

Aber noch immer, wenn der Nordweststurm die Wellen aufpeitscht, sieht man um Mitternacht ein Gespensterschiff heranstürmen, das in einen bläulichen Lichtschimmer gehüllt ist. Man hört das Schlagen der Segel, das Rasseln der Ketten, die Kommandorufe des Kapitäns und die Todesschreie der ertrinkenden Matrosen. ■

Das Donauweibchen

Zu der Zeit, als Wien noch sehr klein war und an der Donau Fischerhütten standen, lebte in einer solchen Hütte ein alter Fischer. Er wohnte dort mit seinem erwachsenen Sohn, und sie betrieben ihr Handwerk, wobei sie sich mehr auf dem Wasser als an Land aufhielten.

Nur im Winter, wenn die Donau fest zugefroren war, hausten die beiden Männer in ihrer Hütte. Sie machten neue Netze oder besserten die alten aus, sie setzten ihre Kähne instand und lebten heiter und zufrieden. Dabei unterhielten sie sich oft über die Erlebnisse auf ihren Fischzügen, und der alte Mann wusste von Wassergeistern und Nixen zu erzählen.

Auf dem Grund des Donaustroms befinde sich ein großer Glaspalast, in dem der Donaufürst mit seiner Frau, seinen Söhnen und seinen Töchtern, den zierlichen Nixen, lebe. Auf großen Tischen stünden umgestülpte Tontöpfe, unter denen die Seelen der Ertrunkenen gefangen gehalten würden.

Der Fürst werde oft als Jäger verkleidet lustwandelnd am Ufer des Stromes im Mondschein angetroffen. Man dürfe ihn aber ja nicht ansprechen, wenn man nicht sofort von ihm angegriffen und ins Wasser gezogen werden wolle. Die Nixen seien liebliche Mädchen, die aber besonders junge Männer durch ihren verführerischen Gesang in den Strom lockten. Diese Wassergeister kämen sogar in die Tanzstuben und tanzten bis zum ersten Hahnenschrei. Dann müssten sie aber gleich nach Hause eilen, sonst würden sie von ihrem Vater, dem Fürsten, furchtbar gestraft oder gar getötet. Davon lege das Donauwasser Zeugnis ab: Sei es des Morgens trübe, so hätten die Nixen Schläge von ihrem Vater bekommen, sei es aber blutig rot, dann lebten sie gar nicht mehr.

Aufmerksam hörte der Sohn den Erzählungen seines Vaters zu, aber er wollte sie nicht recht glauben, denn er hatte noch nie solche Wassergeister gesehen.

Plötzlich indes füllte sich die Stube mit hellem Licht und eine Mädchengestalt in schimmerndem weißem Gewand mit weißen Wasserrosen im schwarzen Haar stand vor den beiden Männern. „Erschreckt nicht", sagte sie, „ich tue euch nichts zuleide. Ich komme, um euch zu warnen. Bald wird Tauwetter einsetzen, das Eis des Stromes wird krachend in Stücke gehen und die Flut wird über die Auen strömen. Seid auf der Hut und flieht weit ins Land hinein, sonst seid ihr verloren."

Die beiden Männer wussten nicht, ob sie wachten oder träumten, denn so plötzlich wie die Wassernixe gekommen war, war sie auch wieder verschwunden. Aber sie hatten sie doch beide gesehen und ihre liebliche Stimme gehört. Jedenfalls folgten sie ihrem Rat, und kaum waren sie weit genug vom Ufer der Donau entfernt, da setzte Tauwetter ein und der Strom schwoll an, wie man es zuvor nie erlebt hatte. ■

Der Stock
im Eisen zu Wien

Der Stock im Eisen, der sich an dem Haus und dem Platz gleichen Namens in der Nähe des Stephansdoms befindet, ist wohl das älteste Wahrzeichen von Wien. Es hat damit folgende Bewandtnis:

Zu der Zeit, als Wien noch sehr klein und die ganze Umgebung mit einem dichten Wald bedeckt war, entwendete einmal ein Schlosserlehrling seinem Meister einen Nagel mit besonderen Kräften. Der Lehrling verirrte sich aber im Wald und kam an einen sehr auffälligen Baum.

Wohin er von hier aus auch ging, immer kam er wieder zu diesem Baum zurück. Da sank er schließlich ganz verzweifelt darunter nieder. Er kam auf den Gedanken, dass dies wohl eine Folge des Diebstahls sein könne. Aber dennoch schämte er sich, seinen Fehler einzugestehen. Um den Nagel loszuwerden, schlug er ihn fest in den Baum.

Plötzlich stand der Teufel neben ihm und sprach: „Den Nagel hast du jetzt zwar in den Baum geschlagen. Aber wenn du einen solchen Nagel und dazu ein Schloss anfertigen würdest, das niemand öffnen kann, so würde ich dir helfen."

Der Junge erschrak zwar sehr, denn er merkte sofort, mit wem er es zu tun hatte. Aber er fasste sich ein Herz und antwortete: „Ich hätte schon gute Lust zu lernen, wie man ein solches Schloss anfertigt. Wenn Ihr mir das beibringen könnt, bin ich gern einverstanden."

Beide schlossen nun einen Vertrag, und mit Fleiß lernte es der junge Mann, solch besondere Nägel anzufertigen und Schlösser herzustellen, die kein anderer Schlosser öffnen konnte.

Er wurde Meister und erwarb eine große Kundschaft, sodass er bald ein reicher und angesehener Mann war. Zum Zeichen, dass er in seiner Kunstfertigkeit seinen alten Meister erreicht habe, schlug er in jenen Baum einen von ihm gefertigten Nagel neben dem alten ein. Er ließ den Baum oben absägen, sodass nur ein Stock übrig blieb. Darum legte er einen starken Eisenring, an dem er eines seiner Schlösser befestigte, die kein Mensch öffnen konnte.

Nun kam aber die Zeit, dass der Vertrag mit dem Teufel zu Ende ging. Und wie der Teufel nun daran dachte, sich den Schlosser zu holen, so dachte der Schlosser darüber nach, wie er den Satan am besten betrügen könne. Als geeignetstes Mittel fiel ihm aber nur die heilige Messe ein. Denn wenn er die Messe besucht und fleißig gebetet hatte, so war er für vierundzwanzig Stunden vor dem Teufel sicher. So ging er jeden Tag in die Messe, und sosehr der Satan auch auf ihn lauerte, er konnte ihm nichts anhaben.

Eines Tages jedoch war er viel zu früh von zu Hause fortgegangen. Er meinte daher, er könne vor der Messe noch einen Becher Wein trinken, und ging deshalb in einen Weinkeller. Sei es nun, dass er sich hier wirklich ver-

spätete, oder sei es, dass es nur eine pfiffige List des Satans war: Als er die Kirche beinahe erreicht hatte, kam ihm ein altes Weib entgegen, das ihm zurief, dass er zu spät komme und die Messe schon zu Ende sei.

Das ärgerte den Meister nun zwar sehr, aber er meinte, es würde ja wohl nicht so viel ausmachen und ging noch einmal in den Weinkeller. Kaum hatte er hier jedoch den Becher an die Lippen gesetzt, stand plötzlich das alte Weib neben ihm, das niemand anderes war als der Teufel selbst. Er packte ihn und drehte ihm den Hals um.

Nach dieser Zeit versuchten sich viele Schlosser daran, das Schloss an dem Eisenring zu öffnen, aber auch den geschicktesten Meistern gelang es nicht.

Und als Wien nun immer größer wurde, ließ man den Stock im Eisen als Zeichen dafür stehen, dass sich in alten Zeiten der

Wienerwald bis hierher ausgedehnt habe. Und jeder wandernde Schlossergeselle, der vorbeikam, schlug einen Nagel in den Stock, sodass dieser schließlich über und über mit Nägeln bedeckt war.

Da erschien einmal ein fremder Schlossergeselle, der anbot, das Schloss zu öffnen, wenn ihm der Rat der Stadt dafür einen guten Lohn bezahlen würde. Der Rat versprach es und der Geselle fertigte einen Schlüssel an, mit dem er das Schloss mühelos öffnete und auch wieder verschloss.

Danach forderte er aber einen so unermesslich hohen Lohn, dass der Rat sich weigerte, diese Summe zu bezahlen. Da ging der Geselle fluchend davon und warf den Schlüssel in die Luft, und noch heute wartet man darauf, dass er wieder herunterfällt.

Nun kamen viele Schlosser, die es dem fremden Schlosser gleichtun wollten. Sie fertigten Schlüssel an, die eigentlich hätten schließen müssen. Aber es war merkwürdig: Sooft ein neuer Schlüssel in das Schlüsselloch gesteckt wurde, drehte eine unsichtbare Hand den Bart in die falsche Richtung, und so konnte der Schlüssel nicht schließen.

Schuld daran war natürlich der Teufel, denn er selbst war jener fremde Schlossergeselle gewesen, der sich über den Rat der Stadt nur lustig machen wollte. Und niemandem gelang es in der nächsten Zeit, das Schloss zu öffnen und den Preis zu gewinnen, den der Rat der Stadt ausgesetzt hatte.

Ein Meister in der Stadt hatte einen besonders pfiffigen Lehrjungen. Dieser überlegte Tag und Nacht, wie er es wohl anstellen könne, die schöne Summe Geld zu verdienen. Endlich hatte er die zündende Idee: Nach Feierabend schmiedete er einen Schlüssel, der zu dem Schloss passen musste. Er setzte aber den Bart verkehrt an. Als er nun den Schlüssel im Schloss probierte, war der Teufel gleich wieder zur Stelle und drehte den Bart um. Doch durch die List des Jungen stand dieser jetzt richtig, das Schloss ging auf und der Junge hatte den Preis gewonnen. Er wurde zum Gesellen gemacht, bald auch zum Meister und heiratete die bildschöne Tochter seines Meisters.

Zwar ist der Schlüssel später wieder abhanden gekommen, aber der Stock im Eisen steht immer noch in der Nische eines Hauses an dem Platz, wo er schon früher stand und der auch seinen Namen führt: Am Stock im Eisen. ▪

Die Geisterschiffe

Vor langer Zeit fuhr in einer schönen Nacht ein alter Fischer von Melk in seinem kleinen Schiff die Donau hinab. Da die Fahrt ruhig war, nickte er sogar ein wenig ein.

Plötzlich jedoch weckte ihn ein heftiger Sturmwind. Rasch ruderte der Fischer zu einer Insel und setzte sich unter eine mächtige Weide, da es den Anschein hatte, als ob ein großes Gewitter heranzöge. Dieses blieb zwar zur Verwunderung des Fischers aus, doch der Sturm wurde immer stärker.

Auf einmal erblickte der Greis in Richtung Aggsbach auf dem Wasser ein ungeheuer großes Schiff, das fast bis zum Himmel emporreichte. Ein heller Lichtschein leuchtete aus seinen Luken, und aus den Spitzen der Mastbäume sprangen grelle Blitze in die dunkle Nacht. Hinter diesem Fahrzeug sah der höchst erstaunte und verwirrte Fischer eine ganze Reihe anderer Schiffe folgen, die anscheinend noch größer waren. Sie kamen unglaublich schnell den Strom hinaufgefahren, Blitze und Donner dröhnten unaufhörlich um sie herum. Wild schäumten die Wellen auf, sodass sich der alte Fischer auf der Insel schon für verloren hielt. Wüster Lärm tönte ihm von den Schiffen selbst entgegen, welche unter furchtbarem Getöse an ihm vorbeisausten.

Als das letzte Fahrzeug kam, krachte es plötzlich schauerlich und hell loderte ein Baum neben dem Fischer. Vom Feuer geblendet, schrie der Fischer auf und fiel leblos zu Boden. Als er wieder aus seiner Betäubung erwachte, sah er, wie vor Melk das Wasser furchtbar aufgewirbelt war: Ein schrecklicher Abgrund öffnete sich im Strom und verschlang den ganzen gespensterhaften Zug von Schiffen.

Daraufhin legte sich der Sturm, und auf der Donau wurde es wieder still und ruhig. Der Fischer aber wagte erst am nächsten Morgen heimzukehren. Der erlittene Schreck hatte den Armen so mitgenommen, dass er bald darauf starb.

Von einem gespensterhaften Zug von Schiffen wird auch andernorts in der Wachau erzählt. Und wirklich: Wenn in der Nacht ein Gewittersturm braust, hört man nicht selten die Rufe der Schiffsknechte und das Getrappel der Pferde. ◼

Der Rattenfänger von Korneuburg

Einst wurde die Stadt Korneuburg, die wegen ihrer Kornmärkte berühmt war, von einer großen Ratten- und Mäuseplage heimgesucht. Der Stadtrat aber wusste sich gegen diese Plage nicht zu helfen.

Da erschien ein Mann in der Stadt, der dem Rat versprach, mit seiner Kunst, Tiere zu bannen, sämtliches Ungeziefer aus Korneuburg zu vertreiben; er wolle es in die Fluten der nahen Donau jagen. Dafür versprach man ihm einen schönen Lohn.

Der Mann ging also durch die Stadt und spielte die Flöte. Im Nu liefen ihm die Ratten und Mäuse nach bis zum Fluss. Als der Mann indes seinen Lohn einforderte, konnte man sich über die Höhe nicht einigen. So verweigerte der Stadtrat die Bezahlung.

„Auch gut!", dachte sich der Rattenfänger. Er ging zum Donaustrand und führte, die Flöte spielend, die ganze Rattenschar wieder in die Stadt.

Den Räten schien es nun am klügsten, dem Mann den geforderten Lohn zu geben. Wieder nahm er seine Flöte und lockte die Ratten bis zur Donau, wo sie diesmal alle ertranken.

Zum Andenken an diese Befreiung wurde ein Rattendenkmal angefertigt. Später jedoch wollten die Gelehrten den Rattenstein nicht als ein Rattendenkmal anerkennen, sondern hielten ihn für einen Grabstein. Zum besseren Gedenken ließ man deshalb ein kunstvolles Standbild des Rattenfängers von Korneuburg gießen und es auf dem Rathausplatz der Stadt aufstellen. ▪

Das Turnier
zu Linz

Im Jahr 1521 war die Stadt Linz der Schauplatz großer Festlichkeiten. Man feierte die Hochzeit Ferdinands I. mit Anna von Ungarn. Von nah und fern waren Ritter und Adlige herbeigeströmt, um Augenzeugen des Festes zu sein.

Auf dem Hauptplatz der Stadt gab es ein großes Turnier, an dem sich auch viele ausländische Ritter beteiligten. Die meisten Siege errang ein kühner spanischer Ritter, den der Stolz über seine Erfolge so siegessicher gemacht hatte, dass er übermütig die deutsche Ritterschaft zum Kampf herausforderte. Lächelnd rühmte er sich, er wolle jeden aus dem Sattel werfen, der gegen ihn antreten werde. Als lange niemand den Kampf mit ihm wagen wollte, begann er, sich über die einheimischen Ritter lustig zu machen und sie wegen ihrer Feigheit zu verhöhnen.

Da fanden sich zwei österreichische Ritter, die diesen schändlichen Spott nicht länger mitanhören wollten und den prahlerischen Spanier zum Zweikampf auf Leben und Tod herausforderten. Es handelte sich um Herrn Sebastian von Losenstein und den Herrn von Hohenberg. Da der Kampf auf oberösterreichischem Boden stattfand, wurde entschieden, dass der oberösterreichische Ritter Sebastian von Losenstein zuerst antreten und die Ehre der deutschen Ritterschaft verteidigen sollte.

Da nahm der Herr Sebastian sein mächtiges Schwert, bestieg sein mutiges Streitross und ritt zum Kampf. Das Pferd trug einen Maulkorb und war so abgerichtet, dass es das Pferd des Gegners mit den Zähnen bei den Nüstern packte und zu Boden zog, sobald man ihm den Maulkorb abgenommen hatte.

Der Kampf begann. Die Gegner ritten aufeinander los und zerbrachen die Speere, doch blieben beide im Sattel. Nun drang der Spanier mit dem Schwert auf den Losensteiner ein. Doch der wehrte jeden Hieb und Stich ab. Aber immer hitziger drängte der spanische Ritter, und schon begannen die Zuschauer um das Leben des sich tapfer wehrenden Herrn von Losenstein zu bangen.

Plötzlich aber riss dieser seinem Pferd den Maulkorb ab und stieß ihm die Sporen in die Seiten. Sogleich stürmte das Pferd wild auf das spanische Pferd zu, schnappte es bei der Nase und zog es zu Boden. Und während der Spanier einen Augenblick stutzte, fasste Herr Sebastian seine Waffe und ließ sie mit aller Macht auf den Helm des Feindes niedersausen, dass er in Stücke sprang. Schwankend von der Wucht des Hiebes vermochte sich der edle Spanier nur mit Mühe auf seinem Pferd zu halten.

Bevor aber der Ritter von Losenstein seinem Gegner den Todesstoß versetzen konnte, gebot Ferdinand, dass der Kampf beendet würde. Der Spanier musste sich für besiegt erklären, der Sieger aber verließ, umjubelt von den begeisterten Oberösterreichern, zufrieden den Kampfplatz. ■

Der Neusiedler See

Im Herzen des Burgenlandes liegt der Neusiedler See. An seinen schilfbewachsenen Ufern spielen die Wassergeister, wenn das Rohr sich im Winde wiegt, wenn die Sumpfvögel sich kreischend in die Lüfte schwingen und das Wasser sich leise kräuselt. Dann singt und klingt es um den See, und wie die Bauern erzählen, gibt es besonders um zwölf Uhr mittags dort oft viel Tumult und Lärm. Man hört es jauchzen und schreien, geigen und pfeifen, dass man meinen könnte, eine Bauernhochzeit werde auf dem Grund des Sees gefeiert. Das sind die Wassermänner und ihre Nixenfrauen, die sich vergnügen. Aber einmal wurde ihr lustiges Treiben gewaltsam gestört:

Ein Mann aus Andau, der zum Neusiedler See gegangen war, um an seinen Ufern Schilf zu schneiden, hörte schon längere Zeit die laute Fröhlichkeit, die aus der Tiefe des Sees emporstieg. Da kam plötzlich auf einem Rappen ein schöner Reiter dahergesprengt, der in der Hand eine lange Gerte hielt. Er grüßte den Mann und fragte ihn, ob dieses seichte Wasser hier der berühmte Neusiedler See sei.

„Das ist er und Ihr müsst nicht so verächtlich von ihm reden. In seiner Tiefe gibt es Nixen und Wassermänner, hört Ihr nicht, wie lustig sie sind?"

„Dann bin ich hier richtig", brummte der Reiter, sprang von seinem Pferd, trat ans Wasser heran, hob seine Gerte, ließ sie jedoch wieder sinken und wandte sich dem Mann zu.

„Ich bin ein Wassermann. Man hat mir meine Frau entführt. In allen Gewässern der Welt habe ich sie schon gesucht und nicht gefunden. Vielleicht ist sie hier. Halte mir mein Pferd fest, damit es mir nicht nachspringt."

Einen Augenblick überlegte er noch, dann trat er so dicht an den See heran, dass seine Füße schon im Wasser standen, hob die Gerte hoch und schlug damit aufs Wasser. Im selben Augenblick erklang von fern das Mittagsgeläut der Kirchenglocken herüber. Das Wasser teilte sich, und wie auf einer breiten Straße schritt der Wassermann in den See hinein und war bald darauf verschwunden.

Aus der Tiefe tönte noch immer das Jauchzen und Singen, aber mit einem Mal brach es jäh ab, und gleich darauf erhob sie ein jämmerliches Geschrei und Wehklagen. Dem

Mann am Ufer des Sees wurde bang zumute, und er konnte kaum mehr das Ross halten, das ungestüm dem Wasser zustrebte.

Plötzlich färbte sich der See an einer Stelle dunkelrot. Kurze Zeit darauf öffnete sich die Wasserstraße wieder, der Wassermann schritt dem Ufer zu, seine Nixenfrau an der Seite.

„Die Rache ist gelungen, der Räuber ist tot", rief er frohlockend. Er setzte sich auf sein Pferd, hob die Nixe vor sich in den Sattel und warf dem Mann aus Andau einen klei-nen Beutel zu, in dem nur ein einziger Kreuzer war.

„Das soll dein Lohn sein, Bauer. Sooft du in diesen Beutel greifst, wirst du einen Kreuzer herausnehmen können."

Der Mann ist reich geworden, denn er tat nichts anderes mehr, als in den Beutel zu greifen und einen Kreuzer nach dem anderen herauszuholen. Später stahl ihm ein Zigeuner diesen Beutel, aber für den Dieb fand sich kein Kreuzer darin. ∎

Andreasnacht

Es gibt die Sage, dass ein Mädchen in der Andreasnacht, Thomasnacht, Christnacht und Neujahrsnacht seinen zukünftigen Liebsten einladen und sehen kann. Es muss einen Tisch für zwei decken, es dürfen aber keine Gabeln dabei sein. Was der Liebhaber beim Weggehen zurücklässt, muss sorgfältig aufgehoben werden. Er kommt dann zu der, die es besitzt, zurück und liebt sie heftig. Er darf den Gegenstand aber nie wieder sehen, weil er sonst der Qual gedenkt, die er in jener Nacht von übermenschlicher Gewalt gelitten hat und er sich des Zaubers bewusst wird, wodurch großes Unglück entsteht.

Ein schönes Mädchen in Österreich begehrte einmal um Mitternacht mit den üblichen Bräuchen seinen Liebsten zu sehen. Daraufhin trat ein Schuster mit einem Dolch ein, warf ihr denselben zu und verschwand schnell wieder. Das Mädchen hob den Dolch auf und schloss ihn in eine Truhe. Bald darauf kam der Schuster und hielt um ihre Hand an.

Einige Jahre nach ihrer Hochzeit ging die Frau sonntags zu ihrer Truhe, um etwas hervorzusuchen, mit dem sie am folgenden Tag arbeiten wollte. Als sie die Truhe geöffnet hatte, kam jedoch ihr Mann und wollte hineinschauen. Sie hielt ihn ab, aber er stieß sie weg und erblickte in der Truhe seinen verlorenen Dolch. Er wollte wissen, wie sie dazu gekommen sei, weil er ihn vor einiger Zeit verloren habe. Vor lauter Angst wusste sie keine gute Ausrede. Daher bekannte sie, es sei der Dolch, den er ihr in jener Nacht hinterlassen habe, wo sie ihn zu sehen begehrte.

Da wurde der Mann zornig und sprach: „So bist du die Frau, die mich in jener Nacht so fürchterlich geängstigt hat!", und stieß ihr den Dolch mitten durchs Herz.

Diese Sage wird auch so erzählt: Ein Jäger ließ seinen Hirschfänger zurück. Im Wochenbett schickte ihn die Frau zu ihrem Kasten, um Bettwäsche zu holen. Dort jedoch fand er den Hirschfänger und tötete sie. ∎

Die Goldschätze im Untersberg bei Salzburg

Es gibt im Salzburger Land zahlreiche Sagen, die von Leuten handeln, welche die reichen Schätze im Untersberg zu sehen bekommen haben. Sie hatten das Glück, ein wenig davon zu bekommen, konnten diese Stellen aber später nicht wiederfinden.

In Salzburg wohnte einst ein Gastwirt namens Hans Gruber, der war zugleich auch Holzmeister auf dem Untersberg und sah den Holzknechten oft bei der Arbeit zu. Besonders liebte er ein grünes Plätzchen im Wald in der Nähe einer Stelle, die man „Steinerne Wand" nennt. Dort saß er auch an einem schönen Tag, aß sein Vesperbrot und trank dazu aus einer klaren Quelle. Als er sich nun einmal umsah, erblickte er zu seiner höchsten Verwunderung in der Steinernen Wand eine eiserne Tür, aus der ein Mann im Mönchsgewand hervortrat.

„Hans", sprach dieser den tief erschrockenen Holzmeister an, „komm herein!"

„Nein", stotterte der Holzmeister Gruber, „da gehe ich auf keinen Fall hinein, Herr."

„Warum nicht?"

„Ich fürchte mich."

„Du darfst dich nicht fürchten", sagte der Mönch gutmütig, „komm nur herein, es wird dir nichts geschehen."

Trotzdem weigerte sich der Holzmeister. Der Mönch aber hatte eine goldene Kette am Arm hängen, die er ihm als Geschenk bot, wenn er hereinkäme. Gruber hätte dann immer sein Auskommen. Der Holzmeister trat nun zwar ein wenig näher heran, aber er traute dem Frieden doch nicht und meinte, er sei schon zufrieden, wenn der Mönch ihm ein Glied von der goldenen Kette schenken wolle.

Nicht eins, sondern drei Glieder machte da der Mönch von der Kette los und warf sie dem Holzmeister zu, der sie mit dem Hut auffing.

Währenddessen hatte Gruber hinter dem Mönch einen Blick durch die Tür getan und es schien ihm, als sehe er tief drinnen im Berg eine ganz neue Welt. Eintreten wollte er aber doch noch nicht, denn er konnte seine Furcht vor dem Geisterhaften nicht überwinden.

Da sprach der Mönch: „So behüte dich Gott! Sei demütig dein Leben lang. Die drei Kettenglieder aber lass so lange niemanden sehen, bis du sie drei Tage in deinem Hause behalten hast." Mit diesen Worten trat er zurück und schlug die Tür zu, sodass es in dem Berg mächtig hallte.

Das Geschenk steckte Gruber in seine Tasche und versteckte es dort drei Tage lang. Dann wog er die Kettenglieder und stellte fest, dass es drei drei viertel Pfund Gold waren. Später erzählte er seinen Knechten, was ihm an der Steinernen Wand geschehen war und was er dort gesehen hatte, erwähnte aber nicht die drei Kettenringe. Er suchte mit den Knechten oft nach der eisernen Tür, aber sie konnten sie nicht wiederfinden, sondern sahen nur die Steinerne Wand.

Dieser Holzmeister soll sich zu einer anderen Zeit oben auf dem Berg verspätet und dort sein Nachtlager aufgeschlagen haben. Am nächsten Morgen kam er an eine Steinklippe, aus der glänzender, schwerer Goldsand herabrieselte. Er stellte seinen Krug darunter, in dem er normalerweise seine Getränke mitnahm, und ließ ihn mit dem Goldsand voll laufen. Als er weiterging, erblickte er eine offene Tür und sah, wie damals, im Innern des Berges eine ganz eigene Welt. Aber nur für einen Augenblick, dann schlug die Tür zu, und es hallte wieder wie in einem großen Weinfass.

Auch diese Tür fand er nie wieder, dafür sah er öfter den Goldsand, von dem er stets einen Krug abfüllte. Dafür konnte er so viel Geld erlösen, dass er zeit seines Lebens nie wieder Mangel zu leiden brauchte. Nach seinem Tod aber brachte das Geld, das er hinterlassen hatte, niemandem mehr Glück.

Im Jahr 1553 ging eine Kräutersammlerin auf den Untersberg, und als sie hier nach Kräutern suchte, kam sie an eine Steinwand. Da lagen Brocken, die grau und schwarz wie Kohlen waren. Sie hob einige davon auf und steckte sie ein. Zu Hause stellte sie zu ihrer großen Freude fest, dass die Brocken reines Gold enthielten. Bald ging sie wieder auf den Berg, um mehr von diesen Brocken zu holen. Aber obwohl sie gründlich suchte, fand sie die Stelle nicht wieder.

Um die Mitte des 18. Jahrhunderts ging ein Knecht, der Paul Meyer hieß und bei dem Hofwirt zu Sankt Zeno in Diensten stand, auf den in der Nähe gelegenen Untersberg. Als er in der Nähe des Brunnentals den Berg halb bestiegen hatte, kam er zu einer Steinklippe, unter der ein Haufen Goldsand lag. Schnell füllte er sich damit alle Taschen voll.

Als er vergnügt nach Hause gehen wollte, stand plötzlich ein fremder Mann vor ihm, der ihn barsch fragte: „Was trägst du da?"

Den Knecht jedoch packten Furcht und Schrecken so sehr, dass er nicht mehr antworten konnte. Und so blieb er stumm und zitternd stehen.

Da ergriff ihn der Fremde, leerte ihm die Taschen aus und sprach: „Jetzt geh nicht den alten Weg zurück, sondern einen andern. Wenn du dich hier noch einmal sehen lässt, kommst du nicht mehr lebendig davon."

Schnell entfernte sich der Knecht und wagte auch nicht, sich umzusehen. Der Gold-sand reizte ihn aber doch sehr, und nachdem er den Schrecken völlig überwunden hatte, meinte er, die Sache noch einmal versuchen zu können. Da ihm der Mann jedoch gedroht hatte, versah er sich mit einer Waffe und nahm noch einen ebenfalls bewaffneten Kameraden mit.

Sie schlugen denselben Weg ein, den Meyer damals gegangen war, und er erinnerte sich sehr gut an so manches Wegzeichen. Aber trotz aller Suche fand er den Ort nicht wieder. Die Waffen hatten sie übrigens auch vergeblich mitgenommen, denn der fremde Mann ließ sich nicht wieder blicken. ◾

König Watzmann

Südlich von Salzburg liegt der prachtvolle Königssee, und an seinem westlichen Ufer erhebt sich die gewaltige Gebirgsgruppe des Watzmann. Der Berg liegt zwar noch auf bayerischem Gebiet, kann aber auch als Teil der Salzburger Alpen gesehen werden. Mit zwei gewaltigen Spitzen – die eine erhebt sich zweitausendsiebenhundertdreizehn, die andere zweitausendsiebenhundertzwölf Meter hoch – ragt dieser Bergriese in die Region des ewigen Schnees empor. Eine Anzahl niedrigerer Gipfel umgibt die beiden Spitzen. Von dieser Gebirgsgruppe erzählt man Folgendes:

Vor langer Zeit lebte und herrschte in der Gegend ein König, der den Namen Watzmann trug. Er war ein rauer, wilder Geselle, der grausam wütete. Liebe und menschliches Erbarmen waren ihm völlig fremd. Nur die Jagd war seine Lust. Seine Frau, seine Kinder und seine Diener waren ihm sehr ähnlich, und so zitterte sein Volk vor Angst, wenn der König und sein Gefolge durch die Wälder tobten. Mit Furcht hörte das Volk den Lärm der Hörner und das Gebell der wilden Hunde, denn Watzmann und die Seinen schonten niemanden. Jeder, der ihnen in den Weg kam, war dem Untergang geweiht. Bei Tag und Nacht zog die wilde Jagd des Königs durch das Gebiet, durch die Wälder und Täler und vernichtete die Saat auf den Feldern und mit ihr die Lebensgrundlage der Bauern.

Eines Tages jagte der König wieder mit seinem Gefolge und kam auf eine Waldlichtung, auf der friedlich eine Herde graste und ein Häuschen stand. Davor saß auf einem Haufen Heu die Hirtin mit ihrem schlummernden Kind auf dem Schoß und neben ihr lag der treue Hund.

Als der Jagdlärm nahte, sprang der Hirtenhund bellend auf, aber die bösartigen Hunde des Königs fielen über ihn her und zerrissen ihn im nächsten Moment. Dann stürzten sich die Hunde auch auf die Hirtin, die entsetzt aufgesprungen war. Und im Nu hatten die Bestien auch sie und das Kind zu Boden gerissen. Der König verspürte mit den Ärmsten nicht das geringste Erbarmen, sondern stand da und lachte aus vollem Hals.

Das Geschrei seiner Frau hatte den Hirten herbeigerufen. Mit einem großen Prügel eilte er der armen Frau zu Hilfe und erschlug einen der Hunde. Das aber macht den König wütend, und er hetzte nun die Bestien auch auf den Hirten, der bald ebenfalls niedergerissen am Boden lag und grauenhaft zerfleischt wurde. Watzmann, der Grausame, indes frohlockte und lachte.

Da aber war Gottes Geduld zu Ende: Ein dumpfer Ton erhob sich, in den Höhen begann es zu donnern, in den Felsen zu heulen, und ein furchtbares Unwetter brach los, wie es noch nie ein Mensch erlebt hat. Entsetzt standen der König, sein Weib, seine Kinder und seine Diener da. Sie fühlten, wie ihr Blut zu Eis erstarrte und sie selbst in die Höhe wuchsen. Dann aber legte sich eine undurchdringliche Finsternis über die ganze Gegend.

Als sich das Unwetter endlich ausgetobt hatte und das Licht zurückgekehrt war, war die Gegend völlig verwandelt. Sie hatte sich zu einem mächtigen Gebirgsstock erhoben. Die Gipfel bildeten König Watzmann und seine Frau, umgeben von ihren Kindern und Dienern. Alle waren in ungeheure Steinriesen verwandelt worden, die für ewige Zeiten hier thronen müssen. ◾

Die heilige Notburga

Eine der ältesten Tiroler Burgen ist die Rottenburg. Heute sind in der Gegend allerdings nur noch ihre Trümmer zu sehen. Die Burg war die Wiege und der Stammsitz einer Dynastie, deren Ursprung bis ins 8. Jahrhundert verfolgt werden kann. Dieses Geschlecht beherrschte die Gegend zu großen Teilen.

Im 14. Jahrhundert bekam das Haus einen Schutzengel: Es war eine fromme Jungfrau mit Namen Notburga. Sie diente in aufopfernder Treue Heinrich I. von Rottenburg und seiner Frau Ottilie als Magd. Aber auch den Armen gegenüber war Notburga sehr gütig, und das war Ottilie, die sehr hartherzig war, nicht recht. Die Herrin wollte nicht einmal zulassen, dass die Dienerin Speisen an Arme verteilte, die sie sich selbst vom Mund absparte. So verhielt sich Ottilie gegenüber der guten Jungfrau Notburga herrisch und feindselig und trieb die Arme schließlich aus ihrem Schloss.

Die fromme Notburga fand Zuflucht bei einem Bauern. Seinem Haus brachte die Jungfrau Segen und Fülle, obwohl sie mehr betete als arbeitete. Einmal musste sie Gras schneiden, aber bevor sie mit der Arbeit fertig war, erklang die Feierabendglocke, und die letzten Strahlen der untergehenden Sonne vergoldeten die Gegend. So beendete Notburga die Arbeit, was den Bauern etwas ärgerte und er sagte: „Es muss heute zu Ende geschnitten werden."

Aber Notburga antwortete nur: „Feierabend!" Sie warf die Sichel hoch in die Luft, und die Sichel blieb auf dem letzten Sonnenstrahl hängen und glänzte so hell wie der silberne Mond.

Je größer der Segen im Haus des Bauern wurde, desto mehr nahm er bei dem Geschlecht von Rottenburg ab. Schließlich starb Heinrich I., und auch die Herrin Ottilie sank auf das Sterbelager. Da gab ihr Gott zum Glück den Gedanken ein, Notburga zurückzurufen und sie um Verzeihung zu bitten. Die Jungfrau kam und bald kehrte auch auf Rottenburg wieder der Wohlstand ein. Einige Jahre war Notburga die wohltuende und segnende Seele des Hauses.

Als aber auch sie ihr Ende herannahen fühlte, ordnete sie an, dass ihr Leichnam auf einen mit zwei Stieren bespannten Wagen gelegt werden solle. Wohin diese sie – ohne Lenker – fahren würden, da solle man sie bestatten.

Als Engel Notburgas Seele in den Himmel getragen hatten, fuhren die Tiere den Leichnam über den Inn zu einer Kapelle des heiligen Ruprecht, in welcher Notburga früher oft gebetet hatte. Dort begrub man sie, und da an ihrem Grab Wunder geschahen, wurde sie vom Volk als eine Heilige verehrt. Ihr zu Ehren wurde später eine herrliche Kirche erbaut und geweiht, die nun eine gut besuchte Wallfahrtskirche ist und in Eben ob Jenbach steht. ■

281

Die wunderbare Leiter

In einem Kupferbergwerk bei Kalwang arbeitete einst ein Grubenaufseher mit seinen Leuten. Da vernahmen sie ein Klopfen, welches sich anhörte, als hämmere jemand in dem benachbarten Stollen mit aller Kraft gegen die Wand. Das Klopfen war deutlich zu hören und dauerte eine gute Weile. Dies ängstigte den Aufseher sehr und er sagte: „Es droht uns Gefahr, das Bergmännchen warnt uns!“ Aber die Knappen lachten über die Furcht des Aufsehers und arbeiteten ungestört fort.

Am nächsten Tag wiederholte sich das Klopfen, nur ertönte es noch stärker als beim ersten Mal. Am folgenden Tag schien es den Bergleuten, als werde das Geräusch in der nächsten Nähe verursacht. Auch bemerkten sie, dass an die Stollenwand eine kleine, wacklige Leiter angelehnt war, die sie früher nicht bemerkt hatten. Zugleich tönte das Klopfen stärker denn je und es kam allen vor, als wenn unterirdische Wasser hervorbrechen würden.

Plötzlich rief der Grubenaufseher entsetzt aus: „Jesus Maria! Heilige Barbara, steh’ uns bei!“, und stieg eilig die wacklige Leiter empor, während die übrigen Knappen schleunigst zum Grubenausgang rannten.

Aber es war schon zu spät! Mächtig drangen die unterirdischen Gewässer aus den Spalten hervor und erfassten die fliehenden Männer, noch bevor sie den Ausgang erreichten. Der Aufseher auf der Leiter glaubte, jeden Augenblick müsse diese unter den heftigen Stößen nachgeben und umfallen. Aber die Leiter blieb stehen, als sei sie befestigt, und wankte trotz der mächtigen Wogen nicht.

Als das Wasser immer höher stieg, kletterte auch der Aufseher nach oben. Es schien ihm, als ob die Leiter immer höher würde, und oben auf der letzten Sprosse erblickte er ein kleines Männchen mit langem weißem Bart. Es war der Berggeist, der die Knappen vor der drohenden Gefahr gewarnt hatte.

Nach zwei Tagen hatten sich die unterirdischen Gewässer verlaufen, und als der entsetzte Aufseher die Grube verließ, erblickte er die Leichen seiner verunglückten Gefährten. Sie hatten ihre Zweifel an der Existenz des Berggeists mit ihrem Leben bezahlen müssen. ■

Frau Hütt

Vor langer Zeit lebte in Tirol eine mächtige Riesenkönigin, die Frau Hütt genannt wurde. Sie wohnte in den Gebirgen über Innsbruck, die jetzt grau und kahl sind, aber damals voller Wälder, reicher Äcker und grüner Wiesen waren.

Eines Tages kam ihr kleiner Sohn nach Hause. Er weinte und jammerte, Schlamm bedeckte Gesicht und Hände, und seine Kleider waren schwarz wie ein Köhlerkittel. Er hatte sich eine kleine Tanne abknicken und damit spielen wollen. Aber weil der Baum am Rand eines Moores stand, hatte er den Boden unter den Füßen verloren und war bis zum Kopf in den Moder gesunken. Zum Glück hatte er sich befreien können. Frau Hütt tröstete ihn, versprach ihm neue schöne Kleider und rief einen Diener herbei, der ihm mit einem Stück weichen Brots das Gesicht und die Hände reinigen sollte.

Kaum hatte dieser aber angefangen, die Gabe Gottes so zu verschwenden, zog ein schweres Gewitter am Himmel auf und ein entsetzlicher Donner ertönte. Als sich der Himmel wieder aufgehellt hatte, waren die reichen Äcker, die grünen Wiesen und Wälder und die Wohnung der Frau Hütt verschwunden. Zurück blieb eine Steinwüste, in der kein Grashalm mehr wachsen konnte. In der Mitte aber stand versteinert Frau Hütt, die Riesenkönigin, und sie wird so stehen bis zum Jüngsten Tag.

In vielen Gegenden Tirols, besonders in der Nähe von Innsbruck, wird Kindern, die ungezogen sind und verschwenderisch mit Nahrungsmitteln umgehen oder sich gar mit Brot bewerfen, die Sage von der Frau Hütt erzählt, um sie zu warnen: „Spart euer Brot für die Armen, damit es euch nicht ergehe wie der Frau Hütt." ◼

Der Zirler Geißbub und der Teufel

In Zirl in der Nähe von Innsbruck lebte einst ein armer Knabe, der die Ziegen des Dorfes hütete. Er war stets fröhlich und guter Dinge, und alle Leute hatten den lustigen Geißbuben gern und taten ihm allerhand Gutes. Dabei war er ein sehr beherztes Bürschchen, das mit allen Gefahren des Gebirges vertraut war und sich vor nichts und niemandem fürchtete.

Man warnte ihn jedoch wiederholt vor einer Schlucht, weil darin der Teufel hausen solle. Die Warnung hatte aber gerade das Gegenteil von dem zur Folge, was sie bezwecken sollte, denn sie machte ihn nur neugierig. Für sein Leben gern hätte er den Teufel wenigstens einmal gesehen.

Eines Tages, als er seine Ziegen in der Nähe dieser Schlucht weiden ließ, ging er ganz nah hin. Er beugte sich über den Rand und rief hinab, der Teufel möge sich doch einmal bewegen und zu ihm heraufkommen.

Alsbald sah der Junge eine Gestalt heraufsteigen, die aussah wie ein altdeutscher Kavalier. Um die Schultern trug sie ein kurzes

Mäntelchen, an der Seite einen feinen Degen und auf dem Hut eine rote Hahnenfeder; das eine Bein aber hatte unten einen Pferdehuf.

Der Geißenjunge war nicht im Geringsten erschrocken, und selbst als der Teufel sagte, dass er ihn nun holen müsse, lachte er nur. Er würde gern mitkommen, wenn der Teufel ihm drei Aufgaben erfülle, die er ihm stellen werde. Wenn er das nicht könne, so müsse er ihn in Ruhe lassen.

Über dieses Ansinnen lachte der Teufel und willigte ein. Denn er dachte, dass die Aufgaben, die ihm so ein einfacher Junge stellen würde, schon zu erfüllen seien.

Als Erstes verlangte der Junge nun, dass der Teufel alle seine Ziegen in einer Viertelstunde melken solle. Das brachte der Teufel natürlich in noch kürzerer Zeit fertig.

Dann verlangte der Knabe, dass der Teufel auf dem Berg alle Blumen einer bestimmten Art sammeln solle. Eifrig begann der Satan die Arbeit und sammelte und sammelte. Und es dauerte wieder nicht lange, so hatte er die

Aufgabe vollendet und überreichte dem Knaben triumphierend einen großen Strauß dieser Blumen.

Da lachte ihm der Knabe ins Gesicht, nahm seinen Hut ab und hielt ihm den vor die Nase. Da zuckte der Teufel kräftig zusammen, denn der Knabe hatte ein Sträußchen eben solcher Blumen an seinem Hut stecken. Die hatte der Teufel vergessen.

Nun wäre der Junge den Teufel ja überhaupt schon los gewesen. Aber er sprach trotzdem seine dritte Aufgabe aus. Sie lautete wie folgt: Der Teufel solle alle Marterln, das heißt alle Heiligenbildstöcke, in Tirol zählen. Aber das konnte der Teufel nicht, er zog ein schreckliches Gesicht und verschwand mit einem krachenden Donnerschlag.

Der Knabe aber lachte hinter ihm her, hatte er doch tatsächlich einmal in seinem Leben den Teufel gesehen. ■

Der Vogelfänger von Schwaz

Dieteler, ein Kind armer Leute aus Schwaz, war ein wirklicher Vogelnarr. Es verging kein Tag, an dem er nicht mit Lockvögeln und Leimruten in die nahen Berge gestiegen wäre, um Hunderte armer Vögel zu fangen.

An einem Sonntagmorgen im Spätherbst ging er wieder seiner Leidenschaft nach und wanderte zur Geißlehne. Bald hatte er einen passenden Platz gefunden und legte seine Lockmittel zurecht. Alles funktionierte: Die Lockvögel taten ihre Schuldigkeit und die betrogenen Waldvögel gingen ihm auf den Leim. Die Stunden verrannen im Flug, und Dieteler merkte nicht, dass es höchste Zeit für die Zehnuhrmesse in Schwaz war.

Plötzlich sah der Vogelfänger einen wunderschönen Gimpel, dessen Brust in der hellen Morgensonne rot leuchtete. „Ha", dachte Dieteler, „der muss mein werden, zur Zehnuhrmesse komme ich dann noch rechtzeitig."

Der Vogel kam näher und näher, da hörte der Junge die Glocken aus dem Tal, die zum Kirchgang läuteten. Zugleich aber zappelte der prächtige Gimpel auf dem Leim. Behutsam löste ihn Dieteler von der Rute, reinigte ihm Füße und Flügel und sperrte ihn in einen Eisenkäfig. Dann eilte er voll Freude über seinen schönen Fang, aber nicht ohne Reue über die versäumte Messe, den Berg hinab. Die Last auf seinem Rücken wurde jedoch immer schwerer.

Da blieb der Junge stehen und untersuchte alle Käfige, die er aufgeladen hatte, um zu sehen, was vor sich ginge. Entsetzt bemerkte er, dass der Gimpel glühend rot und so groß geworden war, dass er den Käfig ganz ausfüllte. Und er schien immer noch größer zu werden.

Das konnte nicht mit rechten Dingen zugehen. Von Grauen gepackt, warf Dieteler den Käfig weg und rief hinterdrein: „In Gottes Namen, du Teufelsgimpel sollst mich nicht kriegen!" Der Käfig aber rollte mit großem Lärm den Hang hinab, und Dieteler sah deutlich, wie der Gimpel einen feurigen Streifen hinterließ.

Seitdem rührte der Junge keine Leimrute mehr an und versäumte keinen Sonntagsgottesdienst mehr. ■

König Laurins Rosengarten

Südlich von Bozen, vom Etschtal bis zum Schlern, erstreckte sich einst das Reich des Zwergenkönigs Laurin. Der König hatte tief in der Erde in einer kristallenen Burg seinen Sitz. Tausende von Zwergen waren ihm untertan, die für ihren Herrn unermessliche Schätze an Gold, Silber und Edelsteinen aus dem Felsen gruben und seine Schatzkammern mit köstlichem Schmuck füllten. Über der Erde aber, wo die Strahlen der Sonne die kargen Felsen erhellen, hatte sich der König einen herrlichen Garten angelegt. Darin wuchsen unzählige prächtige Bäume, blühende Sträucher, wundersame Blumen und duftende Rosen in großer Zahl und erfreuten Auge und Herz. Dieser herrliche Zaubergarten war nur mit goldenen Fäden eingezäunt. Jeder, der vorbeikam, konnte den entzückenden Anblick genießen, doch niemand durfte es wagen, den goldenen Faden zu zerreißen oder ohne Erlaubnis des Königs den Wundergarten zu betreten: Es wäre sein Tod gewesen. Und mancher kühne Held soll dieses Wagnis mit dem Tod gebüßt haben.

Einst ritt Herr Dietrich von Bern mit seinen Kampfgenossen, dem alten Meister Hildebrand und den jungen Helden Wolfhart, Wolfbrand, Wittich und Dietlieb, von seiner Residenz Bern nach Norden, um den Zaubergarten des Zwergenkönigs aufzusuchen. Herr Dietrich wollte den Zwerg für seine Untaten bestrafen, obwohl Meister Hildebrand ihn warnte und seinen Herrn bat,

sich vor der übermenschlichen Kraft des Herrschers in den Bergen zu hüten.

Lange Zeit ritten die Gefährten dahin, sie kamen an schauerlichen Abgründen vorbei, überquerten nacktes Felsgeröll und reißende Gebirgsbäche. Dann befanden sie sich in einer trostlosen, schweigenden Gegend und wollten schon die Hoffnung aufgeben, den vielgerühmten Zaubergarten zu finden. Auf einmal jedoch erblickten sie hinter einer Felswand ein blühendes, wunderbares Land. Süßer Rosenduft hüllte sie ein, liebliche Vogelstimmen erschallten und fröhlich stiegen sie von den Pferden, um sich in das weiche Gras zu werfen, da sie von dem weiten Ritt müde waren. Doch sie machten nicht lange Rast: Der Zwerg sollte seine Strafe haben. Sie begannen den Garten zu verwüsten, zertrampelten das Gras, zertraten die Blumen, köpften die Rosen und richteten überall großen Schaden an.

Plötzlich rief der Ritter Wittich: „Ihr Herren, seht dorthin! Da kommt jemand unter einem Baldachin geritten, er ist bewaffnet! Das wird wohl der Herr dieses Gartens sein!"

Herr Wolfbrand aber meinte: „Freunde, ich rate euch, bindet eure Helme fester und nehmt eure Waffen. Wer weiß, was der Reiter im Schilde führt!"

Es war wirklich König Laurin, der zornig heranritt, um sie für die Verwüstung des Gartens zu bestrafen. Er trug einen goldenen Helm, ein helles Leuchten ging von einem

glänzenden Karfunkelstein aus, der den Helm zierte. Sein Panzerhemd funkelte von Edelsteinen, ein elfenbeinerner Schild, der mit goldenen Verzierungen und mit blitzenden Steinen geschmückt war, strahlte im Sonnenlicht. An seiner Seite hatte der Reiter in einer goldenen Scheide ein herrliches Schwert, an dessen Knauf ein heller Diamant strahlte. Drei Dinge hatte der König bei sich, aus denen seine immense Kraft floss: einen Ring, der ihm die Kraft von zwölf Männern verlieh, einen Gürtel, der Zauberkraft besaß, und eine Tarnkappe, die ihn unsichtbar machen konnte.

Wütend vor Zorn ritt der Zwerg eilig zu den Eindringlingen heran und rief: „Was treibt ihr hier, ihr Narren, wer hat euch hergebeten? Warum habt ihr meinen Garten verwüstet? Wisst ihr, dass ihr euer Leben aufs Spiel gesetzt habt? Ihr könnt dankbar sein, wenn ich mich mit einer geringen Buße zufrieden gebe. Jeder von euch reiche mir seine rechte Hand und den linken Fuß!"

Doch Dietrich von Bern erwiderte höhnisch: „Was willst du denn noch alles von uns, du kleiner Wicht? Deine Rosen werden wieder wachsen, an Buße denken wir aber nicht."

Schnell zog Wittich sein Schwert, um auf den wütenden Zwerg einzuhauen. Der aber streckte den Welfen mit einem Speerstoß zu Boden, sprang vom Pferd und griff nach dem Schwert, um sich zu rächen. Rasch eilte Diet-

rich von Bern dem Bedrohten zu Hilfe und ein harter Kampf entbrannte. Schon schien es, als würde Laurin den Helden niederringen, da rief Meister Hildebrand:

„Er hat einen Ring am Finger, der gibt ihm die Kraft von zwölf Männern; den musst du ihm entwinden." Da schlug Dietrich seinem Gegner den Ring mitsamt dem Finger ab. Laurin stieß einen zornigen Schrei aus. Trotzdem stürzte er sich erneut auf Dietrich und versetzte ihm einen so heftigen Hieb, dass der Held halb ohnmächtig ins Gras sank.

Hildebrand rief erneut: „Er hat noch den Zaubergürtel an, der ihm Kraft verleiht: Entreißt ihm den Gürtel, dann hat der Streit ein Ende!"

Herr Dietrich raffte sich auf und der Zorn verdoppelte seine Kräfte. Er griff nach dem Gürtel und riss so stark daran, dass der wundersame Gegenstand auseinander brach und zu Boden fiel.

Doch Laurin griff in seiner Tasche nach der Tarnkappe, setzte sie schnell auf und war für seinen Gegner unsichtbar. Dietrich schien verloren. Der Zwerg hieb und stach auf ihn ein, und bald war Dietrich von Wunden bedeckt.

Wieder war es Meister Hildebrand, der in höchster Not Rat wusste. „Ringt mit ihm", rief er seinem Herrn zu, „und versucht dabei, ihm die Tarnkappe wegzunehmen; dann kann er sich nicht mehr verstecken und der Kampf muss ein Ende nehmen!"

Dietrich griff nach dem Zwerg, er erwischte ihn, und sie rangen gewaltig, bis der Held die Tarnkappe in der Hand hatte und sie weit weg ins Gras warf. Nun bat König Laurin: „Schone mich, ich will mich dir ergeben!"

Aber Dietrich von Bern war zu wütend. „Nein", rief er zornig, „nichts soll jetzt mehr dein Leben retten, du elender Zwerg!"

Da wandte sich Laurin an einen anderen Ritter: „Dietlieb, edler Held, hilf mir. Ich will dir dafür deine Schwester Kühnhild ausliefern, die ich in meinem Gebiet getroffen habe und die bei mir als Gefangene lebt."

Als Dietlieb das hörte, bat er den Berner: „Herr, schone ihn, damit ich erfahre, wie es meiner Schwester geht!"

„Nein", zürnte Herr Dietrich, „es ist nun um sein Leben geschehen."

Da griff Dietlieb wütend zum Schwert, und es wäre zum Kampf zwischen beiden Helden gekommen, wenn sich nicht Hildebrand mit den anderen Rittern dazwischengeworfen und die erregten Gemüter besänftigt hätte.

König Laurin musste nun als Gefangener zwischen den Helden reiten und ihnen den Weg zur Jungfrau Kühnhild zeigen. Meister Hildebrand aber riet seinen Kameraden, vorsichtig zu sein, denn der Zwergenkönig sei tückisch, man dürfe seinen Worten nicht zu sehr trauen.

Sie ritten die ganze Nacht hindurch und kamen gegen Morgen auf einen Grasplatz, auf dem der Eingang ins Erdinnere lag. Davor standen und saßen Zwerge, musizierten, tanzten und trieben allerlei Spiele. Laurin führte seine Begleiter in den Berg hinein, wo alles hell erleuchtet war. Dort trat ihnen die schöne Kühnhild entgegen. Und ihre Freude war riesengroß, als sie unter ihnen ihren Bruder erkannte. Sie flehte ihn an, sie aus dem Reich der Zwerge fortzuführen. Und der Bruder versprach ihr, dass er dies mit der Hilfe seiner Gefährten schon schaffen werde.

König Laurin aber sprach zu seinen Gästen: „Ihr edlen Herren, setzt euch doch nun zu Tisch und esst und trinkt, so viel ihr wollt."

Man brachte köstliche Speisen herbei und bot herrliche Getränke an. Und die Herren griffen nach dem mühevollen Ritt kräftig zu. Laurin aber hatte ein Schlafmittel in den Wein mischen lassen, und es dauerte nicht lange, da sank ein durstiger Held nach dem anderen in einen tiefen Schlaf. Darauf hatte König Laurin gewartet. Schnell rief er seine Männer herbei, ließ den Helden die Harnische ausziehen und warf sie als seine Gefangenen in den Turm, dessen Türen aus gewaltigen Felstrümmern bestanden.

Vergebens flehte Jungfrau Kühnhild den König an, Erbarmen zu zeigen. Laurin jedoch wollte das Blut seiner Gefangenen und kein noch so rührendes Bitten konnte ihn erweichen.

Eines Tages schlief der König tief. Da durchsuchte Kühnhild alle Räume der Burg,

um herauszufin-
den, wo sich die
Gefangenen befanden.
Als sie ihr Ohr auch an
den Luftschacht des Turmes legte,
hörte sie tief unten die Stimmen der Helden.

Freudig rief sie hinunter: „Ihr Herren, seid
fröhlich; ich werde euch retten!" Eilig holte
sie die Harnische und Schwerter der Ritter,
fügte sechs kleine Ringe dazu und band alles
an ein Seil, das sie in die Tiefe hinunterließ.

„Steckt die Ringe an die Finger!", befahl
sie den Gefangenen, „dann werden sich alle
Türen von selbst öffnen."

Die Helden taten dies und sahen bald, dass
alle Türen offen standen. Fröhlich traten sie
aus ihrem Gefängnis und dankten der mutigen Kühnhild. Sie bestiegen ihre Pferde, um
das Reich des Zwergenkönigs zu verlassen.

Währenddessen war Laurin aus seinem
Schlaf erwacht, hörte den Lärm der Harnische und ahnte, dass Gefahr drohte. Sofort
ließ er sein Horn erschallen, das die Zwerge
zusammenrief, die nun von allen Seiten auf
die erschrockenen Gefährten eindrangen.

„Ihr Herren", mahnte Meister Hildebrand, „steckt Kühnhilds Ringe an eure Finger, sonst könnt ihr
die Zwerge nicht se-
hen. Sie haben sich alle unter Tarnkappen versteckt!"

Schnell folgten die Helden dem Rat des
Alten. Nun entbrannte ein Kampf zwischen
den sechs Helden und dem Zwergenvolk.
Der Fels, der steil ins Tal abfiel, rötete sich
vom Blut, das aus den vielen geschlagenen
Wunden rann. Herrn Dietlieb drängten die
Zwerge an einen Tisch und setzten ihm hart
zu. Er aber zertrat sie mit den Füßen und
schleuderte die massive steinerne Tischplatte
in ihre Richtung, sodass die übrigen entsetzt
zurückwichen.

Der starke Wolfhart geriet bei einem hohen Turm im Berg in große Not. Da riss er
den Turm um, sodass an die zweihundert Zwerge die Flucht ergriffen.

Dietrich von Bern schlug kraftvoll um sich
und streckte zahllose Feinde nieder. Aber es
drangen immer neue Gegner auf ihn ein, die
ihm viele Wunden zufügten. Da packte Dietrich die Wut. Wie heißes Feuer strömte der
Atem aus seinem Mund und verbrannte die
Gegner, die schaudernd zurückwichen.

An ein Tor gelehnt wehrte Meister Hildebrand den Anstrum der Zwerge ab. Das Tor war aus Eisen und so breit und schwer, dass es eigentlich kein Mensch bewegen konnte. Er aber hob es aus den Angeln und warf es auf die Zwerge. Und Hunderte von ihnen wurden darunter erdrückt.

Auch der Held Wittich kämpfte mutig. In einer Ecke, sodass sein Rücken gedeckt war, schwang er sein Schwert und ließ dazwischen seinen schweren Schild niedersausen. Und auch hier musste so mancher Gegner sein Leben lassen.

Der kühne Wolfbrand aber schlug aus einer Steinwand gewaltige Felsbrocken und warf sie auf das anstürmende Zwergenvolk. Viele fanden den Tod.

In dieser Schlacht verlor König Laurin viele seiner Untertanen. Wütend stieß der König in sein Horn und rief damit sechs gewaltige Riesen aus dem Wald, die nun mit langen Stangen aus Stahl die Helden angriffen. Es gab einen furchtbaren Kampf; Schilde und Panzer zersplitterten, Helme wurden eingeschlagen und das Blut lief aus den unzähligen tiefen Wunden. Schließlich schlug Dietlieb mit einem mächtigen Hieb auf einen der Riesen, sodass der Riese sterbend zu Boden sank. Herr Dietrich schlug auf den nächsten ein und so wurden alle sechs Riesen erschlagen.

Nun wandte sich der Zorn der edlen Ritter gegen König Laurin. Sie wollten für seine Treulosigkeit Rache nehmen. Doch die edle Jungfrau Kühnhild bat für den König, der sich ihr gegenüber als milde erwiesen hatte. Sie schonten daher sein Leben, aber er musste ihnen seine Schatzkammer öffnen, aus der sie viele wertvolle Gegenstände entnahmen.

Mit Schätzen reich beladen kehrten die Helden mit der Jungfrau nach Bern zurück. Traurig blickte ihnen der Zwergenkönig nach, der über den Verlust Kühnhilds sehr traurig war, da er sie sehr lieb gewonnen hatte. Einige Zeit später kam Laurin freiwillig nach Bern und schloss Frieden mit Dietrich, der von nun an in Freundschaft mit dem kleinen Mann lebte.

Noch heute ähnelt die Gegend um Bozen, wo König Laurin sein oberirdisches Reich hatte, einem Rosengarten. Und so trägt auch ein Teil dieses wilden Felsgebirges den Namen „Der Rosengarten". Abends, wenn die Sonne untergeht, leuchtet der Fels blutrot und ist weithin bis ins Tal des Inns sichtbar.

Der Harnisch von König Laurin wurde bis ins späte Mittelalter im Schloss Tirol aufbewahrt und ist leider eines Tages spurlos verschwunden. ∎

Der Kaiser und die Schlange

Als Kaiser Karl in Zürich in dem Haus wohnte, das „Zum Loch" genannt wurde, ließ er eine Säule aufstellen, an der eine Glocke und ein Seil befestigt waren. Jeder sollte am Seil ziehen dürfen, der wünschte, dass der Kaiser während des Mittagessens Recht spreche. Eines Tages jedoch erklang die Glocke, aber die hinzueilenden Diener fanden niemanden, der am Seil gezogen hätte. Die Glocke erklang aber von Neuem unaufhörlich. Der Kaiser befahl seinen Dienern, nochmals hinzugehen und die Ursache zu erforschen. Da sahen sie, dass eine große Schlange an dem Seil zog. Bestürzt meldeten sie das dem Kaiser.

Der Kaiser erhob sich, da er auch für die Tiere – genauso wie für die Menschen – Recht sprechen wollte. Nachdem sich die Schlange ehrerbietig vor dem Fürsten verneigt hatte, führte sie ihn an das Ufer eines Sees, wo auf ihrem Nest und ihren Eiern eine riesige Kröte

saß. Karl untersuchte den Fall und entschied den Streit der Tiere so: Er verurteilte die Kröte zum Tod durch das Feuer und gab der Schlange Recht. Dieses Urteil wurde gesprochen und vollstreckt.

Einige Tage später kam die Schlange wieder an den Hof, verneigte sich, kroch auf den Tisch, und hob den Deckel von einem Becher, der darauf stand. In den Becher legte sie aus ihrem Mund einen kostbaren Edelstein, verneigte sich wiederum und ging weg.

An dem Ort, wo sich das Nest der Schlange befunden hatte, ließ Karl eine Kirche bauen. Man nannte sie Wasserkilch. Den Stein aber schenkte er seiner Frau, die er sehr liebte.

Dieser Stein hatte die geheime Kraft in sich, dass sich der Kaiser ständig in besonderer Weise zu seiner Frau hingezogen fühlte. Und wenn er von ihr getrennt war, spürte er eine besondere Trauer und sehnte sich sehr nach ihr. Daher legte sie, als sie sterben musste, den Stein unter ihre Zunge. Sie wusste, dass, sollte der Stein in andere Hände kommen, der Kaiser sie bald vergessen würde.

Die Kaiserin wurde also mitsamt dem Stein begraben. Und Karl konnte sich gar nicht von ihrem Leichnam trennen, sodass er ihn wieder ausgraben ließ und ihn achtzehn Jahre lang überall mitnahm.

Inzwischen durchsuchte ein Höfling, der von der verborgenen Kraft des Steines gehört hatte, den Leichnam. Endlich fand er den Stein unter der Zunge; er nahm ihn weg und steckte ihn zu sich. Schon bald nahm die Liebe des Kaisers zu seiner toten Gemahlin ab und er fühlte eine starke Zuneigung zu dem Höfling, der nun nicht mehr von seiner Seite weichen durfte.

Aus Unwillen warf einmal der Höfling auf einer Reise nach Köln den Stein in eine heiße Quelle. Die Neigung des Kaisers zu dem Höfling hörte zwar auf, doch er fühlte sich nun stark zu dem Ort hingezogen, wo der Stein verborgen lag. An dieser Stelle gründete er Aachen, wo er sich später am liebsten aufhalten sollte. ▪

Der Riese Einheer

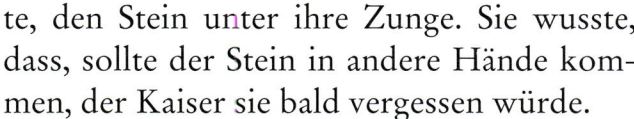

Zu Zeiten Karls des Großen lebte ein gewaltiger Riese. Er diente unter dem Kaiser zu Pferd und hieß Einheer, weil er allein so viel Kraft hatte und so viel leisten konnte wie ein ganzes Heer. Dieser Riese stammte aus dem Thurgau, einem Landstrich am Bodensee, der damals zu Schwaben gehörte. Er watete durch alle Flüsse zu Fuß, ohne eine Brücke zu benutzen, und zog sein Pferd hinter sich her.

Wenn ihm das nicht durchs Wasser folgen wollte, dann sagte er wohl im Scherz: „So wahr mir Gott helfe, Geselle, du musst mir folgen, auch gegen deinen Willen."

In den Kriegen Karls des Großen gegen die Wenden und Hunnen mähte der Riese Einheer mit seinem Schwert die Feinde wie Gras nieder, hängte sie an seinen Spieß und trug sie wie kleine Vögel auf der Leimrute auf seiner Schulter.

Und wenn ihn dann, wenn er heimkehrte, die Leute fragten, was die Feinde denn für Leute seien und was man im Krieg gegen sie erreicht habe, sagte er voll Unwillen: „Was soll ich von den Fröschlein sagen? Ich habe oft sieben, manchmal auch mehr, an meinen Spieß wie an einen Bratspieß gesteckt und auf der Schulter getragen, dass sie quakten, ich weiß nicht wie. Es war nicht der Mühe wert, dass unser Kaiser mit so großen Unkosten einen Feldzug gegen solche Schwächlinge unternommen hat. Man hätte das viel leichter und billiger lösen können." ▪

Die Uhren zu Basel

In Basel schlugen einst für lange Zeit alle Uhren eine Stunde zu früh. Wenn es in den umliegenden Städten und Dörfern ein Uhr war, schlug es hier zwei. Damit hatte es folgende Bewandtnis:

Vor mehreren hundert Jahren sollte die Stadt von einem Feind überfallen werden. Der Feind hatte beschlossen, den Angriff zu beginnen, wenn es nach Mitternacht von der großen Glocke des Turmes an der Brücke ein Uhr schlüge. Der Uhrmacher jedoch, der die Uhr überwachte, erfuhr davon. Er verstellte also die Uhr des Turmes derart, dass sie statt eins zwei schlug. Der Feind aber glaubte nun, er sei eine Stunde zu spät gekommen, und gab sein Unternehmen vollständig auf. Die Stadt wurde nicht mehr angegriffen.

Zum Andenken an die Errettung schlägt seit dieser Zeit bis zum heutigen Tag jene Uhr zwei statt eins.

Auch heute noch kann man an der Uhr einen Kopf sehen, der auf die Straße hinausblickt, auf welcher der Feind eindringen wollte. Er ist von jenem Uhrmacher gefertigt, der damals die Uhr verstellte, und streckt jede Minute höhnisch die Zunge heraus. ▪

Das Toggeli

In der Schweiz gab es einmal kleine Wesen – wie am Rhein die Heinzelmännchen –, die sich bei Leuten, denen sie Gutes wollten und die auch ihnen Gutes taten, einquartierten. Sie halfen den Leuten, wo es ging, reinigten Haus, Hof und Ställe, putzten und fütterten das Vieh und beaufsichtigten die Kinder. Wo sie lebten, ging auch in schlechten Jahren das Futter für das Vieh niemals aus und Äcker und Wiesen brachten reiche Erträge.

Noch heute erzählt man in Leissigen am Thuner See von einem solchen Toggeli, wie man die kleinen Wesen in der Schweiz nannte, das dort in einem Haus wohnte, immer fleißig half und immer schon dagewesen war. Denn schon der Großvater hatte die Enkel dazu erzogen, das Toggeli zu lieben. Nie wurde es vergessen, wenn es etwas Gutes im Haus gab – besonders zu Festtagen.

Als der Letzte aus dieser Familie starb, stand das Toggeli traurig in der Tür und schaute dem Trauerzug nach. Es mochte wohl ahnen, dass nun auch seine Zeit hier in dem Haus vorüber war.

In der Tat wurde es unter den neuen Bewohnern gleich vom ersten Tag an anders. Das waren zwar auch gute und anständige Leute, aber das Toggeli war ihnen fremd und sie zeigten sich wenig bereit, die Dienste des Kleinen anzuerkennen. Nur aus Furcht, dass er ihnen Böses zufügen könnte, stellte man ihm regelmäßig sein Schälchen Milch auf den Ofen, aber von besonderen Festtagsspeisen erhielt er nie seinen Teil. Man liebte ihn eben nicht wirklich.

Das Toggeli spürte dies sehr deutlich und war nun auch öfters nicht zu Hause. Einmal blieb es den ganzen Vormittag fern, sodass seine gewohnte Arbeit liegen blieb. Ob die Frau nun dachte, dass es überhaupt nicht wiederkäme, oder ob sie es nur vergessen hatte: Mittags hatte es einen schönen Eierkuchen gegeben und dem Toggeli war nichts auf den Ofen gestellt worden. Nun kehrte es nach Hause zurück, hatte Hunger und fand sein Schälchen leer. Da wurde es sehr traurig und schlich hinaus in die Küche. Als es hier die vielen Eierschalen erblickte, verwandelte sich seine Traurigkeit in heftigen Zorn und es sagte: „Jetzt lebe ich hier schon so lang, aber so viele Eierschalen habe ich noch nie gesehen. Nicht ein Stückchen haben sie mir abgegeben. Undankbares Menschenvolk!" Darauf packte es seine Sachen, verließ das Haus und kam nie wieder.

Zuerst waren die Bewohner froh, das ungeliebte Toggeli los zu sein, bald aber merkten sie, was sie verloren hatten. Die Arbeiten blieben liegen und mit dem Segen, der auf dem Hause geruht hatte, war es für immer vorbei. Nach wenigen Jahren waren die Leute vollständig verarmt. Sie mussten das Haus verkaufen und das Dorf verlassen.

Ihre Nachfolger hätten zwar das Toggeli gern wieder aufgenommen, aber es ist niemals wiedergekommen. ▪

Die Teufelsbrücke

Ein Schweizer Hirte, der öfter sein Mädchen besuchte, musste sich immer mühsam durch die Reuß arbeiten, um hinüberzugelangen, oder einen großen Umweg auf sich nehmen.

Einmal stand er auf einer Anhöhe über dem Fluss und sprach ärgerlich: „Ich wollte, der Teufel wäre da und würde mir eine Brücke hinüberbauen."

Augenblicklich stand der Teufel bei ihm und sagte: „Versprichst du mir, das erste Lebendige zu geben, das darüber geht, so will ich dir eine Brücke bauen."

Schnell war die Brücke fertig. Der listige Hirte trieb jedoch eine Gemse vor sich her und ging hinter ihr. Der betrogene Teufel aber zerriss das Tier und ließ es wütend aus der Höhe herunterfallen. ▪

Der Knabe erzählt es dem Ofen

Als auch Luzern dem ewigen Bunde beigetreten war, wohnten noch immer österreichisch Gesinnte in der Stadt. Sie erkannten sich an den roten Ärmeln. Diese Rotärmel versammelten sich in einer Nacht unter dem Schwibbogen und wollten die Eidgenossen überfallen. Und obwohl sich sonst niemand zu dieser Zeit an den Ort zu begeben pflegte, wollte in dieser Nacht durch Gottes Fügung ein junger Knabe unter dem Bogen gehen. Er hörte die Waffen klingen, erschrak und wollte fliehen. Sie aber holten ihn ein und drohten, wenn er einen Laut von sich gäbe, müsse er sterben. Darauf musste er schwören, dass er es keinem Menschen sagen werde.

Er aber hörte alle ihre Vorhaben, entlief ihnen in dem Getümmel, ohne dass man auf ihn achtete, und schaute, wo noch Licht war. In der Metzgerstube entdeckte er noch Licht und legte sich dort auf den Ofen.

Es waren noch Leute da und der gute Knabe fing laut zu reden an: „O Ofen, Ofen!" Aber die anderen achteten nicht auf ihn. Nach einer Weile fing er wieder an: „O Ofen, Ofen, dürfte ich reden."

Das hörten die Männer und fuhren ihn an: „Was, Gefährte, treibst du auf dem Ofen? Bist du ein Narr, dass du mit ihm schwatzest?"

Nach einer Weile klagte er laut: „O Ofen, Ofen, ich muss dir klagen, ich darf es keinem Menschen sagen", und fügte hinzu, dass draußen Männer stünden, die einen Anschlag planten. Da fragten die Gesellen nicht lange und warnten schnell die ganze Stadt. ▪

Der einkehrende Zwerg

Vom Dörflein Ralligen am Thuner See und von Schillingsdorf, einem durch einen Bergfall verschütteten Ort des Grindelwaldtals, und vermutlich auch von andern Orten wird Folgendes erzählt: Bei Sturm und Regen kam einmal ein wandernder Zwerg durch das Dorf, ging von Hütte zu Hütte und klopfte nass vom Regen an die Türen der Leute, aber niemand erbarmte sich und öffnete ihm. Sie lachten ihn dazu noch aus.

Am Rand des Dorfes indes wohnten zwei fromme Arme. Da wanderte das Zwerglein müde mit seinem Stab herbei und klopfte dreimal bescheiden ans Fenster. Der alte Hirte öffnete ihm sofort und bot dem Gast das Wenige an, was in seinem Haus vorhanden war. Die alte Frau trug Brot auf, Milch und Käse. Ein paar Tropfen Milch schlürfte das Zwerglein und aß winzige Stückchen Brot und Käse. „Ich bin es eben nicht ge-wohnt", sprach es, „solche Kost zu speisen, doch ich danke euch von Herzen und Gott sei dafür gedankt. Jetzt, da ich geruht habe, will ich weitergehen."

„Aber nein", rief die Frau, „gehe nicht in das schlechte Wetter hinaus, verbringe doch die Nacht bei uns."

Doch das Zwerglein schüttelte den Kopf und lächelte: „Droben auf den Bergen habe ich allerhand zu tun und darf nicht länger wegbleiben. Morgen sollt ihr schon an mich denken." So verabschiedete es sich.

Der neue Tag aber weckte die Alten mit Unwetter und Sturm, Blitze schnellten über den roten Himmel und Wasser strömte herunter. Da löste sich oben am Joch des Berges ein gewaltiger Fels und rollte zum Dorf herunter. Er riss Bäume, Steine und Erde mit sich. Menschen und Vieh, alles, was im Dorf lebte, wurde begraben. Schon näherte sich die Woge der Hütte der beiden Alten. Zitternd traten sie vor die Tür.

Da sahen sie mitten im Strom ein großes Stück Fels herbeischwimmen und oben drauf hüpfte das Zwerglein. Als wenn es reiten würde, ruderte es mit einem mächtigen Fichtenstamm und der Fels staute das Wasser und wehrte es von der Hütte ab, sodass sie unbeschadet blieb und die beiden Armen außer Gefahr waren. Aber das Zwerglein wurde immer größer, wuchs zu einem ungeheuren Riesen und löste sich in Luft auf, während die alten Leute beteten und Gott dankten. ◾

Der stolze Hirte von der Blümelisalp

In mehr als einer Gegend der Schweiz wird die Sage von einer Alp erzählt, die jetzt von Eis und Felstrümmern bedeckt ist, früher aber mit herrlichen Blumen übersät und sehr fruchtbar war. So soll sie etwa im Berner Oberland in den Clariden, einem Gebirgszug, gelegen sein.

Früher gab es hier eine wunderbare Weide und das Vieh gedieh prächtig. Jede Kuh wurde dreimal am Tag gemolken und jedes Mal gab sie zwei volle Eimer Milch. Zu dieser Zeit lebte am Berg ein reicher, wohlhabender Hirte. Er begann jedoch stolz zu werden und die alten, einfachen Sitten des Landes zu verachten. Seine Hütte ließ er sich prächtig ein-

richten und ging eine Liebschaft ein mit Cathrine, einer schönen Magd. In seinem Übermut baute er sich eine Treppe ins Haus aus seinem Käse, auf den Käse legte er Butter und die Tritte wusch er mit Milch sauber. Über diese Treppe gingen Cathrine, seine Liebste, und Brändel, seine Kuh, sowie Rhyn, sein Hund, aus und ein.

Seine fromme Mutter aber wusste nichts von diesen Untaten. Eines Sonntags im Sommer wollte sie die Sennerei ihres Sohnes besuchen. Vom Weg ermüdet ruhte sie oben aus und bat um einen erfrischenden Schluck zu trinken. Da brachte die Magd den Hirten dazu, dass er einen Milchkrug nahm, saure

Milch hineintat und Sand darauf streute. Dies reichte er seiner Mutter. Die Mutter aber war erstaunt und betroffen über diese üble Tat und ging rasch den Berg hinab. Unten blieb sie stehen, wandte sich um und verfluchte die Gottlosen, dass Gott sie strafen möge.

Da erhob sich ein Sturm und ein Gewitter vernichtete die gesegneten Weiden. Sennerei und Hütte wurden verschüttet, Menschen und Tiere starben. Die Geister des Hirten und der anderen Hüttenbewohner aber wurden dazu verdammt, so lange im Gebirge herumzuwandern, bis sie erlöst würden.

Die Erlösung hat indes zur Bedingung, dass ein Senner am Karfreitag die Kuh, deren Euter Dornen umgeben, schweigend melke. Weil aber die Kuh, der stechenden Dornen wegen, wild ist und nicht still hält, ist das eine schwere Sache.

Einmal hatte einer schon den halben Eimer gemolken, als ihm plötzlich ein Mann auf die Schulter klopfte und fragte: „Schäumt es auch kräftig?"

Der Melker aber vergaß sich und antwortete: „O ja!" Da war alles vorbei und Brändel, die Kuh, verschwand aus seinen Augen. ▪

Die Hexe von Lauterbrunnen

In Lauterbrunnen lebte vor vielen Jahren eine Frau, der man nachsagte, sie sei eine Hexe. Besonders fiel auf, dass sie nur eine einzige, noch dazu eine schlechte Kuh hatte, und dennoch täglich eine große Menge Rahm zu Butter schlagen konnte. Eine Zeitlang glaubte man, sie würde durch Zauberei den Kühen der Nachbarn die Milch wegmelken, doch so sehr man sich auch auf die Lauer legte, man entdeckte nichts.

Ein Schuhmacher aber wollte unbedingt das Geheimnis ergründen. Er ging zu der Frau, als sie gerade wieder dabei war, Butter zu schlagen, und begann ein Gespräch mit ihr. Aber so schlau er die Sache auch anfing, die Frau war doch noch gewitzter und er erfuhr nichts. Als sie dann aus dem Raum gerufen wurde, benutzte der Schuhmacher ihre Abwesenheit, um in das sorgfältig zugedeckte Butterfass zu schauen. Da sah er ein ganz mit Rahm bedecktes Papier darin liegen, das wie ein Brief zusammengefaltet war. Weil er vermutete, dass sich darin das Geheimnis der Frau verbärge, nahm er es schnell heraus und steckte es in die Tasche.

Als aber die Frau zurückkam und eifrig ihre Arbeit fortsetzte, strömte plötzlich aus der Tasche des Schuhmachers eine große Menge Rahm heraus. Entsetzt warf er das Papier weit von sich.

Die Frau sah sofort, was geschehen war, wurde rot vor Zorn und sagte: „Warte, Nachbar, das sollst du mir nicht umsonst angetan haben."

Wenig später wurde der Schuhmacher sehr krank, was er der Hexe zu verdanken hatte.

Die Angelegenheit erregte Aufsehen, und da die Frau verheiratet war, kam sie auch ihrem Mann zu Ohren. Dieser hatte noch nie Anlass gehabt, sich über seine Gattin zu beklagen, und er konnte solch böse Dinge wie die Hexerei von ihr auch nicht glauben. Dennoch beschloss er, sie auszuhorchen.

Abends, wenn er bei ihr saß und gemütlich mit ihr plauderte, begann er anzudeuten, dass es doch sehr schön sein müsste, wenn man zaubern könnte. Dann hätte man immer Überfluss und bräuchte sich nicht so zu quälen, um das tägliche Brot zu verdienen. Wenn ihm nur jemand das Zaubern beibringen würde. Er würde es sehr gern lernen.

Die Frau hörte seine Andeutungen ruhig an, sagte aber lange Zeit nichts dazu. Da er aber nicht lockerließ und so lieb und gut zu ihr war, wurde sie endlich weich und gestand ihm, dass sie es könne und es ihm auch gern beibringen wolle.

Der Mann gab vor, unendlich erfreut zu sein, und ging auf den Vorschlag ein. Da führte ihn seine Frau um Mitternacht auf den Hof. Sie sagte ihm, er solle sich hinter sie auf den Misthaufen stellen und die Worte nachsprechen, die sie ihm vorsagen würde.

Dann begann sie: „Ich stehe hier auf meinem Mist", und der Mann sprach die Worte laut nach. Dann fuhr die Frau fort: „Und verleugne meinen Herrn Jesu Christ."

Der Mann aber rief stattdessen: „Und schlag nieder, was hinter und vor mir ist." Darauf schlug er der Frau mit seiner Faust so heftig auf den Kopf, dass sie tot zu Boden stürzte. ∎

Der Schwur auf dem Rütli

Solange Rudolf von Habsburg Kaiser war, bestanden Freundschaft und Friede zwischen ihm und den Waldstätten Uri, Schwyz und Unterwalden. Als aber Rudolf im Jahr 1291 in Germersheim starb und die Großen sich um die Krone stritten, fanden die kleinen Gebiete es nötig, sich gegenseitig zum Schutz noch fester zu verbinden. Und so taten es auch die drei Waldstätten.

Als nun nach jahrelangen Kämpfen Rudolfs Sohn Albrecht allein anerkannter Kaiser geworden war, wollten sie sich ihre Rechte bestätigen lassen und ihr altes Band mit dem Haus Habsburg erneuern, ohne neue Verpflichtungen eingehen zu müssen.

Kaiser Albrecht aber hatte ganz andere Vorstellungen. Er wollte die Leute aus diesen Gebieten nicht als Schutzbefohlene, sondern als Untertanen sehen.

Daher sandte er Boten zu ihnen und ließ ihnen mitteilen: „Für euch und eure Nachkommen würdet ihr am besten sorgen, wenn ihr euch dem Schutz des königlichen Hauses unterwerfen würdet. Alle benachbarten Städte und Ländereien gehören bereits zum König. Ich möchte euch gern zu meinem Haus und den übrigen Untertanen zählen. Ich habe von meinem Vater und aus alten Geschichten gehört, was für ein wehrhaftes, tapferes Volk ihr seid. Und tapfere Männer sind mir immer willkommen."

Da sprachen die Anführer und das Volk aus den drei Gebieten: „Wir wissen noch gut, dass uns der selige König ein guter Hauptmann und Vogt gewesen ist. Wir wollen ihm das auch immer hoch anrechnen. Aber wir lieben den Zustand unserer Vorfahren und wollen ihn gern aufrechterhalten. Wir bitten den König, uns wie sein Vater diesen Zustand doch zu bestätigen."

Das wollte Kaiser Albrecht aber auf gar keinen Fall. Und was er mit Güte nicht erreichen konnte, versuchte er nun mit Gewalt durchzusetzen. Er ergriff Maßnahmen, um die Gebiete zu ihrem „Glück" zu zwingen – sie sollten seine Hausmacht vergrößern und seine Angehörigen und Untertanen werden. Er wollte ihnen ihren Zustand der Freiheit, in dem sie kein mächtiger Herr beschützte, unerträglich machen. Und so plagte er sie von Zug, von Zürich, kurz von allen seinen Ländereien aus, die die drei Gebiete fest umschlossen, etwa mit Steuern und Zöllen. Auf alle ihre Beschwerden antwortete er ihnen höhnisch, doch als der Hohn sie weder erschreckte noch zermürbte, sandte er ihnen als Antwort Vögte ins Land.

Bisher hatten sie nur einen Schirmvogt vom Reich gehabt, einen edlen Grafen von hoher Abstammung. Der aber hatte außerhalb ihres Landes oder in Zürich gewohnt. Von Zeit zu Zeit kam er zu ihnen, um den Blutbann zu verhängen oder schweren Streit zu schlichten. Der Schirmvogt fand seinen Lohn in ihrem Vertrauen und wollte sich nicht an ihrer Armut bereichern.

303

Die Vögte, die ihnen Albrecht ins Land sandte, waren dagegen Männer aus niederem Adel, die noch sehr jung waren, aber nach Geld und Gut strebten. Er wählte sie so aus, wie sie für seinen Zweck am besten erschienen. Die Sage nennt Beringer von Landenberg, der in Sarnen in Unterwalden wohnte, und Hermann Geßler von Bruneck, der sich in Küssnacht in Schwyz festsetzte.

So floh manch Unzufriedener nach Uri, wo er dem Zugriff Geßlers entzogen war, denn dort hatte der Vogt keinen Wohnsitz, konnte nur zuweilen erscheinen und manchmal in den dringendsten Augenblicken gar nicht, weil Schnee auf den Bergen lag oder der Föhn auf dem See stürmte.

Um Uri in die Knie zu zwingen, musste Geßler also auch dort festen Fuß fassen; er musste den Bewohnern drohend und schreckend jeden Tag gegenwärtig sein. Darum begann er über Altdorf ein Schloss zu bauen, das den Namen „Twing Uri" tragen sollte. Aus Zorn machten die Bewohner des Landes daraus „Zwing Uri".

Der Bau des neuen Schlosses erfüllte die Leute mit bitterem Schmerz. Denn künftig saß nun ein Herr mitten unter ihnen und bestrafte sie rasch und ohne Erbarmen wie Landenberg in Unterwalden. Sie wurden beaufsichtigt und waren nicht mehr die freundliche Herberge, sondern wurden selbst bedrängt. Eine Zufluchtsstätte für ungerecht Verfolgte gab es im Land nicht mehr.

An diesem neuen Schloss musste jeder mitarbeiten, der zu Hause war und friedlichen Geschäften nachging. Dazu mussten die Leute die höhnischen und verletzenden Beschimpfungen der frechen Knechte über sich ergehen lassen. Diese Worte gruben sich in ihre Seelen ein und dort gärten sie, sodass die Bewohner des Landes immer mehr von Bitterkeit und Hass erfüllt wurden.

Dem Geßler aber wich jeder aus. Wenn er durchs Land ritt oder wenn er nach Altdorf kam, um den Bau zu besichtigen, war es dort wie ausgestorben. Denn wer es vermeiden konnte, der zeigte sich nicht. Wer konnte, floh nach Hause, und wenn Geßler zum Bau kam, fand er dort nur Kinder, Knechte und Greise vor. Selten erwischte er einen, an dem er seinen Ärger auslassen konnte.

Noch seltener begegnete er einem angesehenen Mann, bei welchem er die Lage erkunden konnte und ob die Urner nicht bald zu beugen seien. Wenn er aber eine Gelegenheit fand, einen solchen Mann zu kränken, ließ er sie nicht aus und zeigte, dass er der Herr sei und die Bewohner des Landes seine Knechte werden sollten.

So fuhr Geßler fort, den Widerstand der Männer von Uri zu brechen, doch sollte dies sein eigenes Verderben werden. Einmal war wieder Markt in Altdorf, eine Gelegenheit, die immer viel Volk versammelte. Als der Pfarrer die Messe beendet hatte und die Menge aus der Kirche strömte, wurde draußen auf

dem Platz wild gelärmt. Kriegsknechte kamen mit Trommeln herbei, stellten sich auf dem Platz auf und rammten eine Stange tief in den Boden. Darauf steckte ein Hut, der mit den österreichischen Farben geschmückt war, und ein Herold verlas mit lauter Stimme eine lange Nachricht.

Darin wurde vermeldet, dass der Trotz der Urner sehr negativ aufgenommen werde und dass Kaiser Albrecht jetzt endlich wissen wolle, wer für und wer gegen ihn sei. Um dies zu erfahren, stehe der Hut hier mitten unter ihnen. Wer sich vor dem Hut verbeuge und ihm seine Ehrerbietung bezeuge, der sei des Kaisers Freund und solle als solcher betrachtet werden; wer es aber nicht tue, der sei als des Kaisers Feind anzusehen und sei dem Vogt unterworfen.

Das Volk hörte mit tiefer Empörung zu und es drohte ein wilder Aufruhr loszubrechen. Die bedächtigen Alten konnten die lodernde Leidenschaft gerade noch zähmen. So löste sich die Menge auf und es wurde still in Altdorf, wo sonst an einem solchen Tag munteres Treiben geherrscht hatte.

Geßler hatte nicht bedacht, dass jedes Volk einen Punkt hat, an dem man es nicht verletzen darf. Er sah nicht, dass dieser Hut und die Verbeugung davor den frommen Urnern als Götzendienst erscheinen musste, als ein frecher Hohn auf ihren Glauben. Und diese Verhöhnung ihres Heiligsten war es besonders, was die Gemüter so tief erregte.

Der Ausbruch fand aber nicht statt, wie hoch der Zorn des Volkes auch loderte. Die Bewahrer des Vaterlands, mit denen sich nun auch die Priester verbunden hatten, hintertrieben ihn, um ein geheimes Werk, das sie in Angriff genommen hatten, nicht zu gefährden. Die angesehenen Männer, auf die es der König abgesehen hatte, mieden die Nähe des Huts und auf die unbedeutenden achteten die Wächter wenig.

Drei Männer hatten sich untereinander verständigt – Walter Fürst aus Uri, Werner Stauffacher aus Schwyz und Arnold von Melchtal aus Unterwalden.

Unten am Seelisberg, an der westlichen Seite des Sees auf Urner Boden, war eine einsame Bergwiese am Ufer, wohin nur selten ein Mensch kam. Von Schwyz her konnte man nur zu Wasser, von den beiden andern Ländern her sowohl zu Wasser als auch zu Lande zu ihr gelangen. Dorthin wollten die drei Verschworenen von allen drei Seiten heimlich kommen, um in einer dunklen Winternacht zu beraten, wie man die Ketten sprengen könne, die die Vögte nach und nach um die drei Länder legten.

Jeder der Drei sollte zehn Männer mitbringen, mutige, weise Männer mit gutem Namen. An dieser Stelle wollten sie beraten, wie sie sich gemeinsam gegen das unrechte Vorgehen des Kaisers wehren könnten. Und still wartete jeder Erwählte, bis er zur Versammlung gerufen würde.

Es war am 7. Dezember, im Jahr 1307, die mondlose Nacht lag finster über Berg und Tal, als es auf der Wiese, dem Rütli, lebendig wurde. Es rauschte im Wald, es plätscherte im See, und in der Nacht wanderten dunkle Gestalten umher. Sie traten näher, schüttelten sich die Hände und grüßten sich. Es waren insgesamt dreiunddreißig Männer aus Uri, Schwyz und Unterwalden. Sie standen in einzelnen Gruppen und tauschten ihre Gedanken aus, bis endlich der Kreis gebildet wurde und Walter Fürst das Wort ergriff.

Er erinnerte die Männer daran, wie lange es die Freiheiten schon gab, die man ihnen nehmen wollte. Diese seien auch von den Kaisern und ihren Schirmvögten immer geachtet worden, bis Albrecht gekommen sei und seine Vögte gesandt habe, um sie zu beschneiden. Nun wurde über die Gräuel der Vögte gesprochen, aber keiner sprach davon, dass man sie erdulden müsse. Keiner war dagegen, dass man sich selbst helfen müsse. Keiner hatte Bedenken, die Hand zu erheben, die erlittenen Leiden abzuwehren und den Ausgang der gerechten Sache in Gottes Hand zu legen. Nur der richtige Zeitpunkt musste länger beraten werden. Die Ungeduldigen wollten am liebsten sofort losschlagen, aber auch hier behielten die Bedächtigen die Oberhand. Es wurde beschlossen, den Neujahrstag für den Aufstand anzusetzen.

Die Aufständischen konnten die Burgen nicht belagern, aber am Neujahrstag mussten sie Gaben ins Schloss bringen, da standen ihnen die Tore offen: „Wir tragen unsere Waffen versteckt. Und wenn im Wald eine große Schar verborgen ist, so können wir die Burg einnehmen und den Vogt gefangen nehmen."

Mehr noch als Landenberg fürchteten sie Geßler, denn er wachte scharf, strafte schwer und versuchte das Volk zu reizen, dass es sich zusammenrotte. Noch stand zudem in Altdorf der Hut und der Vogt war noch erbitterter, weil ihm noch kein ordentlicher Fang gelungen war.

Am Neujahrstag war es nach alter Sitte erlaubt, sich schon ab dem Morgen zu versammeln: erst in Andacht, dann in Fröhlichkeit. Darum wurde dieser Tag ausgewählt und die Ungeduldigen mussten sich fügen.

Und als die Männer alles wohl festgelegt hatten, hoben sie die Hände zu Gott empor und schwuren Treue und Verschwiegenheit. Sie dankten Gott, dass er ihnen bis hierher geholfen habe, legten ihr Vorhaben in seine Hand und gelobten, sein frommes Volk bleiben zu wollen, solange es die Berge gäbe und Kinder und Enkel in diesen Bergen lebten.

Nachdem die Männer inbrünstig gebetet hatten, verabschiedeten sie sich mit einfachem Handschlag. Die mächtigen Gestalten verschwanden in der Nacht. Es plätscherte im See, es rauschte im Wald, dann wurde es auf dem Rütli still wie im Grabe. Und verborgen wie im Grabe blieb auch den Vögten, was auf dem Rütli vor sich gegangen war. ∎

Wilhelm Tell

Eines Tages fuhr der Landvogt des Kaisers, der Herman Geßler hieß, nach Uri. Nachdem er dort eine Zeit gewohnt hatte, ließ er unter der Linde, an der jedermann vorbei musste, einen Stab aufstellen. Er legte einen Hut darauf, und befahl einem Knecht, dort Wache zu halten.

Dann teilte er der Bevölkerung durch eine öffentliche Bekanntmachung Folgendes mit: Jeder, der dort vorüberging, solle sich vor dem Hut verneigen, als ob sich der Herr selbst dort befinde. Wer es übersähe und nicht der Anweisung Folge leiste, den wolle er schwer bestrafen.

Es gab aber einen frommen Mann im Land, der Wilhelm Tell hieß. Er ging an dem Hut vorbei und verneigte sich kein einziges Mal. Dies meldete der Knecht, der den Hut bewachte, dem Landvogt. Der Landvogt ließ Wilhelm Tell zu sich bringen und fragte ihn: „Warum verneigst du dich nicht vor Stecken und Hut, wie ich es befohlen habe?"

Wilhelm Tell antwortete: „Lieber Herr, es ist aus Versehen geschehen. Ich dachte nicht, dass es Eure Gnaden für so wichtig halten würden."

Nun war der Tell ein so guter Schütze wie man sonst keinen im Land fand. Er hatte hübsche Kinder, die er sehr liebte. Da ließ der Landvogt die Kinder holen, und als sie gekommen waren, fragte er Tell, welches Kind er am liebsten hätte.

„Sie sind mir alle gleich lieb."

Da sprach der Herr: „Wilhelm, du bist ein guter Schütze, sodass man deinesgleichen kaum findet. Das musst du mir jetzt beweisen, indem du einem deiner Kinder einen Apfel vom Kopf schießt. Schaffst du das, so will ich dich als guten Schützen achten."

Der gute Tell erschrak, er flehte um Gnade und dass man ihm diese Prüfung erließe, denn sie sei unnatürlich; er würde gern tun, was der Vogt ihm sonst auftrüge.

Der Vogt aber zwang ihn und legte dem Kind den Apfel selbst auf den Kopf. Nun sah Tell, dass er nicht ausweichen konnte, griff nach einem Pfeil und steckte ihn hinten in seinen Köcher. Den anderen Pfeil nahm er in die Hand, spannte die Armbrust und bat Gott, dass er sein Kind behüten möge. Er zielte und schoss den Apfel vom Kopf des Kindes, ohne ihm Schaden zuzufügen.

Da sprach der Herr: „Das war ein Meisterschuss, aber warum hast du den ersten Pfeil hinten in den Köcher gesteckt?"

Tell sprach: „Das ist unter den Schützen so üblich." Der Landvogt ließ aber nicht locker, und wollte die Wahrheit hören.

Zuletzt sagte Tell, der die Wahrheit nicht sagen wollte: „Wenn Ihr mir das Leben zusichert, nenne ich den Grund."

Als das der Landvogt getan hatte, sprach Tell: „Jetzt, da Ihr mir mein Leben versprochen habt, will ich die Wahrheit sagen: Hätte ich den Apfel verfehlt und mein Kind getroffen, so hätte ich den andern Pfeil auf Eure Gnaden geschossen."

Als das der Landvogt hörte, sprach er: „Dein Leben habe ich dir zwar versprochen, aber ich will dich an einen Ort legen, wo Sonne und Mond nicht scheinen."

Er ließ Tell fangen und fesseln und in das Schiff legen, mit dem er wieder nach Schwyz fahren wollte. Als sie aber auf dem See fuhren, erhob sich plötzlich ein grausamer starker Wind, der das Schiff so zum Schwanken brachte, dass sie glaubten, elend untergehen zu müssen. Denn keiner konnte das Fahrzeug mehr in den Wellen steuern.

Da sprach einer der Knechte zum Landvogt: „Herr, lasst doch dem Tell die Fesseln abnehmen, denn er ist ein starker, mächtiger Mann. Er kennt sich mit dem Wetter aus, auf diese Weise können wir vielleicht dem Untergang entkommen."

Da sprach der Herr zu Tell: „Willst du uns helfen, damit wir dieses Unwetter überstehen, so will ich dir die Fesseln lösen lassen."

Tell antwortete: „Ja gnädiger Herr, ich will es gerne tun und traue mir es auch zu."

Da wurde Tell losgebunden, übernahm das Steuer und fuhr dahin. Er schaute jedoch, ob sich ihm nicht ein Vorteil bieten würde, und schielte nach seiner Armbrust, die nahe bei ihm am Boden lag. Als er nun in die Nähe einer großen Platte am Ufer kam, die man seither „Platte des Tell" nennt, meinte er, dass es Zeit sei, zu entwischen. Er rief allen zu, sie sollten fest rudern, damit sie an die Platte kämen. Denn wenn sie dorthin gelangten, hätten sie das Schlimmste schon überwunden. Also fuhren sie nahe an die Platte.

Da drehte Tell mit seiner ganzen Kraft das Schiff, griff nach seiner Armbrust und sprang mit einem gewaltigen Satz von Bord. Er stieß das Schiff weg und ließ es auf dem See tanzen.

Er lief durch Schwyz im dunklen Gebirge, bis er nach Küssnacht in die hohle Gasse kam, wo er auf den Landvogt wartete, denn er war vor dem Herrn angekommen.

Als der Landvogt mit seinen Dienern angeritten kam, stand Tell hinter einem Busch. Dort hörte er, wie sie über ihn sprachen und sich Strafen ausdachten. Da spannte er die Armbrust und schoss einen Pfeil auf seinen Herrn, dass dieser tot umfiel.

Nach dieser Tat lief Tell über das Gebirge nach Uri, fand dort seine Gesellen und erzählte ihnen, wie es ihm ergangen war. ▪

Arnold von Winkelried

Die Schweizerische Eidgenossenschaft hatte zwar im Jahr 1315 bei Morgarten durch ihren glänzenden Sieg über Herzog Leopold von Österreich und sein Ritterheer die Unabhängigkeit errungen, aber die Österreicher waren keineswegs gewillt, ihre Besitzansprüche auf die Schweiz aufzugeben. Dies wollten sie umso weniger, als viele von den kleinen Schweizer Staaten ebenfalls von ihnen abgefallen und der Eidgenossenschaft beigetreten waren.

Schon der Neffe jenes Herzogs Leopold unternahm die größten Anstrengungen, um alles Land in der Schweiz wieder zu gewinnen. Er hieß auch Leopold, trug den Beinamen der Fromme und maßte sich an, wie sein Onkel die Bauern mit Füßen zu treten. Den Chroniken zufolge soll er mit einem Heer von zwanzigtausend Mann herangezogen sein. Darunter befand sich auch eine herrlich gepanzerte und wohl erprobte Ritterschar.

So kam es bei Sempach am 9. Juli 1386 zu einer Schlacht, in der das glänzende Heer der Österreicher, obwohl ihm nur eintausenddreihundert Schweizer gegenübergestanden haben sollen, eine furchtbare Niederlage erlitt. Diese Schmach wollte Herzog Leopold nicht überleben. Er stürzte sich in die feindlichen Hellebarden und fand den Tod.

Die Geschichte kann sonst wenig von dieser denkwürdigen Schlacht berichten, die Sage dagegen weiß auch hier mehr. Sie erzählt Folgendes:

Die Eidgenossen hatten sich im Wald auf einer Anhöhe bei Sempach aufgestellt und erwarteten den Feind. Der rückte heran, wurde angeführt von Herzog Leopold, und in seinem Heer befanden sich allein viertausend Ritter. Der dichte Wald ließ aber die Reiter nicht durch. So stiegen sie ab, schlossen sich zusammen und rückten mit nach vorne gehaltenen Speeren heran, einen gepanzerten Lanzenwall bildend.

Die Eidgenossen knieten nach ihrer uralten Gewohnheit nieder und beteten um Kraft für den bevorstehenden schweren Kampf. Die Ritter aber spotteten laut über die feigen Bauern, denn sie meinten, diese seien niedergekniet, um sie um Gnade anzuflehen. Aber sie sollten sich schwer irren.

Als die Eidgenossen ihr Gebet beendet hatten, bildeten sie einen Keil und wollten so in die Linien der Feinde eindringen und sie auseinander sprengen. Aber ihre Bemühungen waren vergeblich, denn ihre kurzen Waffen reichten nicht über die langen Lanzen der Ritter hinaus. So vermochten sie keinen einzigen Feind zu töten, der Platz für das Eindringen des Keil gemacht hätte.

Aufseiten der Eidgenossen waren schon sechzig Kämpfer gefallen, als die lange Linie der österreichischen Ritter sich zu bewegen begann, auf beiden Seiten langsam umschwenkte und offensichtlich das kleine eidgenössische Heer umzingeln und erdrücken wollte.

Da fasste Arnold von Winkelried, ein Mann von riesiger Gestalt, den hochherzigen Entschluss, sein Leben für das Vaterland zu opfern.

„Liebe Eidgenossen", rief er mit weithin hallender Stimme, „ich will euch eine Gasse machen, sorgt für mein Weib und meine Kinder!" Dann erfasste er mit seinen Armen so viele der feindlichen Speere, als er ergreifen konnte, drückte sie in seine Brust und mit

ihnen sich selbst zur Erde nieder und hielt sie im Todeskampf so lange fest, bis die Eidgenossen in die dadurch entstandene breite Lücke eingedrungen waren. Und nun begann unter den schwer gepanzerten und dadurch unbeweglichen Rittern ein entsetzliches Morden mit Äxten und Morgensternen.

Als das österreichische Banner in dem furchtbaren Getümmel verschwand, eilte Herzog Leopold herbei, um es mit eigenen Händen wieder aufzurichten. Er strauchelte jedoch, fiel nieder und ein Schwyzer drang auf ihn ein.

Zwar rief ihm Leopold zu: „Ich bin der Herzog von Österreich!" und glaubte, den Todesstreich damit von sich abzuwenden und sein Leben zu retten. Doch der Schwyzer hörte es nicht oder glaubte es nicht. Vielleicht dachte er auch, dass in der Schlacht alle gleich seien, und stach ihn nieder. ▪

Winkelried und der Lindwurm

In Unterwalden, oben im Wald, wo nach der Sintflut wohl noch lange das Wasser gestanden hat, gab es früher keine Menschen. Denn niemand traute sich, in den unheimlichen Wald hineinzugehen. Lediglich in der Nähe des Waldes ließen sich Bewohner nieder. Als aber die Menschen immer mehr wurden und sich die Landwirtschaft ausweitete, wurde auch der Wald mehr und mehr gerodet. Das Vieh weidete recht weit oben, wo sich früher der Wald und undurchdringliches Dickicht befunden hatten.

Dann kam eine Zeit, in der immer weniger Vieh von der Weide zurückkehrte, als hinaufgegangen war. Immer wieder fehlten einige Tiere, und es war, als ob da oben im Wald ein Vogt hauste, der den Zehnten von dem nähme, was ihm nicht gehörte. Schließlich hielten mutige Hirten bei den Tieren Wache, aber oft blieben sie umsonst wach und die Nacht war ruhig.

Als es einmal jedoch besonders finster war, hörten sie ein schauerliches Schleifen, als ob langsam großes, schweres Holz durch das Gebüsch gezogen würde. Sie hörten unheimliche Töne, als ob der Föhnwind durch die Schluchten rauschte. Und dann sahen sie durch das Gebüsch hindurch, wie es dahinter glühte, als ob ein Kohlenmeiler zusammenfiele und man plötzlich die ganze Glut sehen könnte. Voller Entsetzen flohen die Hirten. Aber am nächsten Morgen fehlten wieder einige Tiere aus der Herde.

Da gingen andere Männer hinauf, die noch mutiger waren, und sie hielten wieder einige Nächte umsonst Wache. Endlich aber hörten auch sie das Schleifen und Schnauben, und allmählich glühte auch das Funkeln durch das Gebüsch, von dem die ersten Hirten voller Schrecken berichtet hatten.

Die Männer flohen nicht: Sie spannten ihre Bogen, schwangen ihre Speere und zeigten ihre Waffen. Aber die Glut erlosch nicht und auch das Schnauben verstummte nicht, sondern kam rasch näher.

Feurig flammte die Glut und als die Männer ihre Waffen nutzten, hörte man deutlich, wie die Bogen und Speere klirrten, als ob sie einen Panzer getroffen hätten. Da erschraken die Männer, denn jetzt wussten sie, dass es sich um einen Drachen handelte.

Es ging schon lange die Sage um, dass es in dem unheimlichen Wald ein solches Untier gäbe. Aber kein Mensch hatte es je zu Gesicht bekommen. Und niemand hatte gedacht, dass es noch da sein könnte. Nun verbreitete sich der Schrecken im Land. Man trieb das Vieh nicht mehr hinauf an den Wald und keiner wagte sich mehr in dessen Nähe. Niemand rechnete jedoch damit, dass der Drache den Wald auch verlassen könnte.

Der Drache aber dachte anders. Im Inneren des Waldes hatte er schon alles vertilgt, und da war ihm das Vieh am Rand des Waldes gerade recht gekommen. Nun hatte er sich daran gewöhnt, sich aus der Herde seine Nah-

rung zu holen. Als er jedoch nicht mehr so leicht an die Herde herankam, trieb ihn der Hunger auch am Tag aus dem Wald heraus.

Da konnten ihn die Menschen und Tiere sehen und ihnen graute vor dem scheußlichen Lindwurm: Er hatte einen dicken Schlangenleib auf kurzen Füßen. Seine Augen sprühten Feuer, seine Tatzen waren doppelt so groß wie Bärentatzen und auf dem Rücken trug er kurze Fledermausflügel.

Es wagten sich tapfere Männer hinaus, um ihn zu erlegen, aber keinen sah man je wieder. Und die Leute verloren ihren Mut, wagten sich nicht mehr in die Nähe des Waldes und hielten großen Abstand davon.

Je mehr sich die Menschen nun von dem Drachen entfernten und vor ihm flohen, desto frecher wurde er. Immer häufiger verließ er den Wald, hielt sich in der Nähe des Weges auf, der von Obwalden nach Unterwalden führte, und war eine fürchterliche Plage für das ganze Land. Die Menschen zitterten vor ihm und das Vieh war auf den Weiden nicht mehr sicher.

Die Bewohner des Landes konnten sich ihres Lebens nicht mehr freuen. Zwar gab es unter ihnen viele tapfere Männer, doch an ein solches Untier, das gegen jede Waffe gefeit zu sein schien, wagte sich keiner heran. Das Elend dieser Gegend wurde im ganzen Land bekannt, aber niemand erschien zur Rettung. Schließlich begannen die Leute Unterwalden zu meiden, und das Land verarmte.

Da ihnen kein Mensch helfen konnte, wendeten sich die Unterwaldner Gott zu. Jeden Abend drängten sich die Gläubigen in der Kirche zu Stanz. Sie beteten inbrünstig und versprachen, den Heiligen alles zu geben, was sie besaßen.

Als sie wieder einmal gebetet und die Kirche verlassen hatten, sahen sie sich plötzlich einem riesigen Mann gegenüber, der sie alle überragte. Und sie kannten ihn auch: Es war der Struth aus dem Geschlecht der Winkelriede. So lange schon Leute im Land wohnten, so lange gab es auch die Winkelriede. Und wenn ein Mann den Namen Winkelried trug, wusste man von ihm, dass er ein Held war. Freunde konnten ihm vertrauen, Feinde mussten vor ihm zittern.

Trotzdem wichen die Menschen vor dem Struth zurück, als sie ihn erkannt hatten. Denn auf ihm lag eine schwere Blutschuld, wegen der er das Land schon viele Jahre lang meiden musste. Im Zorn hatte er einst einen Mann erschlagen und war zum Tod verurteilt worden. Er war aber entflohen und außer Landes gegangen. Alle wichen vor ihm zurück, doch richteten alle ihre Augen auf den Mann.

Da sprach er: „Ihr lieben Landsleute, ich habe in der Ferne, jenseits der Berge, von eurem Elend gehört. Daher habe ich mich trotz meiner Schuld aufgemacht. Meine Seele war immer zu Hause in den Bergen. Sie wollte frei werden, in das Land ihrer Väter zurückkommen und über Berge und Täler schweifen bei

Sonne und Schnee. Nun bin ich da und will mein Leben aufs Spiel setzen, um den Wurm zu vernichten, der euer Elend ist. Sterbe ich, so sterbe ich mit Freuden in meinem Land. Wo meine Väter begraben sind, da begrabt auch meinen Körper; meine Seele wird Gott zu den Seelen meiner Väter führen. Siege ich aber, so lasst mich leben und nehmt den Drachen als Lösegeld für meine Schuld. Habt keine Sorge, dass ich wieder Gewalt anwende, denn ich habe erlebt, dass es schlimmer als ein mehrfacher Tod ist, wenn man nicht nach Hause gehen kann."

Als der große Mann gesprochen hatte, hoben die Menschen ihre Hände zum Himmel und lobten Gott. Sie gingen wieder in die Kirche und beteten mit Andacht und Inbrunst für das Gelingen und den Sieg.

Beim ersten Morgengrauen machte sich der Held unverzagt auf und ging zur Höhle des Drachen, denn er wollte den Wurm zum Kampf herausfordern, wenn dieser von seinem nächtlichen Beutezug heimkehrte. Zwar folgte ihm niemand, aber es gab niemanden in Stanz, der nicht für ihn gebetet hätte.

Winkelried ging allein durch die Sümpfe, an seiner Brust hing sein Schild, an der Seite das Schwert und in der Hand trug er den Speer, den er vorn mit einem starken Geflecht aus Dornen umwickelt hatte. Er war ruhig und mutig, denn er war bereit zu sterben. Aber so viel er sich auch umsah, das Untier war nirgends zu sehen.

Doch plötzlich erfüllte ein grässliches Schnauben am Felsenrand die Luft – der Drache hatte Struth kommen sehen. Er hatte sich hier auf die Lauer gelegt und stürzte nun völlig überraschend auf den Helden nieder. Doch der erschrak nicht. Mit ruhiger, starker Hand stieß er seinen Speer tief in den weit geöffneten Rachen des Wurmes. Und während dieser an der Waffe biss und vergeblich versuchte, den Speer wieder herauszuwürgen, nahm der Held schnell sein Schwert zur Hand, stieß es in die Weichteile des Halses und machte so dem letzten Drachen, der auf Erden lebte, ein Ende.

Der Jubel im Land war daraufhin riesengroß: Umzüge wurden veranstaltet, lange gegebene Gelübde erfüllt, und neue Lebensfreude durchströmte Alt und Jung. Sterbende erholten sich wieder und Kranke wurden gesund. Nur der Held, der mit Gottes Hilfe den Sieg herbeigeführt hatte, siechte dahin, und schon wenige Tage später war er tot. Das Drachenblut, das während des Kampfes auf seinen Leib gespritzt war, hatte ihn vergiftet und sein Leben ausgelöscht.

Man sagt aber, dass er frohen Mutes gestorben sei. Er soll Gott gelobt haben, der es ihm vergönnt hatte, seine Schuld zu sühnen und im Land seiner Väter den Heldentod zu sterben. So würden noch Kinder und Enkel von ihm sprechen und ihn aus dem Geschlecht der Winkelried einen tapferen Mann nennen. ■

Die drei Ungeheuer von Sitten

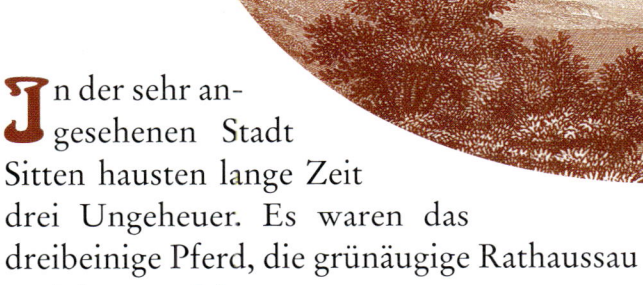

In der sehr angesehenen Stadt Sitten hausten lange Zeit drei Ungeheuer. Es waren das dreibeinige Pferd, die grünäugige Rathaussau und der rote Stier.

Wo die Rathaussau sich aufhielt, sagt schon der Name. Ihr Grunzen ließ sie des Nachts in einem der beiden Gässchen ertönen, die neben dem Haus „de Platea" wie Treppen in die untere Stadt führten. In dem anderen Gässchen lagerte der rote Stier.

Das dreibeinige Pferd mit einem glühenden Auge mitten in der Stirn hatte sein Stammquartier im Stadtviertel „Mala curia". Es tummelte sich oft in einem Garten hinter der Saviese-Gasse, und wo es sich wälzte, wuchs bald kein Gras mehr. Mit seinen drei Beinen trabte es sogar das Bett des Flusses hinunter und bog dann beim Rathaus durch einen Kanal geschwind in die Schlossgasse ein. Wehe dem, den dann die Neugierde ans Fenster trieb!

Sofort wuchs das gespenstige Pferd zu einer solchen Höhe an, dass es dem Neugierigen, auch im dritten und vierten Stock, durch das Fenster entgegenglotzen konnte. Daraufhin bekam der Neugierige seine Strafe, schwoll im Gesicht an und bekam einen Ausschlag am Mund.

Viel schlimmer erging es einem Bäuerlein, das an einem Markttag ein wenig zu viel getrunken hatte. Es setzte sich abends gemütlich auf das dreibeinige Pferd und dachte, es sei sein Maultier. So ließ es sich sorglos davontragen. Unter einem Torbogen wurde es aber vom Pferd, das schnell in die Höhe wuchs, erbarmungslos zusammengedrückt. ▪

Der Schlangenbanner

Ein karges Landstück bei Dottikons heißt „Hungerbühl". Vor mehr als zweihundert Jahren war es Waldgebiet und ein Ort des Schreckens für jeden, der hier vorbei zu seinem Acker gehen musste, denn dort wimmelte es von Schlangen. Besonders an warmen Herbsttagen war der steinige Feldweg an dem Wäldchen entlang vollständig bedeckt mit Nattern und Kreuzottern, die sich hier sonnten. Pferde und Fuhrmänner mussten auf das eklige Gewürm treten und die Wagenräder es zerquetschen, ehe es zornig züngelnd ins Brombeerdickicht floh. Man konnte kein Mittel ausfindig machen, um diese Landplage loszuwerden.

Da kam eines Tages ein Fremder ins Dorf, dem man den Namen „Schlangenban-

ner" gegeben hatte. Seine grauen Augen, die unter buschigen Brauen hervorblinzelten, verrieten schon, dass er ein kluger und gewitzter Mann war.

Er bot den Bauern seinen Dienst unter der Bedingung an, dass sie ihm im Kampf mit der Schlangenkönigin aufs Wort folgen und beistehen würden. Sie gingen darauf ein und zogen schon am nächsten Morgen – mit Sensen, Äxten und Mistgabeln bewaffnet – zum Hungerbühl. Hier musste das Volk aus Feldsteinen kreisförmige Wälle zusammenschichten und innerhalb der Wälle große Feuer anzünden. Dort hinein warf der Banner einige Hand voll besonderer Kräuter und Wurzeln. Dann zog er ein silbernes Pfeifchen aus der Tasche und fing an, darauf zu

pfeifen. Er spielte eine wilde Melodie und schritt unter wunderlichen Gebärden um die Feuer herum.

Im nächsten Augenblick war der ganze Waldrand wie lebendig. In Massen kamen die Schlangen von allen Seiten aus dem Gehölz hervorgekrochen, wälzten sich über die Steinwälle empor und stürzten hinunter ins Feuer. Es war grausig anzusehen, wie sich ihre Leiber, zu Knäueln ineinander geschlungen und geringelt, unter schrecklichem Zischen hoch aufbäumten, wieder in die Flammen zurückschlugen und verkohlten. Dem Bann der Steinkreise entrann keine.

Wall für Wall hatte der Fremde so mit dem Ton seiner Pfeife die Schlangen angelockt und ängstlich schauten die Leute ihm dabei zu. Der Banner beruhigte sie, dass heute noch kein Grund zur Furcht vorhanden sei.

„Kommt aber morgen die Königin", fügte er hinzu, „dann wehe euch, wenn ihr nicht Wort haltet und mir mutig beisteht!"

Am zweiten Tag loderten die Feuer abermals, eine Menge des kriechenden Geziefers hatte wiederum den Tod gefunden, die Königin aber erschien nicht.

Aber kaum war man am dritten Tag wieder zur Stelle, wurde das Pfeifen des Banners von einem wütenden Gezische erwidert.

„Das ist die Königin, helft!", rief er und kletterte auf den nächsten Baum. In diesem Augenblick wälzte sich eine gewaltige, armdicke Schlange zu den Feuern. Sie hatte einen

grauen Leib und ihr Kopf war mit einer goldenen, glänzenden Krone geschmückt. Erst richtete sie ihre funkelnden Augen auf die Bauern, dann auf den Banner und schoss nun wie der Blitz auf den Baum los, um den Mann droben zu erdrücken. Laut schrie er um Hilfe.

Schon wollten die Männer weglaufen, aber einer nahm seinen ganzen Mut zusammen, sprang herbei und durchstach das Tier noch am Baumstamm mit seiner Mistgabel. Dann kamen auch die anderen Männer herbei und schlugen die Königin vollends tot.

„Schont die Krone!", rief der Fremde beim Herunterklettern den Leuten zu. Dann hob er den immer noch zuckenden Kopf der Schlangekönigin empor, nahm sorgfältig den zierlichen Goldreif von ihm, steckte das Schmuckstück zu seiner Pfeife und sprach im Fortgehen unter den Segnungen der Bauern:

„Liebe Leute, nun bin ich reich genug, und ihr habt von jetzt an Frieden." So war es und die Schlangen sind bis auf den heutigen Tag aus dem Hungerbühl verschwunden. ∎

Alphabetisches Sagenverzeichnis

Andreasnacht	275	Der gewarnte Steuermann	263
Arnold von Winkelried	310	Der Glashändler	211
Ausgehackte Frösche	105	Der Glockenguss zu Attendorn	142
Das Aschenweibchen zu Zittau	185	Der große Stechlin	198
Das brave Mütterchen	261	Der Hagedornbusch	259
Das Donauweibchen	266	Der hart geschmiedete Landgraf	160
Das Fräulein von Boyneburg	117	Der heilige Bonifatius	113
Das Gespensterschiff	264	Der Herthasee auf Rügen	246
Das Gespensterhaus von Danzig	234	Der hessische Blocksberg	123
Das goldene Mainz	56	Der Jettenbühl zu Heidelberg	93
Das Hornberger Schießen	77	Der Jungfernstuhl	259
Das Hündlein von Bretten	58	Der Kaiser und die Schlange	292
Das Nebelmännle von Bodman	84	Der Knabe erzählt es dem Ofen	297
Das Rad im Mainzer Wappen	57	Der Mann im Mond	91
Das Riesenspielzeug	71	Der Mummelsee	64
Das Rosenwunder der heiligen Elisabeth	155	Der Name von Krebsjauche	233
Das Schwanenschiff am Rhein	26	Der Neusiedler See	274
Das stille Volk zu Plesse	124	Der Rattenfänger von Hameln	128
Das Teufelsloch zu Goslar	127	Der Rattenfänger von Korneuburg	271
Das Toggeli	295	Der Riese Einheer	293
Das Turnier zu Linz	273	Der Ring im See bei Aachen	39
Das Uhrwerk im Straßburger Münster	72	Der Rosenstrauch zu Hildesheim	135
Das verliebte Gespenst zu Leipzig	169	Der Rübenzähler	208
Das Weib mit den Läusen	105	Der Sängerkrieg auf der Wartburg	151
Das Wunschpferd	239	Der Schatz von Soest	145
Dat lütte Rümeken	183	Der Schimmelreiter	253
Den Mörder verraten die Disteln	112	Der Schinderhannes	48
Der Berggeist am Donat zu Freiberg	173	Der Schlangenbanner	316
Der Bernkastler Doktor	47	Der Schmied zu Jüterbog	202
Der Binger Mäuseturm	53	Der Schwarze Friedrich	229
Der Blautopf	90	Der Schwur auf dem Rütli	302
Der Bludnik in der Oberlausitz	192	Der Skarbnik	233
Der Dom zu Köln	30	Der Spiegelbrunnen in München	96
Der Dreisesselberg	97	Der stillstehende Fluss	110
Der einkehrende Zwerg	298	Der Stock im Eisen zu Wien	267
Der Elisabeth-Brunnen	110	Der stolze Hirte von der Blümelisalp	299
Der falsche Waldemar	193	Der Titisee	78
Der Franken Furt	108	Der Traum vom Schatz auf der Brücke	99
Der Frau Hollenteich	118	Der Trompeter von Säckingen	80
Der Geiger von Echternach	41	Der Vogelfänger von Schwaz	285

Der Wildsee	61	Frau Hütt	283
Der Wolf und der Tannenzapf	40	Gadamars Vision	164
Der Zauberer zu Magdeburg	176	Geist Mützchen	172
Der Zauberwettkampf des alten Dessauer	241	Hahl awer!	140
Der Zirler Geißbub und der Teufel	284	Heinrich der Löwe	132
Die Bremer Saake	138	Heinrich Frauenlob	58
Die drei Ungeheuer von Sitten	315	Hermann Billung	177
Die Elben	263	Hexen besorgen Fahrtwind	262
Die Erbauung des Klosters Lehnin	189	Hexenfahrt zur Walpurgisnacht auf dem Blocksberg	120
Die Geisterschiffe	270	Hütchen	136
Die Goldschätze im Untersberg bei Salzburg	276	Jan und Griet	36
Die Grafen von Eberstein	74	Kaiser Barbarossa im Kyffhäuser	146
Die heilige Notburga	280	Karl der Große, Eginhard und Emma	106
Die heilige Ursula und die 11 000 Jungfrauen	28	Klaus Störtebeker	178
Die Heinzelmännchen zu Köln	32	Kohlhasenbrück	200
Die Herren von Gleichen	157	König Laurins Rosengarten	286
Die Hexe von Lauterbrunnen	300	König Waldemar	254
Die Irmensäule	136	König Watzmann	278
Die Jungfrau mit dem Bart	162	Nach Tripstrill	165
Die Jungfrau vom Drachenfels	51	Notburga	88
Die Kremper Glocke	175	Pumphut in der Burkhardtsmühle	166
Die langen Schranken bei Schweinfurt	104	Quedl, das Hündlein	126
Die Lorelei	54	Rebundus' Rose im Dom zu Lübeck	251
Die Lüneburger Salzsau	174	Richard Löwenherz auf dem Trifels	67
Die Männer im Protschenberg bei Bautzen	186	Romeias von Villingen	86
Die Männer im Zottenberg	232	Rübezahls Streiche	220
Die Margaretenglocke zu Waldkirch	79	Rübezahl und der ehrliche Bauer	222
Die Meistersinger von Nürnberg	102	Rungholt	255
Die Mümmelein vom Mummelsee	65	Sankt Bonifatius' Grab	116
Die Neun im Eschenheimer Turm	107	Siegfrieds Tod bei Worms	22
Die Sage vom Scheibenberg und seinem Zwergkönig	168	Siegfried und Genofeva	42
Die Schlacht auf dem Tausendteufelsdamm	256	Vineta	243
Die schwarze Frau in der Stubbenkammer	249	Vom Ursprung der Zähringer	76
Die Sieben in Rostock	250	Wallenstein und der Pferdejunge	204
Die Teufelsbrücke	297	Wie Altona entstand	184
Die überschiffenden Mönche	60	Wie Graf Ludwig die Wartburg baute	148
Die Uhren zu Basel	294	Wie Karl der Große in der Reismühle am Würmsee geboren wurde	94
Die Wasserkunst in Bautzen	187		
Die Weiber zu Weinsberg	91	Wie Siegfried den Hengst Grane gewann	15
Die Wichtel als Schuhmacher in Eschwege	111	Wie Siegfried der Nibelungen Reich und Schatz gewann	18
Die Wichtel im Werratal	119		
Die Wisperstimme	52	Wie Siegfried zu Mime kam und den Drachen erschlug	11
Die Wunder der Marienburg	236		
Die wunderbare Leiter	282	Wiebke Kruse	260
Doktor Faust in Auerbachs Keller	171	Wilhelm Tell	307
Eppela Gaila	101	Winkelried und der Lindwurm	312
Frau Holla und der getreue Eckart	167	Wittekinds Taufe	131

Bildnachweis

akg-images Berlin: Umschlagvorderseite, 4/5 Sotheby's, 7, 8, 10, 14, 17, 19, 20, 24, 32, 43, 48, 49, 55, 56, 59, 81, 85, 90, 92/93 Sotheby's, 96, 99, 114/115, 116, 121, 122, 125, 126, 129, 132, 138, 141, 147, 148/149, 160/161, 168, 179, 181, 184, 194, 212, 221, 225, 235, 236, 238, 244, 249, 251, 257, 262, 265, 268, 271, 279, 296, 299, 301, 303, 307, 310, 315
Artothek: 45 Christie's, 159 Joachim Blauel, 281 Museum der Brot-kultur
Bildarchiv Foto Marburg: 110
Bildarchiv Preußischer Kulturbesitz: 22, 26/27 Alfredo Dagli Orti, 28 H. Buresch, 30, 35 Dietmar Katz, 70, 131, 137, 154, 170, 309
Gemeinde Neureichenau: 98
Claus Hansmann: 102/103, 118
Hensch (Zeichnung): 177 Hof Hermann-Billung Meyer, Stübeckshorn
INTERFOTO: 1 Sammlung Friedrich Rauch, 31 Sammlung Fried-rich Rauch, 39 Archiv, 50 Sammlung Friedrich Rauch, 53 Sammlung Friedrich Rauch, 60 IFPA, 67 Karger-Decker, 77 Sammlung Friedrich Rauch, 88 Bridgeman, 106 Archiv, 109 Sammlung Friedrich Rauch, 145 IFPA, 152 Archiv, 173 Zeit Bild, 174 Karger-Decker, 176 Zeit Bild, 254 Sammlung Friedrich Rauch, 276 IFPA, 283 Karger-Decker, 290 Karger-Decker, 294 Karger-Decker
Jürgen Matschie: 192 „Rachsüchtiges Irrlicht bei Neuwiese" von Mercin Novak-Njechornski/Privatbesitz
Niedersächsisches Landesamt für Denkmalpflege, Fotosammlung der Bau- und Kunstdenkmalpflege: 134
Rheinisches Bildarchiv Köln: 37
Sächsische Landesbibliothek – Staats- und Universitätsbibliothek Dresden Abt. Deutsche Fotothek: 162 Godenschweg, 187, 242 Regine Richter
Paul Sinkwitz (Grafik), Dresden: Gärtner Rudolf: Bumbhutt, dr Äberlausitzer Hexenmeestr; Hegel und Schade, Leipzig (o.J.): 166
Stadtarchiv Aachen: 40
Stadtarchiv Baden-Baden: 62, 65, 75
Stadtarchiv Mainz – Bild- und Plansammlung (BPS): 57
Stadtarchiv Schweinfurt: 104
Stadtarchiv Titisee-Neustadt: 78
Stadtarchiv Villingen-Schwenningen: 86, 87
Verlag Carl Ueberreuter, Hildegard Pezolt „Sagen aus Österreich, 1952": 9, 272, 288

Textnachweis

Verlag Carl Ueberreuter, Hildegard Pezolt „Sagen aus Österreich, 1952": 273, 286